IDA'AMUU

TSEHAI
Publishers & Distributors

Ida'Amuu by Abiyyi Ahimad

TSEHAI books may be purchased for educational, business, or sales promotional use. For more information, please contact our special sales department.

TSEHAI Publishers
Loyola Marymount University
1 LMU Drive, Suite 3012
Los Angeles, CA 90045
U.S.A.

www.tsehaipublishers.com
Email: info@tsehaipublishers.com

Paperback ISBN: 978-1-59-907202-9

First Edition: 2019

Photographer: Aron Simeneh
Typesetting and Design: Sara Martinez
Disclaimer: The opinions expressed in this book are those of the authors and do not necessarily reflect the views of the agencies that have sponsored or supported the research.

A catalog record data for this book is available from:
Wemezekir Ethiopian National Library, Addis Ababa, Ethiopia
U.S. Library of Congress, Washington, DC, USA
British Library, London, UK

10 9 8 7 6 5 4 3 2 1

Printed in the United States of America

Los Angeles | Addis Ababa | Oxford | Johannesburg

IDA'AMUU

ABIYYI AHIMAD

BAAFATA

GALATA

Ilaalchi ida'amuu keessa kiyyatti erga bilchaataa dhufee booda, qooqa kiyya keessaa erga burqee fi wayita ani namoota birootiif qooduu eegalee kaasee sadarkaa amma irra jiru kana kan ga'e kunoo yaadaa fi ilaalchuma ida'amuutiini. Ilaalchi ida'amuu akka gabbatu, akka bal'atuu fi haala waliigalaatiin jireenya dhuunfaa fi hawaasummaa hammachuu bifa danda'uun boca sirrii akka qabaatuuf, yaada isaa fudhachuun, babal'isuun, qeequu fi gabbisuun kan na deeggaran hiriyoota kiyya, waa'iloota hojii fi jaalleewwan qabsoo galateeffachuun barbaada. Akkasumas, kitaaba kana haala kanaan akka qophaa'u wixinee isaa dubbisuun, gabbisuu fi gulaaluun kanneen deeggarsa naa taasisan, aanteewwan koo hunda nan galateeffadha.

i

WAADURA

"Bashashaa - oolmaa fi galiin bilaasha…"

Waa hubachuu bira yeroo ani hin ga'inii fi bara ijoollummaa wayita ani waa ifatti hin hubanne sanatti, wal-utubuu fi walitti dhufeenya irraa haala ol-fagoo ta'een, hidhatni humnoota uumamaa fi wal-keessa jiraachuun isaanii sammuu koo daa'imummaa irratti barreeffame. Barsiiftuun kiyya waa'ee ida'amuu na barsiifte uumama. Boronqiin ishee immoo Bashashaa – ganda dhaloota koo; gabatee gurraachi immoo sammuu kiyya daa'imummaati.

Uumamni karaa Bashashaatiin sammuu kiyya daa'imummaa irratti waa hedduu barreessiteetti. Bashashaan waan ijaan hin mul'anne dha. Uumamaan lalistuu ta'uun ishee, biyyoon ishee uumama magariisa ofirratti biqilchee, bishaan lagaa fi bokkaan samii irraa biyyoo ishee gabbachiisee, bari'uu eeguudhaan biiftuun ganamaan baatu, bubbeen baala garaa garaa keessa looyee darbu; wayita sanatti haalaan hubachuu baadhus, ergaa guddaa bifa danuun uumaa tokko irraa madduun wal-duukaa akka bobba'an ta'uu isaa dhugaa jiru na keessatti barreessaa turte. Boodarra guddadhee yeroo ani gaafadhu, dubbisee yoon hubadhu, sagaleen humnoota uumamaa sun hundi walitti ida'amuun jireenya biyya lafaa itti fufsiisuuf wal-faana akka hiriiranin hubadhe.

Yaadni ida'amuu waa'ee jireenyaa yaaduu wayita ani eegale irraa jalqabee na faana guddate. Wayita ani daa'ima ture innis anuma faana daa'ima; dargaggoomnan na faana dargaggoome; ammoo ga'eessa ta'ee sadarkaa garaa garaatti itti-gaafatamummaa biyyaa wayita ani fudhadhe na faana bilchaachuun, sadarkaa baay'ee ol-aanaatti biyya koo biyya ani tajaajilaa jiruuf yaada ani filadhuuf ta'uu danda'eera.

Yaadni ida'amuu kan hunda keenyaati. Maddi isaas ta'e burqaawwan itti burquun yaada kana gabbisan seenaa keenya bara baraa keessa kan turanii fi jiran; aadaan biyya keenya keessa jiru garaa garaa ciniinsifatee kan dhalee fi duudhaalee dhahannaan onnee uummata keenyaa ittiin caqafame; bira darbees, seera uumaa fi uumamaa keessaa waan maddeef rakkoowwan keenya bu'uuraaf furmaataa akka ta'u shakkii hin qabu.

Yaadni ida'amuu ana keessatti bilchaatee bifa falaasamaa qabachaa kan dhufe yeroo garaa garaatti dhaabbilee garaa garaa keessatti itti-gaafatamummaan wayita ani hojjachaa turetti yaadicha duudhaa hoggansaa fi qaama aadaa ijaarsa dhaabbilee akka ta'u gochuu ergan danda'ee booda dha. Keessattuu adeemsa hundeeffama ejensii odeeffannoo nageenya biyyaa, akkasumas erga hundeeffamee booda yeroo ani achi keessa turetti (bara 1999 hanga 2002tti), yaadni ida'amuu furtuu duudhaa dhaabbilee akka ta'u; haaluma kanaan, dhaabbileen garaa garaa biyya keessaa fi biyya alaa jiranis, yaaduma ida'amuu kanaan akka ilaalamuu fi qoratamuu danda'an hubachuu fi arguu danda'eera.

Jiddu-Gala Saayinsii fi Teekinooloojii; akkasumas, Ministeera Saayinsii fi Teekinooloojii keessa wayita ani turetti ida'amuun duudhaa furtuu dhaabbatichaa, yaada furtuu aadaa fi qunnamtii dhaabbilee ta'ee akka mul'atu gochuu danda'eera. Turtii kiyya dhaabbilee kanneen keessa turetti, yaadichi gamtaa fi abdii uumuudhaan, hojjattoonni dhaabbatichaa kaka'umsa guddaadhaan halkanii fi guyyaa akka hojjataanii fi miira jaalala biyyaatiin gahee mataa isaanii akka gumaachan gochuu danda'uu isaa qabatamaadhaan arguu danda'eera.

Ijoollummaa kiyya irraa eegalee, mana barumsaa fi bu'aa-ba'ii jireenyaa irraa beekumsaa fi dandeettii ani argadheen, wanti guddaa ani hubadhe yoo jiraate, humnaa fi anniisaa ida'amuutiin rakkoon jireenya hin furamne, riqichi qormaataa hin ce'amne, rakkoon hamaa danqaa namatti ta'u akka hin dadhabamne ta'uu isaati. Jireenya kiyya keessatti kan ani argee fi hubadheen alatti, seenaa milkaa'ina biyya keenyaa waggoota hedduu lakkoofsise keessatti shoorri yaada ida'amuu ol-aanaa akka ta'e hubachuun ulfaataa hin ta'u. Seenaa keenya keessatti carraawwan nuti ittiin milkoofne hunduu kallattiin yookiin al-kallattiin bu'aa milkaa'ina ida'amuuti.

Biyyoonni Awurooppaa muraasni imaammata babal'ifannaa gita-bittaatiin geggeeffamanii, biyyoota qaqqaban yookiin ga'an hunda yeroo gabaabaa keessatti qirchachuun harka ofii keessa yeroo galfatan, nuti ammoo humna weeraraa Xaaliyaanii saffisaan gombisuu kan dandeenye sababa ida'amneefi dha. Waa'ee humnaa fi anniisaa ida'amuu gaarreen Adiwa caalaa ragaa kan ta'u hin jiru.

Umurii daa'imummaa kootiin waggoottan raayyaa ittisa biyyaa keessa loltummaadhaan hojjachaa turetti carraa bakkeewwan biyya keenyaa hunda naanna'ee daaw'achuu fi carraa uummata irraa fagaatanii jiraachuu argadheen ture. Barmaatiilee garaa garaa, duudhaalee, sirnoota, aadaalee fi haala jiruu fi jireenya uummatichaa daaw'adheera. Eenyummaan dhugaa dhala namaa ennaa ilaalamu dirree waraanaatti waraanni wayita geggeeffamu taateewwan na mudatan muraasa keessatti eenyummaa Itoophiyummaa daaw'achuu danda'eera. Itoophiyaanonni wal-danda'uun, jaalalaan, ollummaan qofa osoo hin taane eenyummaa obbolummaa isaaniitiin akka gargar hin baanetti walitti hidhamanii kan uumaman, akka gargar hin baanetti kan wal-jaal'atanii fi kan wal-makani dha.

Faallaa aadaa ida'amuu gaarii qabnuutiin ala, jibbaan, haaloodhaan; akkasumas, sababa shaakala xaxanii wal-kuffisuu keenyaatiin addunyaa gubbaatti biyya keenya fakkeenya hiyyummaa fi duubatti-hafummaa taasifnee jirra. Dacheen ishee dirree waraanaa fi dhiigaa, uummanni ishees fakkeenya godaantotaa akka ta'an taasifneerra. Wal-tumsuu dhabuun, wal-deeggaruu dhabuun; akkasumas, wal-jaalachuu dhabuun eenyummaa keenya salphinaaf; biyya keenya maraammartoo uraa lilmoo keessaa hin baanee fi jeequmsa hamaa keessa galchinee jirra. Karaan baay'ee rakkisaan kun afaan bool'aa irra ga'uu isaatiin osoo hin furamin, dhidhima rakkoo keessaa ba'uu hin dandeenye keessa osoo nu hin galchin asumatti dhaabbachuu qaba. Kana gochuufis yeroon isaa ammuma.

Sababuma kanaaf ture ida'amuun yaada yeroon barbaadu kan ta'ee argameef. Jechi ida'amuu jedhu hiikkaa kallattiin itti kennamu qofa osoo hin taane dhimmoota siyaasaa fi hawaas-diinagdee biyya keenyaa keessatti rakkoowwan nu mudatan keessa darbinee jijjiirama barbaadamu fiduuf ida'amuu akka golgaa yaada furmaataatti fudhachuudhaan, filannoo furmaataa garaa garaa ani keessatti hammachiisee ilaalu dha.

Armaan olitti akkuman eeretti, maddi yaada ida'amuu uumamaa fi duudhaalee uummata keenyaa yoo ta'an, haalli ittiin dagaagu danda'an immoo hojiiwwan qorannoo, barreeffamoota garaa garaa wal-tajjiiwwan garaa garaa irratti marii hoggansa dhaabaatiif qopheesse, mudannoowwan tibba sanatti mudachaa turan ilaalchisee hubannoo fi murtoo mootummaatiif ni fayyada jechuun sanada garaa garaan ennaa sana dhiyeesse, yeroo garaa garaatti hojjattoonnii fi hoggantootni mootummaa garaa garaa; akkasumas, barreeffamoota leenjii barsiisotaa fi bulchiinsa dhaabbilee barnootaa olaanaatiif dhiyeesse dha.

Haalli qabatamaa biyya keenyaa ammaan kana jiruu fi akeeka galma isaa akeekuu akkuma qabu yaada ida'amuu kana yaada furtuu rakkoo biyya keenyaa taasisee yeroon dhiyeessu yaadichi muuxannoo hojii fi seenaa jireenya dhuunfaa kiyyaan hidhata qabaachuu bira darbee aadaa fi haala jireenya uummata keenyaa; akkasumas, uumama dhala namaa keessatti iddoo guddaa qabatee akka adeemu amanuudhaani. Yaadichi bu'uura hawaasummaa fi qor-qalbii uummataa irratti hundaa'uun isaa kan hubatame waan ta'eef furtuu rakkoo keenyaa akka ta'u shakkii hin qabu.

Yaada kana barreessuuf wayita ani ka'us, waa hunda bakka tokkotti, fuula murtaa'e irratti barreessee nan xumura jechuun yaadee miti. Kitaabni kun isa jalqabaati malee isa dhumaa miti; ka'umsa malee isa goolabaa akka hin taane akka hubatamun barbaada.

Dubbisa Gaarii!

SEENSA

Tibba dhuma Sirna Moototaa (Zawudaawwii Agazaz, mootii Tafarii yeroo gara aangootti dhufanii booda), ejjannoon Itoophiyaan akka biyyaatti hordoftu ilaalchaa fi sirna biyyoota Awurrooppaatiin bocame ture. Waa hunda akka biyyoota Dhihaa gochuuf yeroo itti socho'an, rakkoowwan keenya furuuf tooftaa warra Dhihaa wayita itti hordofne, imaammata barnootaa fi dhimmoota biroo, dhugeeffannoo diinagdee fi siyaasaatiin wal-qabatan gara kan warra Awurooppaatti akka dhundhulu tibba harka keenya isaanitti kennanne ture. Warraaqsaan booda adeemsi kunis ni jijjiirame. Fuula keenya Ameerikaa fi Ingilizii irraa gara Gamtaa Sooviyeetii fi Chaayinaa, biyyoota Lixa Awurooppaa fi Ameerikaa Kaabaa irraa gara Baha Awurooppaa fi Baha Fagoo Eeshiyaatti naannessine. Yeroo sanarraa eegalee amma har'atti darbee darbee gara biyyoota dhidhimaatti fuula naannessina ta'a malee yaad-qalbiin keenya guutummaan kan irra boqote addunyaa gara Bahaa irratti. Ta'us garuu, kan duraa caalaa wanti haaraan hin uumamne. Hanga gara alaa ilaalle gara keessa keenyaatti waan hin ilaalleef, rakkoo biyya keenyaatiif furmaata beekumsa duudhaa keenyaatiin waan hin barbaanneef rakkoowwan keenya bifa isaanii jijijjiirratan malee hin badne.

Dhugeeffannoos ta'ee yaadni biraa kamiyyuu bu'a-qabeessa kan ta'u: amala, aadaa, tooftaa, haala jiruu fi jireenyaa, ilaalcha, fi kkf hawaasa keessaa kan waraabamee fi bu'uura hawaasummaa fi qor-qalbii uummataa osoo gadi hin lakkifne kan bocame ta'uu isaati. Kana jechuun garuu, warra Dhihaas ta'ee warra Bahaa irraa wanti barannu hin jiru jechuu osoo hin taane akka machaa'aa bantuu manaa dukkana keessatti gatee bakka ifni jiru barbaaduu qormaata keessoo keenyatti nu mudataniif bu'uura hawaasummaa fi qor-qalbii keenya gadi dhiifnee furmaata barbaaduuf ala ala ilaaluun nu ga'uu qaba.

Biyyi keenya rakkoowwan bara baraaf ishee mudachaa turaniif furmaata kan argattu ilaalcha ergifannaa osoo hin sakatta'inii fi hin xiinxalin qaarminee biyya alaatii ofitti fudhanne caalaa duudhaalee gaggaarii biyya keenyaa asumatti bara baraaf kuufamanii jiran akka ta'e hubachuu qabna. Dhugaadha, beekumsas ta'ee muuxannoowwan alaa argannu duudhaa fi beekumsa aadaa qabnuun wal-simsiifnee akka nuuf mijatutti mijeessinee itti fayyadamuun nuuf haaraa miti.

Dhimmoota siyaasaa fi hawaas-diinagdee irrattis tooftaalee fi ilaalcha alaa argannu boca biyyoolessaa akka qabaatanii fi dhugaa qabatamaa biyya keenyaatiin akka wal-simatan gochuudhaan fudhachuun keenya akkuma jirutti ta'ee adda-dureedhaan "rakkoo biyyi qabduuf furmaata biyyi qabdu" yaada jedhuun adeemuu jalqabuu akka qabnu tasumallee dagatamuu hinqabu.

Gama kanaan, ida'amuun duudhaa qabnu bu'uura godhannee rakkoowwan keenyaaf akkamitti furmaata arganna gaaffii jedhuuf deebii kennuuf yaada dhiyaate dha. Kitaabni kun dubbii gara fakkaatutti qoqqoodee deebii kennuuf kutaawwan afuritti kan qoqqooddaman boqonnaawwan kudha ja'a qaba.

Kutaan jalqabaa dhimmoota ida'amuuf ka'umsa ta'anii fi yaada bu'uuraa ida'amuu kan itti dhiyaatani dha. Ida'amuu bu'uura irraa hubachuuf fedhii fi dandeettii bu'uuraa dhalli namaa uumamaan qabu ni sakatta'a. Itti aanuun, fedhii dhala namaa guutuuf yaadota siyaasaa fi diinagdee furmaata akeekan ciminaa fi hanqinoota isaanii ilaaluun qabiyyee fi bu'aawwan biyya keenyaaf qaban ni sakatta'a. Dhumarrattis yaad-rimee bu'uura ida'amuu ni ifoomsa. Uumama dhala namaa fi falaasama siyaasaan dhugeeffannoo fi deebii kanaan dura dhiyaatan jidduu uraa jiru yaadni ida'amuu akkamitti guutuu akka yaade golgaa yaadaa ka'umsa ta'an ni dhiyeessa. Akkasumas, ida'amuuf dhimmoota gufuu ta'an ni xiinxala.

Kutaa lammataa keessatti, qabiyyeen siyaasaa kan itti dhiyaate dha. Yaadni ida'amuu waa'ee rakkoo siyaasaa biyyattii guddicha furuu barbaade mootummaa biyyi sirnaan hin ijaaramne keessatti dimookiraasii ijaaruu fi lafa qabsiisuun qormaata biyyattii dura dhaabbachuu danda'u keessa darbuun, Itoophiyaa dimookiraatoftuu cimtuu dhugoomsuuf akkamitti danda'ama kan jedhu dha. Kutaa kana keessatti mootummaa cimaa fi biyya dimokiraatoftuu ijaaruuf qormaata nu mudatanii fi qormaata kanneen keessa darbuuf dhimmoota wayita itti aanu maal gochuu akka qabnu nu akeekan golgaa ida'amuu keessatti ilaalamu.

Kutaa sadaffaan yaadni ida'amuu diinagdee kan keessatti dhiyaate dha. Kutaan kun rakkoowwan diinagdee ta'an bal'inaan sakatta'uudhaan sababoota cabiinsa bu'uura diinagee ni ibsa. Ga'umsa misoomuu Itoophiyaan qabdu sakatta'uun rakkoo diinagdeen biyyattii keessa jiru keessaa baasuu fi jijjiirama barbaadamu fiduuf maal gochuutu barbaachisa kan jedhu ni akeeka.

Kutaa afuraffaa fi isa dhumaa keessatti yaadni ida'amuu quunnamtii biyya alaa kan itti dhiyaate dha. Haalota idil-addunyaa, ardii fi biyyoota naannawaa sakatta'uudhaan faayidaa biyya keenyaaf qaban ni xiinxala. Kanumaan wal-qabatees biyyi keenya gama qunnamtii fi dippilomaasii biyya alaatiin falaasamni hordofuu qabduu fi fuula-duraaf dhimmoota itti xiyyeeffachuu qabdu ni ifoomsa.

Kitaabichi kaayyoo akkaadaamii caalaa kaayyoo siyaasaatiif waan barreeffameef haal-dhiyeenya akkaadaamii kan hordofee miti. Kitaabicha keessatti ida'amuu sammuu keessa naanneffachuun bilcheessuuf akka mijatutti, kitaabotaa fi barreeffamoota barreessitoonni garaa garaa barreessan itti fayyadameera. Kanaafuu, kitaabolee wabii akkaataa haal-dhiyeenya akkaadaamii hordofeen dhiyeessuun dirqama waan hin taaneef; akkasumas, hir'inni yeroo haala kana waan daangessuuf galteewwan kitaabaa fi barreeffamoota mul'achuu qaban jajjaboon dhuma kitaabichaatti dhiyaataniiru.

Kitaabicha keessatti hanga danda'ametti jechoonni akka hiika biyyaalessaa qabaatan gochuuf yaalameera. Adeemsa kana keessatti hiikni jechootaa hiika dogoggoraa akka hin qabaanne of-eeggannoo gochuuf jecha jechoonni bakkuma itti eeramanitti hiika isaanii ifoomsuun yaalameera. Barreeffamicha keessatti jechoonni hin ifoomne yookiin irra-dibaadhaan kan bira darbaman immoo hiikni jibsoo dhuma kitaabichaatti itti kennameera.

KUTAA TOKKO

Bu'uura Yaada Ida'Amuu

BOQONNAA TOKKO

Fedhii fi Dandeettii Ida'amuu Uumamaan Qabnu

Yaada dhala namaa fayyadu kam irratti iyyuu irra-deddeebiin yaaduu keenyaan dura, waa'ee uumama dhala namaa yaaduun barbaachisaa dha. Uumama dhala namaa beekuun gama tokkoon waan isa barbaachisu (fedhii) fi waan inni barbaadu (hawwii) beeknee galmaan ga'uuf, gama biraatiin immoo, dandeettii isaa hubatee dandeettii qabu kana guutumaan guutuutti akka itti fayyadamu haalota isa dandeessisan hubachuuf nama fayyada. Kanaaf, utuu yaada bu'uura ida'amutti hin seenin dura, waa'ee fedhii fi dandeettii dhalli namaa uumamaan qabu xiinxalla.

1.1   Fedhii Dhalli Namaa Uumamaan Qabu

Feedhiin dhala namaa irra caalaan amala idil-addunyaa kan qabu yommuu ta'u, hawwiin dhala namaa garuu haala jireenya isaa waliin bifa wal-madaalaa ta'een garaagarummaa qaba. Daa'imman Afriikaa hedduun waan dhandhamanii fi nyaatanii mar'imaanitti isaan cobu kan eeggatan, waan fedhiin soorachuu isaanii hin guutamneefi dha. Ilmaan hiyyeessaa Afriikaa ta'uun isaanii iyya mar'imaan isaanii gab hin jechisiisu. Beelli "ijaan wanta nyaatamu hin qabneef adabadhee gad-taa'uun qaba," dhimma jedhamu miti. Beelli isaan hin raffisu.

Wanta dhandhaman dhabuun, akka ashaangulliitii karaarratti hawwan sana dhabuu miti. Nama ta'uu keenyaan fedhiiwwan miirota keenyaa hanqachuun yookiin hir'achuun keessa keenyaa nutti watwaatu. Hanqinoota kana ifatti beekuus beekuu dhiisuus ni dandeenya. Haa ta'u malee, hanqinoota kana guutuuf dhama'uun keenya kan hin oolle.

Fedhiiwwan dhala namaa kan hoogganu, dhiibbaa fi sodaa jiraachuu ofii mirkaneeffachuurraa madde dha. Fedhii jiraachuu ofii mirkaneeffachuu "fedhii kallattii" fi "fedhii al-kallattii" jechuun kutaalee bu'uuraa lamatti qoodnee ilaaluu ni dandeenya.

"Fedhiin kallattii" fedhii jiraachuu keenya karaa ifaafii dhihoo ta'een balaaf saaxilu irraa of baraaruuti. Kana jechuunis, dhalli namaa jiraachuu isaanii kallattiidhaan wantoonni qoran, kanneen akka ajjeechaa, waraana, beelaa fi deega yookiin fedhii miidhaa bifa kamiinuu irratti taasifamu irraa of-baraaruu fi lubbuun turuu dha. Fedhiin kun fedhii sadarkaa dhuunfaattis ta'e sadarkaa hawaasaattis jiru dha. Akka dhuunfaatti, namootni miidhaa of-irraa ittisanii lubbuun turuu ni fedhu.

Haaluma wal-fakkaatuun, akka hawaasaattis, lammiileen ofii fi biyyasaanii haleellaa fi weerara biyya alaarraa baraaruun jireenya isaanii itti fufsiisuu ni fedhu. Ofii fi biyyaa isaanii irraa haleellaa biyya alaa ittisuu yommuu jennu, fedhiin lammilee akka nama dhuunfaa tokkootti balaa irraa of-baraaruun dhimmoota biyyoolessaa irrattis ni mudata jechuu keenya malee, namoota jaalala biyyaaf du'an jechuu keenya miti. Sababni isaas, jaalala biyyaatiif du'uun fedhii jiraachuu kallatii caalaa eenyummaa fi kabaja garee wajjiin kan wal-qabatu dha. Sadarkaa nama dhuunfaa tokkoottis. Haa ta'uu sadarkaa hawaasaatti fedhii jiraachuu guutuuf; jechuunis, waraanaan, ajjeechaa fi kkf balaa jiraachuu lammiilee irratti aggaamamu ittisuuf biyyoonni dhaabbilee kanneen akka poolisii, raayyaa ittisaa, nageenyaa fi kkf hundeessu. Lammiileenis otoo meeshaalee waraanaa hidhatanii ba'uun isaan hin barbaachisne, balaa biyya keessaas ta'ee biyyoota alaa irraa isaan irra ga'uu danda'u irraa karaa dhaabbilee kanaatiin eegamu. Mootummaanis haleellaa lammiilee irra qaqqabuu danda'u ittisuun fedhii jiraachuu isaanii guuta jechuu dha.

Gama biraatiin, fedhiin jiraachuu dhala namaa balaa ifaa fi dhiyootti mul'atu irraa ittisuu qofa otoo hin taane, balaa karaa al-kallattiitiin isaan mudachuu danda'u irraayis eeguu dabalata. Fedhii al-kallattii kana fedhii qaamaa yookiin foonii, fedhii maqaa gaarii horachuu (fedhii ulfinaa) fi fedhii bilisummaa jechuun kutaalee sadiitti qoodnee ilaaluu ni dandeenya.

"Fedhiiwwan qaamaa" yookiin "fedhiwwan foonii" fedhiiwwan bineensota faana qooddannu yoo ta'an, kanneen akka soorachuu, dhuguu, qulqullaa'uu yookiin bobba'uu, bultii horachuu, bakka jireenyaa tolfachuu, dhibee irraa eegamuu fi kkf kan ibsamu dha. Biyyoonni fedhiiwwan kanaaf deebii kan kennan karaa dhaabbilee eegumsa diinagdee fi hawaasummaa isaaniitiini. Qonnaa fi wabii nyaataa, fayyaa, barumsa, bishaanii fi sagantaaleen kana faffakkaatan kan diriirfaman, fedhiiwwan qaamaa lammileetiif deebii kennuuf jedhamaniiti. Hanqinni guutamuu fedhiiwwan kanaa lammiilee irraan dararama ol-aanaa fi gaaga'ama guddaa geessisuurra darbuun, du'aaf kan isaan saaxilu dha. Fedhiin qaamaa yookiin foonii guutamuu dhabuu isaa irraan kan ka'e nageenyi diinagdee fi hawaasummaa lammiilee balaarra waan bu'uuf, haalli namoonni beelaan, dhibeen, rakkoolee nam-tolchee fi uumamaa garaa garaatiin harca'an ni uumama. Kunis karaa al-kallattii ta'een jiraachuu namootaa balaarra buusa.

"Fedhii maqaa gaarii yookiin ulfina horachuu" kan jennu namoonni maqaan isaanii waan gaariitiin akka kaafamu fedhii isaan mul'isan jechuudha; fedhii ulfina barbaaduu fi gatii ofiif kennuuti. Fedhiin kun baay'ee wal-xaxaa fi fedhiiwwan biroo faana walitti hidhannoo cimaa qabaachuu isaa irraa kan ka'e yeroo baay'ee ifatti adda baafamee kan deebiin kennamuuf miti. Dhalli namaa uumama hunda keessaa uumama seenaa qabu ta'uun isaa ifa dha. Uumama keessaas fedhii seenaa hojjechuu kan qabu dhala namaa qofa dha. Kanaafuu, hojiiwwan hojjetu hunda keesaatti "maqaan isaa akka yaadatamu" ni barbaada. Wayita lubbuun jiru, ofii isaatii mormatee fi dubbatee eenyummaa ofii kabachiifata. Erga addunyaa kana irraa du'aan boqotee booda garuu kana raawwachuu hin danda'u. Hojiiwwan isaatu bakka isaa bu'ee isaaf dubbata. Duraanuu maqaasaa waan gaariin kaasisuu kan barbaadeef du'a isaa booda maqaan isaa waan gaariin akka yaadatamuu fi dha. Bakka inni hin jirretti akka isaaf mormuu fi dha. "Duuti hin oolu, maqaan hin awwaalamu" mammaaksi jedhu kun fedhii keenya isa kana kan agarsiisu dha.

Fedhiin maqaa gaarii horachuu, fedhii of birattis haa ta'uu namoota kaan biratti iddoo gaarii qabaachuu fi kabajamuuti. Dhalli namaa gatiin inni ofiif kennu gatii fi kabaja namoonni biroo kennaniif irratti kan bu'uureffamu ta'uyyuu, tilmaamni namoonni biraa kennaniif kun karaan isaan ittiin hiikanis, haalaan murteessaa dha.

Kunis sadarkaa nama dhuunfaa tokkoo fi hawaasaatti waan mul'atu dha. Namni tokko gatiin yookiin bakki inni ofiif kennu ilaalcha hiriyoonnii fi ollaan isaa isaaf qaban irraa kan maddu ta'uyyuu, namni kun haalli inni ittiin of ilaalu haala inni itti namoota biraa ilaalu irratti murtaa'a. Sadarkaa hawaasaattis, hawaasni tokko gatiin inni ofiif kennu gatii yookiin bakka hawaasni biroo isaaf kennuu fi akkataa hawaasichi itti hiiku irratti kan hundaa'e dha. Gaaffii maqaa jechuun gaaffii wal-qixxummaa jechuu dha. Gaaffiin wal-qixxummaa akka xiqqeeffamee hin ilaalamneef, kanneen birootiin wal-bira qabamee yommuu ilaalamus gatii yookiin bakka gad-aanaa akka hin argganneef, akkasumas ol-aanee mul'achuuf carraaqqii godhamu dha.

Gaaffiiwwan eenyummaa qaama fedhii maqaati; fedhii maqaa ol-kaafachuuti. Fedhii maqaa keessa gaaffiin wal-qixxummaa jiraatuyyuu, fedhiin kun wal-qixxummaa mirkaneessuun qofa deebi'uu dhiisuu danda'a. Fedhiin dhala namaa hawwii otoo wal-irraa hin kutiin maqaa ol-kaasanii leellisuudhaan kan qabame waan ta'eef fedhiin kabajaa wal-qixxummaa qofaan hin dhaabbatu. Namoonni ol-aanaa ta'anii mul'achuuf, foon isaanii du'ullee faara fedhii maqaan isaanii akka waamamu barbaaduu ni mul'isu.

Gosti fedhii inni sadaffaan, "fedhii bilisummaa" dha. Durii kaasee hanga har'aatti, dhalli namaa micciirraa fi hidhaa nama biroo irraa bilisoomuuf wareegama hedduu kaffalaa ture. Bilisummaan filannoowwan jireenya keenya keessatti nu quunnaman mara irratti ofiin murtee dabarfachuu dha. Fedhiin bilisummaan jiraachuu dhala namaa waliin walitti hidhata guddaa kan qabuu fi amaluma dhala namaati. Namoonni du'a gidduu hulluuqaa dhaaddannoo kan dhageessisaniif bilisummaan isaan dirqisiiseetu.

Ija ida'amuutiin yommuu ilaalamu, fedhiiwwan dhala namaa amala ida'amu akka qaban hubachuun ni danda'ama. Gama tokkoon, fedhiiwwan tokkoon tokkoon isaanii kan walitti ida'amanii fi fedhiiwwan ida'amoo yommuu ta'an, gama biraatiin immoo gidduu isaanii wal-faalleessuun waan jiruuf, namoonni fedhiiwwan kana qofaa qofaatti otoo hin taane ida'amuun qofa milkeessuu danda'u.

Fedhiiwwan hundi isaanii kan walitti hidhamani dha yommuu jennu, fedhiin inni tokko isa biraa fakkaata jechuu keenya dha. Fakkeenyaaf, fedhii jiraachuu yommuu jennu, fedhii haleellaawwan kallattiin qaama biraa irraa nu qaqqabuu danda'u irraa eegamuu jechuu dha. Kunis, karaa biraa yommuu ilaalamu bilisummaa jechuu dha. Fedhiin bilisummaa keenya hir'achaa yommuu dhufu bu'aan isaa inni dhumaa balaa kallattiin jiraachuurratti aggaamame dha. Hidhamuu keenyaan bilisummaa dhabne yommuu jennu, qaama keenyarratti namni biraa ajajaa jira jechuu dha. Kanaafuu, fedhiin jiraachuu kallattii qaama fedhii bilisummaati jechuu ni dandeenya. Haa ta'u malee, hidhaa irraa hiikamuun qofaa isaatti bilisummaa malee wal-qixxummaa hin mirkaneessu. Wal-qixxummaan hacuuccaa namicha nu hidherraa bilisoomuu qofa otoo hin taane, namticha nu hidhe sana cinaa dhaabachuu fi wal-qixxee dorgomuu dabalata.

Gama biraatiin immoo, fedhiiwwan gidduu wal-faalleessuun ni jira. Fedhii jiraachuu yommuu guunnu, fedhii bilisummaa hir'isuu ni dandeenya. Fakkeenyaaf, lammiilee haleellaa irraa ittisuuf jecha, lammiilee irratti to'annoo cimaa taasisna. Bilisummaa lammiilee eeguuf jecha yoo tarkaanfii fudhachuu dhiisnemmoo, namni heeraa fi seera cabsuun haleellaa lammiilee irratti raawwachuu fi jiraachuu isaanii irraan balaa geessisuu danda'a.

Gama biraatiin, wal-qixxummaa lammilee eegsisuu yommuu jennu, fedhii namootaa bilisummaan jiraachuu fi hojjeechuu isaanii irratti qoqqobbii gochuun keenya waan hin oolle dha. Lammiilee wal-qixa taasisuudhaaf abbaa humnaa to'achuu fi hunduu anaaf warra jedhan tiksuun ni jalqabama.

Qabeenyaa fi dalaga namootaa irratti daangaan ni kaa'ama. Ol-aantummaa siyaasaa akka hin qabanneefis qoqqobbiin irratti godhama. Kunis bilisummaa namootaa ni hir'isa. Bilisummaa isaanii haa kabajnuuf jechaa, akka feetan jennee yoo gadi lakkisne immoo, abbootiin irree namoota humna hin qabne miciriqsuun, qabeenyaan, siyaasaan, aadaa fi wantoota kana fakkataniin ol-aantummaa goonfatu. Kunis, wal-qixxummaa hir'isa.

Kanaafuu, fedhiiwwan kanneen gidduu walitti hidhamiinsaa fi tokkummaa akkasumas, wal-faalleessuu gidduu isaanii jiru yoo ilaalle, fedhiiwwan kanneen guutuun kan danda'amu, namootni yommuu ida'aman ta'uusaa hubachuu dandeenya. Bilisummaan isa tokkoo wal-qixxummaa isa biraa irratti dhiibbaa kan uumu yoo ta'e, isa tokko haleellaa irraa yommuu eegnu, bilisummaa isa tokkoo yoo tuqne, hireen nama tokkoo hiree isa biraa waliin kan wal-qabate waan ta'eef fedhiiwwan keenya guuttachuuf furmaata guddaa kan ta'u ida'amuu dha. Haaluma wal-fakkaatuun, fedhiiwwan keenya mataan isaanii amala ida'amuu waan qabaniif, inni tokko isa biraa malee qofaa isaa dhaabbachuun jiraachuu keenya nuuf mirkaneessuu hin danda'u. Kanaafuu, jiraachuun keenya kan nuu mirkanaa'u, fedhiiwwan hunda idaanee yommuu ilaallu dha malee, yommuu fedhii isa tokko yaadannee isa biraa irraanfannu daandii dheeraa deemuu hin dandeenyu.

Seenaan yeroo dheeraa biyya keenyaa balaa waraanaa irraa of-eegdee jiraachuu ishee irratti kan xiyyeeffate dha. Biyyattiin yeroo haara galfii argatte keessa hambaalee qaroominaa har'a ittiin boonnu kaa'uudhaaf yaalteetti. Haa ta'u malee, irra caalaa tumsa biyya balaa irraa eeguuf taasifamurratti xiyyeeffachuu keenyaan, qaroomina irraa baay'ee fagaannee turre. Jalqabbii seenaa aammayyaa keessatti kaka'umsi mmayyummaaf mul'isnes fedhii jiraachuu kallattii kana guutuurratti kan xiyyeeffatee fi ammayyummaa meeshaalee waraanaa irratti kan bu'uureffame malee fedhiiwwan biroo guutuuf kaka'umsi ture haala ga'aa ta'een hin mul'anne.

Gaaffiin inni guddaan garuu, "haleellaa of-irraa ittisuun qofti wabii jiraachuu namaa ni eegsisaa?" gaaffii jedhu dha. Biyya keenyatti lakkoofsa namoota qawween dhumanirra, lakkoofsi namoota beelaa fi dhibeen dhumanii yommuu wal-bira qabamu akka samii fi lafaatti kan wal-irraa fagaate dha. Kanaafuu, balaan jiraachuu dhala namaarra qaqqabu afaan qawwee irraa qofa kan dhufu miti. Yommuu qoonqootti hir'atus balaan jiraachuu irra ga'uu danda'a. Dhugaan turree hubanne tokko kanuma. Haa ta'u malee, fedhiiwwan qaamaa hubannee fedhiiwwan keenya guutuuf yommuu sosochoonu rakkoon ammas nu mudate fedhiin qaamaa fedhii maqaa gaarii fi fedhii bilisummaa dursa jennee yaaduu keenya dha. "Hawaasni haalaan hin sooranne fedhii kan biraa qabaachuu hin danda'u" jedhanii yaaduun yookiin "qoonqootu dursa" yaadni jedhu, yaaddoo beelli nutti uumerraa yaada dhalate dha.

"Namni fedhii foonii isaa guuttannaan wanti biraa suuta jedhamee qaqqabama" mammaaksi jedhu sun nama akka bineensaatti ilaaluu irraa qofa kan madde dha. Namni garuu nama kan ta'e fedhiiwwan qaamaatiin qofa miti. Maqaasaa fi bilisummaa isaaf kan quuqamuu fi kan du'u waan ta'eefi dha. Makmaaksi, "maqaan hanga badu buddeenni haa badu" kan jedhamu sababa malee hin makmaakamne.

Dhalli namaa fedhiin maqaa fi bilisummaa isaa fedhii guddaa hanga dabarsanii du'aaf of-kennuutti kan isa geessisu dha. Fedhiin maqaa gaarii horachuu keenya yoo hir'atee fi tilaamni yookiin bakki ofiif kenninu yoo sigigaate nyaataaf haa hafuutii jiraachuufuu fedhii hin horannu. Namoonni hedduunis kan of ajjeesanis haa ta'uu namoota biraa wajjin wal-dhabbii keessa galuun kan du'an fedhii maqaa gaarii horachuu kana guutuuf jedhaniiti. Akka falaasama ida'amuutti, fedhiiwwan martinuu akka barbaachisummaa isaaniitti dursi isaaniif kennama malee haala dhaabbataa ta'een sadarkaa kennuun dogoggora dha jedhamee amanama.

Fedhii isa tokko fuula dhowwatanii isa biraa keessumeessuun rakkoo jiraachuu keenya hin hiiku. Duraan dursanii haleellaa biyya irraatti aggaamamu ittisuus haa ta'uu, hokkora biyya keessatti uumamu qolachuudhaaf fedhiiwwan al-kallattii guutuudhaan hawaasa cimaa ijaaruun barbaachisaa dha. Erga hokkorrii fi waraanni uumameen booda yookiin otoo uumamaa jiruu dhaabsisuu fi dhaamsuuf ijibbaachuurra duraan dursinee fedhiiwwan gara hokkoraatti nu galchuun jiraachuu keenya balaaf saaxilan qolachuun barbaachisaa dha.

Fedhiiwwan dhala namaa marti isaanii fedhiiwwan murteessoo haalli isaanii ilaalamee wal-qixxumaan kessummaa'uu qabani dha. Namootni nama ta'uu isaaniitiin fedhiiwwan isaan qaban guutuufii otoo qabnuu, fedhiiwwan bineensota faana qooddannu qofa guutuudhaaf ijibaachuun bu'uuruma isaa irraa ilaalcha namoota binneensotaan qixxeessinee ilaaluu irraa kan madde dha. Namoonni uumaawwan fedhiiwwan bineensotarraa adda ta'e qaban ta'uu isaanii irraa kan ka'e fedhiiwwan dhala namaa kan ilaallu uumamasaanii wal-xaxaa ta'e kana waliin wal-bira qabuudhaani.

Fakkeenyaaf, aadaan namni yommuu wanta tokko nuuf godhuuf jedhu wanta sana otuma feenuu 'hin barbaadu' jechuu keenyaa maal mul'isa? Mana namaa dhaqnee beelofneetumallee nyaadhaa yommuu jedhamnu maaliif didna? Otoo fedhanii wanta tokko diduun, bu'aa walitti bu'iinsa fedhii qaamaa yookiin foonii fi fedhii maqaa yookiin ulfinaa gidduutti uumamurra argamu dha. Fedhiin qaamaa yookiin foonii otoo fedhii maqaa dursa ta'ee otuma beelofnuu nyaadhaa jedhamnee otoo hin nyaatiin dhiisnee hin baanu turre. Kanaafuu, otoo wanta tokko fedhanii hin fedhu jechuun sadarkaan fedhiin qaamaa fi fedhiin maqaa nama tokko keessatti qaban duraa duubaan akka hin teenyee fi fedhiiwwan lamaanuu dhala namaa muddanii akka qaban kan mul'isu dha.

Itoophiyaan seenaa ishee keessatti, gaaffii maqaa fi bilisummaa qajeeltoon osoo hin deebisin haftee, fedhiin ukkaamfame akka abidda dibameetti keessa keessasaa qaqqabachaa dhumarratti dhohee qaanqeen isaa yommuu ishee nyaachuuf jedhu haala ajaa'ibsiisaa hedduutiin irraa hafteetti. Abiddi kun irra-deddeebi'uun boba'ee biyyattiin maraammartoo sodaa jiraachuu wal-irraa hin cinne keessa akka galtu kan ishee taasise daandii fedhiiwwan ukkaamsuuti. Fedhii kamiifiyyuu daandiin ittiin keessummaa'u otoo diriirfamuu qabuu fedhicha yoo ukkaamsine akka abidda dibameetti riphee keessa keessaan qabachaa biyyattii akka nyaatu beekuu qabna. Fedhiin dhala namaa marti isaa fedhii jiraachuu waan ta'eef fedhiiwwan kanaaf deebii kennuu dhiisuun jiraachuu dhala namaa yookiin hawaasaa irratti akka qoosuutti lakkaa'ama.

1.2 Dandeetti Dhalli Namaa Uumamaan Qabu

Dandeetti dhala namaa ilaalchisee, gama tokkoon dhalli namaa jireenya isaa keessatti bu'aa-bayiin inni keessa darbu akka seera fiiziksiitti gochaa raawwatamuu fi deebii gochichaaf kennamu yaada jedhu irratti hundaa'a. Gama biraatiin immoo, dhalli namaa hiree isaa kan murteeffatu "fedhii bilisaa isaatiin kan murteessu uumama bilisaati malee seera maashiniitiin garba bulu miti" kan jedhu dha. Dhalli namaa "fedhii bilisaa hin qabu" namoonni jedhan warra dhala namaa karaa ilaalchaa xiin-lubbuutiin (biology) ilaalan yookiin warra dhalli namaa dhiibbaa naannoo isaanii jala galu jedhani dha.

Akka warra yaadni isaanii hireen dhala namaa dandeettii xiin-lubbuu isaa irratti hirkata jedhaniin, dhalli namaa uumamaan wanta qabatee dhalateen hoogganama kan jedhu dha. Namoonni uumamaan wanti ajajameef yookiin wanta ta'uu qaban fudhatanii dhufan sana gonkumaa jijjiiruu hin danda'an; waanuma fudhatanii dhufan sana qabatanii, isumaan hoogganamanii jiraatu jedheetu barsiisa. Yaadni kun seenaa dhala namaa yeroo dheeraa keessatti iddoo bal'aa kan qabatee fi amma yaadota duubatti hafoo jennee warra waamnu maraaf bu'uura kan buuse dha.

Garaagarummaa namootaa yookiin gareewwan garaa garaa gidduu jiru karaa xiin-lubbuutiin hiika itti kennuun, qabsoo namoonni yookiin gareewwan wal-qixxummaaf taasisan quucarsuuf yaada yookiin ilaalcha meeshaa guddaa ta'ee tajaajile dha. Fakkeenyaaf, sochii qabsoo uummatoota gurraachaa kolaasuuf taasifamaa ture keessatti, ka'umsi hafuura mankaraarsitummaa warra adii inni cimaan warri adii uumamaan warra gurraacha akka caalanitti yaaduu isaaniiti.

Hayyuuwwan yaada saayinsaawaa ta'uu dhiisuun isaa mirkanaa'e kana seenessuun garaagarummaa xiin-lubbuu kanaa barreeffamoota barumsaawoo (academic articles) keessatti illee afarsan hanga ammaatti ni jiru. Haaluma wal-fakkaatuun, qormaanni cimaan qabsoo mirga dubartootaa dura jirus, dubartoonni uumamumaan dhiiraa gadidha yaada jedhuu fi garaagarummaa dubartootaa fi dhiirota gidduu jiru uumamatti kan sababeessu dha.

Yeroo ammaa kana ilaalchi hiree dhala namaa uumamaaf kennu kunii fi dhalli namaa carraaqii mataa isaatiin hiree isaa akka hin murteeffane taasisu mo'amaa dhufeera. Yaadni biraan ilaalcha "dhalli namaa fedhii bilisaa hin qabu" jedhu immoo eenyummaanii fi hireen namootaa wantoota isaan naannoo isaanii waliin "adeemsa gochaa fi deebii gocha sanaaf kennamu keessatti uumamuun malee yaadaa fi fedhi dhala namaan kan uumamu miti" kan jedhu dha. Yaadi kun ilaalcha "namoonni garboota naannoowwan isaaniiti" jedhu qaba. Kana jechuunis, amala nama tokkoo kan murteessu dhiibbaa naannoon sun irratti uumu malee filannoo mataa isaa miti jedhu.

Gama biraatiin, yeroo dhiyootii asitti, yaadni "dhalli namaa hiree isaa ofuma isaatii kan ofiif murteeffatu yookiin ijaarratu dha" jedhu ol-aantummaa argachaa dhufeera. Haalli qabatamaa hawaasummaa dhalli namaa keessa jiru heddumminaan, dhalli namaa mataansaa kan ijaaree fi adeemsa yeroo keessa wantootuma ofiin ijaare sana deebisee akka seeraan qaamni biraa tumetti ittiin ilaalu uumameera yaada jedhu dha. Garaagarummaan uumamaan akka nama tokkootti namoota gidduu akka jiru saayinsiin kan amane haa ta'u malee, garaa garummaan gareewwan hawaasaa fi duubatti hafummaan uummatootaa garuu haala siyaasnii fi hawaasummaan garichaa itti tolfamerratti kan bu'ureffatu ta'uu isaa ragaa baha. Kunis, ilaalcha dhalli namaa dandeettiin jireenya isaa jijjiiruu harka mataa isaa keessa jira jechuu dha. Yeroo dhihootii asiti, dandeettiin sammuu namootaa otoo hin hafin, fedhii fi tattaaffii dhuunfaan taasifamu irratti kan bu'ureffatedha yaadonni jedhan bay'achaa dhufaniiru. Kunis, yaada hireen dhala namaa fedhii bilisaa isaarratti bu'ureffata jedhu kan jabeessu dha.

Akka falaasama ida'amuutti fedhiin bilisaa namaa yerootii gara yerootti kan guddachaa deemuu fi guddinasaa kana keessas humna beekumsaa fi xiin-sammuu gabbifachaa kan deemu dha. Adeemsi dhala namaas fedhii bilisaa isaanii jabeeffachaa gabrummaa naannoo isaanii fi uumama jalaa adeemsa ittiin bilisoomani dha. Kanaafuu, fedhiin bilisaa dhala namaa hojiiwwan duraan dursee inni hojjeterratti kan bu'ureffamu dha.

Namoonni fedhii bilisaa qabu. Fedhiin bilisaa kun garuu, fedhii yookiin eeyyama guutuu miti. Hammuma uumama mo'achaa dhufan fedhiin bilisaa isaanii jabaachaa deema. Haa ta'u malee, fedhiin bilisaa jabaachaa dhufe kun uumama mo'atu iyyuu hojiin harka namaa deebisee isuma kan mo'atuu fi fedhii bilisaa isaa kan murteessu ta'aa dhufeera. Fakkeenyaaf, teekinoloojiin jireenya waliigalaa dhala namaarratti dhiibbaan inni fidaa jiru uumama caala fedhii bilisaa dhala namaa kan qoru dha.

Dhalli namaa fedhii bilisaa qaba yommuu jennu, amalli isaa gochaa fi gocha deebii naannoo isaa faana taasisuun hin murteeffamu jechuu keenya miti. Wantoonni uumamaa fi nam-tolchee dhala namaa marsanii jiran amala nama tokkoo irratti mallattoo mataa isaanii ni uumu. Haaluma kanaanis, caasaan dhalli namaa diriirsu amala isaa fi jireenya isaa kan bocu ta'a jechuu dha. Haa ta'u malee, dhalli namaa naannoo isaarra kan inni baratu seera fiiziksiidhaan gochaa fi gocha deebiin sammuu isaa dammaqaatti fayyadamuudhaani. Kanaafuu, uumamaan dandeettii wantoota naannoo isaa irraa baratu filachuu fi hiika itti kennuu, akkasumas fooyyessuu qaba jechuu dha. Kana jechuunis, dhalli namaa caasaan siyaasaa akka fedhetti kan isa naannessu otoo hin taane, sammuu dammaqaa caasaalee siyaasaa hiikuu fi micciiru qaba jechuu dha. Kunis yaanni libiraalizimii ijaarsa dhaabbilee qofa irratti rarra'e fagoo akka nu hin deemsisne nutti agarsiisa.

Dhalli namaa wantoota hedduu irratti kallaaqqiiwwan ajaa'iba ta'aniin dhufee godoo qaroomina amma keessa jirutti haa argamuyyuu malee, fedhiiwwan dhala namaa ammas qixa sirrii ta'een deebii argachaa hin jiran. Ammas dhalli namaa beelaan harca'aa jira. Ammas hanqina wal'aansaa fi qorichaan gidiramaa jira. Ammas wal-ajjeesuu kan hin dhiisnee fi jireenyi isaa adamoo al-kallattii irratti kan hundaa'e dha. Qaroominni dhala namaa maaliif buburree ta'e? Fedhiin isa tokkoo gaaf guutamu fedhiin isa kaanii akkamitti agabuu bula? Jabduuwwan qaroominaa ammana baay'atan gidduutti gidiraa fi siqiqiin, duutii fi madaa'uun, imimaanii fi boo'ichi akkamitti hanga kana baay'achuun taateewwan guyyaa guyyaa addunyaa kanaa ta'an?

Hayyoonni hedduun garaagarummaa qaroominaa yookiin sadarkaa misoomaa dhala namaa gidduu jiru qabeenya uumamaa, dandeettii hoggansaa, amala mootummaa, aadaa, dandeettii dhaabbilee, quunnamtii idil-addunyaa fi gita-bittaa waliin sababa hedduu kaa'aniyyuu, akka ka'umsaatti garaagarummaan qaroominaa kun uumama dhala namaa ilaalchisee mormii biraa kan kaasisu dha.

Ilaalchi 'dhalli namaa uumama na ga'ee hin beekne, ofittoo, morkataa fi lola jaalatu dha' jedhu gama tokkoon, ilaalchi 'dhalli namaa bu'uuruma irraayyuu gaarii, tumsaa fi nama biraaf uumama yaadu dha' jedhummoo gama biraatiin ajandaa mormii uumaniiru.

Waraana addunyaa tokkoffaa booda, hayyoonni xiin-lubbuu fi hayyoonni adeemsa jijjiirama suutaa dhiibbaa fi shororkaa'uu waraanichi isaan irraan ga'erraa ka'uudhaan yaada dhalli namaa balaafamaa fi gara-jabeessa jedhu fidan. Dhalli namaa bineensota biraa dursee qaroomuu kan danda'es sababa gara-jabummaa cimaadhaan naannoo isaa to'annaa ofii jala oolchaa dhufeefi jedhu. Yaadni obboroo waraana addunyaa tokkoffaatti jalqabame kun yeroo waraanni addunyaa lammaffaa irra caalaatti jabaatee qalbii namoota hedduu bituu danda'e. Addunyaarratti kallattiin siyaasaa komuniizimii gaafa babal'achaa dhufu, qalbiin hayyootaa uumama wal-tumsaa fi gaarummaa dhala namaarratti xiyyeeffachaa dhufe.

Wal-morkii irra wal-tumsuun akka amala uumamaa dhala namaa ta'etti lakkaa'uun ni jalqabame. Hayyoonni komuniizimii qeeqan immoo yaada komuniizimiin amalli dhala namaa uumamaan ofittoo fi wal-morkaa ta'uusaa dagate jechuudhaan yaada qeeqaa kaasuu jalqaban. Yeroodhaan booda fudhatamni yaada libiraalizimii yommuu bal'achaa dhufu uumamni dhala namaa na ga'ee hin beekne, ofittoo fi morkataa dha ilaalchi jedhu fudhatama argachaa dhufe. Rakkoo guddaan adeemsa dhalli namaa uumamaan akkkanaa fi akkas jedhee murteessuu kun kan ilaalcha siyaasaarraa waraabame ta'uusaati. Ta'uun kan irra ture garuu faallaa kanaati. Uumama dhala namaa ilaalchisuudhaan ilaalcha qabnu sammuu bilisaatiin erga madaalleen booda otoo ilaalcha siyaasaa keenya qopheeffannee irra caalaa sirrii taana turre. Farda gaarii dura waan keenyeef yaadi waliigalaa uumama dhala namaarratti kenninu adeemsa ilaalcha siyaasaa keenya akka ittiin filatamu taasisnu dha.

Uumamni dhala namaa gaarrummaafis, hammeenyaafis, wal-morkiifis, wal-tumsuufis, ofittummaafis, namaaf yaaduufis, wal-loluufis, nageenyummaafis, banaa kan ta'ee fi kallattii kamiin iyyuu dagaaguuf carraa kan qabu dha malee maxxana tokko kan dhaabatu miti. Dhalli namaa abbaa sammuu cimaati. Sammuu isaa cimaa kana gaarummaafis hammeenyaafis dhimma itti ba'uu ni danda'a. Gaarummaaf yoo dhimma itti ba'e akka namoota gaarummaa isaaniitiin maqaansaanii kaafamuutti; hammeenyaaf yoo itti fayyadame immoo akka namoota maqaan isaanii waan hamaan ka'uutti fudhatamuu danda'a.

Ilaalcha ida'amuutiin, dhalli namaa wal-morkiis ta'e wal-tumsuu, lolaafis ta'e nageenyaaf filannoo inni taasisu harka isaarra jira. Humnaa fi dandeettii amala inni barbaade ijaaruu fi jabeessuu qaba. Qaroomina dhala namaa wal-qixxee hin bilchaanne kana fedhiiwwan nama hundaa guutuudhaan guutummaa guutuutti kan bilchaatee fi qaroomina dhugaa akka ta'uuf dandeettii dhala namaa kana hubachuun dirqama.

BOQONNAA LAMA

Wal-faalleessuu Falaasama Guguddoo Lameenii

Marii fi mormii amantaa yaadaa yookiin falaasama yookiin kallattii siyaasaa irratti taasifaman irratti wal-faallessuun libiraalizimii fi soshaalizimii dhimma xiyyeeffannoon addaa itti kennamuufi dha. Wal-hokkorri kallattii siyaasawaa irratti ka'an heddumminaan kan xiyyeeffatan kallattiiwwan siyaasawaa lamaan kana walitti araarsuuf carraaqqiiwwan taasifaman keessatti dha. Wal-faallessi kallattiiwwan siyaasaa lameen kanaa yeroo hedduu kan maddu wal-faallessa bu'uurawoo fedhiiwwan dhala namaa irraa, kessumaa wal-faallessa wal-qixxummaa fi bilisummaa gidduu jiru irraa kan ka'e dha. Libiralizimiin kallattii siyaasawaa fedhii dhuunfaa bilisummaa dhala namaatiif dursa kan kennu yommuu ta'u, soshaalizimiin immoo fedhii waloo wal-qixxummaa dhala namaatiif dursa kennu dha.

2.1   Libiraalizimii

Hundeessitoonni amantaa-yaadaa yookiin falaasama libiraalizimii mirga bilisummaa nama dhuunfaaf dursa kan kennanii fi fedhii faayidaa dhala namaa wal-irraa hin cinne dheebuu baasuurratti kan xiyyeeffatan turan.

Haaluma kanaanis, fedhii dhala namaa qabeenya horachuu fi kuusachuu keessummeessuunii fi hawwii bilisaa fi fedhii isaanii irratti otoo gufuu hin ta'in, bilisummaa dhala namaa mirkaneessuuf akka dandeessisuuf jecha bilisummaa gabaa labseera. Falaasamni libiraalizimii kan uumame yeroo sana harki mootummoota biyyootaa kan aangoorra turanii dheerachuusaa fi waan hundarraatti akka fedhanitti murteessuun bilisummaa siyaasaa fi diinagdee namootaa waan mulqaa turaniif, falaasamni kun aarii irraa kan uumame ture.

Falaasamni aarii akkamalee kun fedhii namoota hojjetanii jijjiiramuu fi guddachuu, akkasumas sadarkaa hawwii isaanii bira ga'uuf carraaqan kan kolaasu harka mootummaati; kanaaf harka kana gabaabsinee kutuu qabna yaada jedhurraa kan dhugeeffatame dha. Harki mootummaa wal-morkii bilisaa namoota dhuunfaa gidduu jiru mijeessuu fi nageenya namootaa eegsisuu irratti qofa akka murtaawu barbaada. Mootummaan birmadummaa biyyaa eegsisuu fi ol-aantummaa seeraa mirkanneessuun ala wanta jiru diinagdee daldaltootaaf akka gadi lakkisu watwaata. Gabaan karaa harka lafa jalaatiin madaallii eegaa gara milkaa'inaatti gulufa; haaluma kanaanis fedhii dhala namaa milkeessaa deema jedheetu yaada.

Fedhiin falaasama libiraalizimii inni guddaan bilisummaa siyaasaa fi diinagdee dhala namaa mirkaneessuu dha. Humnoonni aangoo qabatan humna waraana isaanii da'oo taasifachuun qabeenya lammiillee kan saamanii fi carraaqqii duroomuu lammiilee irratti gufuu waan ta'aniif, itti gaafatamummaa dhabuu aangaa'oota siyaasaa madaqsuuf kallattii siyaasaa karoorfame dha. Cunqursaan diinagdee sochii hojjetanii jijjiiramuu lammilee irratti aangaa'oota mootummaatiin taasifamu, dhiibbaa siyaasaa irraa kan maddu waan ta'eef, siyaasichaaf mala aangaa'oota mootummaa ittiin to'annu uumuufi qabna jedha.

"Warri libiraalistii" dhalli namaa bilisummaan isaa mirkanoofnaaniif, hojjetee duroomuu fi hawwii wal-irraa hincinnee fi dheebuu jijjiiramaan kan qabame jedhaniitu amanu. Uumamasaa bu'uuraatiin dhalli namaa wanta isa miidhuu fi fayyadu addaan baasee kan beeku, argaa-dhageettii irratti kan bu'uurreffame, carraan wal-qixaa yoo kennameef wal-qixa hojjetee guddachuu fi jijjiiramuu kan danda'u dha jedhee amana. Abjuu hojjetee badhaadhuuf qabu kana kanneen isa jalaa fashaleessan namoota siyaasaa otoo hin hojjetiin jijjiiramuu barbaadanii fi meeshaa waraanaa isaanii abdatani dha jedhee amana. Kanaafuu, kaayyoon isaa inni guddaan bilisummaa diinagdee fi siyaasaa namoota dhuunfaa mirkaneessuu dha.

Yeroo yaadni libiraalizimii itti dhalatee fi warraaqsi industirii (industrial revolution) itti geggeeffame yeroo tokko ture; yookiin, warraaqsi industirii ilaalcha libiraalizimiitti aansuun dhohe. Sirni gabaa bilisaa akka abidda saafaatti boba'e. Warri yaada qabanii fi qabeenya qaban, qabeenya isaanii hojiirra oolchuu eegalan; bu'aas hammaarrachuu eegalan. Bu'aa argames deebisanii hojiirra oolchan; bu'aa dabalataa sassaabbachuu eegalan. Awurooppaanis industiriidhaan guutamte.

"Gabaan" warra gabaaf qofa dhiifamuu qaba; mootummaan harka isaa diinagdee irraa yoo kaase, diinagdeen gabaa ni babal'ata; qabatamaanis agarsiifama. Haa ta'u malee, bu'aan dhufe namoota hundumaa fayyadamtoota kan taasisu otoo hin taane namoonni muraasni jireenya qananii akka jiraatan, hedduun immoo bu'aa argame qooddachuun haa hafuutii kan bira hin geenye ta'uun isaa ifatti mul'ate. Qabeenyi namoota muraasa harka galee cunqurfamtoonni irra caalaa jireenya gadadoo hamaa keessa cuubamanii mul'atan. Oomishtummaa guddisuuf dhaabbileen oomisha eegalan daa'imman illee otoo hin hafiin saamicha humnaaf kan saaxilu, warra abbootii lafaatiif qotanii bulan (ciisanyaa) lafaa fi oomisha isaanii irraa kan dhabamsiisu ta'uun isaa ifa-ifatti mul'ate.

Raawwii kana kan hubatan beektoonni jaarraa 19ffaa fayyadamummaa qixxee dhala namaa gara fuul-duraatti fidan. Kaappitaaliizimiin bifa cunqursaa fiwudaalizimii jijjiiruun cunqursamtoonni irra caalaa akka cunqurfaman taasise malee, dhala namaaf wabii ta'uu hin danda'u jedhanii labsan. Kunis dhalachuu soshaalizimii labse.

2.2   Soshaalizimii

Hundeessitoonni ilaalcha yookiin amantaa-yaadaa libiraalizimii kan ka'an dhimma hundarratti ajajuu mootummoota abbaa irreetu isaanitti hadhaa'eeti yoo jenne, leellistoonni kallattii siyaasaa soshaalizimii immoo, saamamuu fi qisaasa'amuu gita hojjettootaati jedhu.

Hanga warri libiraalistii harka mootummaa gabaabsuuf imalan, warri soshaalistiis harka abbaa qabeenyaa gabaabsuuf socho'an. Hanga warri libiraalistii misoomni dhala namaa kan mirkanaa'u gabaan yeroo ofiin of-bulchudha jedhanii lallaban, warri soshaalistii immoo sirni awwaalcha libiraalizimii raawwatamu malee rakkooleen hawaasaa hin hiikaman jedhan.

Falaasfonni soshaalizimii adeemsi jijjiiramaa fi ammayyumaa dhala namaa yaadaa fi fedhii dhala namaatiin herreegame kan karoorfame otoo hin ta'iin, ol-aantummaa qabeenyaa gareewwan muraasaatiin kan uumamee fi fedhiiwwan isaanii kan eegsisu dha mormii jedhu fidan. Xiinxala seena qabeessa sirna kaappitaalistii yeroo sana jabaachaa dhufe irratti kennuun, sirnichi "sirna daldala garbaa" bifa isaa jijjiirrachuun as bahe akka ta'e dubbatan. Garaagarummaan gooftaa fi garba gidduu jiru; riqichi sirna cunqursaa abbaa lafaa fi warra abbaa lafaatiif qotanii bulan (ciisanyaa) wal-quunnamsiisu darbee ce'uun abbaa qabeenyichaa fi dafqaan bulaa gidduutti itti fufeera jechuun yaada mormii dhiyeeffatan.

Akka yaada mormii warra soshaalistii kanaatti, hiikni bilisummaa warra libiraalistii dhiphoo fi dogoggora dha. Libiraalizimiin bilisummaa "hidhaa namaa irraa bilisoomuu" jedhee yommuu hiiku, soshaalizimiin immoo "cedheedha cunqursaa caasaa ijaaramaa ture irraa bilisoomuu" jedheetu hiika. Ifaa-ifatti soshaalizimiin xiyyeffannoon isaa sirni gitaa hafee addunyaa wal-qixxummaan dhala namaa keessatti mirkanaa'e uumuu dha.

Soshaalizimiin sirni namoonni firii dhama'inaa fi dafqa isaanii namoota biraaf akka dabarsanii kennan taasisu barbadaa'uu qaba jedhee amana. Sirna garbaa keessatti "garbichi" guyyaa guutuu dhama'aa olullee, firiin dafqa isaa gooftaa isaatiif ta'a malee isaaf miti. Haaluma kanaan, sooranni "garbichaaf" guyyaa guyyaan kennamu sun akka guyyaa itti aanu hojii irratti argamuuf qofaa dha. Hojjetee argachuu fi qixa firii hojii isaatiin carraa jijjiiramuu hin qabu. Sirna kaappitaalistiitiinis, gitni hojjetaa "amoolee" guyyaa guyyaan arraabamuun ala amalli namummaa isaa kan isa gaafatu, hojjetee argachuu fi fedhii badhaadhuuf qabu kan isaaf guutu miti. Firii dafqa isaatii iyyuu abootii qabeenyaatu jalaa fudhata. Oomisha dabalataa omishus omishuu baatus, mindaan isa qaqqabdu "amoolee" dha.

Abbootiin qabeenyaa oomishaaf galtee wanta ta'u kanneen akka lafaa fi kaappitaala abbummaadhaan qabachuu waan danda'aniif firii dafqa "garbichaa" fudhachuuf carraa argatu. Haala kana jijjiiruufis sirni abbootii qabeenyaaf ajajajamuu fi fayyaduu guutumaan guutuutti dhabamsiifamuu qaba ejjannoo jedhu qabatan. Keessummaa maddisiistonni yaada soshaalizimii warri jalqabaa kaappitaalizimiin ofiin of-danqee of-kuffisuun isaa fi karaa irra ol-ba'een burkutaa'ee gadi bu'uun isaa hin oolu jedhanii raajan. Kanaafuu, dafqaan bultoonni addunyaa akka wal-cina dhaabbatan akeekkachiisan.

Abjuun warra soshaalistiis, paartii irree qabeessaa fi dafqaan bultootaan hoogganamu hundeessuun, irree cimaan sirna awwaalcha kaappitaalizimii saffisiisuu kan jedhu ture. Kunis, sirna abbaa irree dafqaan bultootaa yeroof hundeessuun abbootii qabeenyaa balleessuu dha. Mootummaan warraaqsa akkanaatiin ijaaramus yaad-rimee diinagdee ajajaa hojiirra kan oolchu yommuu ta'u, abbaan qabeenyaa humnoota oomishaa qabachuu isaatiin dafqaan bultoota buqqisuun akka hin jiraanne mootummaan harka keessa seensisee to'annaa gochuu irratti kan xiyyeeffate dha. Yaada kanaan warraaqsonni hedduun biyyoota hedduu keessatti akka taasifaman godhe.

Akka kallattii siyaasaa kanatti warraaqsa cunqurfamtootaatiin yeroodhaaf mootumman abbaa irree uumamuu ol-aantummaa abbootii qabeenyaa balleessuun sirna lammiileen hunduu ittiin wal-qixxaatan uuma. Yaadni kun biyyoota seenaa Awurooppaa irraa adda ta'e qabanii fi industiriin itti hin babal'annetti (fakkeenyaaf, Eeshiyaatti) akka hojjetu taasisuuf sirna oomishaa kaappitaalizimiin duraa yookiin irra caalaan haala qonnaan bultootaa waliin wal-qabsiisuun xiinxaluuf yaaliin ni taasifame.

2.3   Yaalii Falaasama Lameen Walitti Araarsuu

Kaappitaalizimiin akka ilaalcha wal-faallessaa libiraalizimiinis ta'e soshaalizimiitiin tilmaamame hin taane. Warri libiraalizimii akka eeganitti namoota hunda (yookiin yoo xiqqaate harka caalaa) fayyadamaa taasisuu hin dandeenye. Warri soshaalistii akka raaganitti of-danqee of hin kufisne. Sirumaa yommuu miini dheedhii fi gabaan jalaa hanqatu addunyaawwan haaraa abuuruun babal'achuusaa itti fufe. Haaluma kanaanis, yaadonni soshaalizimii fi libiraalizimii keessa turan babal'achuu isaanii itti fufan. Haaluma kanaanis, yaadonni soshaalizimii fi libiraalizimii keessa turan filannoowwan biroos maddisiisuu eegalan.

Wal-riguun kallattiiwwan siyaasaa soshaalizimii fi libiraalizimii gidduutti taasifame, "bilisummaa" fi "wal-qixxummaa" akkamitti walitti araarsina gaaffiin jedhu akka mul'atee ba'u taasise. Gama tokkoon mootummaan "hojiin kee si haa baasu" jedhee guutumaan guutuutti gabaa keessaa harka isaa sassaabbatee ba'udhaan taa'ee haa ilaalu yaadni jedhu sun bu'a-qabeessa akka hin taanee fi fooyya'insi hanga tokko taasifamee mootummaan to'annaa taasisuu akka qabu, gama biraatiin immoo mootummaan gabaa cafaqee harka isaa keessatti qabachuun bilisummaa namoonni hojjetanii badhaadhuurratti qaban irratti miidhaa kan fiduu fi walumaagalatti, misooma kan sakaalu ta'uun isaa bal'inaan fudhatama argate. Rakkoowwan hojjettootaa kanneen hir'isan kanneen akka gamtaa hojjettootaa, umurii sooramaa, sa'aatii hojii fi kaffaltii gad-aanaa murteessuu fi kkf jabaachaa deeman. Xiyyeeffannaan biyyoonni bilisummaaf kennan sadarkaan dimookiraatummaa isaanii akka biyya mootummaa abbaairree yookiin mootummaa dimookiraatawaatti akka waamaman isaan taasisaa dhufeera. Gama biraatiin, xiyyeeffannoon biyyoonni bilisummaaf akka waliigalaatti kennan jireenya gadadoo lammiilee fi gaaffii itti fayyadamummaa haqa-qabeessa ta'e hiikuurratti kaka'umsi qaban kan ittiin madaalamu ta'eera.

Biyyoota toora dimookiraasiitti ramadaman addaan baafannee xiyyeeffannoo isaan wal-qixxummaaf kennan yoo ilaalle, kallattii siyaasa isaanii waliigalaa nu agarsiisa. Libiraalistoonni jireenyi gadadoo lammilee kan furmaata argatu badhaadhinni waliigalaa yommuu dhufudha jedhanii amanuu. Kanaafis, itti gaafatamummaa nageenya hawaasummaa mirkaneessuu lammileedhumaaf kennuun itti fayyadama wal-qixxeef xiyyeeffannoo gad-aanaa qabaachuu isaanii mul'isaniiru. Biyyoonni kunniin hojii nageenya hawaasummaa isaanii keessatti xiyyeeffannaan isaanii inni guddaan dhimma lammilee balaaf saaxilamaniif deeggarsa taasisuu malee dhimmi itti fayyadamummaa wal-qixaa hagana kan isaan dhiphisu miti. Xiyyeeffannoon isaanii inni guddaan kennaa deeggarsaa warra rakkataniif dhiheessuu irratti kan hundaa'e dha. Kennaa deeggarsaarra furmaanni guddaa rakkoo nageenya hawaasummaa hiiku gabaa dha jedhanii amanu.

Gama biraatiin, biyyoonni aadaa biyyaa jabeessan (conservative) jedhaman nageenya hawaasummaa lammiileef xiyyeefannaa hanga tokko kennuun sirna wabii adda addaa diriirsaniiru. Sirnoonni wabii kunniin gumaacha lammilee irratti kan bu'uureffatanii fi qixa hojjetoonni buusii walitti qabaniin tajaajila wabii karaa ittiin argatan kan mijeessani dha. Haa ta'u malee, hojimaanni akkanaa kun dhimma wabii caalu warra buusii caalaa qabuuf kennuu malee, gaaffii haqa-qabeessummaa kan hiikuu fi lammiilee harka-qal'eeyyii fi hoji-dhabeessa ta'aniif kan furmaata kennu miti.

Gaaffii bilisummaa fi haqa-qabeessummaa walitti araarsuun libiraalizimii fi soshaalizimii gidduutti filannoo ta'uuni dha jedhanii kan yaalan biyyoota soshaal dimookiraasii hordofani dha. Kaappitaalizimiin faca'insa qabeenyaa haqa-qabeessa ta'e kan hin mirkaneessine akka ta'e kan amanamu ta'uyyuu, furmaanni isaa hanqina isaa tooftaa sirriin wal'aanuu yookiin sirreessuu dha malee barbadeessuu miti jedhanii warra amanani dha. Soshaal dimookiraasiin akka ilaalcha nama madaaluuniitti "libiraalizimii kan suphu" yookiin "soshaalizimiitti immoo haguuggii fuulaa dimookiraasii kan haguugu" godhamee ilaalamuyyuu, garaagarummaa bu'uurawoo kallattiiwwan siyaasaa lameen irraa adda ba'uun of-danda'ee dhaabbachuu isa dandeessisiisan ni qaba.

Kallattiin siyaasichaa utubaalee soshaalizimii bu'uurawoo lameen (murteessummaa diinagdee fi qabsoo gitaa) mormuun murteessummaa siyaasaa fi tumsa gita ce'u kan bu'uureffate dha. Bifa soshaalizimii faallessuun, namni hundumtuu faayidaa ol-aanaa kan argatu barbadaa'uu kaappitaalizimii irraa otoo hin taane gabbachuu isaa irraa akka ta'e jala mura. Kaappitaalli yookiin "qabeenyi ga'oome" kun harka namoota muraasaa qofa akka hin galle mootummaan dammaqinaan to'annaa taasisuu akka qabu kan kakaasu dha. Gahee mootummaan lammiilee maraaf humna diinagdee bu'uurawaa fi mijataa ta'e uumuu keessatti tapachuu qabu ilaalchisuun yaadota kennuunii fi gosoota bilisummaa kamiifiyyuu tilmaama wal-qixa ta'e kennuun isaa adda durummaan libiraalizimii irraa adda isa taasisa.

Biyyoonni kallattii kana hordofan galii mootummaa karaa adda addaa guddisuun, keessumaa, galii gibiraa irratti xiyyeeffachuun hojii qabeenya deebisanii hiruu karaa mootummaa hojjetu. Wabii yookiin nageenya hawaasummaa sadarkaa ol-aanaatti eegsisuuf yaalii waan taasisaniif "mootummoota daaragootii" jedhamuun caqafamu. Biyyoonni kunniin hirmaannaa qabeenyaa irratti gahee guddaa kan fudhatanii fi wal-qixxummaa lammiileetiif xiyyeeffanoo kan kennani dha. Bu'aa kanarraa argameenis, biyyoota itti fayyadamni haqaa keessatti mul'atu ta'aniiru. Soshaal dimookiraasiin qulqullina jireenya lammiileef xiyyeeffannoo kennuurra darbuun jireenyi isaanii hangam akka garaa isaan ga'ee fi hangam akka itti gammadan hordofuun, badhaadhina gabaarra dabarsuun dhimma dhala namaa taasisuuf carraaqqii taasisa.

Haa ta'u malee, soshaal dimookiraasiin qeeqa Maarkisiistoota duraanii jalaa hin miliqne. Qeeqni irratti dhiyaate kunis, soshaal dimookiraasiin sirna hojjettoota saamicha humnaaf saaxilu suphuun lammiileen mijuun hanga tokko akka isaanitti dhaga'amu taasisa malee, mirga bu'uuraa hojjetanii badhaadhuu kan kabachiisuuf miti kan jedhu dha. Lammiileen qabeenya kam irratiyyuu qixa fayyadamoo akka ta'an kan taasisu; qabeenya dhala namummaa harkaa fuudhuun akka bulchaa garbaa gaariitti lammileef wanta nyaatanii fi dhugan kennaa sirna jiraachisu dha jedhu. Libiraalistoonni immoo soshaal dimookiraasiin gibira ol-aanaa irratti kan hundaa'e waan ta'eef abbootii qabeenyaa dhuunfaa kan quucarsu, dhiibbaa gibiraatiin dhiphinaan kan liqimsamee fi kalaquuf kan ija hin jabaanne dha qeeqa jedhu irratti dhiheessu. Dabalataanis, qabeenya namoota muraasaan maddisiisame uummata bal'aaf bifa sooramaa fi wabii hoji-dhabdummaan waan hiruuf, soshaal dimookiraasiin itti fufiinsa mirkaneessuu hin danda'u jedhu. Sababa kanaanis, kallattiin ilaalchaa kun keessumayyuu haala qabatamaa biyyoota guddachaa jiraniitiin mootummoonni biyyoota akka kanaa qabeenya tasgabbii hin qabne giddu-galeessa akka hin godhanne qeeqni irratti dhiyaata.

2.4   Kallattiiwwan Siyaasaa Biyya Keenyatti Yaalle

▬ Sochii Barattootaa fi Soshaalizimii

Biyya keenya keessatti waa'ee kallattii siyaasaa irratti dudubachuun kan jalqabame yeroo sochiin barattootaa gaggeeffamuu eegale keessatti ture. Kanaaf immoo sababoota lamatu ture. Jalqabbiin haala siyaasa biyya alaa sakata'uu, Itoophiyaa keessatti dhaabbileen barnoota ol-aanoo babal'achaa dhufuu isaanii waliin wal-qabatee kan uumame dha. Gama biraan immoo, yeroon kun yaad-rimee Maarkisizimii, kan maddisiise Kaarl Maarkis erga du'ee waggoota hedduun booda yaadichi addunyaarratti haala ol-aanaa ta'een dhiibbaa geessisuu yeroo itti jalqabe faana wal-irra bu'uusaatiin Itoophiyaa keessattis leellistoota hedduu horachuu isa dandeessiseera. Keessumaa warraaqsonni soshaalistii biyya Kuubaa fi Veetinaam, akkasumas sochiiwwan barattootaa biyya Jarmanii, Iraanii fi biyyoota biroo keessa turan akka salphaatti gara biyya keenyaatti babal'achuun isaanii waa'een ilaalcha kallatii siyaasaa siilessituu yookiin qoraasuma qaroomina keenyaa ta'ee dhufe. Biyyi keenya dachee ishee irratti yeroo jalqabaaf dhaabbilee barnoota ol-aanoo yeroo bante sana qalbii keenya yookiin sammuu keenya qulqulluu ture sanatti amantaan-yaadaa soshaalizimii gale.

Haaluma kanaan, biyya keenyatti kallattii siyaasa soshaalizimiitiin xinnaaf guddaan afaan ittiin siileffate. Muuziqaa kallattii siyaasaa abjuu fakkaatu kanaan otoo ragannuu biyyi keenya haala akkamii keessa akka jirtuu fi rakkoon keenyallee maal akka ta'e dhaabannee hubachuu hin dandeenye. Dhimma cunqurfamuu dafqaan bulaa fi daandii bilisummaa dafqaan bulaa akka dhimma keenya isa guddaatti yeroo xiinxallu, haala qabatamaa biyya keenyaa keessa garuu gitni dafqaan bulaa haa hafuu, fooliinsaayyuu akka hin turre hubachuu daganne. Biyyattii keessa baay'inni industriwwanii hedduu xiqqaa akka turan ni daganne.

Yaadota galaana gamaa lola'an kallattiidhaan fiduun uummata wagi'uun machii biyyaalessaa keessa galle. Yeroo ofirra garagallee ilaallu garuu wantoota hiika hin qabnee fi darbee darbees ta'u nama kofalchiisan irratti wal-nyaachaa fi wal-ajjeesaa turre. Qoricha ta'a jennee kallattiin siyaasaa biyya alaatii fudhanne, ofumaa deebi'ee sababa dhibee biraa nutti ta'e.

Carraaqqiin kallattiiwwan siyaasaa haala qabatamaa biyya keenyaa waliin wal-simsiisnee hiikuuf taasisne, akka kophee lakkoofsa keenya malee bitame keewwachuutti kan ilaalamu ture. Dhimmichi kophee bituun qofa kan dhaabatu hin taane. Sirumaa hanga miila kopheen qixxeessuuf muruutti tarkaanfanne. Dammaqina sammuu kallattiiwwan siyaasaa kana haalaan qorachuun murtii irratti kenninu, kan nu fayyadu qofa addaan baafannee kan ittiin fudhannu waan hin horanneef yeroo keenya mormii bishaan hin kaasnerratti dabarsine. Daandii fedhii fi faayidaa biyya keenyaa miidhu, tasgabbii fi wal-dhaggeeffachuun keessaa hin jirre waan hordofneef bu'aan isaa waraanaa fi walitti-bu'insa waliin wal-gaggalaafachuu ta'e. Yeroo sana, humnoonni siyaasaa biyya keenyaa hundi sadarkaa jedhamuu danda'uun amantaa-yaadaa yookiin falaasama soshaalizimii kana ni tarkaanfachiisu ture. Garaagarummaan yaadaa gidduu isaanii tures sadarkaa nama dhuunfaatti yookiin dhimmoota murteessoo hin taane qofa irratti kan daanga'e ture. Yeroo kana gaaffiiwwan ijoon mirga garee irratti kan daangeeffamanii fi keessumaa gita fiiwudaalii, wal-qixxummaan sabootaa fi amantaawwan gidduutti akka dhufu gaafachuu irratti kan xiyyeeffatan turan. Hokkorri gaaffiiwwan kun uuman akka haala mijataatti fayyadamuun gara aangootti kan dhufee fi kallattii siyaasaa wal-fakkaatuun tarkaanfachiisa kan jedhu, mootummaan Dargii gaaffiiwwan ka'an humnaan ukkaamsuuf yaale. Kanaafuu, gaaffiiwwan ukkaamfaman dallansuu cimaarraa kan ka'e bal'ifamanii fi akka malee ol-kaafamanii boodarra Dargii mataa isaa hanga barbadeessuutti deeman.

Mirga garee uummatootaa kabachiisuun dirqama barbaachisaa kan ta'ee fi "faranjiitu fide" jedhamee kan cinaatti dhiibamu miti. Gaaffiiwwan ka'an haala qabatamaa biyya keenyaa waliin wal-bira qabnee qorachuu fi hubachuuf carraaqqii gochuurra, akka yeroo barataa turre sana qormaata walitti firoomsii hojjechuu sana humnaan haala wal-fakkeessuutu irraa mul'ata ture. Dhimmicha tasgabbiin qorachuuf, mari'achuu fi wal-mormuu caalaa yaada guduunfaa ija jabummaa fi wal-qoccolloof yeroo itti saaxilamne ture. Dhimma hin qorannerraatti yaada guduunfaarra qaqqabuuf jarjarsuun nurratti mul'ateera.

Warraaqsa Raashiyaa luka lukaan hordofaa maqaa paartii fi akkasumas shororkeessummaan adii fi diimaa otoo hin hafiin garagalchuuf oliif gadi fiiguun keenya cabarratti buqqa'a nutti ta'aa otoo jiruu, barsiiftuun ilaalcha kallattii siyaasaa keenya daandii koon fooyyessa jettee kaate. Nutis harka keenya "Das Kaappitaal" fi "Impeeriyaalizimii" ittiin garagalchineen "Gilasnost" fi "Peresterooyikaa" gara hiikuutti galle. Gara itti nu jal'isan maratti akka bishaanii dhangala'aa diinagdee ajajaarraa gara diinagdee wal-makaatti garagalle.

ADWUI fi Soshaalizimii: Warraaqsa Dimookiraasii, Mootummaa Misoomawaa fi Daandii Haaromsaa

Mootummaan Dargii kufee yeroo ADWUI'n aangoo qabate da'oo fi abukaattoo soshaalizimii kan ture addunyaan Bahaa yeroo harka itti kennatan ture. Kanaafuu, ejjannoo ofii fooyyessanii yeroo faana tarkaanfachuun barbaachisaa ture. Jalqabumaa kaasee soshaalizimiitti kan amanuu fi bɔɔddeerras soshaalizimii Raashiyaa otoo hin taane soshaalizimii Albaaniyaa hojiirra oolchuu akka barbaadu himaa kan ture, ADWUItiif daandii haaraa barbaaduun dirqama itti ta'e.

Siyaasa biyyittii irratti fooyya'insa gochuun, tarkaanfiiwwan sirna paartilee siyaasa danuu (multi party system) diriirsuuf, yaada bilisaan ibsuuf, wal-ga'uuf, wal-gurmeessuu fi maxxansa bilisaaf ta'an ni fudhataman. Haaluma kanaan, hiriirronni deeggarsaa fi mormii taasifamuu ni eegalan; paartileen haaraas mul'achuu jalqaban; gulaalchawwanii fi barruulleenis akka urjii samiitti baay'atan. Barreefamoonni yaada moggaa qabatan karaa maxxansa dhuunfaa ba'uu eegalan. Biyyittiin gara libiraal-dimookiraasiitti ce'uuf waan kurkurtu fakkaatte. Gama diinagdeetiinis, bara Dargii keessa dura diinagdee ajajaa (command economy), boodarras diinagdee makaa (mixe economy) keessatti imaammatoonni fiisikaalii (fiscal) fi moniitarii (monetary) fooya'uu jalqaban. Dhaabbileen mootummaan qabamanis suuta suuta gara qabeenya dhuunfaatti dabarfaman. Dhorkaawwaniif qoqqobbiiwwan abbootiin qabeenyaa yeroo hin murtoofneef akka hin uumamne taasisan ni kaafaman. Gosoota diinagdee muraasaan ala hedduun isaanii abbootii qabeenyaa biyya keessaa fi biyya alaaf banaa ta'an. Haa ta'u malee, jechaanis ta'e gochaan adeemsa libiraalizimii akka kallattii siyaasaatti hojiirra oolchuutti hin seenne. Sababni isaas, yeroon sun yeroo soshaalizimiin itti kufe qofa otoo hin taane, yeroo biyyoonni libiraalizimii akka maleetti dhudha'anii dhugan sun rakkoo keessa galan ture. Sana caalaa, sarara warraaqsa dimookiraasii aantummaan isaa hawaasa qonnaan bulaaf ta'e hordofne.

Imala kallattii siyaasaa dhaaba keenya ADWUI boqonnaawwan afuritti qoodnee ilaaluu ni dandeenya. Inni jalqabaa, sochii barattootaa irraa kaasee hanga bara 1977tti isa jirudha. Yeroon kun qabsoon hidhannaadhaan taasifamu Tigraay keessatti yeroo ciminaan lafa itti qabate dha. Gamtaan Sooviyeet Dargii deeggaruu ishii irraan kan ka'e yeroo "Maa'o'izimii"n Chaayinaa akka filannootti dhihaate ture. Haa ta'u malee, walakkeessa bara 1970 keessa, Maa'oo'izimiin gita burjaa (bourgeoisie) waliin deeggarsa tooftaa irratti hundaa'e mul'isuu isheetiin, xiyyeeffannoon keenya gara soshaalizimii Albaaniyaatti garagale.

Boqonnaan inni lammaaffaa bara 1977 haga 1983 gidduu isa jiru dha. Adoolessa bara 1977 hooggansa liigii Maarkisist-Leeninist Tigraayiin warraaqsi dimookiraasii yeroo mo'ataa ta'ee itti ba'e ture. Liigichis paartii keessatti, angafa (vanguard) ta'uun yaad-rimee Maarkisist-Leeninist haala gaariin faarsuu jalqabe. Boodarras, ADWUI'n yommuu hundeeffamu yaada kana fudhate.

Boqonnaan inni sadaffaan bara 1983 irraa kaasee hanga waraana daangaa Itiyoo-Eeritiraatti kan jiru dha. Bara 1983 Dargii kuffisuun ADWUI'n yommuu aangoo qabatu, sararri warraaqsaa ittiin qabsoofne sun akka haaromsa barbaadu ifa ta'e. Wal-qoqqooddiin yeroo qabsoo waraana addunyaa Bahaa fi Dhiha gidduu ture diigamuun isaa haaromsa kanaaf qabata ta'e. Kallattiin warraaqsa dimookiraasii paartii keenyaa jijjiiramuu dhiisu malee, fooyya'insi siyaasaa fi diinagdee taasifnu garuu gara kallattii libiraaliitti kan jallatan turan.

Boqonnaan inni afuraffaan immoo tibba waraana Itiyoo-Eeritiraa kan jalqabe dha. Wal-borcuun sarara haaromsaa waraanicha dura jalqabamee fi waraanichaan boodas itti fufee gara burjaaja'uu dhaabaatti ol-guddachuun wal-qoqqooddiin jiraachuu dhaaba keenyaa balaaf saaxilu yommuu itti uumame dha. Yeroo kanas warraaqsi dimookiraasii dawaa gita hin qabne ta'ee argame. Wal-morkii yaadaa dhaaba keessaa mo'atee ba'uun bu'uurri warraaqsi dimookiraasii sarara dhaaba keenyaa itti ta'u yeroo itti kaa'ame dha.

Warraaqsi dimookiraasii jijjiirama hunde-qabeessaan sirnoota dursa-gabaa, walitti hidhaminsa diinagdee fi hawaasummaa duubatti hafoo, akkasumas ilaalchota siyaasaa kan dhabamsiisu, sirna gabaa bilisaa waliigalaa, haqa qabeessaa fi itti fufiinsa qabuun dimookiraasii inni uumu gara fiixa qaqqabuu danda'utti geessuun, uummanni bal'aa fayyadamaa siyaasaa fi diinagdee akka ta'uuf kan taasisu fi dimookiraasii qonnaan bulaa abbaa qabeenyaa xiqqoo yookiin kabbartee xiqqoo ta'uunsa ni beekama.

Sirni keenya gita aantummaa isaa qonnaan bulaaf taasisuun, hayyuu warraaqsaan durfamuun, daandii sirna kaappitaalizimii gabbisuun riqicha gara soshaal dimookiraasiitti nu ceesisu ta'uun isaa kaa'ameera. Humni dimookiraasii warraaqsaa ce'umsa kan dursus qabiyyee sagantaa dimookiraasii guutummaa guutuutti kan fudhate, ilaalcha dimookiraasii cimaa fi guutuu kan qabu ta'uu akka qabu kaa'ameera.

Jabinaa fi Dadhabina Warraaqsa Dimookiraasii

Warraaqsa dimookiraasii sadarkaa yaad-rimeetti yommuu madaallus haa ta'uu waggoota hedduuf akkamitti hojiirra oolchine gaaffii jedhu yommuu ilaallu akka kallattii siyaasaa kamiittiyyuu jabinaa fi dadhabbina ni qabaata. Biyya akka Itoophiyaa irra caalaan uummata qonnaan bulaa qabdu keessatti kallattii siyaasaa qonnaan bulaa giddu-gala godhate ta'uun isaa jabinasaati. Carraaqqiiwwan hedduu jireenya qonnaan bulaa olqabuuf taasifamanii fi bu'aawwan argamanis akka jabinaatti ilaalamu.

Gama biraatiin, kallattiin siyaasaa warraaqsa dimookiraasii sadarkaa yaad-rimeettis haa ta'uu akka sadarkaa raawwiitti dadhabbiiwwan irratti mul'ata ni jiru. Wal-faallessuuwwan keessa isaa jiran, dogoggoroonni raawwiirratti hojjetaman, amansiisummaa yaad-rimee yeroo jalqabbii isaa turee fi fudhatamni inni qabu adeemsa yeroo keessa gaaffiin itti ka'aa akka dhufu taasiseera. Dadhabiiwwansaa keessaa kanneen angafa ta'an armaan gaditti dhihaataniiru.

I. Ilaalcha Hayyoota Siyaasaa fi Diinagdee Irratti Qabu

Wal-faallessi inni guddaan, ilaalchi inni hayyoota siyaasaa "yaada tarkaanfataa" qaban paarticha keessaas haa ta'uu mootummaa keessaa, akkasumas hayyoota diinagdee dhuunfaa fi paartilee morkattootaa itti ilaalu jallataa dha. Mootummaan biyyittii keessa hanqinni gabaa akka jiru hubachuun, ofittummaanii fi dheebuun namoota dhuunfaa qabeenya horachuu hirmaannaa qabeenyaa haqa-qabeessa ta'e akka hin uumne hubachuun gabaa keessa harka akka galfattu yommuu eeyyamu, gama biraatiin immoo, hayyoonni siyaasaa kanneen uummataaf quuqamanii fi ofittummaa irraa akka bilisa ta'anitti ilaaluun isaa yaada wal-faallessaa dha. Akka adeemsa keessa mul'atettis sababa hanqina gama mootummaatiin malaammaltummaa fi kiraa sassaabdummaan kan nu agarsiisu faayidaan uummataa namoota dhuunfaa faayidaa isaanii duukaa fiigan qofaan otoo hin ta'iin hojimaata badaa mootummaatiinis akka butamuu danda'u dha. Sirni warraaqsa dimookiraasii keenyaa kun kaayyoon isaa inni guddaan mirga uummata bal'aa eegsisuu haa ta'u iyyuu malee, hayyoota mirga uummataa dhiiban to'achuun gara daandiitti deebisuuf sirna itti gaafatamummaa seera bilisaa fi ifa ta'e uumuu hin dandeenye.

II. Yaadaa Misooma Diinagdee Qofaan Utubamuu Isaa

Yaadni warraaqsa dimookiraasii falaasama soshaalizimii keessaa waan burqeef, yaadni bu'uuraa kallattii siyaasaa kana adda durummaan diinagdee irratti xiyyeeffata. Kana jechuun rakkoo biyyi qabdu mara diinagdee faana walitti hidhuutu irraa calaqqisa. Falaasamni soshaalizimii rakkooleen hawaasummaa fi siyaasaa garaa garaa irra keessaan muldhatan hundinuu bu'aa diinagdeeti jedhee amana. Kanaaf rakkoon siyaasaas ta'e rakkooleen biroo bu'aa diinagdeeti jedhee yaada.

Haa ta'u malee, jireenyi dhala namaa sirna diinagdee qofaan kan daanga'e miti. Hojjataan tokko akkuma gara industirii hojjetuutti yookiin baka hojii biraa adeemu; akkasuma, jireenya hawaasummaa keessatti saalaanis haa ta'u akka gosa hojii isaatti waan itti hirmaatus ni qaba. Sirna diinagdeedhaan alatti hidhatni maatii fi hidhatni jireenya hawaasummaa biroon caasaaleen hawaasummaa garaa garaa akka jiraatan taasisu.

Warraaqsi dimookiraasii yaadaa fi ilaalcha misooma diingadee qofa irratti waan utubameef, rakkooleen siyaasaa fi jeequmsa biyya keessatti uumamaa turan hundi hiyyummaa irraa madda jedhee yaada. Yoo ta'es, hiyyummaan sababa tokko qofa malee hundaaf sababa ta'uu hin danda'u. Utuu hiyyummaan sababa isa guddaa ta'eera ta'eeti, hanguma hiyyummaa hirdhisaa dhufne jeequmsi siyaasaa hirdhachaa fi biyyis nagaa argachaa deemuutu irra ture. Kun kan inni nu hubachiisu, uummatni tajaajila hawaasummaa fi diinagdee argachaa dhufe jechuun nageenyis ni bu'a jedhanii yaaduun dogoggora ta'uu isaati.

Dhala namaa bineensarraa wantoota adda isa godhan keessaa tokko fedha wantoota ijaan argamanii dabalatee fedhii garaa garaa qabaachuu isaati. Fedhiin kunis kan bilisummaa, kan mirga dhala namaa, kan haqaa, kan wal-qixxummaa, kan mirga dubbachuu fi kkf dha. Namni tokko fedhiin nyaataa, mana jireenyaa, uffataa, geejjibaa fi bashannanaa waan guuteefiif qofa jeequmsa irraa bilisa ta'uu hin danda'u. Fedhiin qaamaa isaa qofti waan guuteefiif, hirdhina gama kaaniin itti muldhatu dagachuu hin danda'u. Fedhii nyaataa lammilee isaanii guutuuf mootummonni abbaa irree hedduun utuudhuma ifaajanii dhiibbaa uummata irraa kan itti hammaatuuf dhalli namaa buddeena qofaan waan hin jiraanneefi dha. Hiyyummaa mo'achuu dabalatee bilisummaa fi haqa dhugoomsuu irratti hojiin hojjetamuu qaba.

III. Kallattii Yookiin Sarara Ceesisaa Moo Dhaabbataa?

Rakkoon inni biraa warraaqsi dimookiraasii kallattii ceesisaa ta'ee otoo jiruu akka kallattii dhaabbataatti fudhachuu keenya dha. Sanadoota keenya keessatti dabalatee akka mul'atutti, warraaqsi dimookiraasii akka komunizimii fi sirna kabbarteetti sirna mootummaa haala dhaabbataa ta'een of-gadi dhaabu miti. Kaayyoon warraaqsa dimookiraasii hawaasa sadarkaa kaappitaalizimiin dura jiru gara sirna kaappitaalistiitti akka ce'u gochuun hawaasa haqaa fi dimookiraasii guutuun keessatti mirkanaa'e ijaaruu dha. Haaluma kanaan, yaad-rimichi yeroo gabaabaa keessatti akka shoollibuu fi soshaal dimookiraasiidhaan akka bakka buufamu kaa'ameetu jira.

Ce'umsa kaappitaalizimawaa ergama deessisuu kan qabu warraaqsi dimookiraasii ce'umsichaaf dursa barbaachisoo wantoota ta'an kanneen akka guddina siyaasaa fi diinagdee hanga irraa eegamuun fiduu hin dandeenye. Diinagdee biyya keenyaa ceesisuu fi yaaliiwwan kaappitaalizimii ijaaruuf taasifaman hangam bu'a-qabeessa turan jedhanii gaafachuun barbaachisaa dha. Gaaffii kana haala fooyya'aa ta'een ilaaluuf mootummaa misoomawaa yookiin mootummaa misooma dimookiraatawaa warraaqsa dimookiraasii cinaan hojiitti gale dura ilaaluun barbaachisaa dha.

Mootummaan misoomawaa yaad-rimee biyyoonni Baha Eeshiyaa guddina ajaa'iba jedhamu akka galmeessisan taasise dha. Mootummaan misoomawaas akkuma warraaqsa dimookiraasii yaad-rimee ce'umsaa yommuu ta'u, irra caalaan diinagdee si'eessuun abbootii qabeenyaa dhuunfaf haala mijataa uumuu kan dandeessisu dha. Haaluma kanaan gosoota abbaan qabeenyaa dhuunfaa keessatti hirmaachuu hin dandeenyee fi yeroo gabaabaa keessatti bu'aa baay'ee fiduu danda'anii fi gara fuul-duraatti abbootii qabeenyaa dhuunfaf haala mijeessan irratti mootummaan si'oominaan hirmaannaa taasisuun diinagdee si'oomsuuf kan karoorfate dha.

Raawwii yaad-rimee kanaatiin misoomni saffisaa galmeeffame akka ciminaatti yoo fudhatamu, hanga barbaadameen gabaa bilisaa hundeessuu fi seektara dhuunfaa of-danda'e ijaaruun hin danda'amne. Sababa hanqina mootummaa yeroo gara yerootti guddachaa dhufeetiin diinagdeen to'annaa humnoota muraasaa jala waan ooleef, abbootiin kiyyoon walitti hidhamanii qabeenya mootummaa saaman akka gar-malee baay'ataniif daandii saaqe. Abbaa qabeenyaa dafqa isaatiin asii fi achi jedhee qabeenya horachuu yaaluuf balballi cufaa ta'e. Mootummaan suutuma suuta gabaa keessaa bahaa deema ejjannoon jedhu dagatamee waggoota muraasa keessatti dhaabbilee piraayveetayzeeshiniin dhuunfaatti dabarsine kanneen caalan irra deebiin hundeessine. Seektara sibiilaa fi seektaroota guguddoo wal-fakkaatan keessatti akka hirmaatan dhaabbileen hundeessine meeshaalee dheedhii alaa dhufan walitti qabuun Televizhiinii suphuu eegalan jennee burraaqne.

Carraaqqii mootummaan misooma irratti taasisu keessatti gaheen mootummaa seektara dhuunfaan bakka buufamaa haala itti dhufuu fi sadarkaa idil-addunyaatti morkitoota akka ta'aniif karoorri karoorfanne fashalaa'ee, adeemsa kana keessa abbootiin qabeenyaa dhuunfaan mootummaan dhiibamanii akka quucaran taasifameera. Sababni kun itti ta'uu danda'eefis mootummaan faayidaa uummataa fi badhaadhinaaf jedhee to'annoowwan taasisu akka carraa gaariitti fayyadamuun hayyoonni maxxantoota qaama mootummaa faayidaan isaanii akka hin hafneef saamichi akka itti cimee adeemuf dhiibbaa taasisaniini.

Mootummaan bakkicha yoo abbootii qabeenyaa dhuunfaaf gadi lakkisaa dhufe faayidaan isaanii waan jalaa tuqamuuf, hanga danda'anitti abbaan qabeenyaa dhuunfaa akka quucaruu fi harka-galfannaan mootummaa akka dabalu barbaadu. Warraaqsi dimookiraasii sirna seera bilisaa saamicha kana to'achuuf nu dandeessisuu fi ol-aantummaa seeraa kabachiisuu dandeessisu waan hin diriirsineef saamtonni seeraa fi danbii akka meeshaatti fayyadamuun saamicha isaanii jabeeffatan.

Waqtii hojiitti hiikuu yaad-rimee warraaqsa dimookiraasiis haa ta'uu mootummaa misoomawaa keessatti wanti otoo hin hubatamiin hafe tokko riqicha ceesisaa ta'uusaanii irraanfachuu yookiin ce'uudhaaf fedhii dhabuu keenya dha. Riqichi bakka jirruu gara bakka biraatti nu ceesisu matumti isaa bakka ga'umsaa ta'ee hafe. Riqicha dafanii fixanii gara sadarkaa hawaasummaa isa itti aanuutti otoo hin ce'iin turuun, aangaa'ota mootummaa fi abbootii qabeenyaa waaroo guddistummaa hawaasa qonnaan bulaa fi diinagdee uffachuun carraa seektaroota murteessoo ta'an to'achuuf carraa waan isaaniif kennuuf hanga danda'anitti riqicharra dhaabachuun wanta faayidaa isaaniitiif ta'u qofa akka ari'atan isaan taasise. Riqichis ulfaatinaa fi yeroo baachuu danda'uun ol akka baatuuf waan dirqameef, dura sosocho'uu, boodarra immoo babbaqaquu eegale. Dhuma irrattis, rakkoo jiraachuu biyya keenyaa fi siyaasa keenyaa qormaata keessa galchu keessatti dhidhimne.

Qonni keenya saffisaan akka hin ceeneef, ilmaan qonnaan bulaa barumsa qaban saffisaan akka industirii mana keessaa fi sadarkaa oomishtummaa giddu-galeessaatti hin guddane; mootummaa malee abbootiin qabeenyaa seektaroota guddina saffisaa fiduu danda'an keessatti hirmaachuu barbaadan liqii fi dhiyeessiiwwan kana fakkaatan akka hin arganne; walumaagalatti, guddinni diinagdee investimantii mootummaan ala bu'uura bal'aa irratti akka hin hundoofne isa taasiseera.

IV. Paartii-Danummaa Dhiisuun Paartii-Tokkee Ijaaruu

ADWUI'n qabsaa'ee heerri inni raggaasise kaayyoo paartii-danummaa dimookiraatawaa ijaaruuf ta'uun isaa kan eegame ta'ee, sagantaan warraaqsa dimokraatawaa keenyaa haala qabatamaa ta'een faayidaa fi fedhii qonnaan bulaa eegsisuun paartii haadhoo yookiin paartii tokkee jabeessuun dirreen siyaasaa akka dhiphatuu fi ijaarsi dimookiraasii akka quucaru taasiseera.

Jalqabbiin gaarii adeemsa ijaarsa dimookiraasii keenya bara jalqaba 1980 A.L.I irraa kaasee ture haala hirmaachisaa irra ture irraa suuta suutaan gara dirree siyaasaa dhippisuutti mucucaate. Biyya keenya biyya danummaan haqa bu'uuraa kessatti ta'etti heera mootummaa keessa mirgoonnii fi qajeelfamoonnii bu'uuraa jiran haala ittiin kabajaman osoo hin taane, qajeelfamoonni kunniinii fi mirgoonni kun akka dhiitamaniif heerri mootummaa paartii danummaa eeyyamu otoo jiruu paartiin haadhoo akka haala mijataa argatuu fi dhaabni mootummaa kamiyyuu ajandaan paartii haadhoo qofti kan itti leellifamu taasiseera.

V. Sirna Oomishaa Kaappitaalizimii Dura Ture Irratti Qofa Xiyyeeffachuun Sirnoota Oomishaa Biroo Dagachuu

Komiin fuula diinagdee warraaqsa dimookiraasii waliin wal-qabachiisuudhaan kaafaman sirna oomisha kaappitaalizimii duraa irratti kan xiyyeeffatee fi sirnoota oomishaa birootiif kan xiyyeeffannoo hin kennine kan jedhani dha. Biyya tokko keessa sirnoonni oomishaa garaa garaa jiraachuu ni danda'u. Sirnoota darban irraa kan asi ce'anis haa ta'anii sirnoota oomishaa reefu uumamaa jiran walitti fo'amanii ilaalamuu baannaan haala ijaarsa biyyittii kallattii tokko qofaan ilaaluun tarsiimoo biyyaalessaa guutuu ta'e qopheeffachuun hin danda'amu.

Biyya keenya keessatti babal'achuu gabaa addunyaa fi teekinooloojiitiin wal-qabatee sirni oomisha kaappitaalistii dagaagaa fi haala hawaasummaa biyyittii murteessaa dhufeera. Warraaqsi dimookiraasii irra caalaan qonnaan bulaa irratti waan xiyyeeffateef biyya keenya keessatti sirna oomisha kaappitaalistii uumamaa jiru xiinxalee kallattii kaa'uu hin dandeenye.

VI. Birokiraasii Mootummaa Jabaamoo Paartii Jabaa?

Biyya keenya keessatti dhaabbileen sivil sarviisii, haqaa fi dimookiraasii dandeettii fi ilaalcha ergama mootummaa misoomawaa gitu qaban hin ijaaramne. Haalli qabatamaan biyya keenyaa biyyoota Kibba Baha Eeshiyaa fakkeenyota muuxannoo mootummaa misoomawaa ta'anii kaafamaniin faallaa kan dhaabbate dha. Sababni isaas jabinni guddaa mootummaa misoomawaa dhaabbilee fi birokiraasii cimaa fi itti fufinsa qabu ijaaruu danda'uu dha. Adeemsa keessa ilaalchi "mootummaa dimookiraatawaa misoomawaa" ol-aantummaa qabachaa dhufe yeroo "mootummaan abbaa irree misoomawaa" ol-aantummaa qabachaa dhufe illee wanti guddaan inni argate tokko dhaabilee kana, keessumaayyuu dandeettii ol-aanaa fi miira biyyoolessaan, miira aantummaa siyaasarraa haala qulqullaa'een birokiraasii uumuu danda'uu isaati.

Dhaabbileen hawaasa siviilii, miidiyaaleen, gaazexeessitoonnii fi bu'aaleen aartii marti bilisummaan sosocho'anii hojimaata badaa fi hojiiwwan seeraan alaa saaxiluu fi hojiiwwan haqa-qabeessa hin taane irratti duuluuf mirgi qaban mulqamuun maqaa isaanii duubatti maxxantuu "misoomawaa" jettu kennanii fi sirnicha mamii tokko malee akka deeggaran taasifame. Kunis, itti gaafatammummaan mootummaa fi to'annoon akka hin jiraanneef balbala saaqe.

2.5 Kallattiiwwan Siyaasaa Nuti Yaalle Maaliif Nu Hin Ceesisne?

Walumaagalatti, Itoophiyaan jalqaba soshaalizimii, itti aansuun immoo maxxantuu fi qaccee soshaalizimii kan ta'e warraaqsa dimookiraasii, itti aansuun immoo akka riqichaa libiraalizimiitti ceesisuutti kan fudhatamu, adeemsa mootummaa misoomawaa yaalteetti. Gama biraatiin immoo paartileen morkattootaa libiraal dimookiraasii fi soshaal dimookiraasii hojiirra oolchuun fooyya'aa akka ta'e yaada ni kennu. Haa ta'u malee, kallattii siyaasaa kan biraa hojiirra oolchuu keenyaan dura Itoophiyaa gara dimookiraasii fooyya'aa fi badhaadhummaatti kallattii siyaasaa kanaan dura yaalaman maaliif hanga karoorfameef bu'a qabeessa otoo hin ta'in hafan jennee ilaaluun keenya murteessaa dha.

Soshaalizimiin kutaalee addunyaa keenya kamittuu badhaadhina diinagdee guutuu fi sirna dimookiraasii fiduu hin dandeenye jedhanii sodaa tokko malee dubbachuun ni danda'ama. Karaa faallaa ta'een badii guddaa qaqqabsiiseera. Biyyoota inni badii irratti fide hunda keessatti badiiwwan qaqqaban garuu wal-qixa miti. Biyya keenyatti soshaalizimiin badii hanga sana ga'u sababa maliitiin nurraan gahe jennee ilaaluu qabna.

Mootummaan misoomawaa keessumaa biyyoonni baha fagoo Eeshiyaa guddina ajaa'ibaa yeroo gabaabaa keessatti galmeessisuu akka danda'an yaada taasise dha. Keessumaa, Kooriyaa Kibbaa, Siingaapoorii fi Hoong Koong seektara diinagdeetti qofa otoo hin murtaa'iin gama siyaasaatiinis sirna gabbataa uumuu danda'aniiru.

Mootummaan misoomawaa Itoophiyaa keessatti kessumaa jijjiiramni gama guddina diinagdeetiin galmeessisiise kan jajjabeeffamu dha. Haa ta'u iyyuu malee, gama hirmaannaa seektara dhuunfaa mirkaneessuuf caasaa ce'umsaa dhugoomsuutiin hanqina bal'aatu irratti mul'ate. Irra caalaas, bilisummaa siyaasaatiin wanta hin miilkofneef biyya keenya xaxama siyaasaa hamaa keessa seensiseera.

As irratti gaaffiin bu'uuraa ka'uu qabu, modelli biyya Chaayinaa fi Kooriyaa Kibbaatti hundeeffama kaampaaniiwwan guguddoo bu'a-qabeessa dhuunfaa fi motummaaf sababa kan ta'e METEC'n akkamitti qilee buuse gaaffii jedhu dha. Ilaalchi kallattii siyaasaa kamiyyuu kan barumsa irraa fudhanuu fi gaarii isaa fudhachuun isa biraa immoo ofii kan itti guuttannu dha malee yaada ittiin kakannuu fi ittiin daangeffamnu ta'uu hin qabu. Hokkoroonni waggoota shantama darban Itoophiyaa keessa turan beekumsa alaa arganne duuchumatti haala qabatamaa biyya keenyaa waliin walitti buusuun rakkoo uumame dha. Sababa kanaanis oollee bullee rakkoowwan keenya kaleessaa akka haaraatti luqqummaa uummatoota gufuun tokko al-baay'ee isaan rukutu taaneera.

Gama tokkoon namoota warraaqsa dimookiraasii fi mootummaa misoomawaa faarsanii fi siyaasni Bahaa qalbii keenya hawwatu taanee, gama biraatiin immoo libiraal dimookiraasii fi soshaal dimookiraasii kan faarsinu, siyaasa Dhihaan kakachaa fi wal-maganaa rakkoowwan biyya keenyaa fi uummata keenyaa ulaagaalee warra faranjii irraa haala bilisa ta'een madaaluu hin dandeenye. Namoonni siyaasa Dhihaa faarsan, siyaasni Dhihaa hojjaa biyya keenyaan safaramee kan nuuf hodhame akka hin taanee fi uffata ergisaa akka ta'e irraanfataniiru. ADWUI kallattii siyaasaa baha fagoo fi Awurooppaa bahaa fidee nurratti gadi naqe jedhanii qeeqaa ofiis kallattii siyaasaa Dhihaa keessa seenanii kan guuran hunda furmaata biyyaa gootanii fudhattan malee jedhanii nu wagi'uuf yaalu.

Kallattiiwwan siyaasaa kana otoo hojiirra oolchinee maaltu uumamuu danda'a jedhanii sammuu isaanii keessatti yaadaan ilaaluu illee hin yaalle. Libiraal dimookiraasiin ijaarsa aadaa libiraalizimii Awurooppaa irraa kan madduu fi sadarkaa qaroomina isaaniitti safaramee dimookiraasii hodhame dha. Hayyuuwwan falaasama libiraalizimii jalqaban mataan isaanii libiraal dimookiraasiin hubannoo sammuu hawaasaa kan barbaadu dha jedhanii barreffamni isaan kaa'an otoo jiruu, nuti immoo duuchumatti 'uummanni wanta hojjetu beeka' jechaa dhaaddannoo gurratti mi'ooftu dhageessisna.

Baroota dheeraaf uummataa fi biyya bakka barumsi qaqqabee hin beeknee fi waa'ee nyaata guyyaasaa yaaduurra bilisa hin baane qabannee carraaqqiin siyaasa Dhihaa kallattiin biyya keenyarratti fe'uuf taasisnu ajaa'iba. Lafa qamadiidhaaf ta'u otoo hin qopheessiin qamadii facaasuu barbaanna. Yommuu akkas ta'u kisaaraan isaa waan sadiii dha. Laftis, sanyiinis, qotee bulaanis ni kasaaru. Kisaraan keenyas kanarraa adda miti.

Haa ta'u malee, leellistoonni ilaalcha kallattii libiraalizimii akka jedhanitti 'guddinnii fi badhaadhinni kan dhufu yoo lammiilee gidduu wal-dorgommiin hojjetanii badhaadhuu akka uumamuuf dirree dorgommichaa mijawaa taasisne qofa dha' jennee yoo yaadnee fi lammiileen wal-dorgommichaaf haala wal-qixxaataa ta'een ka'uu akka qaban yoo daganne rakkoon uumamuun isaa hin oolu. Gariin abbaa qabeenyaa jabaa qabeenya gahaa kaleessa kuusate ta'ee, gariin immoo wanta nyaatu, wanta dhandhamu kan hin qabne hiyyeessa ta'ee, wal-qixxee haa dorgoman jechuun abbaan qabeenyaa irree cimaa qabu sun hiyyeessa sana akka miciriqsu taasisuurra bu'aa ce'u akka hin qabne durumaanuu ni beekaama. "Abbootiin seeraas loogii hin godhan; seerichis qixa hojiirra oola" jechuunis madaaliyaaf dorgomsiisuun dorgomaa mo'atu sana dursa filachuurraa addaan ba'ee kan ilaalamu miti.

Tuullaan hiyyummaa kuufamaa dhufee as ga'e walii keenya wal-morminee fi wal-gorsinee yaada fooyya'aa wal-qabsiisaa rakkoowwan keenya yoo adeemsaan hiikne malee akaafaa yaadaa fi gocha namoota muraasaa qofaan kan jigfamu miti. Kuufamni hojii duubatti hafummaa bara dheeraaf otoo hin hiikiin as geenye kun yeroo gabaabaa keessatti salphisnee gara badhaadhinaatti deemuuf, wanta hunda caalaa yaada haaraa gaafata. Kanaaf, daandii bilisummaa mataa keenyaa kan dimookiraasiin, haqnii fi wal-qixxummaan otoo hin seela'iin ittiin mirkanaa'an baafachuu nu barbaachisa.

Falaasama birmadummaan isaa eegamee fi bu'uura uumama Itoophiyummaa keenya waliin deemuu fi haala addunyaan keessa jirus hubannoo keessa galchuudhaan rakkoo keenya kan nuuf hiikuu danda'u, nutumti itti guuttachaa fi soroorsa kan deemnu, akkasumas kan irratti walii-galluu fi nu gurmeessuu danda'u nu barbaachisa. Falaasamoota addunyaa irratti leellifaman qo'achuudhaan, yaada nu fayyadu qofa akka barbaachisummaa isaatti foonee fudhachuu fi falaasama rakkoo hiiku tokko qabaachuu nu barbaachisa.

BOQONNAA SADII

Maalummaa Ida'amuu

Yaadni ida'amuu dhimmoota hawaasummaa, siyaasaa fi diinagdee dabalatee, jiruu fi jireenya dhuunfaa fi hawaasummaa kan xuqu dha. Maalummaan ida'amtummaas biyyi keenya Itoophiyaan daandii isheen irra adeemuu qabduu fi galma isheef tolu kan akeeku dha. Gabbachuu yaada ida'amuu kanaaf kaka'umsa guddaa kan ta'e yeroo dhihoo asitti rakkoolee siyaasaa fi jijjiirama biyya keenya keessatti raawwachaa dhufaniif furmaata waaraa barbaaduu keenya irraa madda. Kanaaf yaadni ida'amuu rakkoolee qabatamoo biyya keenyaa fi qor-qalbii hawaasichaa kan bu'uura godhate dha. Burqaan yaada ida'amuu rakkoolee qabatamoo biyyaa waan ta'eef hiikkaa fi maalummaan ida'amuus haala qabatamaa biyya keenyaa irraa madda. Beekumsi idil-addunyaa garaa garaa yaada ida'amuu gabbisuuf shoora taphatan ni qabu. Haa ta'u iyyuu malee, calaltuun muuxannoo idil-addunyaa haala qabataamaa biyyaa keessaati.

Ida'amuu jechuun:

Akeekni ida'amuu inni ol-aanaan biyyi keenya waggoota darban keessa injifannoowwan gama diinagdee fi siyaasaatiin galmeessiste eegsisaa, dogoggoroota jiran mara immoo sirreessuudhaan fedhii fi dantaa dhaloota dhufuu galmaan ga'uu dha. Kanaaf, gama rakkoolee biyyaa xiinxaluutiin ida'amuun yaada biyya keessaa burqe dha. Gama furmaata soqutiin immoo beekumsaa fi muuxannoo biyya keessaa fi alaa kan walitti ida'uun fudhate dha.

3.1 Hanqina Qofummaa Irraa Gara Taatummaa

Wanti ofii isaatiin guutuu ta'e hin jiru. Wanti hundumtuu dhabamuu irraa gara jiraachuutti, jiraachuu irraa immoo gara dhabamuutti kan ce'u carraaqqii guutummaa fiduudhaaf godhamu keessatti dha. Wanti hundumtuu yeroo hunda adeemsa jijjiiramaa keessa kan darbu bu'aa ba'ii guutummaa kana fiduuf taasisu keessatti dha. Guutummaa kana fiduudhaaf immoo naannoo isaanii waliin quunnamtii gochuun isaan barbaachisa. Quunnamtii taasisaniinis guutummaa isaaniif wanta isaan barbaachisu sassaabbatu. Quunnamtii guutummaaf barbaachisaa ta'e kana gochuuf gaafa rakkatan hanqinni qofummaa ni uumama.

Jireenya hawaasummaa dhala namaa keessatti hanqinni qofummaa iddoo guddaa qaba. Ijaarsota hawaasummaa kan uume carraaqqii dhalli namaa jireenya hawaasummaa isaa keessatti gara guutummaatti ittiin of-guddisaa deemuuf taasise dha. Guutummaan bakka ga'umsa yaadaa malee wanta gochaan qabatamu miti. Namoonni bakka ga'umsa yaadaa kana harkaan qabachuuf carraaqqiin taasisan naannawaa isaanii waliin quunnamtii akka taasisanii fi wanta hanqina isaanii guutu akka mil'atan isaan taasisa. Carraaqqii hanqina qofummaa kana guuttachuuf taasisantu guddina waliigalaa dhala namaa fida.

Namoonni sababoota adda addaatiin quunnamtii naannoo isaanii waliin qaban addaan kutuudhaan yookiin hir'isuudhaan qofummaaf saaxilamuu danda'u. Maddi qofummaa inni guddaan garuu madaalliin wal-tumsuu fi wal-morkuu gidduu jiru gaafa gar-tokkotti jal'ate kan uumamu dha; gama biraatiin immoo qofummaa keessaa ba'uun kan danda'amu wal-tumsuu fi wal-morkuu uumuun yommuu danda'amu dha. Hariiroo hawaasummaa namootaa keessatti wal-morkiin yommuu jabaachaa dhufu, namoonni quunnamtii naannoo isaanii waliin qabaniin 'hanqina keenya wanta guutuu danda'u argachuu hin dandeenyu' jechuun abdii kutatanii taa'u. Hariiroo wal-morkii keessa naannoo isaaniitti wanta hanqina isaanii guutu argachuurra kisaaraa hanqina isaanii dabalu keessummeessaa akka jiran yeroo yaadan quunnamticha addaan kutu. Morkachuu dhaabanii sababa wal-morkiitiin hanqina isaanirra qaqqabu dhaabuuf yaalii taasisu. Sababa kanaanis, naannoo isaaniifis haa ta'uu jijjiiramaaf cufaa ta'u. Qofummaan galtee jijjiiramaa naannoo keenya irraa argannu waan dhaabu jijjiirama gad-deebi'ummaa keessa galla. Sababa kanaanis, bu'aan qofummaa inni dhumaa baduu dha.

Gama biraatiin, namoonni hariiroo hawaasummaa isaanii keessatti wal-tumsuun isaanii gaafa jabaachaa dhufu, miira hanqina isaanii waan guutu akka salphaatti waan argataniif miirri guutummaa isaanii jabaachaa dhufa. Deebiin "tole" jedhu naannoo isaanii irraa argatan of-dagachiiseenii ofitti amanummaa "wanti hundumtuu harka keenya keessa jira" jedhuun miirri hanqinaa isaanii ni bada. Miirri guutummaa kun hanqina isaanii guutuuf asiif achi fiiguurra naannoo isaanii fi jijjiiramaaf cufaa akka ta'an isaan taasisa. Miirri guutummaa isaanii kun yaada "naannoo keenya irraa homaa hin barbaannu" jedhu keessa isaan galchuun qofummaa keessa galu. Kunis, jijjiiramaaf cufaa nama taasisa.

Wal-morkii fi wal-tumsi inni tokko isa biraa irra jabaachaa yoo dhufe, hanqinni qofummaa adeemsa naannoo waliin wal-quunnamuu addaan kuta. Hanqina qofummaa guutaa deemuu fi jijjiirama guddina irratti hundaa'e fiduuf wal-morkii fi wal-tumsi dhimmoota barbaachisoo dha. Jireenyi wal-morkii hin qabne garaa of ga'uuf dhihoo waan ta'eef jijjiiramaaf cufaa nu taasisa; kanaafuu, qofummaaf nu saaxila. Gama biraatiin immoo jireenyi wal-tumsuu hin qabne wanta garaa nama ga'u waan hin qabneef abdii kutachuu keessa nu galchuudhaan jijjiiramaaf cufaa akka taanu nu taasisa; kunis qofummamaaf nu saaxila.

Hanqinni qofummaa wal-morkii fi wal-tumsuu gidduu madaalliin qixa ta'uu dhiisuu isaatiin wal-morkii irraas ta'e wal-tumsuu irraa duubatti akka jennu haala nu taasisu dha. Kana jechuunis, wal-morkiin yommuu jabaatu yookiin wal-tumsuun yommuu jabaatu hariiroon namoonni naannoo isaanii waliin qaban addaan cita. Hanqinni qofummaa sirna hawaasummaa namootaa keessatti hariiroowwan sirnoota xixinnoo gidduu jiru murteessuun ijaarama hawwasummaa murteessa. Namoonni yookiin sirnoonni qunnamtii isaan sadarkaa maatiin, ollaan, hawaasaan, biyyaan, ardii fi addunyaa keessatti uuman hundi adeemsa hanqina qofummaa keessa darbanii kan guddatan yookiin kan tortorani yookiin badani dha.

Sirnoonni hanqina qofummaa keessaa ba'uun gara guutummaatti dhiyaachuuf naannoo isaanii waliin quunnamtii taasisuu yookiin qofummaa isaaniitti citanii hafuun tortoranii baduu dha. Sirnoonni imaalli isaan gara guutummaatti taasisan itti fufinsa quunnamtii naannoo isaanii waliin qaban eeguun gara sirna haaraa guddaatti isaan guddisa. Daandii kanaan sirnoonni xixiqqoo hanqina qofummaa isaanii keessaa lakkoofsa bahaa dhufaniin naannoo isaanii waliin yookiin waluma isaanii waliin wal-harkisuun gara sirna guddaatti jijjiiramu. Adeemsa qunnamtii wantoota xixxiqqoo irraa wantonni guguddoo uumamuu kana 'taatummaa' jennee waamna.

Akkaataan uumama wanta hundumaa walitti qabama wantoota xixiqqoo irraa kan dhufe dha. Uumamni kan dhugoomte wantoonni xixiqqoo walitti sassaabamanii wantoota guguddoo waan uumuu danda'anii fi Gamtaa guguddoon dhalli namaa har'a hundeesse ijaarsota maatii fi gosaa irraa ka'uudhaan as gahan. Filannoon sirnoonni qaban yookiin guddachaa jiraachuu isaanii mirkaneeffachaa deemuu, yookiin immoo xinnaachaa badii isaanii mirkaneeffachaa deemuu dha. Guddachaa fi jiraachuu isaanii mirkaneeffachaa gara guutummaatti imaluu isaanii fi eenyummaa guddaa keessatti of ibsuu isaaniitiin taatummaa jenna. Taatummaan guddina keessa adeemsa jiraachuu ofii mirkaneeffachaa dhufuu dha. Taatummaan kan dhufu waantonni sassaabamaa, kuufamaa fi horaa gaafa dhufani dha. Adeemsa kanaani dha egaa ida'amuu kan jennu.

Wiirtuun qo'annoo fi qorannoo Itoophiyaa galmee jechaa bara 1993 qopheesse keessatti, jechi ida'amuu jedhu jecha hundee 'ida'ama' jedhu yookiin 'ida'e' xumura jedhu irraa kan argame ta'uu isaa ibsa. Haaluma kanaan, 'ida'e' jechuun "walitti qabe, kuuse, sassaabe, bakka tokkotti qabe" hiika jedhu nuuf kenna. Haaluma wal-fakkaatuun, hiikni jechaa Alaqaa Dastaa Taklawaldis "sassaabe, walitti qabe, kuuse, bakka tokkotti guure, tokkummaan dhaabachiise, mare" jedheetu hiika.

Taatummaa uumaa jiraachuu keenya eegsisuuf yaada keenya, maallaqa keenya, beekumsa keenya, hojii keenya, jireenya keenyaa fi kkf, walumaagalatti sassaabuu, kuusuu fi horachuu nu barbaachisa. Ida'amuu kan jennu fedhiidhaan adeemsa kana keessa of-dabarsuu fi taatummaa mirkaneessuudhaani.

Sassaabamuu yommuu jennu, isa bittinaa'e gara tokkotti fiduu jechuu yommuu ta'u, yaada ida'amuu keessatti ida'ama dalgaa ilaallata. Kana jechuunis hojiiwwanii fi yaadota kaleessaa irratti hojiiwwanii fi yaadota har'aa dabaluu jechuu dha. Wantoota yeroo hundumaa akka haaraatti jalqabuurra, wanta jiru irratti dabaluu ilaallata.

Sassaabuun yaadota har'a jiran wal-qabachiisuu yommuu ta'u, kuusuun immoo yaadota kaleessaa irratti kan har'aa dabaluu jechuu dha. Adeemsa kana itti fufiinsaan raawwachuuf human yookiin kaappitaala ka'umsaa taatummaatti nama geessu kuufachuun immoo horachuu jedhamee waamamuu danda'a. Kanaafuu, ida'amuu yommuu jennu akkasumatti yoo cal'ifnee dhiisne jiraachuu keenya wanta balaarra buusu, hanqina qofummaa suuta suutaan tortoraa akka bannu nu taasisu, haaluma kanaanis taatummaa keenya mirkaneeffachaa jiraachuu keenya mirkaneeffachuu akka dandeenyuuf daandii kaappitaala ka'umsaa siyaasaa fi diinagdee ittiin horachuu dandeenya.

3.2   Kaappitaala Ka'umsaa Horachuu

Hiikni jecha Afaan Amaariffaan *"ወረት"* jedhuu maallaqa yookiin kaappitaala daldala jalqabuuf nama dandeessisu jechuu keenya. Akka yaada ida'amuutti *"ወረት"* yommuu jennu "humna ka'umsa waliigalaa" yookiin "kaappitaala ka'umsaa" sochiiwwan gama siyaasaa fi diinagdeetiin taasifnu milkeessuuf nu barbaachisu jechuu dha.

Milkoominaa imala dhala namaa fi guddina hawaasummaa keessatti jalqabbiin yookiin ka'umsi isaanii murteessaa dha. Jalqabbii gad-aanaa irraa kan eegalu yoo ta'e, carraaqiin isaa itti aanu wal-xaxaa fi rakkisaa, imalli isaas imala abjuu ta'uun isaa hin oolu. Hojiiwwan baay'ee fi kuufamoo kaleessa hin hojjetamne yoo jiraatanii fi har'as hojicha qofaa kan hojjennu yoo ta'e, ka'umsi gad-aanaa jijjiiramaa baay'ee xiqqoo waan ta'uuf, saffisaan jijjiirama fiduun rakkisaa ta'a. Haa ta'u malee, kaleessaa irraa kaappitaalli ka'umsaa horataman yoo jiraatanii fi har'as yaadonnii fi hojiiwwan yoo sassaabamaa deeman, isaan irraa ka'uun jijjiirama fiduun salphaa ta'a.

Itoophiyaan carraaqiin ishiin siyaasaa fi diinagdeen gara sadarkaa ol-aanaatti imaluu fi jiraachuu ishii mirkaneessuuf taasistu wal-xaxaa fi duubatti harkifataa kan ta'u, humnoota qabnu sassaabuunii fi kan qabnu irratti dabaluun kaappitaala ka'umsaa horachuu waan itti hin barreefi. Jalqaba, kaleessa irratti daballee ijaaruurra yeroo hundumaa akka haaraatti waa jalqabna. Kunis, yeroo hunda haaraa akka taanu nu taasisa. Humna keenyas yeroo hunda xiqqoo taasisa. Hojii daldalaa keessatti "kaappitaala ka'umsaa" yommuu jennu maallaqa ka'umsaa nagada sana jalqabuu nu dandeessisu akkuma ta'e, yaada ida'amuu keessatti immoo "kaappitaala ka'umsaa" jechuun hojii keenya itti aanu hojjechuuf jalqabbii haala qabatamaa nuuf ta'u jechuu dha.

Kuufamni aadaa, siyaasaa, diinagdee, teekinooloojii fi kkf yoo guddachuu baatee fi achi irraa ka'uun hojii keenya itti aanu hin hojjennu taanaan tarkaanfiin keenya yeroo hunda duubatti harkifataa ta'uun isaa kan hin oolle dha. Wanta qabnurratti daballee hojjechuurra, isa ture diiguudhaan harree gatuu baannaan waan hojjenne nutti hin fakkaatu. Wanti duraan ture waan fedhe ta'uyyuu, isarra dhaabbatanii, dogoggorasaa sirreessanii, isa itti aanu yaaduurra isa ture diignee yeroo mara akka haaraatti shaakalaa taanee eegalla. Wantonni immoo yoo sassaabamanii kuufaman malee qofaa isaanii xiqqoo fi dadhaboo dha. Keessumaa kan akka Itoophiyaa yeroo dheeraaf addunyaa faana quunnamtii qabdu addaan kutuun hanqina qofummaa keessatti tortoraa turteef dhiibbaan isaa dachaa ta'uu hin oolu. Itoophiyaan baroota hedduuf qofummaan tulluuwwan ishee keessatti of-awwaaltee jiraachuunii fi balbalashee jijjiiramaaf cufaa taasistee turuun dhabamina jijjiiramaan hanqina qofummaa keessatti tortoraa turte. Akka biyya mootummaa ammayyaawaatti erga hundoofteen booda immoo balbala ishee biyyoota alaatiif banaa taasiftu iyyuu quunnamtiin lammilee ishee gidduu jiru laafaa ta'uu isaa irraan kan ka'e humnoota keenya sassaabbachuu waan hin dandeenyeef qofummaa keessa maassanna.

Rakkoon guddaan amma biyya keenya keessatti mul'atu, qofaa qofaa karaa keenya fiiguurra humna qabnu sassaabnee fayyadamuu dadhabuun keenya, isa ture irraa kaanee ijaaruu yaaluurra yeroo keenya irra caalaa diiguudhaaf kan balleessinu waan ta'eefi dha. Ka'umsi keenya wanta hedduu irratti bakka hedduu gad-aanaa irraa waan ta'eef, dafnee gara oliitti bahuuf humna qabnu mara idaanee itti fayyadamuun dirqama keenya dha. Kaleessa irraa kuufamaa wantonni dhufanii fi kaappitaala ka'umsaa gahaa wantonni irratti kuufanne yoo jiraataniyyuu, wantoota hedduun kuusaa tuullaa hojiitu nurra jira. Gara hojii itti aanuutti seenuu keenyaan dura tuullaa hojii kana qulqulleeffachuu qabna. Qofaa qofaa deemuun immoo hojii nurra tuulame kana salphisuu hin dandeenyu. Taatummaa keenya mirkaneeffachaa jiraachuu keenya eegsisuuf yoo barbaanne daandii hanqina qofummaa gara baduutti nu geessu hiikuuf hatattamaan ida'amuu qabna.

3.3   Bu'uura Ida'amuu

Ida'amuuf yookiin hanqina qofummaa keessaa ba'uuf ta'an keessaa kaayyoo waloo qabaachuu fi kaka'umsa (fedhii) qabaachuun barbaachisoo dha. Isaan kana lamaan bu'uura ida'amtummaati jechuu dandeenya. Kaayyoo waloo qabaachuun bu'uura ida'amuu isa tokko yommuu jennu, ida'amuun garaagarummaa ce'uudhaan kaayyoo fi faayidaa waliiniif hiriiruu waan filatuufi. Garaagarummaa kamiyyuu keessatti kaayyoo waliinii bu'uura godhachuun wal-tumsuudhaan bu'aa fiduun ni danda'ama jedhee yaada. Injifannoon Adwaa kan dhugoome garaagarummaa keessa keenya jiru ce'uun kaayyoo walootiif waan hiriirreefi.

Kaayyoon waloo jiraachuu fi injifannoo waloo nama goonfachiisa. Kaayyoo walootiif hiriiruun wal-dorgommii fi wal-tumsa nageenyi isaa eegamee fi madaallii isaa eege akka jiraatuu fi humna keenya akka sassaabannu kan nu gargaaru dha. Madaallii wal-dorgommii fi waliitumsuu gidduu jiru eeguun baay'ee barbaachisaa dha. Isa tokko dhiisnee isa kaan qofa irratti yoo xiyyeeffanne kaayyoo waliinii mirkaneeffachuu fi waliin jiraachuu itti fufsiisuun hin danda'amu. Fakkeenyaaf, biyya keenya keessatti daldaaltonni bunaa wal-dorgommiin yeroo isaan gidduutti jiraatu buna qulqul'inni isa fooyya'aa ta'e gabaaf akka dhihaatuuf daandii banu. Akka waliigalaatti seektarichi rakkoowwan isa mudatan hiikuuf immoo tumsa barbaachisa. Qonnaan bultoota buna oomishan waliin gargaaruun, kuusaa buna ammayyaa waliin ijaaruun, akkasumas biyyi keenya mallattoo daldalaa tokkoon oomisha bunaa akka gabaa addunyaaf dhiheessituu fi mirgi abbummaa akka nuu mirkanaa'uuf waliin hojjechuun barbaachisaa dha. Taatonni adeemsa oomishaa fi gurgurtaa bunaa keessa jiran gamtaan otoo wantoota kana irratti hojjetanii seektarichi akka bu'aa agarsiisu ni taasisu, akkasumas itti fayyadamummaa walii isaaniis ni mirkaneeffatu.

Namoonni kaayyoo waloo irratti yommuu wal-ta'anii hojjetan rakkoolee biro kanneen irratti waliif hin galle furuuf kaappitaala ka'umsa horatu. Namoonni yeroo kaayyoo waloo isaanii dhugoomfachuuf carraaqanitti walii galuu fi wal-hubachuu eegalu. Daandii ittiin ida'umtummaa uumnu keessaa tokkoo wal-hubachuu danda'uu dha. Ida'amuun wal-hubannaa fi wal-deggersa namoota, sirnoota yookiin murnoota garaa garaa gidduutti uumamu irraa duudhaa argamu dha.

Walitti dhufeenyi kamiyyuu kaayyoo waloo xixiqqoo jedhaman irraa eegala. Yaadni ida'amuus walitti dhufeenya xixiqqoo yookiin gad-aanoo ta'an haala gaarii fi nageenyaan adeemsisuun gara kaayyoo ol-aanaa taatummaatti kan nu geessu dha.

Kaayyoo waloo bu'uura godhachuun tattafachuun dandeettii waloon hojjechuu fi maalummaa waloo (common identity) uummachuu nu dandeessisa. Maalummaan waloo uumuun immoo hojjetamee yeroo tokkotti waan dhumu osoo hin taane, yeroo hunda ijaaramaa kan guddatu dha. Maalummaan waloo ijaaramaa kan adeemu immoo kaayyoo waloo irratti yeroo wal-tumsinu dha. Kaayyoon waloo addummaa dhala namaa gidduu jiru bu'uura kan godhate sababa ta'eef, namni kaayyoo waloo kana hin tumsine sababa nagaa ta'ee qabaachuu hin danda'u. Kanaaf, yaada ida'amtummaa jalatti osoo wal hin gufachiisin maalummaa waloo dhugoomsuuf haalota mijatoo uumuun ni danda'ama. Kunis taatummaa ol-aanaa dhugoomfachaa jireenyaa fi itti-fufiinsa keenya mirkaneeffanna.

Bu'uurri ida'amuu inni kan biraan immoo kaka'umsa fedhii irratti hundaa'e qabaachuu dha. Kaka'umsa jechuun namni kamuu naannoo jiraatu yookiin hojjetu keessatti walitti dhufeenya taasisu irraa maddu dha. Balbala ofii cufatanii jijjiirama kamuu irraa adda of-baasuun hanqina qofummaadhaan tortoranii baduu irra, balbala ollaa deemanii rukuchuu jechuu dha. Kaka'umsa jechuun amaloota kanneen akka aarii fi hafuura haaloo ba'uu irraa of-qulqulleessanii, walitti dhufeenyaaf harka diriirsuu jechuu dha.

Sirnoonni maraamartoo hanqina qofummaa irraa adda ba'uun gara jijjiiramaatti fuulleeffachuuf namoota naannoo isaanii keessatti walitti dhufeenya uumuuf kaka'umsa qaban barbaachisa. Hayyoonni yookiin beektoonni waliitti dhufeenya garaa garaa jiru mara hubachuuf carraa addaa waan qabaniif kaka'umsa uumuuf carraaqqu qabu. Sirnoonni hayyoota ga'umsa qaban hedduu of-keessaa qabu, hanqina qofummaa sirriitti hubachuun sirnicha haala qabatamaa naannoo waliin walitti fiduuf namoota kaka'umsa qaban horachuuf itti salphata.

Sababni kanaas sirni kamiyyuu amala wal-xaxaa waan qabaniif, hanqina qofummaa keessatti tortoruu isaanii hubachuun isaan rakkisa. Namni sirnicha keessa jiru tokko, qaama sirnichaa ta'ee utuu jiruu tortoruu sirnichaa hubachuun itti cima. Namoonni sirnicha keessa hin jirre garuu, tortoruu sirnicha salphaatti hubachuu danda'u. Hayyoonni ga'umsa qaban garuu sirnichuma keessa iyyuu ta'anii tortoruu sirnichaa hubachuun itti hin cimu. Kanaaf, hayyoonni sirnicha badiisa irraa hambisuuf kaka'umsaan walitti dhufeenya uumuu danda'u.

Ida'amtummaan hirmaannaa fi kaka'umsa hayyootaa fi namoota hayyoonni dursanii gaafata. Ida'amuun namoota ofitti harkisuu osoo hin taane, kaka'umsa yookiin deemsa ofii kan bu'uura godhate dha. Maanguddoonni illee yommuu nama walitti araarsan, "mee sitti haa hafu" kan jedhaniif, "anumatti haa hafu" jennee walitti dhufeenya kaka'uu barbaachisa. Kanaaf, bu'uura ida'amuu keessatti namatti yookiin murnatti sababeeffachuun hiikkaa hin qabu. Abaluun "hin dhufu" naan jedhe jedhanii komachuurra, demsa yookiin imala ofii itti fufuu gaafata. Kaka'umsa akkasii keessattidha ida'amtummaan dhugoomuu kan danda'u.

Kaka'umsa namoota irratti hundaa'uudhaan, ida'amtummaan sadarkaa garaa garaatti sadiitti qooduun ni danda'ama. Isaanis: kara deemtummaa, keessummummaa fi abbummaa yookiin abbaa manummaa dha.

Kara-deemtummaa

Sadarkaan kun, idaa'amuu alaalatti ilaalanii bira darbuu, yaada ida'amuu dhaga'anii maaltu na dhibeedhaan bira darbuu, dhimma biyyaa irratti taajjabaa ta'uu, akka kara-deemaatti of ilaaluu yookiin akka nama fira hin qabneetti of ilaaluu dha. Biyyi keenya raafama siyaasaa hedduu kan dabarsite ta'uushiitiin sadarkaa kanaan yeroo isaa hedduu namni dabarsu danuu akka ta'u tilmaamuun ni danda'ama. Dhimma biyya keenyaa irratti akka taajjabaatti namni of ilaalu, yaada nama biyya alaa fakkaatu kan biyya isaa irratti kennu, dhihaatee namaan mari'achuuf namni mamii keessa galu hunduu sadarkaa ida'amuu kanarra jira jechuu dandeenya. Gariin isaa barmaatii shakkii aadaan siyaasa keenyaa uumeen kan xaxame, inni biraammoo dunquqqoo dallansuu irraa dammaquf wal'aansoo qabudhaan hiriira kara-deemtummaatti of maka.

Keessummummaa

Keessummummaan kara-deemtummaa irraa adda ba'uun mana seenuu dha. Yaada ida'amuu waliin wal-baruu, kaayyoowwan isaa hubachuu, waliinummaa fedhuu fi ida'amuuf kaka'umsa agarsiisuu taasifamee fudhatamuu danda'a. Sadarkaan kun jalqabbiin hubannaan ida'amuu kan irratti mul'atuu fi fedhiin ida'amuu kan itti mul'atu dha. Kaka'umsi waa'ee biyyaarratti tarkaanfii tokko tarkaanfachuun gorsuu, mari'achuu fi wal-mormuu itti uumama. Sadarkaan kun sadarkaa namoonni fedhii ida'amuu haalaan hubachuu fi ida'amuuf qophii ta'uu isaanii itti mul'isanii fi qaama ida'amuu malee kara-deemaa akka hin taane itti hubatani dha.

Abbummaa Yookiin Abbaa Manummaa

Sadarkaan kun, namoonni yaada ida'amuu yaada mataa isaanii kan itti godhatani dha. Ida'amuu beekanii, hubatanii, yaada isaa yommuu hordofanii fi yeroo dhuunfatan, sadarkaa abbaa manummaarra gahaniiru jenna. Ida'amuun yaada nama kamirraayyuu fudhatan otoo hin ta'iin, ofuma isaanii irraa kan isaaniif dhihaate, carraa keenya gara fuula duraatti kan tarkaanfachiisu, ejjannoo fi itti gaafatammummaa mataa isaanii ta'uu hubatu. Daandii injifannoo hunda keenyaa eenyu iyyuu mo'aa, eenyu iyyuu mo'atamaa kan itti hin taane ta'uusaa ni hubatu. Sadarkaan ida'amuu kun sadarkaa ida'amuu irraa gara ida'amsiisuutti kan itti ceenu dha.

Namoonni daandii ida'amuu hubachuun koodeewwan isaanii warri biroo akka idaa'aman kan itti watwaatani dha. Kanaanis ida'amtummaa irraa gara ida'amsiistummaatti ce'u. Sadarkaa kanarratti namoonni biyyi keenya kan keenya jedhu, waa'een biyya keenyaa nu ilaallata yaada jedhu gabbifatu. Miirri abbaa biyyummaa waan isaanitti dhaga'amuuf itti fufiinsa jiraachuu ishiitiif ni qabsaa'u. Qofummaa fi qoccoloo yeroorra ceesisanii ilaaluun carraa waloo gara fuulduraa ceesisanii ilaaluuf yaalu.

3.4   Duudhaalee Ida'amuu

Duudhaaleen ida'amtummaa duudhaalee nuti Itoophiyaa keessaatti ijaaruuf karoorfannu mara kan bu'uura godhate dha. Duudhaaleen kun hundi utubaa ida'amuuti. Duudhaa jechuun wantoota garaa garaaf gatii nuti kenninu fi ulaagaa nuti ittiin waa madaallu dha. Duudhaaleen ida'amuu hanqina qofummaa keessaa ba'uun taatummaa dhungoomfachuudhaaf ulaagaa nuti dursa kenninuuf jechuu dha.

Duudhaalee ida'amtummaa keessaa tokko tokkummaa biyyooleessaa dha. Tokkummaan biyyaalessaa eenyummaan keenya akka addaan hin banne ta'ee kan walitti fo'amee fi wal-qabate ta'uusaa agarsiisa. Carraan saboota biyya keenyaa waliin guddachuuf kan uumame malee gargar baanee yookiin qofaa qofaa keenya biyya birmadoofte qabannee jiraachuu yookiin nagaan turuu hin dandeenyu. Tokkummaan biyyaalessaa keenya kan filannoo qofa otoo hin ta'iin, waa'ee dirqama jiraachuu keenya ittiin eegsisnu dha.

Duudhaan ida'amtummaa inni biraan kabaja lammiilee dha. Kabajni lammilee of birattis haa ta'u namoota biraa irraa bakka argachuuf agarsiistuu kabajaati. Kabajni faayidaa fi sodaa waliin adeemsa ittiin eegsisani dha. Adeemsa namoonni karaa gara milkaa'inaatti ittiin siqnu otoo hin taane, namoonni mataan isaanii milkaa'ina akka ta'an kan ittiin amannu dha. Kabajni namaa uumama namaa hunda biratti sadarkaa dhuunfaa fi gareen ilaalamuu danda'a. Agarsiistonni kanneen biroo kamiyyuu kabaja namaa kan mirkaneessan ta'uu qabu.

Badhaadhinni lammileen fedhii maqaa, qaamaa fi bilisummaa akka haala itti fufinsa qabuun guuttataniif dandeettii isaanii ijaaruu dha. Badhaadhinni fedhii qaama namaa kan ta'an, tajaajilli nyaataa, dhugaatii, daara, bakka jireenyaa, barumsa, fayyaa fi qulqullinnaa guutamanii argamuu dha. Dabalataanis, dirree filannoo amansiisaa fi itti fufinsa qabu bal'isuu, fedhii itti fayyadama guyyaa guyyaa guutuu, bilisummaa siyaasaa goonfachiisuu, madaallii naannoo eeguu, gammachuu lammiilee, nageenyaa fi wal-qixxummaa dandeettii mirkaneessuu isaan dandeessisu jabeessuu dha.

Mul'anni keenya Itoophiyaa dimookiraatawaa badhaatuu carraaqqii fi dhamaatii ijoollee ishiitiin kabajamtee fi ulfaattee bara baraan jiraattu uumuu dha. Itoophiyaa keenya kaayyoo kana qabattee akka doonii garbarra yabalaa jirtuutti haa fudhannu. Kaartaan bu'uura (road map) gara bakka gahuu barbaanneetti deemaa jiraachuu keenyaa fi kallattii waliigalaa imala keenya nutti agarsiisu nu barbaachisa. Kaartaan bu'uuraa kun falaasama siyaasaa fi diinagdee ida'amuu keenyaati. Kaartaa bu'uraa keenya qabannee, doonii keenya fe'annee garba bal'aa fi ciisaa sanarra rakkoo tokko malee daandii fi bakka ga'uuf deemnu irraa otoo hin maqiin imaluun nu irraa eegama. Bakki ga'uuf jennu fagoo fi daandiin achiin nu gahu baay'ee wal-xaxaa waan ta'eef dooniin keenya daandicha qabattee kallattii sirriidhaan imalaa jiraachuu ishee yeroo hunda kan mirkaneeffannu kompaasiidhaani. Kanaafuu, agarsiistonni ida'amuu kompaasota kallattii imaala keenyyaa fi gara gahuu barbaannutti deemaa jiraachuu keenya kan ittiin mirkaneeffannu dha. Agarsiistonni ida'amuu kunniin kabaja lammilee, badhaadhina, haqa, tokkummaa biyyaalessaa, diimokiraasii fi nagaa.

Agarsiistonni ida'amuu ibsanii fi meeshaaleen isaa: nagaa, dhiifamaa fi jaalala dha. Isaan kun waraana, haaloo baafachuu, jibbaa fi arangamaawwan kanneen fakkaatan ciruun ida'amuuf akka mijatoo taanu nu taasisa. Amala loltummaa nagummaan, dhiifama gochuunii fi summii jibbaa jaalalaan bakka buufnu malee nageenyi, guddinni, abdiin ifaa jiraachuu hin danda'an.

Meeshaalee guguddoo ida'amuu kanneen ta'an nagaa, jaalalaa fi dhiifama qooqa waliigalaa dhuunfaa, maatii fi hawaasaa gochuun duudhaalee keenya gara warra ta'anitti tokkummaa biyyaaleessaa fi kabaja lammiilee, dimookiraasii bira gahuuf wanta ta'uu qabu mara gochuu fi mudaawwan lafarra akka harkifannu nu taasisanii fi qalbii keenya hiran jabinaan balaaleffachuu qabna.

BOQONNAA AFUR

Gufuuwwan Ida'amtummaa

da'amuun falaasama safartuun mul'atu dha. Falaasama kanaaf dhiheenyi qabnu meetira ida'amuun kan safaramuu fi dhiheenya waliigalaa falaasamicha waliin qabnuun kan murtaa'u ta'a. Ida'amuuf dhiheenyi nuti qabnus hanguma gufuuwwan ida'amu ceenuun murtaa'a. Ida'amuun walumaa galatti gufuuwwan guguddoo lama qaba: gufuuwwaan gochaa fi ilaalcha.

4.1   Gufuuwwan Ilaalchaa

Gufuun ilaalchaa ida'amtummaa rakkoolee haala itti yaadnu yookiin ilaallu faana kan wal-qabatu dha. Ida'amtummaan keenyas qixa rakkoowwan ilaalchaa qabnu salphifneen madaalama. Ida'amuu jechuunis rakkoowwan ilaalchaa kana bira ce'uun ol-aantummaa yaadaa fiduu jechuu dha. Rakkoowwan ilaalchaa kanas akka itti aanutti tokko tokkoon ilaalla.

Gamaa fi Gamanummaa

Ilaalchi gamaa fi gamanummaa yaadaa, rakkoo ilaalchaa sadarkaa tokkoffaan biyya keenya keessatti mul'atu dha. Wantoota hedduu irratti fiixeewwan faallaa lameen irra dhaabbatanii oloo yaa oloo waliin jechuu malee, inni tokko yaada

45

isa tokkoo dhaga'ee xiqqoo walitti siquu yaaluun hin jiru. Gamaa fi gamana dhaabatee namni walitti iyyu hanga fedhe yoo sagalee isaa ol-kaasse iyye illee namuu maal akka jechaa jiru hin dhaga'u. Gamaa fi gamana dhaabannee hanga feene yoo guungumne, hanga feene yoo dubbane owwaattuu malee kan nu dhaga'u hinjiru.

Kaayyoon keenya sagalee ofii deddeebisanii dhaga'uu yoo ta'e malee owwaattuu faana hasa'uun hin barbaachisu. Owwaattuu yommuu jennu, wanta jenne kan irra deebi'u, kan ho'isu jechuu keenya. Wanti barbaachisaan inni gama dhaabbate sun maal akka jedhu itti siqanii dhaggeeffachuu dha. Wanta inni jedhu dhaggeeffannee "maal barbaaddeetu" otoo jenneenii, owwaattuun ala namni isa dhaggeeffatu jiraachuu isaa hubachuun rakkoo isaa karaa sirriidhaan ibsachuu eegala.

Itoophiyaan biyya namoota dhimmoota garaa garaa irratti yaada gamaa fi gamana dhaabbate qabaniiti. Dhimma seenaa irrati gamaa fi gamana dhaabannee inni tokko isa biraa hubachuun haa afuutii, dhaggeeffachuufuu qofaa'aa miti. Yaada akka dhaala ofiitti fudhatanii tiksuuf tattaaffachuu irra, yaadni kan wal-jijjiiramu, walitti makamu fi xiinxalamu ta'uu isaa hubatee yaada isaa gabbisuuf namni yaalu xiqqoo dha. Inni tokko abaarsa seenaa qofa, inni kaan eebba seenaa qofa dhaga'uu kan barbaadu yoo ta'e waliigaluu hin dandeenyu. Beekumsa haaraa kan barbaannu yaada keenya isa duraanii akka nuuf jabeessuuf qofa yoo ta'e jijjiiramuu hin dandeenyu.

Wanti biraa haa hafuutii badhaadhina biyya keenyaaf daandii nuuf tolu beekuuf illee ilaalcha warra Dhihaa fi ilaalcha biyya keessaa irrattillee fiixee lama uumneerra. Gariin beekumsi afaan faranjiitiin himamu malee fudhatamaa kan itti hin fakkaanne jira. Gariin immoo beekumsa biyya alaatii fiduu akka birmadummaa biyyaa tuqsiisuutti ilaaluun na qabaa na gadhiisaa kan jedhu dha. Beekumsi qabeenya dhala namaa waloo ta'uu isaa otoo hin hubatiin dallaa beekumsa biyya keessaa qofatti daangeffamee kan umurii isaa guutuu fixu heddu dha. Biyya keenya keessatti gama siyaasaa, diinagdee, hawaasummaa fi kanneen kana fakkaataniin ilaalchonni ka'an marti amala gamaa fi gamana dhaabachuu qabu.

Furmaanni gamaa fi gamanummaa balleessuuf ta'u tokko ce'umsa ilaalchaa bu'uuraawaa gochuu dha. Ce'umsi ilaalchaa kunis ilaalcha madaallii loogii hin qabne kan gabbisu dha. Kana jechuunis wantoota hubachuudhaaf ramaddiiwwan wal-faallessoo uumnee ilaalcha keenya akka hin sakaalleefi dha. Dhalli namaa wantoota salphaadhumatti hubachuuf wantoota fiixee faallaa lamatti qoodee ilaala. Gurraachaa fi adii, gara-jabeessaa fi gara-laafessa, cimaa fi dadhabaa, diinaa fi fira, gabaabaa fi dheeraa jechuun wantoota ija dunuunffachuun maqaa moggaaseefi socho'a.

Hubachuudhaaf akka nutti toluuf wantoota garee faallaa lamatti malli qooduu kun adeemsa yeroo keessa ilaalcha keenya sakaaluun, barmaatii madaallii keenyaa ajjeeseera. Barmaatiin madaallii ilaalcha garee hin qoodne dha. Dheerinni kan safaramu "meetira meeqa?" madaallii jedhuuni malee madaallii bicuu qoodamaa gabaabaa yookiin dheeraa jedhuun miti. Gara dhugaatti kan nu dhiheessus ilaalcha kana. Kana ta'uu baannaan furmaanni keenya marti safara miila keenyaa otoo hin bariin miilli koo xiqqoo dha yookiin guddaa dha jechuun akka kophee bitachuuti. Gurraacha moo adii dha jechuu irra sadarkaa gurraachina isaa madaaluu, hamaa dha moo gaarii dha jechuu irra, hanga hammenya isaa madaaluun dhugaatti nu dhiyeessa.

Wantoota garaa gara kan taasisu qabiyyee isaanii fi hanga isaaniiti malee wal-faallessuu bu'uuraa uumamaan qaban miti. hammeenyummaan taappeellaa ol-fuunee kanaaf yookaan sanaaf kenninu miti. Hundi keenya hammina qabna. Hanga hammeenyaatu gargari malee, namni hamaa jedhamu hin jiru. Gama hundaanuu ilaalchi keenya madaallii irratti yoo bu'uureffate wantoota jijjiiruuf hagas nutti hin ulfaatu.

Ramaddii garee madaallii irratti hin hundoofneen wantoota jijjiiruu hin dandeenyu. Sababni isaas namicha diina jennee gareen adda baafanne sana firoomfachuu waan hin dandeenyeefi. Kanaafuu, maddi ilaalcha jijjiiramaa wantoota bifa garee hin qabneen ilaaluu dha. Ilaalchi garee hin qabne afaan namni dubbatu wajjiin ciminaan kan walitti hidhate waan ta'eef akka salphaatti kan dhabamsiifamu miti. Adeemsa yeroo keessa jechoota ramaddii gareerraa maddan balleessaa jechoota madaallii garee hin qoodneen hanga bakka buusnutti wantoota hubachuuf jechoota kanatti itti fayyadamuu dandeenya.

Dhalli namaa yaada "guyyaa fi halkan" jedhurraa bilisoomee yeroo sa'aatiin lakkaa'uu akka danda'etti adeemsa yeroo keessas dandeettiin ilaalchota hundumaa madaalliin ilaaluu dabalaa dhufuun isaa waan hin oolle dha. Amma gaaffilee bari'eera moo hin bariine jedhurraa gara qooqa sa'aatiin meeqa ta'eera jedhutti akkuma ce'e hunda, adeemsa keessa moggaasota gareerratti hundaa'an fooyyeessaa dhufna. Fooyya'iinsa jechoota irratti taasifnu, yoo xiqqaate jechoota ramaddii gareewwanii siyaasa keenya booressaa turanii balleessuun jalqabuu dandeenya.

Baroota darban keessa, keessumaa sochiiwwan barattootaa bara 1960'ootaan booda jechootni siyaasaa waltajjii to'atan garee wayii mataa gadi qabachiisuu irratti kan xiyyeeffatani dha. Of-tuulummaa, dhiphummaa, farra nagaa, farra uummataa, fakkeessituu fi jechoonni kana fakkaatan marii dimookiraasiif mijataa kan hin taane, walitti dhihaachuu otoo hin ta'iin wal- irraa fagaachuu kan fidani dha. Jechi akka ajjeesus, akka fayyisus hubannee ejjannoo kanaan jechoota gareen qoodanii ibsan, jechoota wal-dhabbii ho'isan balleessuu otoo jalqabnee gaarii dha.

Sirna ilaalcha wal-qooduu garee irraa bilisa ta'e diriirsuuf wanti biraa nu barbaachisu aadaa marii fi mormii keenya gidduutti madaallii eeguu danda'uu dha. Mormiin biyya tokko keessatti yaadni haaraa akka maddisiifamuu fi filannoon yaadaa akka bal'atuuf gahee guddaa taphata. Adeemsa mormii keessatti namootni yaadni isaanii fudhatama akka argatuuf ragaawwan funaananii fi carraaqii isaan taasisan keessa qormaanni jiru wanta haaraa uumuun isaa kan hin oolle dha. Sirni dimookiraasii paartii-danummaa biyyoota hedduu keessatti; keessumaa, addunyaa Dhihaa keessatti aadaa wal-mormuu irratti kan hundaa'e dha. Adeemsi isaas yaadota haaraa maddisiisuu fi madaallii yaadaa eeguuf shoora guddaa taphata. "Aadaan Sooqiraaxisaawaa" addunyaa Dhihaa muuxannoo wal-mormii kanarratti kan ijaarame jedhamee amanama.

Haa ta'u malee, mormiin daandii qaroomaa yoo hordofuu baate furmaata fiduurra wantoonni inni balleessu ni jiraatu. Keessumaa biyyoota akka Itoophiyaa aadaan dimookiraasii isaanii hin guddanee fi wal-faallessuun yookiin wal-qoccoluun hin tasgabboofnetti, yaada waliigalaa akka biyyaatti qabaachuu fi dimookiraasiin luka isaatiin dhaabatee akka deemu taasisuuf mariin carraa waliigaluu uuma. Dandeettiin mariin wal-mormuu keenyaa dadhabaa ta'uun isaa fi muuxannoon yaada haaraa maddisiisuu keenyaa hagana kan guddate waan hin taaneef mormiin keenya yaada maddisiisuurra gara xiiqii fi dallansuutti kan nu oofu ta'eera. Kunis gamaa fi gamanummaa keenya ittuu jabeessuun gara qileetti nu oofaa jira.

Kanaafuu, marii irratti xiyyeeffachuudhaan hojjechuun barbaachisaa dha. "Aadaan Konfiishiyesii" addunyaa Bahaa aadaa marii irratti kan ijaarame jedhameetu amanama. Haa ta'u malee, mariin hanga fedhe rakkoo hiikuuf daandii gaarii ta'uyyuu, yaadota haaraa mormii keessaa maddan argachuuf hin fayyadu.

Kanaafuu, ilaalcha garee hin foone karaa bu'a-qabeessa ta'een ijaaruuf haasaa mormii fi morkiin jabaatee fi laafee fo'ametu nu barbaachisa. Kunis yaadni yaada keenya irra fooyya'aa ta'e jiraachuu akka danda'u hubachuun, bakka banaa yaada kanaaf ta'u akka hambisnu nu taasisa. Ilaalchi qabanne sirrii dha jennee yaadota biraatti akka balbala keenya hin cufne taasisa.

Yerootti Maxxannuu

Ilaalchi biraa gufuu ida'amuu ta'e "yerootti maxxanuu" dha. Yerootti maxxanuun faara kalleessaa, har'aa yookiin boruu qofarratti xiyyeefachuu dha. Ilaalcha keenya yeroof qabnu keessatti sadan isaanii keessaa isa tokko qofa filachuun yaadni keenya yeroo hundumaa yeroo sana irratti qofa kan maxxanu taanaan gara dhugaa jirutti dhihaachuuf ni rakkanna. Yerootti maxxanuun akka mata duree isaatti haalli itti gargar ta'u ni jira. Qixuma sanaan, ajandaan sun waan fedhe haa ta'uu yeroo filatee kan suuqamu dha.

Namoonni tokko tokko haasaa fi yaadni isaanii kamiyyuu kaleessatti kan maxxanu dha. Inni biraa immoo wanta hundumaa kishaafee har'aatiin qofa kan ilaalu dha. Warri kaan immoo waa'ee borii qofa kan dhiphatani dha. Namni kaleessa, har'aa fi boru walitti qindeessee hin ilaallee fi gabatee yeroo keessaa tokko qofa irratti maxxanee jiraatu gara dhugaatti hin dhiyaatu.

Waa'ee hojilee jabduu kaleessaa qofa odeessaa oolaa buluun har'aa fi borii akka hin hubanne nu taasisa. Haaluma wal-fakkaatuun waa'ee kaleessaa kaasuun boo'aa bara keenya yoo fixne gidiraa har'aa fi borii dura akka hin dhaabbanneef kaleessa keessatti akka liqimfamnee hafnu nu taasisa. Kaleessi dadhabbina isaa irraa barumsa nuuf kennu, jabinasaarra kabajaaf onnee nu dhaalchisu qabannee har'aa fi borii wajjiin walitti qabsiisnee itti fayyadamuu baannaan qilee nu buusa.

Yeroo mara ilaalcha keenya waan kaleessa irraa waraabuuf yaaluunii fi har'a keenya gara kaleessaatti harkisuun umurii ofii wallaaluu dha. Umurii gabaabduu keenya kanarraa kaleessa qofa alala guuraa jiraachuu yoo yaalle, umurii nuuf kenname kana maalsaa jiraanne? Kaleessarraa barachuu malee kaleessa jijjiiruun hin danda'amu. Furmaanni waan kaleessa ittiin jijjiirru har'a sirreessinee hojjechuu dha.

Gama biraatiin, har'a qofarratti kan xiyyeefatee fi faarri wanta hundumaa kishaafee har'aan qofa ilaaluun hedduu keenya biratti ni mul'ata. Dadhabina keenya har'aa irratti qofa xiyyeeffachuun hojiin kuufame akka nurra jiru dagachuu dha. Hojiin kaleessa otoo hojjechuu qabnuu hin hojjetamin hafee kuufamaa har'a ga'e nurra jira. Rakkoo har'aa kan hiiknu hojiiwwan kuufaman saffisaan of-irraa salphisuun kanneen biroo faana karaa gabaabaa dorgomtoota ta'uu fi tooftaa dhiibbaa wal-fakkaataa qabu yoo hordofne dha.

Namni dhiibbaa kaleessaa jala jira. Maddi amala keenyaa, enyummaa keenyaa fi namummaa keenyaa duuba keenya dha. Bulchiinsi keenya, sirni keenyaa fi hojimaatni keenya kaleessarraa wanta harkifamu qabu. Kaleessa seca'anii beekuun dhiibbaawwan kana addaan baafachuun, isa gaarii fudhachuu fi haramaa isaa buqqisuuf nu gargaara.

Biyya keenya keessatti kennaa seenaa itti boonnu, har'aaf barannee itti fayyadamuu, warra biraa doow'achiisuun bu'aa irraa argachuu dandeenyu qabna. Beekumsa baroota dheeraaf gabbate, aadaa bareedaa, haala jireenya uumama waliin wal-simate, hariiroo waloo, diddaa garbummaa fi bilisummaaf wareegamuu, biyya jaalachuu fi jireenya naamusa qabuu jiraachuun kan kaleessarraa fudhanu dha. Faallaa kanaan immoo, wantooni kaleessa irraa sirreessuu qabnu kan akka dhimmoota hojimaataa, barmaatilee, haala seenessuu, itti fayyadamaa maqaa fi jechootaa dha. Jechamoonni akka "wanti hundi dur hafe" jedhanii ilaalcha wanti har'a hojjetamu dhandhama hin qabu jedhu uumuu keenyaaf ragaa dha.

Dimookiraasii hin dagaagne, hanqina babal'ina odeeffannoo gama barumsaa fi miidiyaa, hanqina dhaabbilee keessatti ogummaaf bitamuu, sadarkaan hubannaa lammilee kan hin gabbanne ta'uusaa, ilaalcha jal'ataa aanga'otni aangoof angoof qaban, laafina dhaabbilee siyaasaa fi hayyotaa, hirmaannaa gad-aanaa dhaabbilee siviilii, babal'achuu dhabuu industirii fi magaalotaa fi kkf kuufama liqii hojii guddaa dhaloota kanarraa eegani dha. Adeemsa biyya badhaadhinni, dimookraasiin, nagaan, tokkummaa fi haqi keessatti mirkanaa'e ijaaruu keessatti kanneen armaan olii hunda haxaa'uu fi qulqulleessuun dhimma tokkoffaa dha. Haala kana dagachuun jabinaa fi laafina wantoota har'a irraa qofa kan maddu taasisanii yaaduunii fi injifannoos haa ta'u gufuuwwan nama quunnaman bu'aa har'aa qofa taasisanii faarri ilaaluu namoota hedduu biratti mul'ata.

Fakkeenyaaf, hiyyummaan keenya otoo hin haqamin kan hafeef dadhabbina har'a qabnuun qofa otoo hin ta'in, kaleessota badan hedduu waan qabnuufi. Wantotni gama ilaalchaa fi aadaan, hojimaataa fi bulchiinsaan hiyyummaaf haala mijaawaa uuman otoo hin qullaa'in bubbulaniiru. Gama biraatiin milkaa'ini gama diploomaasiin qabnu jabina keenya har'aa irraa qofa kan maddan otoo hin taane diploomaasii kaleessa kuufanne qabaachuu keenya ni dabalata.

Kanaafuu, wanta hundumaa har'a faana wal-qabsiisuunii fi milkaa'inas haa ta'u rakkoolee bu'aa har'aa qofa taasisanii yaaduun dhugaatti nu hin siqsu. Ilaalcha haala qilleensa guyyaa irratti qofa hirkachuu kana guyyummaa jennaani. Ilaalchi keenya haala yeroo irraa qofa kan waraabamu yoo ta'e guyyummaaf saaxilamaa jiraachuu keenya hubachuu qabna. Har'i madaallii kaleessaa fi borii kan eegsisu ta'uu baannaan qofaasaa ni jal'ata.

Biyya keenyatti ilaalchi dhiibbaa guddaa hin qabne bori dha. Barmaatiin keenya waa'ee borii yaaduu badaa miti. Ilaalchi keenya boriif bocamu ilaalchota biro waliin haala wal-madaalaa fi qixa ta'een gabbachuu qaba. Haa ta'u malee bor irratti hordamuunis rakkoo mataa isaa qaba. Jireenya kishaafaa boriin qofa ilaaluu yaaluun gama tokkoon abjuu hin qabatamne gama biraatiinimmoo abdii hin dhugoomne dha.

Abdiin barbaachisaa dha. Jireenya kishaafaa abdiin qofa ilaaluun garuu umurii ofiin taphachuu dha. Abdiin dhugaa har'aa fi amantii kaleessaa waliin kan wal hin dubbifnee fi kan wal hin simanne taanaan akka qumaara hamaa lubbuu ofii qabachiisanii taphachuuti. Ijoollee keenya gabatee midhaanii fi barumsaa irraa fagaatan, abdii qofa sooruunii hin dandeenyu. Dhimmoota hedduu hirriba nu dhowwan abdii irratti qofa maxxanuun bira hin dabarre hedduu qabna.

Gama biraatiin, "abdiin hin dhugoomne" dhibee hamaa hunda caalu dha. Abdiin hin dhugoomne faara yerootti maxxanuu hunda caala hamaa dha. Oollummaa du'aati. Kishaafaa abdii humna keenya har'aa jabeessu, kaleessarraa galaa onnee fudhatutu nu barbaachisa. Kaleessa fi har'a walitti fo'uun yommuu gagaa abjuu keenya keessa yoo cuupne dha abdiin keenya dungoo ta'ee dukkana kan nu ceesisu.

Ilaalchi yeroo irratti qabnu baqqaanaa yeroo tokko keessatti kan maxxane akka hin taanee fi maxxana yeroo tokkotti kan rigatu akka hin taane kishaafaa ofii haxaa'uun barbaachisaa dha. Hoj-manee tuullaa fi 'kaappitaala ka'umsaa' kaleessaa, jabinaa fi laafina har'aa waliin akkasumas abdii fi sodaa borii haala wal-dubbisuun ilaaluu baannaan, yerootti maxxanuun gatii nu kaffalchiisa. Yerootti hirkachuun gufuu guddaa kan inni ta'uuf faallaa human yookiin kaappitaala kuufachuu waan ta'eefi.

Salphistummaa

Rakkoon ilaalchaa inni fakkii waliigalaa guddicha yookiin rakkoolee gaaddiddeesse salphistummaa dha. Salphistummaan wantoota kutaa qaama isaa fi akka waliigalaatti wal-xaxummaasaanii waliin hubachuuf yaaluurra, wantoota daandii salphaa ta'een hubachuuf yaaluu dha. Salphistummaan bifa hedduutiin ibsamuu danda'a. Haa ta'u malee, yaaliin salphistummaa kamiyyuu wantootarratti ilaalcha bicuu qabachuun kan goolabamu dha.

Bifti salphiftummaa inni tokko ilaalcha ciccitaa dha. Ilaalchi ciccitaa wantoota karaa qeenxee fi hiika hin kennineen ilaaluu dha. Ilaalchi keenya hedduun ilaalcha ciccitaan kan guduunfaman waan ta'aniif dhumaa fi ida'amaa wantootaa hubachuun nutti ulfaata. Al tokko tokko maal hojjechaa akka jirruu fi hojiin sun garam akka nu geessu hubachuu kan dadhabnuuf ilaalchi keenya ciccitaa waan ta'eefi dha. Hojiin amma hojjennu hojii booda hojjennu faana walitti dhufeenyi inni qabu otoo hin beekin hojjennaan gara galma ga'uu barbaadne sanatti geessuu hin danda'u.

Gochoota keenya gidduu walitti hidhannoon sabaabaa fi bu'aa jiraachuu beekuu qabna. Haa ta'u malee, gochaa fi bu'aa gidduu walitti dhufeenya jiru beekuu qofti ga'aa miti. Sababaa fi bu'aan akka lagaa kallattii tokkoon qofaa yaa'utti ilaaluun fakkii guutuu wantootaa nuuf hin kennu. Iccitii duubatti hafummaa fi adeemsa kurkuruu biyya keenya sirriitti hubachuuf faana biyyittii tokkoon tokkoon isaa gidduu walitti dhufiinsi akka jirbiitti fo'ame jiraachuu isaa hubachuun barbaachisaa dha.

Kufiinsi gama barumsaatiin nu quunnamu, fayyaa irratti, qonna irratti, industrii irratti, seektaroota biroo irraattis dhiibbaa waan godhuuf, sirna waliigala biyyittii gaaga'a. Kanaafuu, fayyaan uummata keenyaa kan hir'atu seektara fayyaa irratti hojiiwwan hojjetaman ijaa dadhaban qofa otoo hin taane, dhaabbileen barnoota ol-aanaa ogeessota fayyaa gahumsa gahaa qaban waan hin dhiheessineef ta'uu danda'a.

Wanta tokko yommuu ilaallu aadaa keenya, barmaatilee keenyaa fi amantaawwan keenya waliin wal-bira qabnee yoo ilaalle malee akka muka tokko bobeessuu yaaluu dha. Rakkoon uummata tokkoo gidiraa uummata biraa naannoo tokko keessa jiruu waliin kan wal-qabate dha. Naannoo fi haalli amala qilleensaa imaala keenyaa hundumaa keessatti gahee mataa isanii qabu. Eenyummaawanii fi bocootni uumamaa har'a qabannee jirru naannoo fi haala amala qilleensaa waliin kan wal-qabatani dha. Kanaafidha baaqqeedhaan waan ilaaluun rakkoo malee kan fala hin dhalle.

Araddaaleen hundumtuu sansalata sababaa fi bu'aan walitti xaxamoo ta'uusaaniitiin, xaxaa sana haalaan hubachuu fi sirna waliigalaasaa irratti fakkii waliigalaa qabaachuun barbaachisaa dha. Kunis, ilaalcha kallattii tokkoorraa yaaliin wal-xaxiinsa sirna tokkoo ilaaluu fi raaguu barbaachisaa akka ta'e agarsiisa.

Dhimmi wal-xaxiinsa yookiin duraa duuba sirnaa hubachuu kun dhimma cimaa kan inni ta'u yeroo gabaabaa keessatti duubatti hafummaa bifa baay'ee qabu kana keessaa bahuuf tooftaawwan nu fayyadan adda baafachuuf waan nu fayyadduufi dha. Tooftaawwan dabalataa daandii qaxxaamuraa sirnichi dafee duubatti hafummaa keessaa ittiin ba'u adda baafachuu baannaan tuullaan hojii kuufamee nurratti jigee nu liqimsa.

Agarsiistuun ida'amuu inni tokko wantoota baaqqeessanii ilaaluurra guutuma isaa caasaaf hojimaataan qindoomanii ilaluu danda'uus ni dabalata; dhugaa jireenyaa wal hin deeggarree fi wal hin qabanne argachuun rakkisaa waan ta'eef. Kanaafidha ida'amuun salphistuu ta'uu kan hin dandeenyeef.

Bifti ilaalcha salphistummaa inni biraa faara sababeeffachuu dha. Gariin keenya ka'umsa rakkolee keenyaa hundumaa rakkoo siyaasaa taasisuu barbaadna. Gariin keenya immoo maddi rakkoolee keenya hundaa aadaa dha jenna. Gariin keenya immoo amantaawwan keenya komanna. Gariin keenya ooggantoota keenya himanna. Kaanimmoo haala qillensa naannoo inni keessa jiraatuu, inni biraa danummaa keenya, inni kaanimmoo abaarsa dhaloota durii fi waaqaa komanna. Ammas, ilaalchotni akkanaa kan maddan wal-xaxiinsa sirnootaa dagachuurraa kan maddani dha.

Walittii dhufiinsi sababaa fi bu'aa akkasumas walitti hidhannoon guddaa diinagdee, siyaasa, aadaa, amantaa, qabeenya uumamaa, seenaa, amala qilleensaa, haala teessuma lafaa fi kkf gidduu jira. Rakkoo tokkoos haa ta'u falli tokkoo boolla tokkoo keessaa akka waan burquutti yaaduun, wal-xaxiinsa sirnichaa irraa fagaachuuf yaalii salphistummaa taasifamu dha. Sababeeffachuun rakkoo ilaalchaa wanta tokko qofa gadi fageenyaan beekuu keenya irraa dhufu dha.

Faara wanti sirriitti qo'annee fi beekne tokko wanta hundumaa keenya akka waan murteessuutti yaaduutu jira. Siyaasa qofa sirriitti namni qo'achaa jiraate tokko siyaasa murteessaa waan hundumaa taasisee fudhachuun sababeeffattummaa siyaasaa horachuu danda'a. Diinagdee qofa namni qo'achaa jiraate 0mmoo sababeeffattummaa diinagdee horata.

Fakkeenya guddaa sababeeffattummaa diinagdee kan nuuf ta'uu danda'u bu'aa barmaatii Maarkisistii kan ta'ee fi ilaalcha gitarratti qofa xiyyeeffannaa taasisuun wantoota biroo uumama hawaasummaaf bu'uura ta'an dagatu dha. Akka aadaa Maarkisistiitti barmaatii salphistummaa uumama hawaasummaa gitaa fi sirna-oomishaa qofaan cafaqanii xiinxaluutu jira.

Haa ta'u malee jireenyi dhala namaa hariiroo oomishaa qofaan kan daanga'e miti. Hojjataan tokko yommuu bakka hojiisaa deemu hojjataa ta'uusaatiin bakkinni qabu akka jiru ta'ee, hojjataadhumti kuni korniyaan, ogummaan yookiin eenyummaasaa kan biraan bakka hawaasummaa fudhatu ni qabaata. Hariiroo oomishaan ala hariiroon maatii bakka hawaasummaa dhala namaa murteessuun uumamni hawaasummaa adda addaa akka jiraatu taasisa.

Ilaalchi salphistummaa sababeeffattummaa diinagdee qabee hin gadhiisu jedhu garuu caasaa ol-aanaa biyya tokkoo sirna seera, aadaa fi siyaasaa ofkeessatti qabatu jijjiirama hariiroo oomishaa giddu-galaan qofa ceesisuufi. Kunis, yaadaa ida'amuutiin yommuu sakata'amu, dhama raasuu waan ta'uuf daandii jijjiiramaa fi guddina fidurra fagoo deemuu hin danda'u.

Ilaalchi salphistummaa inni biraa yaada uummachuu dha. Yaada uummachuun toora yaadaa uummanne jala kufuu dha. Toora yaada tokkoo erga uummataniin booda, tooricha otoo hin gadhiisin deemuuf wixxifachuu dha. Yaada uummachuun sarara kallattii ilaalcha siyaasaa keenya sirreeffachuuf kan nu tajaajilu ta'u iyyuu, gama biraatiin immoo ilaalcha haala-dubbisuu nu barbaachisa. Ilaalchi haala-dubbisuu sarara yaada uummachuun cinaatti haala wantootni keessa jiran irraa ka'uun ilaalcha imala karoorfachuu dha. Rakkoo wal-xaxaa keessa dhidhimnee jirruuf fala kan nuu ta'u, ilaalcha si'aawaa kana dha. Yaada uummachuun nama dhiilbessa daagataa nama godha. Ilaalcha salphistummaa jireenya gara sarara tokkootti sassaabee ilaalu dha. Ilaalchi haala-dubbisuu imaala keenya sakatta'aa sirreessuuf nu tajaajilu nu barbaachisa.

Ogummaa Tuffachuu

Nuti lammileen Itiyoophiyaa haalli hojii fi ogummaa itti ilaallu wal-faallessuun kan guutame dha. Maddi hiyyummaa keenyaa, teeknikaan gad-aanuu keenyaa fi oomishtummaan quucaruu keenyaa ilaalcha wal-faallessaa ogummaa fi hojii irratti qabnu dha.

Mammaaksota waa'ee gaarummaa hojii irratti mammaakaman mara tarreessinu iyyuu, yommuu qabatamaan gara ogummaatti dhufnu kan kabajnu irra kan tuffannutu caala. Seenaa Itiyoophiyaa bara dheeraa keessattii namoota hojjetaniif bakki kennamu kabaja irra tuffiin kan guutame dha. Ogeessa-harkaan tumtuu, kan qoricha qopheessuun mortuu jechuunii fi ogeessota biraatiifis maqaawwan hamileesaanii tuqan itti moggaasaa hojii fi ogummaan akka jibbaman taasisaa turre.

Seenaa keenya keessatti ilaalchi nuti ogummaaf qabnu hoji hojjataa caalsisuu, ogummaa ogeessaa gadi taasisuu fi rakkoo bu'aa adeemsa irraa adda baasanii ilaaluu dha. Ogeessa tuffatanii bu'aa harka isaa fudhachuun, hojjataa tuffatanii bu'aa hojii isaa jajuun akka hawaasaatti adeemsi fooyya'uu keenya akka gufatu hudhaa taasise dha. Ogeessi tokko wanti inni hojjete masaraa mootummaatii haga dhaabbilee amantaatti, hawaasa idilee irraa haga mootiitti ittiin faayamu, itti dhugu, itti nyaatu, irra rafu, ittiin sirbama, ittiin qaddafama, ittiinis qotama.

Ogeessichi garuu maqaan qaanii moggaafameefi tuffatama. Hawaasa biraa waliin akka gaa'ila hin godhanne taasifama. Mandarri isaa qofaa akka ta'u taasifamee loogiin irratti raawwatama. Adeemsa kana keessas, ogeessotni ogummaa isaanii iccitii taasisuun ollaa isaaniif haa hafuu ijoollee isaanii illee otoo hin barsiisin ogummaa isaanii waliin akka awwaalaman taasifameera. Kanaafuu, akka hawaasaatti ida'amuu keessaa eebba argamu akka hin arganne nu taasiseera.

Ogeessa tuffatanii bu'aa ogummaa isaa barbaaduun adeemsa industrii biyyittii ajjeeseera. Aksumii fi Laallibalaan akkasumatti hin ijaaramne. Ogummaa harkaa baay'ee cimaa ta'e dur akka qabnuu agarsiisa. Garuu, siidaawwanii fi gamoowwan yommuu arginu, hambaawwan keenya durii yommuu ilaallu ogummaa fi beekumsa hojii mukaa, sibiila, warqee, dhagaa fi albuudota biraa baasuu fi itti fayyadamuu akka qabnuu kan mul'isu dha. Kun hundi har'a eessa dhaqaniree?

Aadaan keenya badaa hojaticha gatanii, hojii isaa rarraafatanii deemuu, harka duudhaalee artii sana boceef galata kennuu irra altokko "ergamoota Waaqaatu boce" yeroo kanimmoo "namoota biyya alaatu hojjete" yommuu jennu mul'achuun kan barame dha.

Ogummaa fi ogeessaaf bakki kenninu gadi aanaa ta'uu isaa qofa otoo hin taane saalfachiisaa waan ta'eef ogeessi beekumsaa fi ogummaa isaa hin fooyyessine. Awurooppaa fi biyyoota baha fagootti ogummaawwan harkaa durii gara industirii mana keessaatti, adeemsa keessa keessammoo gara industirii guguddootti guddataniiru. Biyya keenya keessatti kana dhugoomsuu akka hin dandeenye kan nu taasise ilaalcha ogummaa fi ogeessaaf qabnu dha.

Waggoota kumaa oliif qonni keenya qotiyyoo waliin gar gar ba'uu hin dandeenye. Ce'umsi bu'aa gaarii agarsiisu kan mul'atu irra caalaa qonna irratti waan ta'eef, kun murteessaa ture. Baaburri bishaaniin hojjetu gara biyya keenya erga galee waggoota dhibba shan dabarsu iyyuu har'as harkaan daakaa jirra. Erga kophee tolchuu eegallee waggoota kuma lamaa ol dabarsinu iyyuu har'as luka duwwaa deemuu hin dhiisne. Dhagaa bocuun gamoo erga hojjeennee waggoota kuma lamaa ol lakkoofsisnu illee, har'a rakkoo mana jireenyaa keenya hiikuu hin dandeenye. Gaarii yookiin saragallaa harbaan harkifamu erga tolchinee waggooti kumaa ol haa lakkaa'aman malee, konkolaataa hojjechuu hin dandeenye.

Ogeessota tuffachuun hawaasa boodatti hafaa biratti dhiibbaa inni geessisu ol-aanaa dha. Ogeessi yommuu tuffatamu, innis yommuu ogummaa isaa dhiisu, kabajaan guddachuu fi ce'uu dadhaba. Qotiyyoon qotuu irraa gara tiraaktaraan

qottutti yommuu ce'uu qabu, har'a wanti biraa hafee nama maarashaa tolchuuf
argachuufuu kiiloomeetira hedduu deemuu nama gaafata. Hawaasni kamiyyuu
ogummaa tuffatamu fudhatee itti fufuu hin barbaadu. Kunis oolee bulee
ce'umsa teekinooloojii quucarseera.

Ilaalchii fi gochi boodatti hafaa kun yeroo ammaa kana imaammataan
kan hin deeggaramnee fi hawaasni hedduus kan hin deeggarre ta'ullee, akka
barmaatii hawaasaa kamittuu al-tokkoon jijjiiruun hin yaadamu. Ammas ta'u
namoota intarpiraayizii maaykiroo fi xixiqqaan ikaaramanii hojjetan qeequn,
warra dhagaa koobilii hafan tuffachuu fi daldalaan hundi akka nama saamuutti
faarri fudhachuu hawaasicha biratti baay'inaan mul'ata.

Yaada ida'amuutiin milkaa'innii fi guddinni biyyaa qindaa'inaa fi guddina
safisaa oggummootaan ala ta'uu hin danda'u. Qaroominaa fi bu'aa barbaadnu
kan arginu yoo ogeessi ogummaasaa waliin, ogummaan inni tokko ogummaa
biraa waliin akkasumas bu'aan ogummaa itti fayyadamtoota bu'aa ogummaa
sanaa waliin walitti ida'amanii fi qindaa'ani dha. Ogummaa salphisuu keessa of-
salphisuu fi biyya salphisuutu jira. Kan ida'amnu hojii keenyaa fi kennaa addaa
qabnuun hojjennee bu'aa addaa hawaasa keenyaaf yeroo buusnu dha.

Dhibaa'ummaa, Qoostummaa fi Fakkeessitummaa

Yaada jijjiiramaa adeemsi ittiin simannu gufuuwwan armaan olii sadan keessaa
gufuu tokko kan qabate dha. Inni jalqabaa dhibaa'ummaa yommuu ta'u, kunis
yaada jijjiiramaa kamiyyuu fudhachuu dhiisuuf sababa tarreessuu fi yaada
jijjiiramaa liqimsuu dadhabuu dha. Inni lammaffaa immoo qoostummaa
yommuu ta'u, kunis yaadota jijjiiramaa guguddoo hunda qoosaa fi oduuf
oolchuun, dubbii ijoo isaa irra qoosaan isaa akka bay'atu gochuu dha. Wantoota
ija qaraan ilaalanii madaaluurra, dubbicha irratti qoosaa uumanii bira darbuu
dha. Qoostummaan karaa baay'ee dhibaa'ummaa wajjin kan wal-qabate yookiin
immoo bu'aa dhibaa'ummaati. Inni sadaffaa immoo fakkeessitummaa yommuu
ta'u, yaada jijjiiramichaaf otoo hin taane nama dhuunfaa sana jala kufuun otoo
nuuf hin galin ibsa kennuuf olii gadi fiiguu dha. Kunis, badii guddaa qaqqabsiisa.
Jijjiiramaa fi milkaa'ina keessa uummataa fi biyyi akka fayyadaman otoo hin taane
hambaa yookiin harcaatuu jijjiiramicha keessaa argama jedhamee yaadamu
funaannachuuf jala fiigaa, jajaa fi faarfachaa waan jijjiiraman fakkaachuun bu'aa
ofii adamsuu ilaallata.

Dhibaa'ummaa kan jennu yaada haaraa tokko fudhachuuf dhibaa'uu fi diddaa mul'isnu dha. Sababa kanaanis dursitootni yookiin hoggantoonni biyyoota biraa irraa wanta gaarii baratan gara biyya keessaatti galchuuf baay'ee rakkatu. Atsee Tewoodros Itiyoophiyaan ammayyeessa jedhani yeroo ka'an sana qormaanni isaan quunname tokko kana dha. Yaada haaraa sana hubachuun akka saffisuu fi akka fooyya'u taasisuu irra, baay'een isaanii qarqara dhaabachuun akka maraatuutti isaan ilaalu ture.

Wanta haaraa fudhachuuf dhibaa'ummaa waan mul'isnuuf dursitootni guddina biyyaaf abjuun abjootan uummata keessa seenuuf gufuu guddaatu isa quunnama. Kanaafuu, dursitootni yaada haaraa fidanii dhufan dhibaa'ummaa uummata isaanii waliin walitti bu'uun isaanii wanta hin oolle dha. Ga'umsi dursaa ta'uu kan barbaachisu yeroo akkanaati. Hoggantoonni abjuuwwan isaanii raawwachiisuuf uummata waliin wal-dhaansoo keessa gaafa seenan, dursitoota ta'uunsaanii hafee, bittoota ta'u. Yaada haaraa dirqamaan otoo hin ta'in malaan, humnaan otoo hin taane amansiisuunii fi fakkeenya gaarii ta'uun yoo raawwachiisan garuu dursitoota ta'u jechuu dha. Kanaafuu, dhimmi guddaa dursitoota bittoota taasisu hammeenya abjuu isaanii otoo hin taane, abjuu isaanii raawwachiisuuf humnatti fayyadamuu isaaniiti.

Humnatti fayyadamuun tooftaa salphaa fi dandeettii sammuu hin gaafanne dha. Uummata amansiisanii fi fakkeenya gaarii ta'uun oogganuun garuu daandii baay'ee cimaa fi ogummaa gaafatu dha. Dursitootni keenya abjuu isaanii raawwachiisuuf carraaqqii gochaa turan keessa humnatti waan fayyadamaniif, abjuu isaanii raawwachiisuun haa afuutii wanta qabnu illee dhabaa imalli keenya gara booddeetti akka ta'u taaneerra. Kanaafuu, dhibaaummaa jijjiirama dura dhaabbatu tooftaan bira darbanii yaada jijjiiramaa haaraa fiduun hoj-manee guddaa dursitootaati.

Gama biraatiin, qoostummaan yaadota ijoo ta'an mara gara qoosaatti jijjiiruun, yaadotni sun gatii isaan barbaachisu akka hin arganne taasisuu dha. Akka hawaasaatti rakkoowwan qabnu keessaa tokko, wantoota nu aarsuu, nu gaabbisiisuu fi nu yaaddessuu qaban mara irratti mar'imaan nu gubachaa qoosaatti jijjiiruun kolfinee bira darbuu dha. Adeemsa keessa hammina rakkoo nurra qaqqabee otoo hin taane, qoosaan ebeluun qoose ol-ka'aa rakkoo nu quunname irraa fala otoo hin ta'in qoosaa uumaa bira darbina. Namni yaada haaraa kaase tokko yaada isaa qoosaa fi olola irraa eeguutu irraa eegama. Kana ta'uu baannaan garuu yaadni inni waan gaariif kaase waan qoosaaf ta'ee qisaasa'amee hafa. Qoosaan hacuuccaa dandamachuuf kan nama gargaaru dha. Uuummatootni cunqursaa jala jiraatan hedduun dhukkubii cunqursaan sun irraan gahu kan dandamatanii fi jireenya isaanii kan itti fufsiisan, qoosaan of mooksaati. Kanaafuu qoosaan namootni haalaan qabsaa'anii cunqursaa akka hin mo'anneef yeroof wanta isaan mooksuuf, dhukkuba isaanii fay'isuu irra, yeroof dhukkubbii isaanitti dhaga'amurraa afuura galfachuuf isaan tajaajila. Sababa kanaanis cunqursaa itti fufsiisuu keessatti gahee qaba.

Lammileen Itoophiyaa yeroo dheeraaf cunqursaa keessa jiraachuusaaniirraa kan ka'e, tooftaa qoosaa dhukkubbii cunqursaan isaan irraan gahu ittiin dandamatan horatanii jiru. Dhugaatti, qoosaan dhukkubbii cunqursaa irraa afuura galfachuuf qofa otoo hin taane, dhugaa gadhaawaa jiru malaan bitoota dhageessisuufis ni fayyada. Haa ta'u malee, yaada qoosaan areeramee dhihaate fudhachuun bittootni furmaata itti kennan meeqa keessaa tokko. Walumaa galatti qoosaan yommuu dhimma tokkoon tokkoosaa keessa seenuu jalqabuu fi daangaa yaada cimaa waliin adda isa baasu darbuu eegalu cunqursaas haa ta'u dogoggora kamiyyuu sirreessuf carraa nama dhowwata. Yaadota guguddoos ni quucarsa.

Barmaatiin qoostummaa guddina yaada namaa ajjeesaa jiraate. Namootni yaalanii dogoggoruu fi wanta haaraa jalqabuu ni sodaatu. Nutti kolfama, kan qoosaa fi kan kolfaa taana, ni qaanofna, biyyi nutti mammaaka jedhanii sodaatu. Yaalii tokko akka waan gaariitti fudhatanii jajjabeessuu fi gorsuu irra, wanticha irratti qoosuu fi qeequn waan filatamuuf dubbachuurra callisuu, hojjechuu irra harka dachaafatanii taa'uu, yaaluu irraa of-qusachuu, jalqabuu irra hordofuun akka filatamu taasisee jira.

Gufuun inni sadaffaa fi ilaalchi jijjiirama qoru kan biraa fakkeessitummaa dha. Fakkeessitummaan rakkoo faayidaa yerootiif jecha abjuu dursitootaa otoo hin alanfatin liqimsuuti. Fakkeessitootni abjicha otoo hin alanfatin waan liqimsaniif dhandhamasaa hin beekani. Wanta itti himame hunda tole jedhanii kan fudhatanii fi ajajaa fi ergaa kamiyyuu waan hin didneef bittoota biratti jaalatamoo dha. Haa ta'u malee, fakkeessitummaan abjuu ofii raawwachiisuuf shoorri inni taphatu gaarii miti. Dursitoonni hordofaa abjuusaanii sirriitti hubatee, abjuu hubate sana raawwachiisuuf tattaaffatu, yommuu rakkoon jirus rakkoo sana dubbachuu fi dursitoota faana mari'achuuf mormuuf gara duubaatti hin jennetu barbaachisaan. Biyya keenyatti ilaalchi fakkeessitummaa sababa yeroo dhihootii asitti dabalaa dhufeef deegarsaa fi mormii uummataa addaan baafachuuf haga rakkisuutti qaqqabee ture.

Siyaasa keessattis haa ta'uu, tajaajila uummataa keessatti fakkeessitummaan dhibee keenya isa cimaa dha. Fakkeessitummaan uummata biratti yoo hundee jabeeffate, uummataa fi dursaa gidduu wal-jijjiiruun yaadaa hin jiraatu, yoo jiraates fayya qabeessa hin ta'u. Kana jechuunis, siyaasa biyya tokkoo keessatti daandii mootummaan fedhii uummataa itti beekuu danda'u hin jiru jechuu dha. Haaluma kanaanis, haalli mootummaan otoo yaada uummataa hin bitin abjuu isaa gurguruuf itti yaalutu uumama; Kunimmoo rakkoo siyaasaa uuma. Mootummaan fedhii uummataa kan beekuu danda'u yoo wal-jijjiirraan yaadaa sababa irratti hundaa'e dursaa fi dursamaa gidduu gaggeeffame dha. Deegarsas haa ta'u mormii jiru qorachuun jijjiirama fiduun kan danda'amu fakkeessitummaan yoo hafe dha.

Hojii tajaajila uummataa irrattis, dursitoonni hojjettoota fakkeessitootaan waan marfamanii fi dhibaa'otarraa fagaachuuf yommuu yaalan fakkeessitootaa faana shubbisuu eegalu; fakkeessitootnis milkaa'ina dhaabbilee fi faayidaa uummataaf dhama'uu irra, ooggantoota isaanii gammachiisuun bu'aa argachuuf carraaqu. Dhaabbilee keessattis, uummataaf dhaabbachuu fi mul'ata dhaabichaa dhugoomsuuf tumsa taasisuu irra oogganaa gammachiisuuf amala jala fiiguutu hidda jabeeffata.

Dursitootni dhibaa'ota, qoostotaa fi fakkeessitoota gara namoota sababatti amananitti yoo jijjiiruu danda'an qofa dursummaan kan turuu danda'an. Kun ta'uu baannaan garuu dursummaa isaanii dhiisanii bittummaatti jijjiiramanii jiru jechuu dha. Kana jechuun garuu dhibaa'ummaa fi fakkeessitummaan rakkoo uummataa yookiin rakkoo durfamichaa qofa otoo hin taane dursitoota birattis rakkoo mul'atu dha.

Dursitootni yaadaa fi mormii uummata isaanii yookiin qaama dursan biraa isaani irratti dhihaatu akka barbaachisummaa isaatti kan fudhatan ta'uu baannaan, isaanumti mataan isaanii dhibaa'oo ta'u jechuu dha. Kunis, dursichi abjuu waloo otoo hin taane abjuu mataa isaa qofa qabatee waan imaluuf, dursichi gara bitaatti jijjiirama jechuu dha. Gama biraatiin immoo, yaada uummataa otoo hin alanfatin akka jirutti liqimsu taanaan amala uummatummaa qabu jechaa dha.

Uumatummaan fakkeessitummaa dursitootaati. Dursitootni deeggarsa uummataa miira irratti hundaa'e argachuuf jecha daandii buddeen abjuu ittiin tolchani dha. Karaa duraa duubaa sababa irratti hundaa'een akka hin milkoofnee fi akka sirrii hin taane otoo beekanii deeggarsa uummataa miira irratti hundaa'e argachuuf jecha wanta hin taane ni ta'a jedhu. Kaayyoo yeroo dheeraa irra, qabxiiwwan yeroo gabaabaa filatu. Dursitootni dhibaa'ummaa fi fakkeessitummaa jijjiiramaa ogummaan yaalaa, uummata mul'ata biyyaalessaa waliiniif akka dhaabbatan gochuun hoji manee isaanii isa angafa. Biyya keenyatti qormaatni dursummaa quunnamu kana dha.

Hanqinni sababootaan waa fudhachuu keenya dadhabaa ta'uun isaa lubbuu akka horatan kan taasiseen, rakkooleen dhibaa'ummaa, qoostummaa fi fakkeessitummaan, barmaatiin wantoota sababa irratti hundaa'anii madaaluu keenya gaafa gabbachaa dhufu akka haqaman ifa dha. Barmaatiin sababa irratti bu'uureffachuu yommuu gabbachaa dhufu, qaroominni hawaasummaa fi siyaasaa marii'atanii walii galuu ni jiraata.

4.2   Gufuuwwan Gochaa

Sararootni diddiimoo ida'amtummaa gufuuwwan raawwii yookiin gochaa falaasama ida'amuuti. Ida'amuun walumaagalatti falaasama madaallii haa ta'u malee, gufuuwwan raawwii isaa yoo xiqqate guutamuu qabu. Kana jechuunis, gochaawwan anniisaa imalichaa laaffisanii fi sakaalan, gochawwan onnee imaltootaa laamshessanii fi ana hin ga'uu babal'isan, faayidaa dhuunfaa fi namoota muraasaaf jecha jiraachuu uummata bal'aa fi biyyaa balaarra buusan, barmaatilee fi balleessaawwan, hatattamaa fi haala irra hin deebi'amneen tarkaanfii irratti fudhachuu yaada keessa kan galche dha. Irra caalaa hamilee laamsha'aa fi amala hamilee laamsha'aa sana ittiin ibsurraa ka'uudhaan saamichoota taasifamanii fi hanna gurmuun raawwatamu obsuu hin danda'u. Ida'amuun falaasama waa lama jibbu dha. Namni wantoota jibbaman lameen kana keessatti dhidhimee jiru yoo jiraate, dirqama wantoota lameen kanarraa of-qulqulleessuu qaba, kunis safuu dhabuu fi dhiilbummaa dha.

▰   Safu-dhabdummaa

Safu-dhabdummaan dhibee biyya keenya gooboo taasise, rakkoon ishee waadee fi rakkoo keessaa akka hin baane gunnuuffachiisee qabe dha. Yaaliin badhaadhinaafis haa ta'u dimookiraasiif goonu taakkuu tokko otoo hin deemin mucucaachisee kan duubatti nu deebisu safu-dhabdummaa waan qabnuufi dha. Ofittummaan, lubbuu namootaaf yaaduu dhiisuun, hanni, faayidaa biyyaa mariif dhiheessuu fi rakkooleen kana fakkaatan hundi kan dhufan safu-dhabdummaan waan babal'ateefi dha.

Biyya keenyatti ilaalchi yakka irratti qabnu dogoggora dha. Yeroo baay'ee yakka raawwachuun gocha kutaa hawaasaa harka qalleeyyiin raawwatamu taasifamee fudhatama. Uummatnis yakki inni akka safuutti lakkaa'uu fi kallattiin balaaleffatu, yakka hiyyeessi raawwatamu dha. Fakkeenyaaf, hanni hiyyeessaan qofa yakka raawwatamu taasifamee waan amanamuuf, hawaasni duudhaa to'annaa isaatiin kan abaaruu fi kan jibbu yakka hannaa humnaan, gabaa keessatti, taaksii irrattii fi bakkeewwan wal-fakkatan birootti raawwatamaan qofa dha. Maqaa hattuutiin kan waamus, yakka raawwattoota hiyyeessota kana qofa dha.

Haa ta'u malee kootii fi karabaataa isaanii sirreeffatanii hattotni sadarkaa giddu-galeessaa fi ol-aanaan biiroo oolan, hawaasaa fi biyya waliigalaan rakkoo hamaaf saaxila. Isaan kana garuu, "kan gaafa muudame hin nyaanne, gaafa bu'u gaabba" mammaaksa jedhuun jajjabeessaan. Hattotni abbaa karabaataa fi fayamoo kun badii isaan biyya irraan gahan yakka hattotni hiyyeessotni raawwatan caalaa guddinni biyyaa akka gufatuu fi hamileen uummataa akka tortoru gochuun badii hagana hin jedhamne biyya irraan geessisu.

Biyya keenyatti yakkaa abbaa karabaataa yookiin karabaataa uffate duudhaalee aadaa garaa garaan deeggaraa fi jajjabeessaa turuu keenyaa irraa kan ka'e yeroo saamichi gamtaan raawwatamu babal'atee fi dagaage keessatti argamna. Hanni, ajjeechaanii fi yakkooni biroo yommuu namoota karabaataa uffataniin raawwatamu duudhaawwan hawaasummaa ittiin balaaleffanu hin uumamne. Ilaalcha kabeelaa "muudamaan jalaa bade malee hate hin jedhamu" jedhuun biyya keenya keessatti karabaataa hidhatanii haga raawwataniitti hanni gocha nama hin saalfachiifne haga ta'uu qaqqabeera. Ajjeechaa, ukkaamsuu, reebichi fi yakkawwan biroo namicha faayamaa adii uffate sanaan raawwataman iyyuu yakkoota hawaasni haga ammaatti maqaa hin moggaasneefi dha.

Waggoottan kurnan darbaniif hanna gurmaa'inaan raawwatamu irratti qabsaa'uuf carraaqiin cimaa godhamu iyyuu, carraaqqichi bu'a qabeessa hin turre. Ittuu jabaataa deemuun qormaata biyyittii isa guddaa ta'uu danda'eera. Gaaffiiwwan haqaa hawaasummaas kana waliin baay'ee kan wal qabate dha. Biyya keenyatti gama haqa hawaasummaan keessumaayyuu sabaaf sablammoota giddutti itti fayyadamummaa diinagdee wal-qixa ta'e ilaalchisuun gaaffiiwwan uumanni kaasu hojimaata kira sassabdummaa fi firaan wal-fayyaduu irraa haqa qabeessummaan dhabamuu isaarraa dallansuuwwan dhalatani dha.

Biyya mootummaan dadhabaa jirutti, hanni gurmaa'inaan raawwatamuu fi saamichi humna cimaa shanaffaa yookiin morkataa mootummaa ta'uun hidda jabeeffata. Kun akka uumamuufis dhaabbileen sab-quunnamtii yookiin miidiyaa damee mootummaa afuraffaa jedhaman rafuun isaanii fi ulullee sagalee hin qabne ta'uun isaanii ka'umsaa fi mallattoo mootummaa dadhabaati jechuun ni danda'ama.

Seerotni, heeronnii fi imaammatootni biyya tokkoos, hanna babal'isuufis haa ta'u dhaabuuf gahee ol-aanaa qabu. Seerrii, heerrii fi imaammatni kan tumsa taasisuuf yoo ta'e, lammileen yommuu hattootaa fi saamtotaan miidhaan irra ga'u, abbaa isaan miidhe sana falmachuuf, hattoota dura dhaabachuuf ni ka'u; mormaniis ni mo'atu.

Warri kaanis isaan ilaaluun gara fuulleetti dhufu. Hattoonnis sodaachuu jalqabu. Humni badii kun akka latuu fi booda irras akka babal'atuuf kan isa gargaaru inni guddaan ilaalcha dhuunfaa keenyaa fi aadaa waloo keenya. Hatanii guddachuu aadaa hin baalaaleffane keessatti, saamanii duroomuu hawaasa hin jibbine keessatti, hannaa fi saamicha irratti qabsaa'uun rakkisaa dha. Namni gaala hatee gugguufee deemuurra, gaala hate sana yaabbatee dibbee rukuchiifatee sirbaa deemuu aadaa fi biyya dandeessisuu uumnee jirra. "Kan yeroo muudame hin nyaanne, yeroo bu'u gaaba" mammaaksi balaafamaan jedhu hunda keenya kan boochisu ta'eera. Muudamaan angoo isaatti fayyadamuun hanna raawwate, akka nama adamoo deemee milkii gaariin deebi'etti fardaan garmaamuuf homtuu isa hin hafne.

Aadaa sodaachisaa hattuun ija mukee, kiisii yookiin giphii keenyaa fi laphee keenya itti gogsu keessa jiraachuu erga jalqabnee turre. Hannaa fi saamicha gurmaa'inaan raawwatamu ilaalchisuun aadaa, qooqnii fi illalchi keenya jijjiiramuu qaba. Kun ta'uu baannaan guddinni keenya akka quucareetti, haqi keenya akka fashalaa'etti, diinagdeen keenya akka dadhabetti jiraachuun keenya itti fufa. Biyya hannii fi saamichi gurmaa'inaa keessatti babal'ate keessatti, furtuu guddinaa kan ta'e dorgommiin haqa irratti hundaa'e ni dadhaba, warri kaanis humnii fi carraan dorgomanii mo'uun isaanii haphatee bada.

Hannaa fi saamicha gurmaa'inaan raawwatamu yommuu jedhamu saamicha kallattiin maallaqa irratti taasifamuun ala bifoota garaa garaa qaba. Yakkamaa gad-dhiisanii nama qulqulluu hidhuun hanni haqa irratti raawwatamu jira. Karaa seeraan alaan namootni akka muudaman, akka fayyadaman, akka guddina argatan, akka buufatan taasisuun dhugaa fi amantaa saamuun jira. Hanni gurmaa'inaan raawwatamu gaafa babal'atu, inni hojjetu hiyyoomee inni taa'u sooroma. Barataa dadhabaan darbee, barataa inni cimaa kufa; addunyaa seeraa keessatti immoo yakka kan hojjete hiikamee, qulqulluun hidhama. Gabaa keessatti mi'i barbaachisaa gatii gad-aanaan dhiibamee akka gurguramu taasifamee, inni qulqullina hin qabne gatii ol-ka'aan akka gurguramu taasifama.

Hannii fi saamichi gurmaa'inaan raawwatamu qabeenya keenya barbadeessuu irra darbee, maqaa nu balleessa. Kabaja keenya xinneessa. Babal'achuun sirna kanaa lammileen amantaa isaan mootummaa irratti qaban akka gadi bu'aa ta'u taasisa. Namootaaf namoota gidduu, dhaabaa fi dhaaba gidduu, hawaasaa fi hawaasa giddu wal-amantummaa jiru ni balleessa. Hunda caalaa, lammilleen qophummaaf saaxilamu.

Hariiroo hawaasichaa fi haala jireenya isaa irratti amantaa waan dhabanii fi raafamuun madaallii diinagdee baay'ee waan dabaluuf abdii kutatu. Fedhii isaan hojjetanii jijjiiramuuf qaban ni laamsha'a. Qophummaa fi raafamni madaallii diinagdee amala uumamaa guddina diinagdee waliin wal-qabatanii dhufan ta'uun isaanii kan eegame ta'ee, sirni saamicha gurmaa'aa irratti bu'uureffate garuu miirri qophummaa akka dabalu taasisuun miira abbaa biyyummaa lammilee ajjeesuun biyya rakkoo guddaaf saaxila.

Ka'umsi sirna farra dhugaa fi guddinaa ta'e kanaa hedduu waan ta'aniif, humna inni qabu laaffisuun diiguun furtuu hiyyummaa mo'achuu akka ta'e hubachuun barbaachisaa dha. Sadarkaa barumsaa fi beekumsa hawaasaa guddisuunis murteessaa dha. Hawaasni barate hawaasa hin baranne caala balaa hanni irraan ga'u sirriitti beeka. Hattota irratti ni qabsaa'a. Dhaabbilee mootummaa fi hawaasummaa jabeessuu jechuun dallaa amansiisaan qe'ee ofii eeggachuu jechuu dha. Iftoominaa fi itti gaafatamummaa mirkaneessuun akka seeraa fi poolisiitti hanna ittisa. Lameenuu kan biqilan garuu dachee safuu irratti yoo facaasamani dha.

Wal-dhaansoo hannaa fi saamicha gurmaa'inaan raawwatamu faana taasisamu keessatti mootummaa fi namootni siyaasaa gahee ol-aanaa fudhachuun kan irraa eegamu haa ta'u yyuu malee, seektarri dhuunfaas gahee guddaa qabaachuu qaba. Abbootiin qabeenyaa aangawaa mootummaa hannaan himachuu cinaatti ciimmaa ijasaanii keessa jiru ilaaluuf yaaluun dirqama isaanii ta'a.

Waldaawwan siviilii, abbootiin amantaa, jaarsoliin biyyaa, namootni beekamoon farra guddinaa wanta ta'e kana waraanuuf jabinaan hojjechuu fi bu'aa hojii isaanii kanas uummatatti agarsiisuun isaani irraa eegama. Addunyaa biraatti akka barametti, dhaabbileen miidiyaa of jabeessanii argamuun, saamicha ol-aanaa saaxiluun, sochii jabaa gochuun humna falmataa mootummaan morkatu ta'uu isaanii agarsiisuu qabu. Safu-dhabdummaa irraa gara safu-qabeessaatti of jijjiiruu qabu.

Dhibeen safu-dhabdummaa kun adeemsa ijaarsa aadaa dimookiraaasii fi guddina biyyaa keessatti dhiibbaa hamaa kan qabuu fi akka kaansarii cimaatti kan lakkaa'amu waan ta'eef, jala isaatii buqqisanii balleessuuf ka'uun ejjannoo addaa falaasama ida'amuu godhamee fudhatamuu qaba. Kun dhugoomuu kan danda'u, uumamaan kan badhaafamne murtii haqaa, murtee madaalawaa aadaa fi duudhaa keenya waliin wal-simate, gara laafummaa fi bilisummaa jaalachuu keenya barumsaa fi gochaan gabbisuu fi qaruun gadi-deebitummaa fi murtee jallisuu irraa yoo of-eegne qofa dha.

Hawaasni qulqullummaa fi bilisummaa garaa akka ejjannoo guddaatti yoo qabachuu baate, wanta kam iyyuu bu'a qabeessa taasisuun rakkisaa dha. Hawaasni guddinaa fi qaroomina galmeessisiisan seera isaanii, tooftaa jireenya isaanii fi daandii bulchiinsa isaanii kan hordofaniif ol-aantummaa safu-qabeessummaaf qaban irratti hundaa'uudhaani. Kun ta'uu isaatiinis lammilee si'aawoo "ana maaltu na dhibe" jechuun waa bira hin darbine bakka hundatti argachuun ni danda'ama.

Dhiilba'ummaa

"Dhiilba'e" jechi jedhu hammeenya, jal'ina, xiyyeeffannaa dhowwachuu, diduu, beekaa rafuu, nuffuu kan ibsu dha. Dhiilba'ummaa yommuu jennus hamtummaa, jal'ummaa, nuffuu jechuu dha. Dhiilba'ummaan jecha dhibee amala keessoo amaloota ibsaman akkasii walitti qabee kan ibsu dha.

Falaasama ida'amuu keessatti safu-dhabdummaatti aansuun amalli baduu qabuu fi akka sarara diimaatti ilaalamu dhiilba'ummaa dha. Mammaaksaanuu "mutaan yoo dhiilba'e dhadhaa hin waraanu" jedhama. Dhiilba'ummaan barmaatii badaa wanta karoorfanne hunda dadhabsiisu, wixineewwan keenya hunda fashaleessu, galma ga'uuf yaadne hunda dukkaneessu, fi kan fuul-duratti yaadne booddetti kan harkisu dha. Namni dhiilba'aan mul'ata barbaadee argachuus haa ta'u baachuuf humna isa dandeessisiisu hin qabu. Biyyi keenya dhiilba'oota baattee kan tirattu otoo hin taane ciccimoota qabattee kan guluftu ta'uu qabdi.

Bifa kamiin iyyuu eelaa badii kana baannee gara ida'amuutti imaluu hin dandeenyu. Baduun ifaa dukkana ol-aantummaa akkuma goonfachiisu hunda dhiilba'ummaan hojii, bu'aa hojii fi bu'aan sun walumaagalatti faayidaa inni argamsiisu ilaaluu dadhabuu dha. Wanta hunda ofiif, of-bira qabanii madaaluun "anaan maltu na dhibe, anaan na hin ilaallatu, maaltu na dhamaase, abbaan fedhe kan nyaatuuf, maaltu na jarjarse" jechuun waan gaarii hojjechuu irraa of ittisuu dha.

Dhaabni siyaasaa yookan daldalaa kamiyyuu haa ta'u milkaa'inaaf wantoota bu'uura ta'an sadii isa barbaachisa. Isaanis, humna namaa, hojimaataa fi ijaarsa, akkasumas hojii sana hojjechuuf meeshaalee barbaachisani dha. Hunda caalammoo, hojicha saffisaa fi qulqullinaan hojjechuuf barbaachisummaan humna namaa ga'aa, beekumsa, dandeettii, ilaalchaa fi ogummaa kan mariif dhihaatu miti.

Gamaaggamni aadaa hojii biyya keenyaa akka mul'isutti amalli dhiilbaa'ummaa hojjettoota qofa irratti otoo hin taane hooggantoota birattis hidda jabeeffachaa erga dhufee bubuleera. Wanta kamiif iyyuu na'uu dhiisuu, gaaffii uummataaf gurra kennuu dhabuu, rakkoo faana walitti madaqanii muguun faara hawaasummaa erga ta'ee tureera. Piroojektiin tokko baasii karoorfameef caalaa harka kudhan baasisee, yeroo xumuramuuf karoorfameef irraa harka sadii booddeetti hafee otoo hin xumuramin yommuu hafu, itti gaafatamaan piroojektii sanaa miira yakkaan gaabbuurra ofitti amantummaa ol-aanaan gaazexeessitoota fuul-duratti dhihaachuun sadarkaa kana irraan gahuuf hojii kutannoon guutame meeqa akka hojjete lallaba. Karoora waggaa karoorfate keessaa dhibbantaa shan qofa angawaan raawwate sababoota akka "darsa haadha kootiitu na gufachiise" jedhanii yommuu tarreessu hin saalfatu. Dur durii "gowwaan yoo saalfachuu baate, firri gowwaa ni saalfata" jedhama ture. Har'a garuu qabeenya uummataa kan balleessee fi kan dhadhangalaase, itti gaafatamummaa kennameef sana kan hin baane, qabeenyaa fi yeroo uummataatti kan qoose, akka waan nama boonsuutti fudhatamaa jira. Itti gaafatammumma dhiilbaa'ummaan ba'uu dadhabe, safu-dhabdummaan yommuu ittiin lallabu kan saalfatu hin jiru.

Aadaan kun tarkaanfiiwwan firi-qabeessa darbee darbee mul'achaa turan danquun akka uummataa fi akka biyyaatti badii inni geessise akka salphaatti bira darbuun kan danda'amu miti. Aadaan hojii bu'aa hin qabnee fi haamileen laamsha'aan akka biyyaatti barmaatii hamaa qileetti nu darbata.

Dhiilba'ummaa fi lafa irra harkifattummaan hundee hamaa dha. Hojimaata firi-dhabeessaa fi borcamaa sababa dhiilba'umaa fi lafa irra harkifattummaan uumamu jalqabumma irraa kaasnee sarara diimaa sararuun ittisuu qabna. Aadaan fokkataa dhaabbilee fi biyya miidhu kun sarara diimaa sirriitti mul'atu fi bakka eeyyama darbuu itti dhowwatamu ifaan kaa'uufiin dhimma yeroon gaafatu dha. Sababni isaas dhiilba'umaa irrattii fi dhiilba'ummaa waliin wanti sorooroo fi firi-qabeessa ta'e kam iyyuu yoo walitti ida'ame oolee bulee faalamuun isaa waan hin oolleefi dha.

Namootni bakka hojii itti gaafatamummaa ol-aanaa fi dandeettii malee hojjetamuu hin dandeenye dabalatee sadarkaawwan garaa garaa mootummaan uummata tajaajiluuf bane irra otoo odeffannoo fi beekumsa ga'aa hin hidhatin, yeroo fi abbaa dhimmaa otoo akka xurii qeensa isaaniitti hin ilaalin, akka nama naamusaan hojjeteetti bara waggaa waggaan guddina sadarkaa itti argatan irratti aduun dhihuu qabdi.

Ida'amuun jabaatanii hojjechuun, beekumsaa fi dandeettiin fooyyessuun, bu'aa fi caalummaan madaalamuu gaafata. Dhaabbilee mootummaas haa ta'an dhaabbileen siyaasaa gumbii namoota filannoo dhabanii fi ga'umsa hin qabnee itti kuusan ta'uun isaanii ga'uu qaba. Namootni tajaajilaa hawaasaa ta'an amalasaaniin amanamoo, hamileen kan ijaaraman, dandeettii fi beekumsa isaaniitiinimmoo dorgomanii kan caalmaa mul'isan ta'uu isaanii qofaan hojii irra turuu qabu. Aduun lafa irra harkifattummaa fi dhiilba'ummaa, bu'aa malee oduu fi wal-beekuun taa'umsa hoo'isaa sadarkaa tokko irraa gara sadarkaa biraatti guddinaan ol-siquu sun lammata akka deebitee hin baanetti dhihuu qabdi.

Guddinni beekumsa ga'aa fi jabina ga'aan alatti waan dhufu miti. Biyyi namoota dadhaboo fi dandeettii hin qabneen hoogganamtee hin jijjiiramtu, hin guddattus. Biyyii fi uummatni piroojektoota hin xumuramneen wal-qabatee qabeenya biliyoonotatti lakkaa'amu akka dhaban sababoota taasisan keessaa tokko maddi isaa kana. Kan uummataan filatamanis haata'an, raawwachiiftota, muudamtootaa fi ogeessotni eenyu iyyuu caalaa hamilee fi dandeettii fakkeenya ta'uu danda'u qabaachuutu irraa eegama. Kaleessa har'a irratti kan dabalan otoo hin taane, har'a haaraa fi fooyya'aa uumuuf kan dhama'an ta'uu qabu.

Tajaajiltootni uummataa boru ija har'aan kan ilaalan otoo hin taane har'a ija boruun kan ilaalan fi ergamoota yookiin hawaariyaa adda duree jijjiiramaa ta'uu qabu. Tarkaanfiin jijjiirama ida'amuu bu'aa gaarii akka galmeessisuuf muudamtoota, ogeessotaa fi hojjettoota filatamoo amanamummaa, danddeettii fi ciichummaa waliin walitti qindeessanii qabanii qofa qabachuu qabna. Hojii ariifachiisaa hojjechuun amantaa uummataa saffisaan kan deebisuu danda'an isaani. Irra caalaa, wantoota badan sirreessuun, imala jijjiiramaa fi guddina biyyoolessaa eegalame kana galmaan ga'uuf tajaajilaa hawaasaa dandeettii fi gahumsa, bu'aa fi milkaa'ina mallattoo ittiin adda baafatamu taasise nu barbaachisa.

Ida'amuun safu-dhabdummaa fi dhiilba'ummaa baay'ee waan jibbuuf dhimmoota kana irratti mariif hin dhi'aatu. Ida'amtoonni hundi xuriiwwan kana akka of-irraa miiccantu barbaadama. Ida'amtoonni uumamni dhala namaaf qabeenyota kennite dhugaa, haqaa fi kabaja bu'uureffachuun badhaadhina dhufu kan barbaadanii dha. Hunda caalaa qabeenyi guddaa ida'amuu ciichummaa keessaa ofiitii madde kan addaan hin citnee fi of-agarsiisuuf kan hin taane dha.

KUTAA LAMA

Cabiinsa Siyaasaa Biyya Keenyaa Fi Furmaata Isaa

BOQONNAA SHAN

Cunqursaa fi Eenyummaa
Mootummaa Itoophiyaa

Sirni siyaasaa tokko hammuma kan biraatiin bakka bu'aa adeemu rakkoolee wal-xaxaa uumaman irraa kan ka'e, eenyummaan biyya keenyaa garee mootummaa bulchuuf aangoo irra jiru wajjiin walitti hidhatee waan jiru haala fakkaatuun, sirnoonni siyaasaa yeroo jijjiiraman mara waa'ee eenyummaa fi jiraachuu yookiin itti-fufiinsa biyya keenyaa saboota yaadda'an taanee jirra.

Barbadaa'uun sirna bulchiinsa tokkoo balaa diigamuu biyyaa kan fidu akka ta'e seenaa mootummaa biyyaalessaa ammayyaawaa keenya kan waggootaa dhibba tokkoo fi digdama darban keessatti arginee jirra. Kunis dhugaa seenaa keenyaa kan calaqqisiisee fi irra-deddeebiidhaan kan mul'ate dha. Weerartoota Xaaliyaaniitii kaasee hanga ammaatti dhiphina akkasii keessa darbaa dhufuun keenya carraa keenya ta'ee ture. Ammallee dhiphinni wal-fakkaataan akka kanaa biyya keenya ishii ciniinsuu dhalachuu jijjiiramaa keessa jirtu keessatti mumul'achaa jira. Carraaqqii si'anaa dimookiraasii hundee jabaa irratti bu'uuressuuf godhamaa jiru irratti walitti bu'insii fi golaafamni mudachaa jiran hundi byyi keenya balaa diigamuutiif kan saaxilamte ta'uu ishii agarsiisa. Mallattoon kunis akka nuti ofii keenya gadi-fageenyaan sakattaanuuf kan nu kakaastu bilbila dammaqsituuti.

Biyyi keenya maraammartoo balaa jiraachuu yookiin diigamuu dhabuu yeroo yerootti ishii mudatu keessaa maaliif ba'uu dadhabde? Akkuma biyyoota biroo kanneen nu waliin seenaa mootummaa walitti dhiyaataa qabaniitti sirnoota bulchiinsaa yeroodhaaf tajaajilan keessaa baanee humna mootummaa biyyaalessummaa jiraachuu biyya kanaa haala amansiisaadhaan itti fufsiisuu danda'u uumuu kan dadhabne maaliifi? Gaaffileen kun yeroo ammaa kanatti gaaffilee bu'uuraa siyaasa keenyaa ta'anii dhufaniitu jiru. Itoophiyaan seenaa ishii keessatti qarriffaa diinota ishii roora'anii itti naanna'anii eegaa turanii keessaa ba'uudhaaf yeroo tokko tokko fuulaa fuulatti itti ba'uudhaan falmuun, yeroo kaan immoo dhoksaan lafa jala finciluun barootashii keessaa harka caalu dabarsiteetti.

Kunis, jireenya ishii mirkaneessuurra kan darbe bu'aa otoo hin buusiin darbeera. Mootonni sunniin gaaffilee siyaasaa alaa fi keessaan ka'anii yeroo namaaf hin kennine hiikuudhaaf otoo olii fi gadi jedhanii biyyittii guddisuudhaafis ta'ee, leenjisuudhaaf kallattii fayyadu bocuudhaafis ta'ee hojiirra oolchuuf yeroo hin arganne. Sababa kanaanis, biyyittiin irra deddeebiidhaan muddama rakkoo jiraachuu fi jiraachuu dhabuu biyyittii keessatti waan qabamtuuf, mootonni yeroo isaanii guutuu biyya tasgabbeessuudhaaf otoo qisaasessanii umuriin isaanii dhuma ture.

Uumamuu mootummaa biyyaalessaatiin booddee, mootonni biyya isaanii diinota alaa irraa eeguu fi raawwiiwwan amantii irratti xiyyeeffachuu keessaa ba'anii dhimma guddinaa fi qaroominaatiif xiyyeeffannoo kennuu jalqabanii ture. Duudhaalee hammayyummaa wantoota ta'an kanneen akka wal-qixxummaa, bilisummaa fi dhimmoota obbolummaa irratti xiyyeeffannoo horataniiru. Addunyaa kana irratti dhalli namaa seera bara qaroominaatiin duratti qabaachaa turan waliigaltee hawaasummaa fi duudhaalee ammayyummaatiin akkuma bakka buusan, biyya keenyattis duudhaaleen kunniin kan xiyyeeffannoo argachuu jalqaban hundeeffamuu mootummaa biyyaalessaa ammayyaawaa hordofeetu. Haa ta'u malee, tarkaanfiiwwan duudhaalee kanneen guddisuu fi fedhii uummataa kabachiisuuf fudhataman laafaa ta'anii itti fufani jiru. Kanaafis ijoon jalqabuma irraa kaasee fudhatamummaan mootummaa biyyaalessa Itoophiyaa qormaataan kan guutame ta'uu isaatiin bulchitoonni fedhii uummataa guutuu caalaa fudhatamummaa kana fiduudhaaf dhama'aa darbuu isaaniiti.

Fudhatamummaa mootummaa biyyaalessaa jechuun saboonni mootummaa biyyaalessaa sana irratti amantaa yeroo horatanii fi irratti yeroo waliigalan jechuu dha. Dhimmi kun fudhatamummaa argachuu bulchitootaa wajjiin kan wal-qabatus; kan wal hin qabannes ta'uu danda'a. Bulchitoonni fudhatamummaa mootummaa biyyaalessaa kana fiduudhaaf qisaasa'uun isaanii yeroo fi xiyyeeffannoo fedhii uummataa guutuudhaaf ooluu malu, itti-fufiinsa biyyaa eegsisuuf akka oolu taasiseera. Mootonni duraanii balaa itti aggaamamu qolachuudhaaf otoo olii fi gadi fiiganii yeroo isaanii fixu. Adeemsi kunis yaalii fedhii uummataa deebisuuf oolu kan gatachiisee fi uummata komiif saaxila. Mootonni kunniin adeemsa biyya tasgabbeessuu keessatti malleen yeroodhaaf tajaajilan fayyadamuutti waan qabamaniif fedhii hawaasaa isa dhaabbataa ta'e otoo hin guutiiniif hafu. Dhumarrattis balaan sun kufaatii isaaniitiif sababa kan ta'u guutamuu dhabuun fedhiiwwan uummataa komii hadhaawaa uumee boba'aa diddaa uummataa qabachiisu waan ta'uufi dha. Balaa muddaa biyya irratti aggaamameef caalmaatti xiyyeeffannoo wan kennaniif, humna isaanii isa guddaa fedhii uummataa guutuudhaaf otoo hin ta'iin balaawwan kanneen qolachuudhaaf waan dhangalaasaniif uummata isaanii irratti cunqursaa geessisu.

Karaa cunqursaa mootota kanneeniitiif sababni inni tokko hojii hayyoota Itoophiyaati. Hayyoonni Itoophiyaa sababoota seenaawaa fi ijaaramaa garaagaraatiin yaaduudhaaf fagoo jiru. Hundi isaanii akkuma qophii soorataa wanta dubbisan kallattiidhumaan hojiitti hiikuuf abjootu malee haala qabatamaa hubatanii deemuuf carraaqqiin isaan qaban hagas miti. Dhimmichi amala ijaaramaa kan haala qabatamaa barumsaa fi aadaa irraa maddu yoo ta'e illee, dhibaa'ummaanii fi dhimma dhabuun hayyoota kanaa itti gaafatamummaa jalaa kan isaan baraaru miti. Bulchitoonnis aadaadhuma hayyoota kanaa keessaa waan ba'aniif hojiileen isaanii kan hayyootaa irraa baay'ee kan fagaate miti. Hammamillee aangoon haala qabatamaa mootummaa biyyaalessaa wajjiin kallattiidhaan morkii keessa waan isaan galchuuf, dhugaa isaa karaa fooyya'een hubachuuf carraa yoo argatan illee siyaasni isaanii bu'uurumaan aadaa hayyootaa irraa dhalatee eenyummaa isaanii boce kun jarjarsuu fi murtii dimshaashaatiif isaan saaxila. Kun immoo hayyoota morkattoota ta'an humnaan damacanii akka darbanii fi kanuma irraa ka'uunis uummata hayyoonni kunniin sochoosan illee walumaan akka damacan isaan taasisa.

Karaa biraatiin, biyyi keenya ijoollee qaqqaalii muraasa kanneen yaadota bitaa fi mirgaan ka'an wal-dandeessisuudhaan yaada giddu-galeessaa Itoophiyaaf ni ta'a jedhanii yaadan diriirsuuf carraaqan horachuu dandeessee jirti. Yandoo jibbiinsaa bitaa fi mirgaan itti roobu dandamataanii danda'udhaan yaada isaanii baraa baratti ceesisuu kanneen danda'an yoo jiraatanillee, yaadni qajeelaa lammiilee kanaa dagaagee namoota hedduu biratti fudhatamuun yaada mo'ataa ta'uuf carraa hin arganne. Dhugaadhumatti, yaadni bitaa fi mirgaan uleen itti baay'ate, ulee kana dandamatee ba'uun carraan inni ittiin yaada mo'ataa ittiin ta'u gadi-aanaa yoo ta'eyyuu, dhimmi haala kana fedhuu garuu kan bukkeetti qabamuu hin dandeenye dha. Yeroo carraan itti argamettis aarsaan barbaachisaa ta'e kaffalamee yoo ta'ellee yaada qulqullaa'aa akka caalee mul'atu gochuun nurraa eegama.

Haaluma mudannoolee seenaa hedduu irraa hubachuu dandeenyetti, yaada nuuf ta'a jennee yaadne kaasaa fi kuffisaa uummatoota jiraanne dha. Waraana keessa yeroo seennu gaaffiin jiraachuu fi jiraachuu dhabuu biyyittii nu yaaddessa; waraanicha yeroo xumurre immoo kana ni irraanfanna. Waraanni sabaa fi sablammiiwwan Itoophiyaa weerara Xaaliyaanii qolachuuf kallattiilee biyyittii afraniin duulee Adwaa irratti wal-ga'e lola Adwaa erga injifatee booddee karaan mootummaan biyyaalessaa duubatti hafummaa hundeedhaan buqqisuuf itti deeme baay'ee gabaabaa ture. Kan biraa illee hafee, diinni yeroo fudhatee meeshaa waraanaa isaa hammayyoomsee mala biraatiin deebi'ee nutti dhufuu danda'a jedhamee hin eegamne.

Rakkoon inni guddaan gaaffii jiraachuu fi jiraachuu dhabuu rakkoolee yeroo, dhiyoo fi kallattii wajjiin wal-qabsiisanii ilaaluu isaaniiti. Gaaffii jiraachuu fi jiraachuu dhabuu biyya keenyaa hiikuuf garuu balaa yeroo sana aggaamame furuuf tattaaffii godhamurra darbee duraan dursanii ka'umsa rakkoo bu'uuraa balaa kanaaf nu saaxiluu fi balaa kana babal'isee cabinsa siyaasaa qabatamaatti ceesisu hiikuutu barbaachisa. Rakkoolee guutamuu dhabuu fedhii irraa maddanii walitti bu'insa wal-waliiniitiif ka'umsa guddaa ta'anii fi raacetii raafamaa ta'an hiikuudhaaf xiyyeeffannoo gara sanatti gochuutu barbaachisa.

Fedhiiwwan uummata keenyaa hin guutamiin kanneen karaa hin yaadamneen eenyummaa keenya balaa irratti kuffisuu isaanii hubannee, fedhiiwwan foonii, maqaa ofii kabachiisuu fi bilisummaa hawwuu irraa kan maddan ta'uun isaanii boqonnaa darbe keessatti ibsamuuf yaalamee jira. Maalumaafuu, fedhiiwwan kunniin akkamittiin guutamuu dadhaban? Falaasamni ida'amuuhoo fedhiiwwan kanneen akkamittiin hiikuuf yaade? Gaaffilee bu'uuraa kanneenii fi dhimmoota kana wajjiin wal-qabatan biroo ilaaluun barbaachisaa dha.

Uummanni biyya keenyaa abjuuwwan tattaafatee jireenya ittiin injifatu, bowwaa hiyyummaa keessaa ba'ee nyaatee dhugee uffee ittiin jedhu, nagaarita waraanni ittiin labsamu tumuu keessaa ba'ee nagaadhaan oolee ittiin bulu galaa godhatee uummata baroota dheeraadhaaf jiraate dha. Abjuuwwan kana galaa godhatee jiraachuu qofaa otoo hin ta'iin milakaa'ina abjuuwwan kanaatti wantoota gufuu ta'an hundumaa buqqisuudhaaf maloota uumamaan badhaafameenis haa ta'u u, kanneen ofii isaatiif dhama'ee uummateen qabsaa'aa jirateera. Yeroo tokko tokko qabee gadhiisaa, yeroo kaan immoo sadarkaa ol-aanaadhaan itti cichee wanjoowwan hacuuccaa of-irraa darbatee gatuudhaaf qabsaa'aa jiraateera.

Hacuuccaan uummanni keenya barootaaf irratti qabsaa'aa jiraate kun amala isaatiin namoonni hireen isaanii harka isaanii irraa butamee, jireenya isaanii fedhii isaaniitiin alatti akka gaggeessan kan dirqisiisu ture. Hacuuccaan wanta fedhii namootaa guutuudhaaf oolu hundumaa butuudhaan fedhii namoota birootiif oolchina. Afaan hiyyeessa keessaa butee isa biraatiif booka buusa. Afaan isa tokkoo cuqqaaleetu inni biraa waggaa guutuu akka haasa'u taasisa. Salphina nama tokkoo irratti ulfina nama biraa ijaara.

Hacuuccaa hawaasa kamiyyuu keessatti hundee diriirfachuu danda'u iddoowwan lamatti qoodnee ilaaluu ni dandeenya. Akaakuun hacuuccaa inni tokkoffaan, yaadaa fi qalbii hamaa namootaa keessaa kan madduu fi fedhii fi karoora namootaatiin kan raawwatamu dha. Hacuuccaan akka kanaa hacuucaa fi hacuucamaan kan keessa jiranii fi hacuuccichis kan raawwatamu qabsaa'anii hacuuccota injifatanii irra aanuudhaan ta'a. Hacuuccaa akka kanaa kana "hacuuccaa nam-tolchee" jechuu dandeenya.

Hacuuccaan gosti lammaffaan immoo hacuuccaa sirna keessaa maddu dha. Hacuuccaan inni kun biyyoota dimookiraatawaa ta'an keessatti illee kan mul'atuu fi hacuuccichi ta'e jedhamee kan hin raawwatamne, garuu sirna diriire keessaan namoota filatee kan miidhuu fi fedhii isaanii kan daangessu dha. Hammamillee caasaa dhaabbilee kan hundeessan namoota ta'uu isaanii irraan kan ka'e duraan dursee hacuuccaan nam-tolchee kan ture ta'us, adeemsa yeroo keessa amala mataa isaatii qabatee to'annoo kallattii namootaatiin alatti kan socho'u ta'a. Sababa kanaanis maddi hacuuccichaa caasaa sana ta'a jechuu dha. Hacuuccaan akka kanaa "hacuuccaa caas-tolchee" jedhamuu danda'a. Gosoonni hacuuccaawwan lamaanuu kan wal faallessan waan ta'aniif hacuuccaawwan lamaanuu dhabamsiisuuf qabsoo taasifamu rakkisaa fi wal-xaxaa taasisa. Carraaqqii haccuuccaa nam-tolchee eegsisuuf taasifamu keessatti namni dhuunfaan sun dursa argachaa waan dhufuuf, hacuuccaan caas-tolchee fedhii garee ilaalu ni irraanfatama. Xiyyeeffannoo hacuuccaa caasaatiif kennamu keessatti immoo namoonni dhuunfaa dagatamuudhaan hacuuccaan nam-tolchee ni jabaata. Carraaqqiin gosoota hacuuccaa lamaaniyyuu dhabamsiisuudhaaf taasifamu dhimma kallattii yookiin daandii siyaasa keenyaa murteessu ta'a.

5.1   Hacuuccaa Nam-Tolchee

Hacuuccaa nam-tolchee hubachuudhaaf seenaa siyaasa keenyaa waggoota shantamman darbanii qofaa ilaaluun gahaa dha. Seenaa siyaasa keenyaa kana fudhannee yoo ilaalle, lammiilee biyya keenyaa irratti yakkii fi gidiraan raawwatame kan baay'ee nama qaanessuu fi sabootaa biyya keenyaa rakkoo addaan hin cinneef kan saaxile dha. Itoophiyaanoonni mirgoota bu'uuraa dhuunfaa fi sabummaa waan gaafataniif qofaa reebamaniiru, hidhamaniiru, ajjeefamaniirus. Gidirfamni dhala namaa irratti raawwatamuu hin qabne lammiilee irratti raawwatamaniiru. Adeemsi kun adeemsa bilisummaa sabootaa fi lammiilee mulquudhaan micciiranii mataa gadi qabachiisuudhaan bituuti. Kunis kabaja namaa isa bu'uura ta'e kan gadi qabu, eenyummaa fi mirgoota sabootaas damaca.

Nuti lammiileen biyya kanaa sirna bittaa gidiraadhaan guutame kan saboonni akka beela'an, dhukkubaan akka dhuman, rakkoodhaan akka maaggananii fi biyya gatanii akka godaanan taasise keessa kan darbine dha. Itoophiyaanoonni hundinuu wanjoon hacuuccaa kun kan isaanirra gahe dha. Itoophiyaanoonni hundinuu funcaa hacuuccaa kanaatiin xaxamanii hidhamaniiru. Itoophiyaanoonni hundinuu qaccee abiddaa kanaan garafamaniiru. Dugda isaanii irratti dirmammuu yookiin godaannisa gidirsitootaan isaan irra qaqqabe baataniitu naanna'u.

Gooftummaa fi gabroomfattummaan hacuuccotaa itti siqeenya isaan qawweedhaaf qaban irraa madda. Aangoo isaanii qawweedhaan waan argataniif, aangoo isaanii kana eegsifachuudhaaf kan isaan yaalan qawweedhumaani. Aangoon isaanii kan inni madde fedhii uummataa fi fudhatamummaa bulchiinsaa irraa otoo hin ta'iin, afaan qawwee irraati. Afaan qawwee keenyaa yoo gadi jedhe aangoon keenya nu irraa butama jedhaniitu sodaatu. Isaan aangoo sana humnaan waan argataniif, abbaan humnaa biraan akka tasaa dhufee akka isaan hin salphisne ni sodaatu. Kanaafuu, naannoo isaanii tajaajiltoota amanamoo amantii isaanii keessaa, saba isaanii keessaa, akkasumas firoota foonii isaanii keessaa walitti qabamaniin marsu. Kun immoo dhaabbileen siyaasaa biyyittii of danda'anii akka hin dhaabbannee fi ga'umsa akka hin horanne isaan taasisa.

Adeemsi aangoo isaanii dabaa fi miidhaa irraa eeguuf jecha firoota isaanii ittiin walitti qabatan wal-qabatee babal'achaa deemuu ni danda'a. Kunis namootni gahumsa hin qabne naannoo teessootti akka heddummatan gochuu danda'a. Sirni namoonni ga'umsa hin qabne kunniin uuman immoo fedhii lammiilee kan damacu, waa'ee dhugaa fi beekumsaa otoo hin ta'iin, sirna safuu hin qabne kan waa'ee aangoo fi faayidaa qofaa dhiphatu, isaanuma angaa'ota sana qofa kan fayyadu ta'a.

Rakkoon firaan wal-harkisuu kun kan inni maddu seerri karaa dhaabbilee bilisaatiin aangoo eegsisuuf hojjetu waan hin diriirfamneefidha Seerri gaggeessitoonni waa'ee aangoo ofii tursiifachuu itti hin yaaddofnee fi xiyyeeffannoon isaanii fedhii uummataa fi biyyaa eegsisuuf itti ta'u waan hin diriirfamneef, warreen aangoo qabatan hundinuu dabaa fi miidhaa irraa of-eeguuf jedhanii qawwee fi firaan wal-harkisuu mala godhatanii socho'u.

Hacuuccotni gara caalu firaan kan wal-harkisaniif gara caalu aangoo isaanii eeggachuudhaaf jedhaniitu malee, waa'ee saba isaanii, waa'ee naannoo isaanii, yookiin immoo waa'ee amantii isaanii dhimma qabaatanii miti. Naannoon, sabnii fi amantiin isaan keessaa ba'an gadadoo guddaa keessa yoo jiraatanis, maqaan hacuuccummaa garuu mataa isaanii irraa hin bu'u. Uummanni aarii cunqursitoota kana irratti qabu kan ba'atu uummata naannoo namoonni kunniin keessaa ba'an hadheeffachuu fi gidirsuudhaan ta'uu danda'a.

Cunqursaan nam-tolchee gara caalu lammiilee akka waliigalaatti kan miidhuu fi namoota dhuunfaa irraa kan maddu ta'us, badiin inni geessisu garuu dhalootaa gara dhalootaatti kan ce'u, dhaabbilee fulla'oo kan laamshessuu fi itti fufinsa biyyaa gaaffii keessa kan galchu ta'uu danda'a. Hacuuccaa nam-tolchee isa mallattoo beekamtii addaa mootummaa biyyaalessaa keenyaa ta'e kana bu'uura irraa hanbisuudhaan maraammartoo hacuccaa keessatti kufnee jirru keessaa cabsinee ba'uuf furmaata of-eeggannoo hubannaadhaan guutame barbaachisa. Seera akka lammiileen biyya isaanii keessatti keessummaa ta'an hin goone, namoonni muraasni akkuma barbaadanitti akka hin burraaqnee fi saba biraa akka isaan hin ukkamsine taasisu, aangoon afaan qawwee irraa otoo hin ta'iin fedhii uummataa irraa akka maddu taasisuu, lammiileen kabajamanii, bilisummaa fi wal-qixxummaadhaan akka jiraatan, akkasumas gaaffileen jiraachuu ittiin hiikaman diriirsuun barbaachisaa dha.

5.2   Hacuuccaa Caas-Tolchee

Gosni hacuuccaa inni lammaffaan immoo haccuuccaa caasaa yookiin sirna keessaa maddu dha. Hacuuccaan inni kun biyyoota dimookiraatawaa ta'an keessatti illee kan mul'atuu fi hacuuccichi ta'e jedhamee kan hin raawwatamne, garuu sirnaa fi dhaabbattuma diriire keessaan namoota filatee kan miidhuu fi fedhii isaanii kan daangessu dha.

Dhiibbaan namoota dhuunfaarra jiru cufaa ta'uu baatus, hacuuccaan caas-tolchee irra caalaa gareewwanirratti kan raawwatamu dha. Gareewwan dhimma baaqqee tokko irratti yookiin immoo eenyummaa waloo haala murteessuun ijaaramuu danda'u. Fakkeenyaaf, namoonni harka isaanii isa bitaa gargaaraman (biteeyyiin) biteeyyummaan isaanii qofaa isaa garee tokko akka uummatan isaan taasisuu danda'a. Gareen eenyummaa baaqqee irratti hundaa'u kun gara eenyummaa gareetti guddachuudhaaf garuu biteeyyummaa isaanii ilaalchisee hacuuccaan qabatamaa ta'e yookiin hacuuccaan yaadaa isaanirra ga'u jiraachuu qaba.

Hacuuccaan qabatamaa ta'e yookiin kan yaadaa kun hammuma dabalaa deemu gareen sun ibsituu eenyummaa namootaa kan waliigalaa ta'ee dhiyaata. Hacuuccaa caasaan gareewwan irraan ga'u of-irraa qolachuudhaaf gareewwan balleessuun yookiin dadhabsiisuun furmaatadha ilaalchi jedhu ni jira. Yaadni kun yaada falmii 'hacuuccaan gareewwanii kan inni biqilu uumamuu gareewwanii wajjiin wal-qabatee waan ta'eef, gareewwan yoo jiraachuu baatan yookiin yoo badan hacuuccaan garee hin jiraatu' jedhu kan dhiyeessu dha. Yaadni kunis 'uumamuun gareewwanii mataan isaatuu hacuuccaadha waan ta'eef gareewwan balleessuudhaan hacuuccaa dhabamsiisuun ni danda'ama' ilaalcha jedhu dha. Ta'us, yaadni kun rakkoolee bu'uuraa sadi of keessaa qaba.

Inni tokkoffaan, ijaaramoonni dhala namaa daangaan isaanii dhiphatoo ta'an yeroo gabaabaa keessatti dhabamaa deemu. Bakka isaaniis gareen tajaajila hawaasaatu bakka bu'aa dhufa jedhee ilaalcha keessa kan galchu dha. Adeemsi dhalli namaa hawaasummaa daangaa dhiphataa irraa gara hawaasummaa tajaajila hawaasaatti kan deemu dha yaadni jedhu dhugaa qabatamaa amma agarru wajjiin kan deemu miti. Eenyummaawwan daangaa dhiphaa ammayyummaa keessatti kan badaa dhufan otoo hin ta'iin dhugaawwan hawaasummaa jalaa miliquu hin dandeenye ta'uu isaanii hubachuutu nu barbaachisa.

Hudhaasoon jalqaba bara (A.L.Atti) 1990'oota keessa addunyaarra ture injifannoo biyyoota dimookiraatawaa kaappitaalistiitiin xumurameera; addunyaan kanaan booddee seera gabayaa fi dimookiraasiin gaggeeffamuutiin alatti filannoo biraa hin qabdu; ejjennoo jedhu kan sardaminsaan kenname ta'iiwwan siyaasaa mirkaneessan kanaaf agarsiistuu dha. Finxaalessummaawwan amantii addunyaan keenya gaaddisa sodaa jala akka bultu taasisan, akkasumas humni mirgaa finxaalesummaa sabummaa biyyoota Dhihaa keessatti illee otoo hin hafiin babal'ate itti fufinsa eenyummaawwan daangaa dhiphataatiif ragaa dha.

Rakkoon yaada kanaa inni lammaffaan, hacuuccaan garee sadarkaa ijaarama caasaa siyaasaatti qofaa argamu taasisee yaaduu isaati. Caaseffamni siyaasaa nama dhuunfaa kamillee wal-qixxummaan akka keessummeessu godhamee yoo diriifame eenyummaa garee balleessuun ni danda'ama jedhee ilaalcha keessa galcha.

Haa ta'u malee, seera siyaasaa namoota dhuunfaa wal-qixxummaan tajaajilu ijaaruun qofti gareewwan hin balleesu. Eenyummaawwan garee irratti qor-qalbiinii fi diinagdeen gahee guddaa qabu. Kanaafuu, xiin-sammuu siyaasawaa fi hanqinoota sirna diinagdee irratti mul'atan yeroodhaa gara yerootti garee uumaafii warreen jiranis cimsaa deemuun isaanii hin oolu.

Rakkoon yaada kanaa inni sadaffaan immoo gareewwan kana balleessuudhaaf rakkoolee gareewwan kanaa sirnaan hubachuu fi humna gareewwan kanaa ijaaruun akka barbaachisu dagachuu isaati. Rakkoo gareewwanii hubachuu fi humna isaanii ijaaruuf immoo gareewwan kunniin jiraachuu isaanii fudhachuun barbaachisaa dha. Kanaafuu, yoo xiqqaate, sadarkaa tooftaatti gareewwan kun jiraachuu isaanii yoo fudhachuu baanne gareewwan kunniin mirga isaaniitiif akka falmatan gochuun hin danda'amu. Fakkeenyaaf, rakkoowwan dubartootaa furuudhaaf dura gareen dubartii jedhamu jiraachuu isaa fudhachuutu nu barbaachisa. Garee hin jirreef hin qabsoofnu waan ta'eef. Dubartootaafis humna kennuu fi fedhiiwwan isaaniitiif akka qabsaa'an gochuun kan danda'amu dubartummaadhaan dhaabbatanii akka wal-deeggaran gochuun yoo danda'ame dha. Kana ta'uu baannaan qoqqoodaminsa garee dubartii fi dhiira jedhamuu dirree duwwaa irratti gatuu dandeenya.

Namoonni saala isaanii caalaa namummaa dhuunfaa isaaniitiin akka dhaabatan gochuun kan danda'amu duraan dursee dubartoonni dubartummaa isaaniitiin hacuuccaa isaan irra ga'e hubachuu fi qabsaa'uu akka danda'an gochuun yeroo danda'amu dha. Kanaafimmoo eenyummaa dubartummaa fudhatanii ka'uu barbaachisa. Dafqaan bulaan sirna saamichaa kaappitaalizimii irraa bilisa ba'uuf kan qabsaa'u, duraan dursee dafqaan bulaa ta'uu isaa fudhachuu yoo danda'e dha. Kanaafuu, eenyummaa garee balleessanii eenyummaa dhuunfaa bakka buusuun kan danda'amu dirree duwwaa irratti namoota dhuunfaa qofaaf beekamtii kennuudhaan miti. Adeemsi akka kanaa haccuucicha kan irra dibuu fi hacuucamtoonni ijaaramanii mirga isaaniitiif akka hin qabsoofne kan taasisu dha.

Egaa firmaanni isaa maali? Hacuuccaa caas-tolchee bifa gareetiin uumamu akkamitti balleessuu yookiin hir'isuu dandeenya? Eenyummaan garee haftee hacuuccaa otoo hin hambifatiin akkamitti balleessuu dandeenya? Rakkoo kana hiikuudhaaf caasaa walitti dhufeenya namootaa wal-qixxummaa irratti kan hin hundoofne akka ta'u taasisu haala gaariidhaan hubachuu fi kallattii inni ittiin luucca'e sirreessuu barbaachisa. Isa kana 'suphiinsa caasaa' jechuunii dandeenya.

Caasaan yeroo hundumaayyuu adeemsa yeroo keessa walitti dhufeenya hin barbaadamnee fi madaallii hin eegne uumuun isaa hin hafu. Kanaafuu, yeroodhaan adeemsa isaa ilaalanii suphuu barbaachisa. Konkolaataa al-tokko bareedaa ta'ee waan hojjetameef gara garaajiitti deddeebi'uu irraa akkuma nu hin oolchine, caasaanis hammam illee haala gaariidhaan yoo diriirfame mudannoowwan hedduun waan isa mudatan jiraachuu isaanii irraa kan ka'e yeroo hundumaa wanta suphiinsa barbaadu dha.

Biyya keenya keessatti rakkoolee fi miidhaawwan hedduun kanneen caasaa siyaasaa keessaa maddan ni jiru. Hacuuccaawwan caasaan siyaasaa dhale ba'aawwan kaleessa irraa kanneen dhaallee fi idaawwan boruu har'a nuti uumnu dha. Biyyi keenya eenyummaawwan guguddoo suphinsi caasaa isaan barbaachisu sagal qabdi. Isaanis, sabummaa, naannummaa/kutaa biyyaa, miidhama qaamaa (disability), jireenya giddugaleessa biyyaa/jireenya daangaa irraa, kutaa (class), dhimma koorniyaa (gender), umurii, magaalummaa/ baadiyyummaa fi amantii dha.

Yoo xiqqaate yeroodhaaf ba'anii kan mul'atanii fi hacuuccaan caasaa qabatamaa ta'e kanneen irratti mul'atu isaan kana saglani dha. Gara fuul-duraatti, amaloonni haaraan eenyummaawwan garee dhimmoota kanaas haata'anii eenyummaawwan akka haaraatti uumaman kanneen biroon uumamuun isaanii kan eegamu dha. Kanaafuu, caasaa kana irratti suphinsa walitti fufaa ta'e gaggeessuun barbaachisaa dha.

Suphinsa caasaa kanaa gaggeessuudhaaf rakkoowwan hedduun yoo jiraatanillee rakkoolee jajjaboo lama akka ijootti caqasuu ni dandeenya. Inni duraa, hacuuccaan caas-tolchee adeemsa keessa waliindhahinsawwan uumamaa geessisuudhaan rakkoolee siyaasaa wal-xaxoo, haala salphaan hubachuu fi hiikuuf rakkisoo ta'annii fi wal-hidhanii jiran uumee jira. Inni lammaffaan immoo, hacuuccaawwan haaloo ba'insaa kan garee fi finxaaleyyummaa hordofsiisuudhaan suphinsa gufachiisuu isaati.

▬ Wal-xaxinsa Hacuuccaa Caas-tolchee

Hacuuccaan caas-tolchee akka hacuuccaa nam-tolchee ifaa fi hubachuudhaaf salphaa kan ta'e miti. Amalli hacuuccichaas kan wal-xaxee fi haala salphaan hubatamee furmaata itti kennuuf kan mijatu miti. Sababa kanaatiin, guutummaa hawaasaatiifis haa ta'u warra miidhaan hacuuccaa kanaa isaan irra qaqqabeef hacuuccaa caas-tolchee hubachuufiin yeroo dheeraa fudhata. Keessumaayyuu, warreen hacuucaman hubannoon isaan dhimmoota hacuuccaa wajjiin wal-qabataniif qaban gadi aanaa ta'uun isaa rakkoo guddaa dha.

Hubannoon hacuucamtoonni qaban gadi aanaa ta'uun isaa yoo xiqqaate bifoota sadi qabaachuun mul'achuu danda'a. Inni tokkoffaan, hacuuccicha beekuu dhiisuu isaaniiti. Akka hacuucamaa jiran yoo beekuu baatan immoo sochiin isaan hacuuccaa sana jalaa ba'uudhaaf taasisan hin jiraatu. Isaan gidduudhaa namni hacuuccaa jiru hubatee isaaniif iyyuu fi barsiisu yoo jiraachuu baate hacuuccaa sana otoo hin hubatiin hafu.

Rakkoo ijaarama caasaatiin jiru hubachuudhaaf waanti caalaatti wal-xaxaa isa taasisu immoo hacuuccaan wal-irroo jiraachuu isaati. Fakkeenyaaf, dubartiin tokko hacuuccaan dubartummaa ishiitiin ishii irra ga'u akkuma jirutti ta'ee, karaa biraatiin immoo qaama miidhamtuu yoo taate, hacuuccaan ishii irra ga'u dachaa dha jechuu dha. Amala wal-xaxaa hacuuccaa caas-tolchee hubatanii mirgaaf falmuun rakkisaa ta'uu isaa irraa kan ka'e gareewwan hedduun hacuuccaa jalaa ba'uudhaaf qabsoon isaan taasisan gadi aanaa dha. Karaa biraatiin, gareewwan hacuuccaa sana addaan baafatan qabsoo mirgaatiif hamma dhumaatti dhiibanii deemu.

Fakkeenyaaf, biyya keenya keessatti qabsoon naannoo sabootaatti gaggeeffamu ol'aanaa dha. Kuni kan ta'eefis namoonni eenyummaawwan garee isaan kaan caalaa eenyummaa garee sabummaa qabanii irratti calaatti hubannoon isaanii waan gabbateefi dha. Sababiin kanaas, hayyoonni waa'ee mirgoota sabummaa lallaban hayyoota biroo kanneen eenyummaa garee warreen kaan lallaban caalaa sagalee isaanii ol-kaasanii waan falmaniifi dha.

Inni lammaffaan, hacuuccaa haa ta'u jedhanii fudhachuu dha. Miseensonni garee sanaa waa'ee cunqurfamuu isaanii yoo beekan yookaan itti himame illee dhimmichi sirrii akka ta'ee fi hacuucamuun akka isaan irra jiru kan dubbatanii fi haa ta'u udhaan kan fudhatan yoo ta'e, hacuucamuu isaanii ofitti fudhataniiru jechuu dha. Gareewwan kunniin baroota dheeraadhaaf hacuucamaa jiraachuu isaanii irraan kan ka'e ilaalchawwan jajallatoo caasichi uume fudhachuudhaan ofirratti kan murteessan yoo ta'e, kuni hacuuccaa fedhii ofiitiin fudhachuu dha.

Inni sadaffaan, ofumaan of hacuucuu dha. Ofumaan of hacuucuun agarsiistuu qor-qalbii hacuuccichaati. Walitti dhufeenya jajallataa yeroo dheeraadhaaf dagaagfatan irraa kan ka'e madaalliin gareewwan ofii isaaniitiif kennan gadi aanaa wanta ta'uuf, caasichi erga suphameen booddees madaallii isaanii kana kan hin sirreessineefi ofii isaanii yaada hacuucamummaa jalaa kan hin baasne ta'uu danda'u. Yaadni hacuucamummaa kunis qor-qalbii hacuuccicha itti fufsiisu uumuuf mijataa ta'e uuma. Kunis yaada garagaltoo hacuucamtoota qeequu fi miidhamtoota komatu dhala. Dabalataanis, yaada hawaasummaa hacuuccaa isaanii sababeessuu yaalu dhala.

Karaa biraatiin, hawaasa yookiin garee biroo waa'ee haala hacuucamtotaa hubachiisuun rakkoo dabalataati. Hacuuccaan caas-tolchee kan ifatti hin mul'annee fi laala salphaan hubachuuf rakkisaa ta'uu isaa irraa kan ka'e, hawaasni biraa waa'ee hacuuccaa gareewwanii salphaatti hubachuu dhiisuu ni danda'a. Yeroo ammaa kana rakkoon hubannoo uummata bira jiru rakkoo kallattii fi ifa ta'e miti. Hammamillee wal-qixxummaa gareewwanii ilaalchisee sadarkaa jechaatti waliigalteen jiraatus, qabatamaatti hojiidhaan kan mul'atu garuu ilaalchi dhokataan jiraachuu isaati. Fakkeenyaaf, qorannoowwan naannoo sanyummaa fi saalummaatti hojjetaman akka agarsiisanitti, eenyummaawwan garee lamaanuu ilaalchisee namni wal-qixxummaatti amanee hin fudhanne ifaan ifatti jiraachuu baatus gochoonniii fi ilaalchonni addunyaa irratti mul'atan garuu rakkooleen kunniin dhoksaadhaan akka itti fufanii jiran malee akka badanii jiran hin agarsiisan. Kanaafi dha bara wal-qixxummaan dubartootaa itti haasa'amu kanatti dubartoota gara gaggeessummaatti fiduun hojii-manee kuufamaa ta'ee kan inni itti fufeef.

Walumaagalatti, hacuuccaan caas-tolchee wal-xaxaa ta'uu isaatiin hubannoo fi ilaalcha hacuucamtootaas haa ta'u kan hawaasa biroo jijjiiruun qormaata suphiinsa caasaa isa tokko dha. Haa ta'u malee, rakkinichi kanumarratti kan dhaabbatu miti. Hacuuccichi wal-xaxaa waan ta'eef, yeroo gara yerootti bifa isaa, hanga isaa fi gareewwan irratti xiyyeeffatu kan jijjiirratu waan ta'eef, mootummaanillee cabinsa jiru sirnaan hubatee suphuuf ni rakkata. Cabiinsi yeroo irra keessaan ilaalan kan hin mul'annee fi ogeessota caba deebisaniin yeroo sakatta'amu fi qaqqabatamu rakkoon eessa akka jiru kan baramu akkuma ta'e, cabiinsi caasaas mootummaan salphaatti hubachuudhaaf isa rakkisa. Haala waliigalaatiin cabiinsi jiraachuu isaa yoo beekellee, hangaa fi bal'ina rakkinichaa, akkasumas eessarratti suphamuun akka irra jiraatu hubachuun isa rakkisa.

Finxaaleyyummaa Garee fi Hacuuccaa Haaloo Ba'insaa

Leellistoonni mirga nama dhuunfaa maqaa eenyummaa garee balleessuutiin furmaata hacuuccicha irra dibuu fi raacetii hacuuccaa sanaa hambisee darbu dha kan isaan fidan jennee jirra. karaa biraatiin eenyummaa garee qabatanii hacuuccaa jalaa ba'uudhaaf qabsaa'uun, finxaaleyyummaa garee uumuun rakkoo inni hiiku caalaa kan inni uumu hammaachaa dhufee jira.

Qabsoon mirga garee kabachiisuudhaaf godhamu fiixeetti harkifamaa, nageenya biyyaa kan booressuu fi lammiileen wal-danda'anii akka hin jiraanne kan taasisu dha. Sababiin kanaas, eenyummaan garee amala qor-qalbummaa waan qabuuf, adeemsa mirga eegsisuuf taasifamu keessatti falmattoonni mirgaa gara waraana qor-qalbiitti waan galaniifi dha. Waraanni qor-qalbii kunis biyya gara goolamaatti geessa.

Dhiimi finxaaleyyummaa garee wajjiin wal-qabate inni biraan hacuuccaa haaloo ba'insaati. Hacuuccaa haaloo ba'insaa jechuun gareewwan 'hacuucamneerra' jedhanii qabsaa'an qabsoon isaanii daangaa darbee sararaa ala yeroo ba'anii fi isaanumtiyyuu deebi'sanii hacuuccuu yeroo yaalan rakkoo uumamu dha. Wal-qixxummaadhaaf erga qabsaa'anii booda sarara wal-qixxummaa cabsanii isaanis dabaree isaanii warra kaan hacuucuu yeroo barbaadan hacuuccaa haaloo ba'insaatu mul'ata.

Adeemsa suphiinsa caasaa taasisuu keessatti qormaanni inni tokko gareewwan mirgoota isaanii kabachiifachuurra darbanii hacuuccaa haaloo ba'umsaa keessa akka isaan hin galle ittisuu dha. Yeroo baay'ee gareewwan kan isaan hacuuccaa haaloo ba'umsaa keessa galaniif hacuuccaa caas-tolchee sirnaan hubachuu dadhabuu isaanii irraa kan ka'e akka hacuuccaa nam-tolcheetti waan lakkaa'aniifi dha. Hacuuccicha hawaasa yookiin uummataa wajjiin wal-qabsiisu. Kana irraa kan ka'e, lammilee qulqulluu irratti haaloo kuusanii hacuuccaa haaloo ba'insaa keessa seenu.

BOQONNAA JA'A

Mul'ata Dimookiraasii
Itoophiyaa Uumuu

Kallattii maraan hacuuccaa dhabamsiisuun uummata abbaa biyyaa taasisuuf sirna aangoo abbaa biyyummaa uummata goonfachiisu ijaaruun barbaachisaa dha. Uummanni abbaa aangoo haa ta'u jechuun, dhimma ofii irratti carraan ofiin murteeffachuu fi fedhiiwwan ofii guuttachuu haa kennamuuf jechuu dha. Fedhiiwwan uummataa osoo hin hir'isinii fi hin ukkaamsiin hoogganuu fi abbummaa aangoo uummataa mirkaneessuuf sirna dimookiraasii caalaa filatamaa ta'e hin jiru.

Dimookiraasii jechuun haala hidda dhalootaa, humna, yookin dhiibbaawwan biroo hunda irraa walaba ta'een adeemsi aangoo wal-harkaa fuudhuu haala ittiin fedhii uummataa keessaa madduun sirna diriire jechuu dha. Aangoo wal-harkaa fuudhuu jechuun qaamni biyya bulchu uummata biratti fudhatama inni qabu jechuu dha. Filannoowwan adeemsa aangoo wal-harkaa fuudhuu hedduun biyya Itoophiyaa keessatti yaalamanii jiru. Duubatti deebinee yoo yaadannu, chaappaa aangoo wal-harkaa fuudhuu sirna biyyittii harka bataskaana amantii ortodoksii yoo ta'u, hoogganaan biyyattii warra amantii ortodoksii bulchaniin waliigaltee hin qabne sireen aangoosaa dafeetu jalatti reeqqisaa ture. Ka'umsi aangoo wal-harkaa fuudhuu isaanii hiddi dhalootaa fi humni haala wal-makeen adeemsifamaa ture. Al-tokko tokko moototni waraanaan moo'ataniitu aangoo qabachaa turan; al-tokko tokko immoo aangoon abbaa irraa ilmatti darbaa ture.

Adeemsa lamaaniinuu garuu bu'uurri guddaan aangoo wal-harkaa fuudhuu bataskaana ortodoksii turte.

Mirkaneessummaa bataskaana ortodoksiitiin ala yeroo jalqabaatiif aangoo kan qabate mootummaa Dargii ture. Mootummaan Dargii, gama tokkoon adeemsa aangoo wal-harkaa fuudhuu sirna moototaa amatii Ortodoksiitiin hidhata qabu waan dhiiseef; gama birootiin immoo madda aangoo wal-harkaa fuudhuu haarawaa sirna dimookiraasii mirkaneessuuf qophii waan hin taaneef mootummaan Dargii carraa adeemsa aangoo wal-harkaa fuudhuu osoo hin argatin kufe. Mootummaan ADWUI wayita aangootti dhufu aangoo sirna dimookiraasii irraa fudhachuuf kan yaale ta'us, xiqqoo turee garuu mootummaa misoomawaa ta'uudhaan sirna aangoo fudhachuu diriirsuuf fedhii qabu calaqqisiiseera. Hiyyummaa keessaa battalumatti ba'uu kan danda'an biyyoonni Kibba-Baha Eeshiyaa carraan aangoo wal-irraa fuudhuu qaroomina misooma diinagdee keessaa argachuu isaanii jiraatus, biyyoonni akka Indooneezhiyaa garuu waggoota muraasa malee adeemsa kanatti milkaa'uu hin dandeenye. Sababii kanaafis fuula isaanii gara dimookiraasiitti deeffachuuf dirqamaniiru. Haaluma wal-fakkaatuun, mootummaan ADWUIs adeemsi aangoo fudhachuu misooma diinagdeetiin wal-simsiisuun fiduun ni danda'ama jechuun sochii taasiseen hiyyummaa hir'isuufi haala jireenya uummata biyyattii fooyyessuu irratti xiyyeeffatee hojjatus, qulqullinni guddinna diinadee dafee furmaata argachuu dhabuunii fi gaaffileen dimookiraasii finiinaa dhufuun isaanii adeemsi aangoo wal-harkaa fuudhuu gaaffii jala galuun jeequmsa siyaasaa fideera.

Adeemsi aangoo wal-harkaa fuudhuu sirna moototaa hundee irraa goguun gaaffileen uummataa adda addaa gama hayyootaatiin dhiyaachuu kan jalqaban jabana warraaqsa barattoota Itoophiyaa ture. Duudhaaleen ammayyummaa dhiyaachaa turanis: bilisummaa, wal-qixxummaa fi gaaffileen obbolummaa hayyoota ammayyaa haarawaan dhiyaachuu kan eegalan wayituma sana turan. Duudhaalee kanneen keessaa kan maddan gaafilee gurguddoon sadi ol-ka'anii dhiyaachaa turaniiru. Isaan keessaa tokko gita sirna bittaatiin kan wal-qabatu gaaffii lafaa ture. Lafa gita bittaa irraa bilisa baasuun qabeenya qonnaan-bultootaa gochuuf qabsoo hadhaawaan taasifameera. Inni lammataa gaaffii abbaa biyyummaa yoo ta'u, Itoophiyaan "mana hidhaa sabaa fi sablammootaati" jechuun ibsa bal'aa fi yaada furmaataa ofiin of-bulchuu, darbees hanga foxxoqinaatti hiree ofii murteeffachuu kan jedhu dha. Gaaffii sadaffaan aangoon harka uummataatti akka deebi'uu fi bulchiinsi uummataa akka hundaa'u kan jedhu gaaffii dimookiraasiitu dhiyaachaa ture.

Gaaffilee sadeen kanneen deebisuuf yoo xiqqaate mootummoota lama dabarsinee jirra. Warraaqsi bara 1966 hir'inoonni jiran akkuma jiranitti ta'ee lafti qonnaan-bultootaaf akka hiramu gochuun gaaffii lafti qonnaan-bultootaaf jedhu deebisuu danda'eera. Haaluma wal-fakkaatuun, warraaqsi bara 1983 immoo gaaffilee sabaa fi sablammootaa heera biyyaa fi sirna federaalizimiitiin ijaaruun, hir'inoonni jiran akkuma jiranitti ta'ee, gaaffii dhiyaachaa ture deebisuu danda'eera. Mootummaata lamaanuu keessatti osoo haalan deebii hin argatin hanga ammaatti kan ture gaaffii dimookiraasiiti. Kana qofa osoo hin taane, mootummoota lamaan keessatti injifannoowwan argaman kunuunsuun itti fufsiisuun milkaa'ina argame dagaagsaa deemuuf danqaa kan itti ta'e dimookiraasii dhabuu yookin sirni of-tuultotaa babal'achaa adeemuu isaati. Dhimmi gaaffilee lamaanii ammas mata-duree dubbii ta'ee itti fufuun isaa sababii guddaan deebiin isaa bu'uura dimookiraasii irratti kan hundaa'e waan hin taaneefi dha.

Mootummoonni lamaan wal-duraa duubaan gaaffii gita bittaa fi gaaffii mirga sabaa fi sablammootaa yoo ilaalle, gaaffileen lamaanuu duudhaa wal-qixxummaatiin kan ijaaraman ta'uu isaanii hubachuu dandeenyeerra. Kunis duudhaalee ammayyummaa sadan keessaa duudhaan wal-qixxummaa kophaa ol-ka'ee mul'achuu isaa nu hubachiisa. Karaa biraatiin duudhaaleen bilisummaa fi obbolummaa sirna mootummoota lamaanii keessatti iddoo baay'ee gad-aanaa qabu. Haa ta'u malee, akkaataa duudhaalee bilisummaa fi obbolummaatiin sirni dimookiraasii biyya keenyatti ijaaramu hanga eegame ta'uu hin dandeenye. Sadarkaa jechaatti dimookiraasiin afaan mootummoota lamaanii keessaa kan hin buune ta'us, duudhaalee dimookiraasiif bu'uura ta'an lamaan siyaasa keenya keessatti iddoo gad-aanaa qabu. Gaaffii wal-qixxummaa qofa deebisuun dimookiraasii ijaaruun immoo tasumaa waan hin yaadamne dha.

Waggoota muraasa darban keessatti sababni jeequmsa siyaasaa fide ammas gaaffii wal-qixxummaa ta'us gaaffii wal-qixxummaa kan jabeesse ukkaamsaa mootummaati. Duudhaan bilisummaa kunis waggoottan darban keessa sababa ka'uumsaafi finiinsaa jijjiirama siyaasaa guddaa akka ta'e nutti agarsiisa. Gaaffii wal-qixxummaatiif humna kan ta'ee fi lafa jala akka finiinu kan taasise bilisummaa dhabuu dha jechuun ni danda'ama. Walitti bu'iinsi sabaa fi sablammoota jidduutti uumame, haalli siyaasaa nagaa dhabuunii fi kkf haalota waggoota muraasa dura turaniin wal-bira qabnee yoo ilaallu haala baay'ee hammaataa dha. Rakkoowwan turaniif furmaata kennuurra akka hammaachaa deemuu fi jiraachuun biyya keenyaa gaaffii keessa akka galu kan taasise inni guddaan hacuuccaa dha.

Siyaasa ammayyaa biyya keenyaa keessatti iddoo baay'ee gad-aanaa kan qabuu fi duudhaan ammayyummaa haalaan osoo hin dagaagin hafe obbolummaa dha. Obbolummaa jechuun firooma foonii dhalli namaa qabu, eenyummaa naannoo jireenyaa, yookin dallaan biroo osoo hin daangessin haala ittiin wal-deeggaranii fi duudhaa rakkoon isa tokkoo isa biraa kan dirqisiisu qabaachuu jechuu dha. Duudhaan kun safuu dhala namaa bal'isuudhaan daangaa nuyii fi isaan jedhu keessaa ba'anii dhalli namaa hundi duudhaa 'nuyi' jedhu safuu hawaasummaa keessatti akka hammataman kan taasisu dha. Safuun hawaasummaa dhala namaa kun babal'achaa dhufuun isaa firaa fi nama naannoo ofii caalatti nama halaalaatiif yaaduu fi dursa kennuu kan hin dandeenye akka yaadaa fi ilaalcha kana horatu taasiseera. Waa'ee naannoo tokkoo ykn hawaasa tokkootiif dhiphachuuf achi keessatti uumamuun dirqama akka hin taane hubachiisuu danda'eera.

Duudhaan obbolummaa biyya Itoophiyaa keessatti baay'ee gad-aanaa ta'uun isaa gaaffilee wal-qixxummaa fi bilisummaa karaa dimookiraatawaatiin hiikuuf carraa qabnu wal-xaxaa gochuudhaan siyaasni keenya wal-dhabdee fi muddamaan kan guutame akka ta'u godheera. Gaaffilee wal-qixxummaa fi bilisummaa waliigalteedhaan hiikuu fi qajeelfamaan fuulduratti imaluuf gufuu kan nutti ta'e dagaaguu dhabuu duudhaa kanaati. Dhugumatti wayita warraaqsa barattootaa sana duudhaan kundargaggoota gaaffilee gita bittaa fi sabaa fi sablammii gosa ofii irra darbanii yaaduu danda'an horachuu danda'ee ture. Maatii gita bittootaa keessaa ba'anii gaaffilee gita bittaas ta'ee sabaa fi sablammootaa adda-durummaan hogganaa kan turan dargaggoota hedduu dha. Haa ta'u malee, gaaffileen gita bittaa fi sabaa fi sablammootaa dhala namaa ta'uu keenya qofaan falmuu kan qabnu ta'uun hafee dhimma hayyoota naannolee bakka bakkaa qofa ta'uu wayita eegalu haalli gaaffilee kanneenii wal-xaxaa ta'uudhaan bifa isaanii jijjiirrachaa dhufani. Sababiin kana ta'eefis yaadoleen gaaffiin wal-qixxummaa miira obbolummaatiin adeemsisaa turani maddiitti gatamanii gaaffichi miira naannoo ofii qofaaf quuqamuun bakka bu'uu isaati.

Yeroo ammaatti dhimma siyaasa biyya keenyaa isa ijoo kan ta'e gaaffiin dimookiraasii bilisummaa fiduu bira darbee gaaffilee gita bittaas ta'ee sabaa fi sablammootaa haalan furuuf haala mijaawaa kan uumu ta'uun isaa ifa ta'us ijaarsa dimookiraasiitiif barbaachisaa kan ta'e duudhaan obbolummaa dadhabaa ta'uun isaa ijaarsa dimookiraasii itti jirruuf qormaata dha.

Duudhaan obbolummaa dagaagina aadaa hawaasummaa waliin hidhata guddaa qaba. Aadaa hawaasummaa kan jennu, adeemsa ijaarsa hawaasummaa keessatti dorgommii faayidaa keessaa ba'uun hawaasni dhimmootaa fi imaammata biyyaatiif dursa kennee dammaqinaan hordofu kan qabu aadaa hawaasummaati. Paartiileen siyaasaa carraawwan filannoo imaammataa uummataaf dhiyeessuun aangoo qabachuuf dorgomuu akka danda'an eenyummaa hawaasummaa bira darbee hawaasa madaallii imaammataa irratti xiyyeeffatu nu barbaachisa. Dorgommiin siyaasaatis filannoo imaammataa dhiyeessuu irratti kan hundaa'e akka ta'u godha.

Biyyoonni aadaan hawaasummaa keessatti hin dagaagin uummanni dorgommii faayidaa naannoo ofiitiin hidhata qabuun waan qabamaniif sirna dimookiraasii dorgommii yaadaa irratti hundaa'e dhugoomsuuf rakkoo guddaa itti ta'a. Uummataaf filannoon imaammataa dhiyaachuun imaammata fedhe filatee ittiin buluun hafee siyaasichi dhimmoota hawaasummaatiin akka muddamu taasisa. Kunis siyaasichi gareewwan sabaa fi amantiitiin akka dhiibamu gochuun tasgabbiin siyaasaa akka hin dhufne taasisa.

Haalli kunis jiraachuu sirna dimookiraasii keenya ni miidha jechuudhaan mootummoonni akka maraammartoo hacuuccaa isaaniitti deebi'an taasisa. Sirna dimookiraasii keessatti humnoota siyaasaa jidduutti muddamni uumamu jeequmsa walitti fufiinsa qabu uumudhaan jiraachuu mootummaa biyyattiitiif qormaata waan ta'uuf uummatas ta'ee hoggantoonni isaanii dimookiraasiin jeequmsa waan fiduuf nu hin barbaachisu jedhanii akka abdii kutatan taasisa. Haa ta'u malee humnaan bulchuuf yaaliin taasifamus biyya keenya maraammartoo jeequmsa irraa baraaruu hin dandeenye. Ukkaamsaan haaloo dhaluudhaan rakkinichi caalmaatti wal-xaxaa akka ta'u gochaa waan dhufuuf yeroo mara yaaddoo keessa jiraachuun biyyoota akka keenya guddachaa jiraniif balaa guddaa dha.

Aadaan hawaasummaa kunjiraachuu dhabuun isaa fi muddama ijaarsawwan aantummaa hawaasummaa jidduutti jiru tasgabbeessuun biyyoonni gara dimookiraasitti ce'anis ni jiru. Haa ta'u malee biyyoonni kunis hedduun isaanii haala mijataa dimookiraasii kan hin qabnee fi gara abbaa irrummaatti akka deebi'an waan hin beekamneef yaaddoo keessa warra jiraatani dha. Adeemsa isaa keessatti fedhii fi kaka'umsa qabaatanillee dimookiraasiin miillaan dhaabachuu dadhabee akka gatantaruu fi jeequmsa siyaasaa biroo qabatee akka deemaa jiru hubanneerra. Biyyoota turanii dimookiraasii eegalan keessaa irra deddeebiin kan ka'an biyyootni Ameerikaa Kibbaa dimookiraasiin isaanii ammallee lafa qabachuu dadhabee mootummaa biyyattii jiraachisuuf kunuunsa yeroof taasifamu malee dimookiraasii caasaawwanii fi aadaa irratti hundaa'ee bu'uura jabaa qabu ijaaruu hin dandeenye. Kunis aadaa hawaasummaa osoo hin ijaarin dimookiraasii hundeessuu fi itti fufsiisuun baay'ee ulfaataa fi waanuma fedha qabnu qofaaf dhimma salphaa itti milkoofnu akka hin taane kan mul'isu dha.

Kanaafuu, haala qabatamaa keessa jirru hubannoo keessa galchuun, rakkoowwan wal-xaxaa qabnu duraa-duubaan kan furu, akka humna keenyatti kan ijaarrannu dimookiraasii Itoophiyaa nu barbaachisa. Dimookiraasii akkanaa kana ijaaruudhaaf immoo yaaliiwwan sadarkaa idil-addunyaatti taasifaman yaada keessa galchuun, haala qabatamaa keessa jirru hubachuun; akkasumas, adeemsa irra dhufne hunda sakatta'uun nu barbaachisa.

6.1   Filannoowwan Ijaarsa Dimookiraasii

Dimookiraasiin jalqabumarraa filannoowwan ijaarsa kallattii fi jedhu qabatee eegalame. Dimookiraasiin kallattii lammiileen dhimma biyya isaanii irratti ijaarsa kallattiin keessatti hirmaachuun karaa murtoowwan barbaadan ittiin dabarsani dha. Karaa biraatiin, dimookiraasiin ykn dimookiraasiin bakka bu'ummaa lammiileen namoota bakka isaanii bu'anii murtoowwan dabarsuu danda'an filachuudhaan karaa fedhii ofii ittiin raawwachiisani dha. Yeroo ammaa kana addunyaa gubbaatti ijaarsi dimookiraasii inni guddaan dimookiraasii ti. Ta'us garuu dimookiraasiin kallattiin haala danda'ameen dimookiraasii tiin wal-simatee hojii irra oolaa jira. Filannoowwan dimookiraasii lamaan filannoowwan adeemsa yerootiin dhufan adda addaa keessatti dhiibbaawwan adda addaa uumuu danda'aniiru. Haala waliigalaatiin yoo ilaallu garuu dimookiraasiin seenaa keessatti iddoo guddaa argachaa waan dhufeef yaadonni waa'ee ijaarsa dimookiraasii ilaalchisee ka'an irra caalaan isaanii adeemsa dimookiraasii irratti kan xiyyeeffatani dha.

Yeroo ammaa kana haalli dimookiraasiin kallattii itti hojii irra ooluu danda'u baay'ee xiqqoo dha. Dimookiraasii kallattii keessatti murtoon sagalee hirmaannaan lammiilee yookin mariin kallattii qabachuu ni danda'a. Addunyaa gubbaatti kallattiin hirmaachisummaa bal'inaan hojii irra ittiin oolu wayita mootummaan dhimmoota mormisiisoo ta'an murtoo sagaleetti dhiyeessuu fi kaka'umsa uummataatiin dhimmoota murtoon sagalee itti kennaman yeroo jirani dha. Karaa biraatiin, murtoo sagalee bira darbee, hayyoonni dimookiraasii marii uummataa yookin ergifannaa yaadaa irratti hundaa'etu bu'a-qabeessa jedhanis ni jiru. Keessattuu, biyyoota dhiibbaan sabaa fi sablammootaa; akkasumas, dhiibbaan amantii irra jiran keessatti dimookiraasii kallattii ergifannaa yaadaa bu'uureffate hojii irra oolchuun mariidhaan haala tasgabbaa'aa uumuun ni danda'ama yaadni jedhu dhiyaateera. Dimookiraasiin kallattii biyyoota akka Siwiizerlaandi keessatti caasaa mootummaa gara gadii keessa lixee seenuudhaan lammiileen murtoo kennuu irratti akka kallattiin hirmaatan gochuu irratti hojii irra ni oola.

Dimookiraasii kallattiitiin wal-qabatee lammiilee gama waldaalee hawaasummaatiin hirmaachisuun ni danda'ama yaadni jedhus hayyoota adda addaatiin ni dhiyaata. Yaadi kun aangoo uummataa sirnaan mirkaneessuuf aangoo mootummaa waldaalee hawaasummaatiif qooduun ni barbaachisa jechuun kan amanu dha. Qabiyyeen isaa ijoon yaada libiraalizimii babal'ateeti jechuun ni danda'ama.

Jabana teekinooloojii kana keessa tooftaalee teekinooloojii ammayyaa adda addaa fayyadamuun dimookiraasiin kallattii hojii irra oolaa jira. Gaaffileen yaada ilaalcha uummataa ittiin funaanan kanaaf fakkeenya ni ta'a. Kanaafuu, teekinooloojiin fageenya mootummaa fi uummata jidduu jiru dhiphisuudhaan sababa fageenya iddoo fi yerootiin haala mijataa hintaaneef furmaata kennuun lammiileen siyaasa irratti haala kallattiin ittiin hirmaachuu danda'an uumeera. Miidiyaan hawaasaa adda addaa hirmaannaa uummataa kallattiin taasifamu kana galmaan ga'uu irratti shoora guddaa ni taphatu.

Rakkoon fageenya iddoo fi yeroo tekinooloojii ammayyaa fi caasaa bulchiisaa gadi diriireen furamaa dhufus dimookiraasiin kallattii falaasamaa isaa irratti rakkina bu'uuraa tokko ni qaba, kunis uummatummaa dha. Tarkaanfachiiftonni dimookiraasii kanaa adeemsa murtoo kennuu uummataa keessatti kallattiin hirmaachuu isaanii agarsiiftuu bulchiinsa uummataa bu'uura ta'e gochuun dhiyeessu. 'Dimookiraasiin bulchiinsa uummataati' yoo jenne karaan uummanni kallattiidhaan murtoo ittiin dabarsu filatamaa dha jedhu. Bu'uura ilaalcha kanaatiin uummata gama bakka-bu'oota isaaniitiin hirmaachisuun karaa jara kanaatiin faayidaa uummataa saamsisuu dha jedhu. Kunimmoo uummata beekaa fi yaada gaarii kan qabu; bakka-bu'oota uummataa immoo saamtotaa fi fedhii uummataatiin ala warra deeman gochuun ilaalcha dhiyaatu kanaan uummatummaa jenna.

Uummata hirmaachisuunii fi dhimma ofii irratti murtoo kennuu dandeessisuun barbaachisaa ta'ullee dimookiraasii kallattii ulfaataa kan taasisu haala jireenya uummatichaati. Uuummanni yeroo bal'aa jireenya guyyuu isaa adeemsisuu fi haala jiruu waliigalaa fooyyeffachuuf oliif gadi jechaa waan ooluuf akka hayyoota siyaasaa uummata bakka bu'anii hojjatanitti siyaasa duukaa bu'ee qo'achuu irratti yeroosaa kan dabarsu miti. Kanaafuu, yaada dimshaashaarra darbee tarree yaadaa irratti raga ga'aa funaanuu fi xiinxaluu irratti yeroo fi haala jireenyaa wal-simataa hin qaban. Hayyoonni siyaasaa gama isaaniitiin, dhimmoota siyaasaa hunda duukaa bu'uu, qo'achuu fi sakatta'uuf carraa isaa waan qabaniif dhimmoota hunda ragaa fi beekumsa fooyya'aarra dhaabachuun murteessuu ni danda'u.

Jabanni miidiyaa hawaasaa kundimookiraasii kallattiin uummanni itti hirmaatu mijataa yoo taasisu qormaanni mudate tokko ilaalchi uummatummaa kun garmalee finiinuun hayyoonni siyaasa uummatummaa heddummaachuu isaaniiti. Miidiyaalee hawaasaa irratti yaadonni miira keessa nama galchan kan uummataa fi tarkaanfachiiftota jijjiiramaa irraa maddan fudhachuudhaan karaa uummata fayyadan gadi dhiisuun yeroof uummata biratti fudhatama argachuuf jecha oliif gadi fiiguun qormaata guddaa biyyi keenya ammaan kana keessa jirtu dha. Addunyaa kana irratti hir'inoota dimookiraasii kallattii madaaluun kan danda'amu miidiyaan hawaasaa biyyoota jabinaan beekkaman kanneen akka Faransaayi osoo hin hafin miidiyaa hawaasaa kanaan raafamuu isaaniiti.

Dimookiraasiin al-kallattii gama isaatiin, akaakuu dimookiraasii filannoo irratti xiyyeeffate waan ta'eef yaadonni akaakuu dimookiraasii kana ilaalchisee ka'an waa'ee filannoo fi dhimmoota bakka-bu'iinsaan wal-qabatan irratti xiyyeeffatu. Jabana kana keessa filannoo walabaa, haqa-qabeessaa fi amanamaa adeemsisuun agarsiiftuu sirna dimookiraasii haqaati jedhamee amanama. Wayita kana filannoon dhugaa adeemsifameera kan jedhamu adeemsi isaa lammiilee guutumaan guututti yoo hirmaachisee fi bu'aan isaa immoo paartiileen mormitootaa filannicha keessatti bakka-bu'ummaa yoo argatani dha. Hirmaachisummaan adeemsa filannichaa kan madaalamu baay'ina filattootaatiini dha. Filannoon filattoonni hedduun irratti hirmaatani filannoo hirmaachisaa dha jedhamee fudhatama. Bu'aa isaa ilaalchisuun, paartileen filannicha irratti dirgoman teessoo madaalawaa bakka-bu'ummaa yoo argatan filannichi filannoo bakka-bu'ummaa paartilee qabudha jechuun ni danda'ama.

Dadhabina dimookiraasii al-kallattii guddaadha jedhamee kan fudhatamu hayyummaa siyaasaati. Hayyummaa siyaasaa jechuun hayyoota siyaasa beekanii fi hubatani jechuu fi ilaalcha hayyoota jedhaman kanaaf tilmaama ol-aanaa kennu dha. Dimookiraasiin al-kallattii maqaadhaaf bulchiinsa uummataa haa jedhamu malee hayyoonni siyaasaa siyaasicha keessatti dorgomanii kan raawwachiisan fedhii ofii isaaniiti malee fedhii uummata miskiinaa miti. Gabaabumatti, akaakuun dimookiraasii kanaa bulchiinsa hayyootaa, hayyoonni siyaasaa maqaa uummata bal'aatiin filatamanii kan keessatti mootomani dha qeeqni jedhu irratti dhiyaata. Hayyoonni siyaasaa uummata bakka bu'uudhaan fedhii uummataa osoo hin taane fedhii ofii isaanii itti kabachiifachuun maqaa uummataatiin sirna abbootii humna siyaasaa fi diinagdee itti bitani dha jedhamu.

Qeeqni kun bishaan hin kaasu jechuun haayyonni mormanii yaad-rimee hayyummaa dhiyeessaniiru. Yaad-rimee hayyummaa jechuun karaa kamiinuu yoo deemne ol-aantummaa yaada haayyotaa jalaa ba'uu hin dandeenyu jechuu dha. Hawaasa keessatti yeroo mara dandeettii fi fedhii hayyoota muraasa hayyummaan isaanii ol-ka'edha jedhama. Kanaafuu, sirna dimookiraasii fi sirnoota akaakuu biroo kamiyyuu keessatti hayyoonni fuul-duratti dhufuun gita hoggansaa fudhachuun isaanii waan hin oolledha jechuun falmu.

Agarsiiftuu dimookiraasii al-kallattii isa jalqabaa ta'uun kan ilaalamu dimookiraasii caalmaa sagaleeti. Adeemsi ijaarsa dimookiraasii kanaa yaad-rimee, "hoggansa harka-caalmaa, mirga harka-xiqqaa" jechuun kan beekamuu fi sirna paartiin sagalee caalmaa argate itti biyya bulchu dha. Ijaarsi dimookiraasii kanaa garee hawaasa xiqqaa murtoo kennuu keessaa maddiitti kan baasuu fi aangoodhaan ala kan isaan taasisu dha jechuun qeeqni irratti dhiyaata. Bu'uurri dimookiraasii sagalee caalmaa biyyoota aadaa hawaasummaa ijaarratan irraa kan fudhatame yoo ta'u, adeemsi filannichaa wal-dorgommii yaadaa sadarkaa ol-aanaa irratti kan bu'uureffame dha.

Qeeqni dimookiraasii akkanaa irratti dhiyaatu inni tokko dorgommiin filannichaa finiinaa yeroo dhufu paartileen siyaasaa moo'achuuf jecha fedhii uummatummaa keessa akka seenan isaan taasisa kan jedhu dha. Kana jechuun, paartileen filannoo siyaasaa moo'achuuf jecha dhimmoota laafintii hawaasaa ta'an, fakkeenyaaf sabummaa, tti fayyadamuudhaan sagalee ol-aanaa argachuuf yaalu; kunis adeemsi filannichaa miiran akka guutamu taasisa. Biyyoota akka keenya sabaa fi amantiidhaan qoqqoodaman keessatti dimookiraasiin sagalee caalmaa dorgommii filannichaa gar-malee finiinsuun bu'aa jeequmsaa fi balaadhaaf saaxilamuu qabaata. Haa ta'u malee, biyyoonni dorgommii akkanaa yeroof tursiisuun filannoo naga-qabeessa adeemsisuu danda'an tokko tokko jiraachuun isaanii kan dagatamuu miti. Qeeqni dimookiraasii sagalee caalmaa irratti dhiyaatu kan biroo waa'ee adeemsa filannichaa malee bu'aa isaatiif hin dhimmu kan jedhu dha. Sababii kanaanis biyyoota sabaa fi amantiin qoqqoodaman keessatti gareen sagalee caalmaa argate tokko yeroo mara moo'ataa ta'uun haalli aangoo itti dhuunfatu ni uumama jechuun qeequ.

Biyyoota aadaan hawaasummaa keessatti hin dagaanin, keessattuu biyyoota siyaasa eenyummaatiin cinqaman keessatti dimookiraasiin sagalee caalmaa hin mijatu yaada jedhu kan tarkaanfachiisan hayyoonnii fi namoonni siyaasaa caalmaa sagaleetiin osoo hin taane dimookiraasii waliigaltee irratti hundaa'e osoo ta'ee irra caalaa filatamaa dha jedhu. Hanguma fedhellee dimookiraasii jechuun hiikni isaa inni bu'uuraa fi beekamaan filannoo sagalee caalmaa fi dorgommii irratti kan bu'uureffame ta'us sirni kun biyyoota sabaa fi amantiidhaan qoqqoodamaniif mijataa akka hin taane hayyoonni siyaasaa kunniin ni dubbatu. Hagamillee dimookiraasiin waliigaltee irratti hundaa'e mirga garee xixiqqaa eegsisuu keessatti filatamaa dha jedhamus hayyoonni siyaasaa tokko tokko dimookiraasiin waliigaltee irratti hundaa'e adeemsa siyaasaa hoggansa caalmaa irraa gara hoggansa garee bicuutti kan jijjiiruu fi sagalee garee caalmaa kan ukkaamsu dha jedhu.

Dimookiraasiin waliigaltee irratti hundaa'u adeemsa keessa gara dimookiraasiitti seenuu wayita yaalanii fi keessattuu biyyoota qoqqoodamuu sabaa fi amantiitiin jeeqamaa jiraatan keessatti dimookiraasii filatamaa ta'aa waan dhufe fakkaata. Yeroo ammaa kana siyaasa ce'uumsaa keessatti ol-ka'ee dhaga'amaa kan jiruu fi dabaree isaa gumaacha dimookiraasii too'atee kan jiru ijaarsa kana dha. Hiikkaan dimookiraasii inni beekamaan caalmaa sagalee filannoo irraa gara dimookiraasii waliigalteetti waan jijjiirame haala fakkaatuun tarkaanfiiwwan ijaarsa dimookiraasii hedduun dimookiraasii waliigaltee irratti hundaa'e yaada keessa kan galfatani dha.

Dimookiraasiin waliigaltee irratti hundaa'e yoo xiqqaate dhimmoota afur of-keessatti hammachuu ni danda'a. Isaanis: qindoomina cimaa, gareewwan bicuun aangoo sagalee sagaleedhaan moo'uu qabaachuu, bakka-bu'ummaa madaalawaa fi mirga ofiin of-bulchuu naannoleeti. Dhimmoota bu'uuraa arfan kana ilaalchisee sirni diriiru gaaffilee gareewwan bicuu dursee waan deebisuuf gaaffilee hawaasummaa siyaasarraa walaba waan taasisuuf walitti bu'iinsa hir'isuun dimookiraasii tas-gabbaa'aa uuma jechuun falmu. Dimookiraasiin waliigaltee irratti hundaa'e walumaagalatti dhimmoonni waliif tumsuu bu'uureffatan garuu ijaarsa dimookiraasii eenyummaa hawaasaa yaada keessa galfate dha.

Dimookiraasiin waliigaltee irratti hundaa'e eenyummaa sabaa dhaabbataa taasisee kan ilaaluu fakkaata. Akkasumas, eenyummaa naannolee walitti dhiyeessurra wal-diddaa keessoo isaanii hammeessee kan itti fufsiisu jechuun qeeqni adda addaa irratti dhiyaata. Ijaarsi dimookiraasii kun biyyoota Awurooppaa kanneen akka Neezerlaandi, Beeljiyeemii fi Siwiizerlaandi keessatti kan hojjatu ta'ullee biyyoota guddachaa jiran keessatti hojjachuu akka hin dandeenye kanneen dubbatan ni jiru. Qeeqni isaanii inni guddaan, rakkoon biyyoota guddachaa jiranii akka biyyoota Awurooppaa haala teessuma lafaa bu'uura godhachuun dorgommii sabootaa taasifamu osoo hin taane dorgommii sabootaa afaan yookin hidda dhalootaa bu'uureffate waan ta'eef rakkoo jiru furuurra inumaayyuu ni hammeessa kan jedhu dha. Akkaataa qeeqa kanaatiin, sab-lammoonni biyyoota Awurooppaa faayidaa teessuma lafaa irratti kan hundaa'anii fi garaagarummaa aadaa fi kanneen biro isaan jidduu jiru kan hubatan haala teessuma lafaa faayidaadhaan itti hidhata qabaniin qofa dha. Ijaarsi kun dheebuu hayyootni siyaasaa aangoof qaban baasuuf kan itti tolu dorgommiiwwan garaagarummaa jiran dhiphisaniin yoo ta'e malee haala garaagarummaa babal'isuun yoo ta'e adeemsa yeroo dheeraa keessa nageenyaaf tasgabbii biyyaa balaa keessa galcha qeeqni irratti dhiyaata.

Hayyoonni qeeqa akkanaa dhiyeessan adda-dureedhaan dimookiraasiin dorgommii siyaasaa eenyummaa sabaa bira darbe irratti hundaa'uu qaba warra jedhani dha. Akka yaada hayyoota kanaatti eenyummaa sabaatiin gurmaa'anii waliif tumsuurra sabaa fi sablammoonni wal-keessa makamuun gurmaa'anii dorgomuun dimookiraasii tas-gabbaa'aa uumuuf irra caalatti bu'a-qabeessa ta'a. Kana jechuun, balaa garee tokko qofaan gurmaa'uun wal-qabatee dhufu irraa baraaramuuf gareewwan eenyummaa sabaa adda addaa walitti makuun gurmaa'uun tasgabbii siyaasaa fiduun ni danda'ama jedhu. Filannoon ijaarsa siyaasaa kun dimookiraasii waliigalteetiin faallaa haala ta'een dorgommii siyaasaa yaada keessa galchuun kan dhiyeessu dha.

Hayyoonni siyaasaa tokko tokko yaada ergifannaa leellistoota dimookiraasii kallattiitiin ka'u irratti dimookiraasii hundaa'e fayyadamuun dimookiraasii tas-gabbii qabu uumuuf furmaata ta'a jedhu. Adda-dureedhaanis dimookiraasii waliigaltee ergifannaadhaan fudhachuu akka yaada furmaataatti lafa kaa'u. Biyyoonni muraasni (fakkeenyaaf, Isiraa'eelii fi Istooniyaa), immoo sab-daneessi olaantummaa siyaasaa biyya isaanii gonfatanii akka itti fufan "Dimookiraasii Sabummaa" ijaaraniiru. Ijaarsi akkanaa biyyoota kanneen keessatti saboota bicuu fedhiifi boca sabdaneessaa keessatti akka hammataman taasisa. Kanas qabatamaan caalmaa sagaleetiin kan wal-fakkeessu ta'us, lammiilee ijaarsa saba tokkoo keessatti gurmeessurra eenyummaa sabaa waan dhaabbataa tokko godhee fudhachuun dimookiraasii waliigaltee waliin wal-fakkeessa.

Dimookiraasii Akkamiitu Nu Barbaachisa?

Kutaa tokkoffaa keessatti akka ibsametti, dhalli namaa fedhii ida'amuuf qaban guuttachuudhaaf yaalii taasisan keessatti yaalii isaanii kan gufachiisuu fi 'anatu siif beeka' yaada jedhuun fedhii tokko qofa adda baasuu kan yaalu sirna hacuuccaati. Kunis adeemsi fedhii tokko qofa guutuuf taasifamu fedhii uummataa hir'isaa fincilaa fi jeequmsa walitti fufiinsa qabuuf kan isaan kakaasu ta'eera. Fedhii foonii guutuun wal-qixxummaa fi bilisummaa kan hir'isu, bilisummaa kennee buddeena gamisa kan dhoowwatu, wal-qixxummaa kennee bilisummaa kan dhoowwatuu fi wal-qixa kan nama beelessu, kkf, sirnoonni akkanaa hundi fedhii dhala namaa kan hir'isu tooftaa hacuuccaati. Kanaafuu sirni dimookiraasii nuti diriirsuu qabnu fedhii ida'amuu dhalli namaa qabu yaada keessa kan galfate ta'uu qaba. Sirni fedhii dhala namaa tokko qofa keessaa butatee fiigu jiraachuu biyya keenyaa bu'uura amansiisaa irratti nuuf ijaaruu hin danda'u.

Fedhiiwwan ida'amuu hunda akkamitti al-tokkotti guutuun ni danda'ama? Dandeettiin dhala namaa daanga'aa mitii? Gaaffileen akkasii ka'uun isaanii hin oolu. Armaan olitti haala ifa ta'een haaluma dhiyaateen, akkaataa yaad-rimee ida'amuutiin dhalli namaa uumama carraa hiree ofii murteeffachuuf humna kuufamaa fi fedhii walaba ta'e qabu dha. Kanaafuu, dandeettii kuufamaa dhala namaa kana osoo hin qisaasessin itti fayyadamuuf; akkasumas, inni tokko isa biraatti ba'aa osoo hin ta'in hunduu akka humna waliif ta'u ida'amuun barbaachisaa dha. Kana gochuufis jalqaba irratti hacuuccaa dhabamsiisuuf kutannoo fi fedhiin waloo jiraachuu qaba. Hacuuccaa hundee irraa buqqisuun dhabamsiisuuf immoo hacuuccaa namni uumee fi caasaan uume wal-duukaa ilaaluu danda'uu barbaachisa.

Yaadonni waayee dimookiraasii biyya keenya keessatti ka'an dimookiraasiin akaakuu hacuuccaa tokkicha qofaa irratti akka xiyyeeffatu kan barbaadani dha. Fedhiiwwan akaakuu hacuuccaa tokko qofaa irratti xiyyeeffachuu kun akaakuu hacuuccaa tokko isa biraa keessatti hammachuuf yaaluudha malee filannoo isa tokko kan biraa irratti ida'anii ilaaluu kan of-keessatti hamate miti. Falmiiwwan hedduun mirgi nama dhuunfaa wayita kabajame mirgi garee hawaasaas ni kabajama kan jedhuu fi faallaa isaatiin immoo mirgi garee wayita kabajame mirgi nama dhuunfaas wajjin kabajama yaadota jedhamaniin kan xaxame dha. Yaadota kanneen hubachiisuufis fakkeenya fagoo fudhachuun itti dadhabu. Haa ta'u malee, hunda dura hacuuccaawwan gosa adda addaa lama yoo ta'an kabajamuun isa tokkoo isa kan biraa akkamitti akka kabachiisuu danda'u gaafachuun barbaachisaa dha. Jalqabumayyuu ka'uumsa, qabiyyee fi boca adda addaa kan qaban rakkoowwan lama furmaata akka rakkoo tokko qofaatti kennameen akkamitti hiikkachuu danda'a? Adeemsi akkanaa kun qoricha dhibee tokkoo dhibee biraa akka fayyisu fayyadamuuf akka yaaduutti waan fudhatamuuf dogoggora guddaa dha.

Hacuuccaa namni uumee fi caasaan bulchiinsaa uume addaan baasanii ilaaluun haala ulfaataa ta'een hidhata cimaa kan qaban ta'us, karaa biraatiin garuu haala uumamaa fi madda adda addaa qabu. Kanaafuu, furmaata rakkoo isa tokko qofa irratti safarameen rakkoo biraa furuuf yaaluurra furmaata rakkoowwan lamaanuu hin keessummeessine barbaaduutu salphata.

Dhimmi bu'uura adeemsa furmaata barbaaduu, hacuuccaawwan lamaaniif xiyyeeffannoo madaalawaa kennuu barbaachisa. Deemsi mirga waloo ykn mirga dhuunfaa irratti xiyyeeffachuu fedhii isa tokkoo guutuu kan biraa hir'isa. Waa'ee mirga sabaa fi sablammootaa ykn mirga wal-qixxummaa osoo dhiphannuu waa'een hiyyuummaa, bilisummaa fi nageenya lammiilee akka waliigalaatti jiru ni dagatama. Karaa biraatiin, waa'ee bilisummaa lammiilee osoo haasofnuu wal-qixxummaa fi nageenyi sabaa fi sablammootaa ni dagatama. Kanaafuu, akaakuuwwan hacuuccaa lamaan ykn akaakuuwwan mirgaa lamaaniif xiyyeeffannoo madaalawaa kennuun hojjachuun barbaachisaa dha.

Itoophiyaa keessatti haalli ittiin akaakuuwwan hacuuccaa lamaan ilaallu ijaarsaa fi hawaasummaa sabaatiin wal-qabata. Gareen ijaarsa sabummaa mirga gareetiif malee mirga dhuunfaa fedhii kan hin qabne ta'us adeemsi isaanii sadarkaa jechaa bira darbee hojiitti hin hiikkamne. Karaa biraatiin, hawaasummaa eenyummaa sabaatiin warri ijaaraman immoo dhimmoota hunda sabaan wal-qabsiisuu fi mirga dhuunfaa guutummaatti dagachuutu isaan biratti mul'ata.

Akka biyya keenyaatti, sabummaan lamaanuu hidhata waan qabaniif hawaasummaa eenyummaa sabaatiin ijaarrame qofaa irratti xiyyeeffannee furmaata barbaaduun baay'uma nu hin deemsisu. Waggoottan darban kana baay'atus, xiqqaatus biyya keenya keessatti sirna dimookiraasii waliigaltee irratti bu'uureffame ijaaruuf yaalamaa tureera. Kana jechuun, mirga saboota xixiqqaa kabachiisuudhaan sirna waliigalee hayyoota siyaasaa sabaa fi sablammootaa bu'uureffate diriirsuun yaalamee jira. Sirni kuni, mudoowwan isaa akkuma jirutti ta'ee, mirga sabaa fi sablammootaa kabachiisuu fi dimookiraasii waliigaltee irratti hundeeffame diriirsuuf ka'umsa gaarii qabatee ka'ee ture. Haa ta'u malee, yaaliiwwan keenya kana keessatti jalqabumarraa waanta dagatame tokkotu jira. Innis ijaarsa garee hawaasummaa adda addaa biyya keenya keessa jiru dha.

Seenaa Itoophiyaa keessatti mootummaa sabaa ijaaruuf yaaliiwwan taasifamanii fi ammaan dura uummattoota Itoophiyaa jidduutti hidhata tureen ijaarsi garee hawaasummaa uummataa jira jechuu ni dandeenya. Kanaafuu, siyaasni Itoophiyaa ijaarsi sanyummaa garee hawaasummaa uummataa kana keessaa maddu haalli inni garee hawaasummaa uummataa kana itti faallessu sanyummaa fi hawaasummaa jidduutti wal-dhiibaa jira. Dimookiraasii waliigaltee irratti hundaa'e ijaaruuf yaaliin taasifne adda dureen garee hawaasummaa-sanyummaa jidduutti waliigaltee taasifame kan bu'uureffate malee hawaasummaa uummataa kan ofitti hammate miti.

Sababa kanaafuu, haalli raawwii isaa waanuma fedhellee ta'u sadarkaa yaadatti illee garee hawaasummaa uummataa ofitti hamate jechuun hin danda'amu. Kanaaf, haalli ijaarsa isaa jalqabumarraa garee hawaasummaa uummataa biratti tokkummaa uummataa kan diiguu fi sirna dimookiraasii uumuun yoo barbaachise gareen hawaasummaa-sanyummaa walii isaanii wajjin qofa osoo hin taane gareen hawaasummaa-sanyummaa fi gareen ijaarsa hawaasummaa biyyattii jidduutti waliigalteen uumamuu qaba.

Garee sanyummaa-hawaasummaa fi ijaarsa lammiilee jidduutti rakkoon mul'atu inni guddaan ilaalcha hayyoota siyaasaa fi uummatummaa jidduutti samiif lafa ta'ee jiru dha. Gareen sanyummaa-hawaasummaa furmaata rakkoowwanii hunda waliigaltee hayyoota siyaasaa keessaa sakatta'uun ilaalu. Waliigaltee haayyota siyaasaa jidduutti adeemsifamu furtuu rakkoo hundaa godhanii ilaalu. Karaa biraatiin, gareen sanyummaa-ijaarsa hawaasummaa lammiilee iyya hayyoota siyaasaa maddiitti gatuudhaan 'uummanni kan fedhe' yaada jedhu tarkaanfachiisu. Gahee waa murteessuu fi ga'umsa hayyoonni siyaasaa qaban dagachuun dimshaashumatti siyaasni lammummaa irratti bu'uureffame akka uumamu barbaadu. Hayyummaa siyaasaas ta'ee uummatummaan dhimmoota hunda madaallii sirriitiin hubachuu dhiisanii maddiitti waan ba'an fakkaatu.

Waggoottan darban dimookiraasii waliigaltee irratti hundaa'e ijaaruuf yaaliin taasifame ilaalchisee sadarkaa yaadaatti garee siyaasa lammummaa, sadarkaa gochaatti immoo garee sanyummaa-hawaasummaa irraa qeeqni irratti dhiyaata. Qeeqichis, mirgi sabaa fi sablammootaaf seeraan kenname fakkeessuudhaaf barreeffamee taa'e malee hojiitti hin hiikamne kan jedhu dha. Sirnichi hanga eegamu bu'a-qabeessa kan ta'uu dideef heera biyyaa hojiitti hiikuu waan dadhamameef falmii jedhutu dhiyaata.

Adeemsa heera biyyaa hojiitti hiikuu keessatti rakkoowwan mudatanii fi hojmaatni kaayyoo malee hojjatamaa ture akkuma jirutti ta'ee, ijaarsi kun bu'a-qabeessa kan ta'uu dadhabeef sababni tokko hayyoota siyaasaa jidduutti wal-tumsuun waan hin jirreefi dha. Dimookiraasii waliigaltee bu'uureffatee ijaarame keessatti, sadarkaa caasaa hojmaataatti garaagarummaan jiru akka keessummeeffamu ta'ee, garaagarummaan jiru garuu fiixetti akka hin baane tumsi haayyota siyaasaa jiraachuu qaba.

Hayyoonni siyaasaa ijaarsa sanyummaa bira darbe faarsan akkaataa morkii paartiilee sabaa fi sablammoota adda addaa irraa ijaaraman jidduutti taasifamuutiin kan adeeman yoo ta'u, faarsitoonni dimookiraasii waliigaltee bu'uureffamee ijaaramuu garuu paartiilee of-danda'anii kophaatti maqaa sabaa fi sablammootaatiin ijaaraman jiddutti akkaataa tumsa waliif taasisaniin adeemu. Haa ta'u malee biyya keenya keessatti sirna garaagarummaa sabaa fi sablammootaa keessummeessu diriirsinee, garuu garaagarummaan jiru akka fiixeetti hin baane tumsa gochuu dagannee jirra. Kanaafuu, sirni dimookiraasii keenya sadarkaa caasaattis ta'ee sadarkaa haayyoota siyaasaatti garaagarummaa qofa ol-kaasee kan dhaadhessu waan ta'eef dimookiraasii tasgabbaa'aa uumuun rakkisaa ta'a.

Rakkoon yaalii taasisaa turre keessatti hubatame kan biroo, akkuma olitti eerame, dimookiraasiin waliigaltee bu'uureffatee ijaaramu fedhii hayyootni siyaasaa qaban irraa madda. Fedhiin haayyota siyaasaas, hacuuccaa caasaan bulchiinsaa fide ilaalchisee hayyoota mariisisuudhaan tagabbii yeroo uumuuf malee hacuuccaa sana hundeerraa dhabamsiisuun fedhii uummataa guutuuf miti. Kana jechuun, dimookiraasiin waliigalee bu'uureffatee ijaaramu nageenya wayitawaa fiduu irratti kan xiyyeeffate malee nageenya amansiisaa hundeerraa furame fiduuf miti. Nageenyi wayitawaan jeequmsi dhabamsuun isaa akka nageenyatti ilaaluu yoo ta'u, ilaalcha hacuuccaa itti fufsiisuu fi hacuucamtoota ukkaamsuun callisiisuu of-keessaa qaba. Waliigalteen hayyoota siyaasaa gama hedduudhaan dheebuu aangoo wal-saamuu hayyoonni kunniin qabaniin waan wal-qabatuuf hacuuccaa qabatamaa caasaan bulchiinsaa fideef furmaata kennuu irratti hanqinoota hedduutu isaan biratti mul'ata. Hayyoonni siyaasaa saba ofii keessaa ba'an bakka bu'uun aangoo erga argatanii callisuun isaanii akka nageenyaatti waan ilaalamuuf adeemsi isaan hacuuccaa caasaan bulchiinsaa fide furuuf godhan karaan isaa baay'ee gabaabaa dha.

Rakkoon kun akaakuuwwan dimookiraasii biroo keessattis ni mul'ata. Yaaliiwwan ijoon ijaarsawwan dimookiraasii hundi jeequmsa hambisuuf malee hacuuccaa hambisuu irratti kan xiyyeeffatu miti. Adeemsa kanadha kan mirga garee hunda gara tokko qofatti fudhannee mirga sabaa waliin akka walitti firoomsinu kan nu taasise. Sabni eenyummaawwan garee hedduu keessaa tokko ta'us, gurmaa'ina haayyoota siyaasaatiif mijataa waan ta'eef kophaa isaatti qabxii xiyyeeffannoo siyaasa keenyaa waan ta'e fakkaata. Haalli kun mirga gareewwanii kanneen biroo dagatee adeemsi xiyyeeffanoo saba qofaarratti taasise kun hacuuccaa balleessuu ykn mirga gareewwanii kabachiisuu osoo hin taane nageenya wayitawaa fiduuf qofa irratti kan xiyyeeffate dha. Kunis hacuuccaa sabootaa fi gareewwan biroo irra jiru dhabamsiisuuf hojiiwwan hojjannu bu'a-qabeessa akka hin taane godheera.

Dimookiraasiin yaad-rimee ida'amuutiin ijaarru sabummaa-hawaasummaa fi sabummaa-lammummaa wal-simsiisuun kan adeemu, dimookiraasii waliigaltee keessaa waan hir'ate itti guutuuf tumsa hayyoota siyaasaa marii gabbataan kan itti adeemsifaman; akkasumas, hacuuccaawwan caasaan bulchiinsaa fideef i namni dhuunfaan fide wal-faana kan ittiin furaman ta'a. Galmi isaa inni dhumaas, gumaacha aadaa hawaasummaa lammii biyyittii hundaatiin ijaaruudhaan dimookiraasii tasgabbaa'aa fi tokkummaa keenya kan hin diigne hojii irra oolchuun dhugoomsuu dha.

BOQONNAA TORBA

Qormaata Fudhatamummaa
Aangoo Mootummaa

Fudhatamummaa aangoo mootummaa jechuun, uummanni yookiin hayyoonni aangoo mootummaa bakka-bu'aa raawwachiisaa fedha isaanii godhatanii haala itti fudhatan jechuu dha. Fudhatamummaan aangoo mootummaa yoo jiraate lammiileen qaamni kophaa isaatti (monopoly) mirga humna yookiin meeshaa waraanaa fayyadamuu qabu mootummaa qofa akka ta'etti fudhatu. Ciminni aangoo mootummaa biyya tokkoos jabina dhaabbilee fi ga'umsa raawwachiisummaa bira darbee fudhatamummaa aangoo kana irratti kan hundaa'e dha. Aangoon mootummaa dhaabbilee adda addaa keessaa madda hayyoonni jedhan akkuma jiran; faallaa kanaatiin immoo, aangoon mootummaa ijaarsa dhaabbilee keessaa maada osoo hin taane, "dhimma wixinee yaadaa sammuu lammiilee keessatti bocamu" waan ta'eef aangoon mootummaa lammiilee biratti fudhatama hin qabne jiraachuun isaayyuu balaa keessa seena jedhu.

Aangoo mootummaa diigamaa jiru dandamachiisuuf uummanni adduunyaa yaaliiwwan ijaarsa dhaabbilee irratti xiyyeeffatan yoo taasisanis, yaaliiwwan hedduun milkaa'uu kan dadhabaniif uummatni yookiin hayyootni aangoo mootummaa waan hin fudhaneefi dha. Kunis uumama mootumma jabaatiif fudhatamummaan aangoo mootummaa hagam akka dhimma ijoo fi murteessaa ta'e kan agarsiisu dha. Fudhatamummaan aangoo mootummaa adda-dureedhaan bu'aa waliigaltee hayyoota siyaasaa ta'uun isaa kan haalamu miti. Hayyoonni siyaasaa waliigaluun aangoo mootummaa hin fudhanne taanaan dimshaashumatti uummanni amanee fudhata jedhanii yaaduun dandeettii micciiruu fi dhiibbaa uumuu hayyoota siyaasaa dagachuu ta'a.

Aangoon biyya Itoophiyaa garuu fudhatamummaarra jabina dhaabbilee irratti kan hundaa'e jechuun ni danda'ama. Raafama siyaasaa yeroo adda addaa dandamatee jiraachuusaa mirkaneeffatee itti-fufuu kan danda'es jabina dhaabbileetini. Karaa biraatiin, raafama mootummaatiif sababa kan ta'e fudhatamummaa aangoo mootummaa hojii irra oolchuuf karaan irra deemne garuu hin milkoofne. Kunis fudhatamummaa aangoo mootummaa ilaalchisee hoj-maneewwan hedduun akka nu hafu kan agarsiisu dha.

Bu'uurri rakkoo fudhatamummaa aangoo mootummaa waa lama irraa madda jechuun ni danda'ama: darbaa-babarsa duudhaalee fi seenaa hundeeffama aangoo mootummaati. Gama tokkoon biyyoota duudhaaleen sadarkaa yaadaatiin jiran hin dagaagnetti lammiileen siyaasa faayidaa dhuunfaa waliin waan wal-qabsiisaniif; akkasumas, aadaan hawaasummaa waan hin jirreef, sababii kanaanis walitti bu'iinsi waan heddummatuuf fudhatamummaan aangoo mootummaa mirkaneessuu rakkisaa ta'a. Kunis rakkoos ta'ee furmaatni isaa diinagdee ta'uu agarsiisa.

Duudhaalee sadarkaa yaadaatti argaman dagaagsuudhaan fudhatamummaa aangoo mootummaa fiduuf dhimmi guddaan misooma diinagdee fiduu ta'us, hojiiwwan diinagdee maddiitti hojiiwwan ijaarsa duudhaalee aadaa gama siyaasaatiin hojjatamuu qaba. Walumaagalatti, duudhaalee sadarkaa yaadaatiin jiran dagaagsuuf hojiiwwan siyaasaa fi diinagdee fudhatamummaa aangoo mootummaa mirkaneessuu keessatti karaa sirrii fi amansiisaa ta'e dha.

Karaa biraatiin, seenaan ijaarsa aangoo mootummaa ijaaf-gurra hin qabu yoo ta'e fudhatamummaan aangoo mootummaa baay'ee rakkisaa ta'a. Hayyoonni siyaasaa aangoo mootummaa ilaalchisee yaada adda addaa waan qabaniif; akkasumas, akkaataan taateewwan yeroo uumama aangoo mootummaa ta'an ittiin dhiyeessan garaagarummaa waan qabaatuuf, hoggayyuu wal-diddaa fi jeequmsatu jiraata. Kunis rakkoowwanii fi furmaata fudhatamummaa aangoo mootummaa mirkaneessuu siyaasaan wal-qabsiisa. Hundeeffama aangoo mootummaa kanaan wal-qabatee jeequmsa dhufu furuuf hojiiwwan hojjataman rakkinichaaf furmaata dhumaa ta'uu baatus rakkoowwaniif deebii si'ataa kan kennu ta'uunsaa wal nama hin gaafachiisu. Boqonnaa kana keessatti kan ilaallus furmaata siyaasaa yeroo gabaabaa kana dha.

7.1   Sabummaa fi Seenaa Ijaarsa Aangoo Mootummaa Itoophiyaa

Hundeeffamni aangoo mootummaa Itoophiyaa bal'ifannaa aadaa bulchiinsaa Kaaba irraa gara Kibbaa taasifameen, adeemsa babal'ifannaa bulchiinsaa kana hayyoonni Itoophiyaa hedduun ijaarsa aangoo mootummaa biyyoolessaa ija gita-bittaatiin ilaalu. Hayyoonni siyaasaa adeemsicha ija gita-bittaatiin ilaalan dhimmicha dubbii jabanichaan kan wal-gitu qabsoo farra gita-bittaa Afrikaa irraa waan fudhatan fakkaata. Yaadichis babal'ifannaa sirna bulchiinsa aadaa fageenyatti gita bittaa waliin walfakkeessuu kan yaalu dha. Karaa biraatiin, hayyoonni siyaasaa tokko tokko adeemsicha akka uumama ijaarsa aangoo mootummaatti ilaaluun seenaa ijaarsa aangoo mootummoota biyya Awurooppaatiin wal-fakkeessuu yaalu. Gama biraatiin immoo hayyoonni dhimmicha ija hacuuccaa biyyoolessaatiin ilaalan haala garaagarummaa qubannaa lafa Kibbaa fi Kaaba Itoophiyaa ture kaasudhaan falmu.

Ijaarsi aangoo mootummaa biyya tokkoo adeemsa imaammata wal-fakkaataa kan qabu ta'uu isaa fi bu'aan isaa garuu mootummaa biyyoolessaa tokko uummuurra mootummaa rarra'ee hafe yookiin gamisaan ijaarame ta'uun isaa dhimma falmii haayyota siyaasaa biyya keenyaa ta'eera. Haayyoonni tokko tokko haalichi kan uumame hir'inni caasaa ammayyaawaa jiru imaammata wal-fakkaataa akka hin adeemsifne taasise kan jedhan yoo ta'u, kanneen biroo immoo sabni caalmaa qabu waan hin jirreef yookiin immoo moototni Shawaa babal'achuudhaan aadaa fi afaan isaanii uummata biyyattii kaan irratti fe'uudhaaf hir'inni lakkoofsaa waan mudateefi dha jedhu.

Wal-fakkeenyi imaammataa ija hayyoota siyaasa Itoophiyaatiin, gaaffiin sabummaa fi siyaasni eenyummaa irra-deebi'ee akka ka'u sababa ta'eera. Bara 1960moota keessa aguuggii idil-addunyaa kan qabu siyaasni soshaalizimii falaasama sabummaa xiyyeeffachuun ennasitti ka'aa turan ajandaa siyaasa eenyummaa bocuu fi hacuuccaa ennas ture hiikaa idil-addunyaa akka itti kennamu gochuu danda'eera.

Haalli kunis siyaasni Itoophiyaa sabummaa-hawaasummaa fi sabummaa-lammummaa jidduutti yaadonni ka'an akka hammaatan taasiseera. Aangoon mootummaa Itoophiyaa gama tokkoon gamisaan waan ijarameef siyaasa sablammummaa horateera; gama biraatiin immoo, adeemsi isaa yeroo gabaabaatti waan kufeef bakka hundatti siyaasa sabummaa uumeera. Siyaasa biyya Itoophiyaa jijjiiruu fi fudhatamummaa aangoo mootummaa mirkaneessuuf garee siyaasaa lamaan jidduutti kallattii gidu-galeessa hordofuun walitti dhiyeessuun barbaachisaa dha.

Adda-durummaa barattoota leellistoota mirga namaa ta'anii fi deeggarsa uummata biyyattii birootiin sochiiwwan siyaasaa bara 1960moota keessa finiinan gaaffilee mirgaa heddummina qaban kan kaasee fi gurmaa'inaa fi tooftaawwan adda addaa kan qabu yoo ta'ellee, gaaffileen mirgaa yeroo sanatti ka'aa turan utubaan isaa gaaffilee siyaasaa eenyummaa sabaatiin hidhata qabu akka ta'e ni yaadatama.

Mootummaa dhufee darbuun gaaffilee kanneen deebisuuf yaaliiwwan ofii isaanii kan godhan ta'us, qabiyyee fi bocni gaaffilee kanneenii yeroodhaa gara yerootti babal'achaa fi jijjiiramaa waan deemaniif; akkasumas, sababa hir'inoota raawwachiisummaa imaammataatiin waggoottan shantamman darbaniif siyaasni eenyummaa ture jabana keessa jirru kanattis agarsiiftuu siyaasa biyya keenyaa isa bu'uuraa ta'uu danda'eera. Gaaffiin bu'uuraa siyaasa eenyummaa gaaffii afaan ofiitiin dubbachuu irraa kan eegale yoo ta'u, waggoottan shantamman darban bifa isaa jijjiirrachuu fi babal'achuun har'arra ga'ee jira.

Sirni federaalawaa keenya bu'uura sabaa fi sablammoota biyya keenyaa kan ta'e afaanii fi aadaa ofiitiin fayyadamuu fi guddifachuu; akkasumas, mirga ofiin of-bulchuu isaanii kabachiisuu danda'eera. Kanaafuu, sirni federaalaa keenya gaaffilee bu'uuraa mirga sabaaf sablammoota biyya keenyaa haalan deebisuu kan danda'e ta'us, mirga ofiin of-bulchuu haala guutummaa qabuun hojii irra oolchuu waliin wal-qabatee hir'inoota raawwachiisummaa jiraniin; akkasumas, fedhiiwwan uummataa diinagdee fi siyaasa irratti qaban waggoottan 27n darban keessa guddachaa dhufan haala quubsaan deebisuu dadhabuurraa kan ka'e, waggoottan shanan darban biyyi keenya jeequmsa hamaa keessa turuun ishee yaadannoo keenya yeroo dhiyooti. Sababni bu'uuraa jeequmsichaa dimookiraasii dhabuu akka ta'e amanuun, yeroowwan muraasa darban keessatti tarkaanfiiwwan fooyya'iinsa-dimookiraasii taasifamaniin tasgabbii biyyoolessaa, wal-qixxummaa dimookiraasii uummataa fi waliigaltee biyyoolessaa jabeessuudhaan nageenya keenya fiduun danda'ameera.

Haalli biyyittiin ittiin hundooftee fi haalonni wal-qabatanii dhufan siyaasa eenyummaa yeroo dheeraaf ijaaramaa dhufeen uummatichi aangoo mootummaa biyyoolessaa irraa amantii akka dhabuu fi adeemsi fudhatamummaa aangoo mootummichaa akka diigamaa dhufu gumaacha ol-aanaa taasiseera. Sababa kanaan uummattoota biyya keenyaa biratti duudhaaleen eenyummaa waloo diigamaa dhufuun isaanii dhimmoota guguddoo biyyoolessaa irratti ejjannoon faallaa ta'e akka uumamu sababa ta'eera. Laafinnii fi diigamuun duudhaalee waloo, keessattuu siyaasni eenyummaa fi of-tuulummaan sabaa akka finiinu gumaacha mataasaa taasiseera.

Seenaa keessatti ajandaa fi ilaalchi sabummaa sadarkaa ol-aanaarra ga'eera. Gaaddisni gurmaa'ina humnoota siyaasaa, rogeeyyiiwwanii fi hayyootaa inni bu'uuraa sabummaa ta'ee jira. Sabaa fi sablammoota Itoophiyaa wal-faana kan tursiisu yaadnii fi wixineen diinagdee, hawaasummaa fi siyaasaa haphachaa deemee biyyittiin bittinnaa'uun uummanni ishees walitti dacha'anii wal-fixuu danda'u sodaan jedhu uumameera. Kanaafis sababni guddaan garee siyaasaa sab-hawaasummaa fi sab-lammummaa jidduutti adeemsi siyaasaa xiiqiin guutamee ana qofatu siif beeka jedhu fiixee lamaan qabatee wal-dhiibaa waan jiruufi dha.

Sabummaan Maali Dha?

Biyyoota Awurooppaatti gama tokkoon aangoon mootummaa saba tokko qofarraa hundeeffame kan jiru yoo ta'u, karaa biraatiin garuu saba tokko qofaan osoo hin taane gaaddisa aangoo mootummaa jalatti kan gurmaa'an sabaaf sablammoota adda addaatu sirna mootummaa ijaare. Biyyoonni akka Jarmanii aangoo mootummaa isaanii saba tokko qofarraa kan hundeessan yoo ta'u, gama biraatiin biyyoonni akka Faransaayi sabaa fi sablammoonni adda addaa walitti dhufuudhaan mootummaa isaanii akka hundeessan akka fakkeenyaatti eeruun ni danda'ama. Garaagarummaan uumama aangoo mootummoota kanneenii jidduu jiru waanti nutti agarsiisu sabummaan saba tokko qofaarraas ta'ee sabaaf sablammoota adda addaa irraa ijaarramuu akka danda'u dha. Siyaasni sab-hawaasummaas ta'ee sab-lammummaa dhugaawwan aangoo mootummoota addunyaa keessatti argamani dha.

Bara 1960mootaa fi 1970moota keessa hayyoonni Awurooppaa hedduun danqaawwan siyaasa sabummaa hiikuuf itti duulaniiru. Hayyoonni kunniin, hundi jechuun nidanda'ama, sabummaan adeemsa jireenya hawaasummaatiin akka ijaaramu irratti waliigalu. Kana jechuun, sabummaa akka waan dhaabbataa fi uumamaan jiruutti ilaaluun hafee kan jijijjiiramuu fi ijaaramu akka ta'etti hubatu. Hayyoota kanneen keessaa gar-tokkeen dhimmichi ammayyummaa fi uumama mootummoota ammayyaa waliin waan dhufeef uumamni sabummaa bu'uura caasaa qaba jedhu. Akka ilaalcha haayyota kanaatti, babal'achuun induustirii fi hundeeffamuun mootummoota ammayyaa uumamuu sabummaatiif sababa ta'eera jedhu. Kabaja ayyaana adda addaa fi alaabaawwan mootummootaa; akkasumas, dhimmoonni kanaan wal-qabatan taateewwan hedduun namoonni akka miira sabummaa keessa galan taasiseera. Akka hubannoo isaanitti, mootummaan sabootaa bu'aa walitti dhufeenya sabootaa fi aangoo mootummaa ammayyaa keessaa argamu dha. Kanaafuu, sabummaan uumama aangoo mootummootaa hordofuun kan dhufe taatee ammayyaati.

Gama biraatiin, gareen biroo sabummaan taatee ammayyummaa hordofee dhufuusaa irratti waliigalanis, bu'aa jijjiirama caasaa siyaasaa fi diinagdee osoo hin taane, bu'aa arga-yaadaati jedhu. Sabaaf sablammootas "hawaasa arga-yaadaa" jedhanii waamu. Namni fiixee biyya tokkoo jiraatu isa fiixee biyyaa gama biraatiin jiraatu hin beeku; waliin jiraatees hin beeku; garuu arga-yaadaatiin firooma waliinii uummatu jedhu. Kanaafuu, ija haayyoota kanaatiin, aantummaan sabaa waliin jiraachudhaan kan dhufu osoo hin taane dhimma hariiroo arga-yaadaa qabaachuuti jedhu. Kanaafis babal'achuun miidiyaalee maxxansaa gumaacha guddaa taasiseera. Karaa gaazexaatiin hariiroo arga-yaadaa uummachuun, lammiileen akka sabummaa tokko keessa akka jirannitti akka yaadan taasifamaniiru jedhu. Garuu, yaadni kuni hayyoota kana fagoo isaan hin deemsifne. Karaa tokkoon saboota qofa osoo hin taane gosa irraa eegalee uummanni kumiyyuu qaaman wal-qunnamuu dhiisuu danda'a qeeqni jedhu irratti dhiyaata.

Karaa biraatiin immoo saboonni eessaa dhufne kan isaan jechisiisu sirna mallattoo qabeenya waloo ta'e kan qaban malee waan hin jirre irratti kan uumaman miti jechuun qeeqni irratti dhiyaata. Qeeqni kun saboonni akkuma sirna mootii, seenaa eessaa dhufnee kan irratti ijaarani sirna mallattoo waloo yookiin dhaala aadaa waloo qabu kan jedhu dha. Ta'us hayyoonni biroon immoo sabummaan dhugeeffannoo bu'aa hojii siyaasaa fi geggeessitoota siyaasaa akka ta'etti yaada falmii isaanii dhiyeessu.

Akka yaada falmii hayyoota kanaatti, saboonni uumama hayyoonni siyaasaa galma siyaasa isaaniitiif uumani malee sirni mallattoo walitti isaan hidhu dhimma isaanii isa bu'uuraa miti. Agarsiiftuu kanaas kan ta'u, uummattoonni afaan gosa tokko dubbatan yookiin hawaasa tokko keessa jiraatan sabummaa adda addaa keessatti argamuun biyyoota adda addaa keessatti uumamuu isaaniiti. Kanaafuu, eenyummaan sabummaa hayyoonni siyaasaa akka barbaadanitti micciiranii hawwii siyaasaa fi diinagdee isaanii ittiin galmaan ga'achuuf kan uumani dha malee bu'aa sirna mallattoo walitti isaan hidhuu miti kan jedhu dha.

Karaa biraatiin, hordoftoonni ilaalcha Maarkisizimii sabummaan ilaalcha garee hawaasaa karaa dogongora ta'een ifa bahe dha jedhu. Kana jechuun, sababa sirna diinagdeetiin garaagarummaa garee hawaasaa uumamuun alatti halluu eenyummaa itti dibuun rakkoo inni bu'uuraa akka hin furamne kan godhuu fi hacuuccaa garee isa garaagarummaa diinagdeetiin uumame akka hin furamne kan godhu eenyummaa sobaati jedhu. Haaluma wal-fakkaatuun, hayyoonni diinagdee tokko tokko, sabummaan hir'ina gabaa duuchuu fi rakkoowwan diinagdeen fide bifa biraa qabsiisuuf kan uumamedha jedhu.

Haa xiqqaatus; haa baay'atus, rakkoowwan waa'ee sabummaa biyyoota biroo keessatti uumaman amma tokko ilaaluun waa'ee Itoophiyaa hubachuuf nu fayyada. Jalqabarratti, hayyoonni hedduun dhufaatii mootummaa sabummaa jalqabbii ammayyummaatiin wal-qabsiisu. Dhimmi kun mootummaa biyya Itoophiyaas ni ilaallata. Itoophiyaan biyyoota akka Poorchugaal dursitee mil'uu aadaa jireenya sabummaa kan qabdu ta'ullee dhufaatii mootummaa sabummaa isa bu'uuraa garuu dhugaan hin jijjiiru. Biyya keenya keessatti jalqabbiin ammayyummaa kan uumame dhuma jaarraa 19ffaa waan ta'eef uumamuun mootummaa sabummaas yeroodhuma kana waliin wal-qabata.

Hayyoonni biyya keenyaa tokko tokko "saboota arga-yaadaa" yaada jedhuun haala biyya keenyaa hubachuuf yaalu. Rakkoo siyaasa biyya keenyaas biyya hunda keenya walii galchitu, "biyya arga-yaadaa" ijaaruu dadhabuu keenyaan wal-qabsiisu.

Karaa biraatiin haayyonni dhimmicha yaadannoo waloo waliin wal-qabsiisudhaan hubachuuf yaalan ni jiru. Akkaataa ilaalcha haayyoota kanaatiin Itoophiyaanonni seenessa keenya eessaa dhufnee keessatti yaadannoo waloo keenyaa haala gaaridhaan hin ijaarre jedhu. Waa'ee isa darbee wayita haasofnu yaadannoo waloo keenya keessatti qabiyyee fi miira baay'ee wal-irraa faffagaatetu mul'ata jedhu.

Hayyoonni tokko tokkommoo, sabummaan hojii harkaa tarkaanfachiiftota siyaasaati yaada jedhu hordofuun rakkoo siyaasa sabummaa Itoophiyaa fedhii fi faayidaa hayyoota siyaasaatiin wal-qabsiisuun ilaalu. Sababiin ijoon siyaasa biyya keenyaa rakkoo hamaa keessa galche halbaadhummaa haayyoota siyaasaa biyya keenyaa fi fedhii isaan karaa qaxxaamuraatiin aangoo argachuuf qaban akka ta'e himu. Cabiinsa siyaasa biyya keenyaas baay'achuu daldaltoota siyaasaatiin wal-qabsiisu.

Akkaataan hubannoo hayyoota eeraman kunniin hunduu dhugaa of-keessaa qabu; haa ta'u malee, fakkii guutuu walitti qabuun nutti mul'isuuf wayita yaalan dhugaawwan isaan qeeqsisan hedduun immoo ni jiru. Fakkeenyaaf, rakkoon sabummaa Itoophiyaa keessatti mul'atan bu'aa halbaadhummaa daldaltota siyaasaati ilaalchi jedhu haalli itti sirrii ta'e sababoota hedduutu jira; haa ta'u malee, halbaadhummaa caala mirga sabootaatiif kan falman namoota hedduu kan xureessu dha. Haaluma wal-fakkaatuun, ilaalchawwan biroos dhugaa gamisa nutti himu malee fakkii bal'aa nuuf hin dhiyeessan.

Hayyoonni siyaasaa Itoophiyaa dhimma sabummaa ilaalchisee yaada falmii dhiyeessan keessaa inni tokko haalli uumama garee naannummaadhaan (geography) malee sabummaa irratti hin ijaaramne kan jedhu dha. Hayyoonni kunniin seenaa siyaasa Itoophiyaa darban keessatti haalli hiriira siyaasaa naannummaa bu'uura kan godhate malee sabummaa kan bu'uureffate waan hin taaneef dhimmi sabummaa seenaa biyyattii fi haala dhugaa qabatamaatiif keessummaadha jedhu. Jalqabbii hundeeffama mootummaa Itoophiyaattis ta'ee hundeeffamaan booda bulchiinsa mataa isaanii kan qaban naannoowwani malee saboota miti; kanaafuu, rakkoon gareewwan bu'uureffate yoo jiraatellee amantii fi haala naannoo irratti hundaa'een furamuu qaba yaada jedhu dhiyeessuun falmu.

Eenyummaan sabummaa madda eenyummaa dorgomaa hin qabne ta'ee finiinee ba'uusaa warri hin fudhanne hayyoonni biroo immoo dhalli namaa eenyummaa garee adda addaa kan qaban ta'ee osoo jiruu sabummaa qofaa irratti xiyyeeffachuun rakkoo uummataa haalaan hubachuu dhabuu dha jedhu. Yaadonni falmii dhiyaatan sabummaan siyaasa biyya keenyaa keessatti iddoo ol-aanaa baay'ee xooxeffame qabachuusaa eeruu irratti itti milkaa'us, sabummaan maaliif eenyummaa garee adda addaa kanneen biroo caala xooxeffamee olka'uu danda'e gaaffii jedhu garuu hin deebisani.

Sababoonni biroo haaluma eeramaniin akkuma jiranitti ta'ee, sabummaan eenyummaawwan biroo caala xooxeffamee sababiin ol-ka'eef inni tokko hacuuccaan sabummaa waan tureefi dha. Eenyummaan garee tokkoo sababiin jabaachaa deemuu fi namoota eenyummaa isaanii sana irratti ofitti hawwatee sochoosuu kan danda'uuf hacuuccaa fi loogiin eenyummaa isaanii sana bu'uureffate yoo isaan irra ga'u dha. Hacuuccaan kunis sababa sochii uummataa fi qabsoo siyaasa eenyummaa ta'uu kan danda'u hayyoonni hacuuccaa sana hanga kaayyoo isaaniitiif oolchaniini. Kanaafuu, eenyummaa sabummaas ta'ee eenyummaa gareewwan adda addaa kanneen biroo hubachuuf gahee hayyootaafi kallattii furmaataa rakkinichaa gaaffilee sana keessatti dhiyaatanii adda baafnee hubachuu qabna.

7.2   Araaraa fi Waliigaltee Biyyoolessaa

Hacuuccaa namni uume dhabamsiisuun Itoophiyaa dimookiraatofte uumuuf; akkasumas, fudhatamummaa aangoo siyaasaa mirkaneessuuf wantoota hojjatamuu qaban keessaa dhimmi ijoon araaraa fi walii-galtee biyyoolessaa biyyattii irratti mirkaneessuu dha. Walii-galteen biyyoolessaa dhaabbilee walabaa ijaaruu irraa waan adda ba'ee ilaalamuu miti. Dhaabbilee walabaa hundeessuu fi walii-galtee biyyoolessaa uumuu jidduutti kamtu dursuu qaba gaaffii jedhu ilaalchisee filannoowwan lama deddeebi'anii wayita ka'an ni mul'atu.

Hayyoonni tokko tokko dhaabbileen walabaa hundeeffamanii, itti aansuun walabummaadhaan mari'atanii, wal-falmanii waliigalteerra yoo ga'ame malee walii-galtee biyyoolessaa uumuun rakkisaa dha jedhu. Tarkaanfachiiftonni yaada kanaa sirna hacuuccaa keessatti haalli ture uummanni walaba ta'ee mari'atee haalli itti waliigaluu danda'u waan hin turreef; akkasumas, adeemsi isaas yeroo dheeraa kan fudhatu waan ta'eef jalqabarratti dhaabbilee walabaa hundeessutu dursuu qaba jedhu.

Karaa biraatiin immoo, waliigalteen biyyoolessaa osoo hin jiraanne dhaabbilee walabaa uumuun hin danda'amu yaada jedhu dhiyeessuun kanneen falman ni jiru. Yaadni falmii kun, ijaarsi dhaabbilee walabaa matuma isaatiin waliigaltee biyyoolessaa irratti kan hundaa'e waan ta'eef dhaabbilee walabaa hundeessuu eegaluu keenyaan dura waliigaltee biyyoolessaa uumuu danda'uu qabna kan jedhu dha. Falmiiwwan kunniin dhimmoota lamaan fiixetti kan baasanii fi haala qabatamaa jiru yaada keessa galfachuurra wal-falmii yaadaatiif dursa kan kennu dha.

Akkaataa falaasama ida'amuutiin, falmiiwwan lamaan yaada wal-faallessu qofa osoo hin taane yaada wal-utubus ni qabu. Fakkeenyaaf, dhaabbilee walabaa of-eeggannoo fi xiyyeeffannoo guddaadhaan yoo ijaarre, walabummaa dhaabbilee irratti hanga tokko waliigaluu yoo jalqabne waliigalteen kun immoo waliigaltee biyyoolessaa ni cimsa. Waliigalteen biyyoolessaa waan lammiileen itti amanan irratti kan hundaa'u waan ta'eef lammiileen dhaabbilee walabaa kana itti amanuu yoo eegalan gara waliigaltee biyyoolessaatti dhufuun keenya waan hin hafne dha. Karaa biraatiin, waliigaltee biyyoolessaa fiduuf hojiiwwan hojjannu ijaarsa dhaabbilee walabaa irratti fudhatamummaa olaanaa dabaluun waan hin hafne. Waliigalteen biyyoolessaa jabaachaa yoo dhufe, walabummaanii fi amanamummaan dhaabbilee hundeessinee dabalaa deema. Kanaafuu, dhimmoonni dhaabbilee walabaa ijaaruu fi waliigaltee biyyoolessaa fiduu wal-maddii hojjatamuun wal-utubaa deemuu kan danda'ani dha. Waliigalteen biyyoolessaa waliigaltee hayyoota siyaasaatiin hidhata adda hin baane qaba. Waliigalteen biyyoolessaa yaada dimshaashaa bu'uureffachuun waliin jiraannu ta'ullee, waliigalteen kun waliigaltee haayyoota siyaasaatiin alatti dursee uumamuu, adda bahee ilaalamuu yookiin sanaan alatti ititee dhaabbachuu hin danda'u.

Waliigaltee biyyoolessaa jechuun dhimmoota biyyaa murteessoo ta'an irratti yaadni uummata bal'aa irra caalatti dhimmoota jedhamanitti amanuun wal-faana fudhachuu jechuu dha. Dhimmoota biyyaa murteessoo ta'an irratti yaadni lammiileen qaban kan maddiitti ba'eefi wal-irraa fagaate yoo ta'e waliigalteen biyyoolessaa jira jechuun hin danda'amu. Biyya keenyatti dhimma alaabaa irraa eegalee dhimmoonni hedduun irratti walii hin galamne ni jiru. Kanaafuu, dhimmoota hedduu irratti mari'annee waliigaltee biyyoolessaa uumuu qabna. Haa ta'u malee, waliigaltee biyyoolessaa fiduuf dursinee madaa keenya duraanii wal'aanuu fi fayyisuu qabna; araara buusuu qabna.

Araara osoo hin buusiin waliigaltee biyyoolessaa fiduun rakkisaa dha. Araarri madaa keenya darbe kan wal'aanuu fi adeemsa keenya keessatti namoonni madaa kana tuttuquun akka hin fayyine godhan yoo jiraatanillee madaan kun deebi'ee akka hin kulkulle gochuuf furmaata waarawaa dha. Karaan waliigaltee wayitawaa qofaa irratti hojjatame keessi isaa yaaddoo, sodaa fi shakkiidhaan kan guutame waan ta'uuf of-wareeraatii irra deemna. Kanaafuu, rakkinicha hundeerraa furuuf araara buusuun barbaachisaa dha.

Araara ilaalchisee muuxannoo biyyoota adda addaa yoo ilaalle, rakkoo sirni appaartaayidii (Afrikaa Kibbaa keessatti) uume furuuf, waraana saba irratti xiyyeeffatee fi wal-ajjeechaa hambisuuf (Ruwaandaa), mootummaa abbaa irree barbadeessuun jijjiirama dhufe ceesisuuf heera biyyaa haarawaa bocuu (Ispeen), yookiin jijjiirama jeequmsaan argame tasgabbeessuu (Tuniisiyaa), irraa muuxannoon fudhatamuu ni danda'a.

Dabalataanis, adeemsa seenaa dheeraa keessa garee uummataa tokko irratti miidhaa ssena-qabeessa dhaqqabeef beekkamtii kennuun yeroo itti aanutti miidhaan wal-fakkaatu akka hin dhaqqabnee fi, inumaayyuu tooftaalee jajjabeessuu adda addaatti fayyadamuun irra-caalatti fayyadamtoota akka ta'an (Awustiraaliyaa fi Kaanaadaa); akkasumas, moortummaan yookiin paartiin tokko wayita aangoorra jiru wantoota baballeesse haaromsuun gara boqonnaa seenaa haarawaatti ceesisuuf kutataa wayita ta'etti koree dhugaa barbaaddotaa hundeessuun badiiwwan darban tarreessuun wantoota garaagarummaa uumaniif ka'umsa ta'an sirreessuuf kutatee yeroo ka'etti (Chiilii, Kolombiyaa fi

Arjentiinaa), mootummaa jijjiiruun dirqama osoo hin tane araarri wayita bu'u arguun danda'ameera.

Adeemsichi yeroo barbaachisaa itti ta'utti, araara buusuun karaawwanii fi tooftaalee hedduun hojii irra ooluu danda'a. Araarri biyyoolessaa jijjiirama mootummaa irratti kan taasifame yoo ta'e mootummaa ce'uumsaa uumuudhaan hojiitti hiikamuun haqa ce'uumsaatiin dabaalamuu ni danda'a. Haqni ce'uumsaa sirna hacuuccaadhaan guutame irraa gara sirna dimookiraatawaatti ce'uudhaaf yaaliiwwan taasifaman keessatti yakkawwan darban qulqulleessuun, komiishinii haqa-barbaadduu hundeessuudhaan; akkasumas, namoota yakka raawwatan yakka raawwataniif akka dhugaa ba'an gochuudhaan, faallaa kanaatiin immoo wal-adabuu fi haaloo walitti ba'uun akka itti hin fufne adeemsi haa hafuudhaan; akkasumas, araaraan hiikuun furmaata ta'a.

Adeemsichi itti-gaafatamummaa fi dhiifama; haqaa fi araara; akkasumas, adabbii fi dhiifama wal-simsiisuun miidhamtootas ta'ee yakkamtootni kan darbe irraa baratanii jireenya isaanii fuul-duraa karaa sirrii irra akka adeemsifatan yaalii taasifamu dha. Tooftaalee adeemsa murtoo seeraatiin; akkasumas, adeemsa murtoo seeraatiin ala jiran hunda fayyadamuun kan raawwatamu yoo ta'u, dhumarrattis qaamoleen balleessaa isaaniif dhugaa ba'an dhiifamaa fi maariidhaan akka gaadi dhiifamanii fi qaamoleen kana hin goone immoo tarkaanfiiwwan seeraa barbaachisoo ta'an akka irratti fudhataman kan taasisu dha.

Faallaa kanaatiin, araara biyyaa akka taasifamu kan dirqisiise miidhaawwan taatee seenaa darbee yoo ta'an immoo sakkatta'iinsa seenaa gadi-fagoo ragaadhaan deeggaramee taasisuun garee hawaasaa miidhaan irra ga'ee akaakuu miidhaa isaanii tarreessuudhaan miidhaa isaaniitiif hojiiwwan beekkamtii kennuu hojjatamu.

Itoophiyaa keessatti araaraa fi waliigaltee biyyoolessaa ilaalchisee yaadonni dhiyaachuu erga eegalanii waggoottan hedduun lakkoofsifamaniiru. Waggoottan 27n darban keessattillee yoo ilaalle dhimmoota kana irratti ilaalchi faallaa lama mul'ataniiru. Gama tokkoon humnoonni siyaasaa dorgomtootaa fi barreessitoota siyaasaa gama isaanitiin jiran Itoophiyaan rakkoo siyaasaa keessa seente keessaa haala sirrii ta'een ba'uuf araaraa fi/yookiin waliigalteen biyyoolessaa taasifamuu qaba jechuun mormu.

Yaadni kun ammaan dura sababoota lamaaf kufaa ta'aatii tureera. Inni jalqabaa hariiroo sabaa fi sablammoota biyya keenyaa jidduu tureen tokko miidhaa, tokkommoo miidhamaa ta'uun kan dhiifama wal-gaafatan osoo hin taane fedhii fi gocha gita bittootaa waliin wal-qabata kan jedhu dha. Hariiroon uummataa wal-kabajuu, wal-jaalachuu fi wal-irraa horuun kan waliin turan waan ta'eef yaadni araara jedhu fudhatama hin qabu.

Sababni inni lammaffaa immoo gaaffileen waliigalteen biyyoolessaa irratti haa taasifaman jedhamuun ka'an ajandaalee qabsoon siyaasaa irratti adeemsifamuu danda'a jedhamani dha. Gama biraatiin, paartileen morkitootaa fi barreessitoonni isaan duukaa bu'an araarri bu'uu qaba jedhanii lallabanis dhimmicha irratti hubannoo ifa ta'e dhabuurra darbee hoggantootaa fi imaammata dhaaba keenyaa cilee dibuun, dhugaanis haa ta'u sobaan, yakkuu irratti kan xiyyeeffatan turaniiru. Paartileen dorgomtootaa ejjannoo siyaasaa goggogaa tarkaanfachiisuun dhaaba keenya ilaalcha jibbaatiin ibsaatii socho'aa waan turaniif karuma kamiinuu osoo aangoo argatanii injifannoowwan hanga ammaatti arganne hunda diiguudhaan zeeroo irraa akka eegalanii fi tarkaanfii haaloo ba'uurraa duubatti akka hin deebinetti akka ilaalaman isaan taasiseera.

Kana waan ta'eef, aangorra turuun akka imaammata raawwachiisuu yookiin fayyadamuu osoo hin taane akka jireenya ofii ittiin tursiifachuutti akka ilaalamu taasifameera. Karaa fiixetti ba'e kanaan inni tokko isa biraatiin osoo homaa irraa hin qabne biyya balleessa osoo jedhuunii araaraa fi waliigaltee biyyoolessaa bu'a-qabeessa ta'e adeemsisuun rakkisaa dha. Itoophiyaan baay'ina amantii fi sabootaa qabdurratti ida'amee yeroo ammaa kana siyaasa fiixetti ba'e kanaa fi siyaasichas mariidhaan furuurra akkuma barame humnaan itti deemuun waan lafa qabateef kana osoo hin ta'in araara buusuun Itoophiyaadhaaf barbaachisaa ta'uusaa ni agarsiisa.

Itoophiyaan araaraaf adeemsi ittiin dhiyaatte yeroo mootummaa ce'uumsaa, bara 1983 ture. Karaa tokkoon Atsee Hayilasillaasee dabalatee aanga'oota hedduu murtoo tokko malee kan ajjeesanii fi isaan boodas turtii sirna bulchiinsaa waggootaa 17 keessatti aanga'oota dargii yakkoota hedduu raawwatan fuula haqaa warra kaan dhoowwatan dura akka dhaabbatan taasifaman. Karaa biraatiin immoo paartiileen dorgomtootaa biyya keessas ta'ee biyya alaa jiran; kan hidhatanis ta'ee kan hidhannoo malee qabsaa'an akka biyyatti galanii karaa nagaan morkatan carraan ni kennameef. Gama kanaanis jalqabbiin milkaawaan eegalamee ture. Haa ta'u malee, humna waraanaa jabana dargii guutumaan guututti maddiitti qabuun; akkasumas, adeemsa keessa ABO, Paartii Sochii Bilisummaa Uummata Sidaamaa fi humnoonni biroos dhiibamne jechuun (yookiin dhiibamanii) ba'uun isaanii, keessattuu komiishiniin walabaa adeemsa araaraa hogganu hundeeffamuu dhabuun isaa suutuma suuta dubbiin akka babbadu taasifame.

Qaama biraatiin humna aangoo mootummaa qabate akka diinatti ilaaluun, aangoo fi itti-gaafatamummaa mootummaa isa bu'uuraatiif beekkamtii kennuu dhiisuu fi adeemsi danquu humna qaama mootummaatiin ala jirurraa ni mul'ata ture. Kanarraa ka'uudhaan, adeemsi qaama caasaa mootummaatiin ala jiruu dhiifamaa fi waliigalteedhaaf shoora isarraa eegamu taphateera jechuun hin danda'amu. Keessattuu jalqaba wayita mirgi yaada ofii walaba ta'anii ibsachuu hojii irra oolu miidiyaaleen maxxansaa gabaasa sobaa adeemsicha danquu oomishuudhaan waan muddamaniif mootummaanis suuta suuta ija shakkiitiin ilaaluudhaan deebii barbaachisaa itti kennuuf dirqameera. Miirri araaraa ture kallattii isaa jijjiirrachaa dhufuudhaan yeroo gabaabaa keessatti haala hammaataa ta'e keessaa gara dirree siyaasaa dhiphaa fi daanga'aatti jijjiiramuu danda'eera.

Dhuma bara 1999 A.L.I adeemsichi bakka itti kufee carraa deebi'ee olka'uu argatee ture. Jeequmsa filannoo bara 1997 tiin booda ture hordofuun hidhamtoota siyaasaa hiiksisuuf koreen jaarsummaa biyyoolessaa dhaabachuun yaaliiwwan hedduu erga taasisee booda hoggantoonni siyaasaa dhiifamaan hiikamuun isaanii ni yaadatama. Haa ta'u malee, adeemsi ittiin hiikamanii fi erga hiikamanii booda, keessattuu odeeffannoon miidiyaalee mootummaatiin darbaa ture qoqqoodamiinsa moo'ataa fi moo'amaa, dhiifama kennaa fi dhiifama gaafataa waan uumeef miirri araaraa jeeqameera. Adeemsi kabaja bara barkumee Itoophiyaa yeroo gabaabaan booda kabajame irratti namoonni hiikamanis osoo hin hirmaatiin gara biyya alaatti ba'uu isaanii fi muraasni qabsoo hidhannoo eegaluuf, kanneen hafan immoo gara biyyaatti deebi'uuf murteessuun isaanii adeemsichi akka maseenu godheera.

Waggoottan arfan darban keessa jeequmsa siyaasaa, diinagdee fi nageenyaa uumaman furuuf yaada jijjiiramaa karoorfaman hedduu keessaa tokko paartiilee dorgomtootaa waliin mari'achuudhaan waliigalteerra ga'uu dha. Haa ta'u malee paartiileen biyya keessa jiran hundi itti hirmaachuu dhabuun, paartiileen hirmaatanis "waliigaluuf waliigalaa deemuu" fi "waa'ee waliigaluu ilaalchisee waliigalaa deemuu" irratti yeroo dheeraa waan fudhateef bu'aa qabatamaa fiduu hin dandeenye.

Biyya keenya keessatti yeroo mootummaa ce'uumsaas ta'ee jabana mootummaa ofii keessa hoggantoonni turan dorgomtoota isaanii humna qaban guutuun ukkaamsuudhaan taphaan ala gochuun barmaatiilee fokkisaa barame dha. Kufaatii fi awwaala dorgomtoota keenyaa irratti yoo ta'e malee moo'achuu keenya waan mirkaneeffannu nutti hin fakkaatu.

Kunimmoo hiyyummaa fi gadadoo irraan kan hafe eessanuu akka nu hin geenye seenaa biyya keenyaa keessatti irra-deddeebinee mirkaneeffanneerra.

Har'as amala fokkisaa kana ilaalcha keenyas ta'ee jireenya keenya keessaa hin baafne. Jechoonni siyaasaa keenya osoo hin hafin "farra" jecha jedhuun kan guutaman ta'uun isaa ragaa guddaa dha.

Barmaatiileen kun diinaa fi fira jechuun ilaalcha qoqqoodinsaa keessaa kan maddu dha. Humnoota kamiyyuu diinummaa fi firummaadhaan ibsuun uumama namaa dubbatee waliigaluu fi murteessee jijjiiramuu kan faallessu ilaalcha duubatti-hafaa dha. Nama yaadaa fi karaa keenya irraa adda ta'e yaadaan caallee amansiisuurra, yoo kana ta'uu baatemmoo garaagarummaa keenya kabajuun deemuu caala akka diina dhaabbataatti fudhachuudhaan yakkuun ilaalcha duubatti hafaa kana keessaa madda.

Hoggantoonni aangoo uummataa argachuuf kan yaalan yakka hoggantoota duraanii tareessudhaani malee ofii isaanii sirna gaarii diriirsuun waan gaarii hojjachuudhaan miti. Sababa kanaanis dhalootarraa dhalootatti kan darbu yakka hoggantootaa qofa ta'a. Kunis dhaala haaloo dhuma hin qabne qabannee akka duubatti hafnu nu taasiseera. Haaloo dheengaddaatiif osoo hidhii xuuxnuu kaleessas haaloo birootu dhalate; haaloo kaleessaatiif osoo hidhii xuuxnuu har'as haaloon biraa dhalate. Kanaafuu, maraammartoo kana keessaa ba'uu kan dandeenyu adeemsicha dhiifamaan goolabnee, madaawwan turan jaalalaan wal'aannee, adeemsa keenya fuul-duraatiif murtoo kutannoo qabu yoo fudhanne dha. Karaa araara ittiin buusuu dandeenyu yoo fudhannes muuxannoowwan biyyoota biroo yaada keessa galfachuun akkuma jirutti ta'ee duudhaalee biyya keenyaa duguugnee haalan itti fayyadamuu qabna.

Rakkoo wal-xaxaa biyya keenyaa furuudhaan fudhatamummaa aangoo mootummaa fi itti-fufiinsa Itoophiyaa mirkaneessuuf dursinee araara buusuudhaan miira haaromeen dhimmoota kaan irratti mariidhaan waliigaltee ni taasifna. Waliigalteen biyyoolessaa siyaasa qofaa irratti kan taasifamu yoo ta'e garuu miira dorgommii fi haalootiin waan taasifamuuf bu'a-qabeessa hin ta'u. Araaraan eegallee miira tasgabbaa'aa waliigaltee uumuuf mijataa ta'e keessa yoo seenne garuu mariin kunis waliigaltee biyyoolessaa bu'a-qabeessa ta'e fida.

Seenaa marii siyaasaa keessatti waltajjii marii guddaa qopheessee dhimmoota siyaasaa adda-dureedhaan waltajjicha irratti furuudhaaf yeroon itti yaalame muuxannoo guddaatu jira. Muuxannoon kunis dhimmoota ijoo ta'an irratti hayyoonni yoo waliigalan kan hafe adeemsa siyaasaatiin kan qulqullaa'u ta'a jechuun kan mari'atame dha. Biyya keenya keessattis moggaasni mata-duree marii ifatti kennamuufii baatus heerri biyyattii amma jiru kan qophaa'e karaa "marii guddicha" kanaani dha.

Haa ta'u malee, waltajjiiwwan marii akkanaa qeeqaa fi komii irraa bilisa ta'uu hin danda'an. Hagamillee haala gaariin adeemsifamus komii fi mormii irraa bilisa ta'uu hin danda'u. Yeroodhaaf milkaawaa fakkaatus xiqqoo turee jeequmsa kaasuun isaa waan hafuu miti.

Keessattuu biyya akka keenyaa gaaffiidhaan xaxamtee jirtu waltajjii marii tokko irratti furmaata argata jedhanii yaaduun baay'ee ulfaataa dha. Kanarra rakkoowwan keenya ija saayinsiitiin xiinxaluun, irratti mari'achuu fi wal-falmuuf dursa kenninee tooftaa marii muuxannoodhaan deeggarame yoo hordofne milkaa'uu ni dandeenya. Kana jechuun, rakkinoota keenyaa fi dhimmoota haalaan adda baasuun yeroodhaa gara yerootti rakkinoota jiran akka wal-fakkaatanitti adda qoqqooduun furmaata waarawaa itti kennaa deemuun tooftaa marii walitti-fufiinsa qabu hordofuu jechuu dha. Kunis rakkoowwan irra keessa jiran furuun gaaffileen osoo hundeerraa furmaata hin argatin dhiisuu osoo hin taane, rakkinoota jiran gadi-fageenyaan hubachuun hundeerraa furmaata itti gochuu jechuu dha. Haala mijataa qo'annoo saayinsii fi tapha siyaasaatiif uumuudhaan dhimmoota jiran adda qoqqooduun mariitti dhiyeessanii furmaata itti barbaaduun milkaa'ina waarawaa fida. Kunis adeemsa marii keenyaa keessatti wal-hubachuun akka uumamuu fi wal-diddaan hir'achaa akka deemu waan taasisuuf waliigaltee biyyoolessaa fiduuf karaa bu'a-qabeessa ta'e dha. Dabalataanis, adeemsa waliigaltee biyyoolessaa fiduu keessatti, zeeroo irraa ka'uurra hojiiwwanii fi yaaliiwwan keenya duraanii keessaa wantoota gaggaarii fudhachuun hir'inoota jiran fooyyessuun adeemuun karaa fooyya'aa dha.

BOQONNAA SADDEET

Ijaarsa Dhaabbilee
Walabaa fi Ga'umsa Qabanii

Dhalli namaa uumama jireenya isaanii keessatti gamtaa uumudhaan wal-deeggaranii waliin jiraachuudhaan beekamu. Gamtoominni uumamus namoota muraasa firooma qaban yookiin namoota wal hin beekne hedduu gidduutti ta'uu mala. Dhaabbileen daran hariiroo umame akkasii jabeessanii utuban ni barbaachisu. Dhaabbileen kunniinis seerota waloo baafachuun fedhii dhuunfaa seera gamtichaa waliin hin adeemne ofirraa fageessu.

Namoonni fedhii dhuunfaa isaanii babal'ifachuuf wayita yaadan namoota biro waliin hariiroo uummatu. Seerri ittiin bulmaataa isaaniis yaaduma kana keessaa madda. Muuxannoo isaanii dura darbe irraa ka'uun hariiroo fuul-dura jabeeffatu; seera ittiin bulmaataa isaaniis cimsachaa adeemu. Seerichis wayita waliin hojjatan rakkoowwan mudachuu danda'an haala ittiin dhabamsiisanii fi hojii bu'a-qabeessa hojjachuuf kan isaan gargaaru dha. Adeemsa kanaanis muuxannoo seera ittiin bulmaataa qopheessuu fi seera qopheessaniif bitamuu irratti dandeettii horachaa deemu. Seerri ittiin bulmaataa kun adeemsa keessa baramaa dhufuun boca dhaabbatichaa godhachaa, waan yeroo fi haalli bakkichaa barbaaduun akkaataa wal-simatuun fooyya'aa adeema. Adeemsa seena-qabeessa kanatu uumamuu fi guddachaa adeemuu dhaabbilee adda addaatiif ka'umsa kan ta'e.

Ijaarsa dhaabbilee adda addaatiin wal-qabatee garaagarummaan biyyoota guddatanii fi guddachaa jiran gidduutti mul'atu adda dureedhaan dhimmoota cimina mootummaa biyyattiitiin, mirkanaa'uu olaantummaa seeraatiin; akkasumas, itti-gaafatamummaan jiraachuu isaatiin wal-qabata. Biyyoonni guddatan hanga tokko dhimmoota sadan irrattiyyuu dhaabbilee ga'umsa bulchiinsaa fi dandeettii raawwachiisummaa kan goonfatan yoo ta'u, biyyoonni guddachaa jiran garuu madaalliiwwan kanneeniin wayita madaalaman gama hedduudhaan duubatti hafanii jiru.

Biyyoonni tokko tokko mootummaa ammayyaawaa qabaatanis aangoon mootummichaa seera biyyittiitiin waan hin daangofneef aanga'oonni muraasni akka barbaadanitti kan falqanii jiraatanii fi sirna bulchiinsaa itti-gaafatamummaa hin qabnetu uumama. Biyyoonni tokko tokko immoo mootummaa jabaa fi ammayyaawaa osoo hin qabaatin sirna dimookiraasii ol-aantummaan seeraa itti mirkanaa'e ijaaruuf waan socho'aniif diddaan uummataa xiqquma wayita uumamu haaluma salphaatti diddiigamu.

Biyyi keenya Itoophiyaan akkuma biyyoota fakkeenya qaroominaa taasifamanii ilaalaman kan akka biyyoota Awurooppaa fi Eeshiyaa adeemsa seenaa ijaarsa mootummaalee darbaa-dabarsaa dhufaa turanii keessatti mootummaa jiddu-galeessaa jabaa yoo hundeeffattellee sirna siyaasaa ol-aantummaa seeraa fi itti-gaafatamummaa guutuu qabu goonfachuu hin dandeenye. Sababii kanaanis tasgabbii siyaasa biyyattii itti-fufiinsaan eeggachuu dadhabuun seenaadhaan biyyoota gita ishee ta'an biraa duubatti hafuun hiyyummaa fi duubatti hafummaa keessatti kuftee turte.

Addunyaa gubbaatti biyyoota barfatanii misooman keessaa tokko Jaappaan turte. Fakkeenya mootummaa misoomawaa guddina ariifachiisaa fide ta'uun kan maqaan ishee hoggayyuu ka'u biyyi Jaappaan, kufaatii hamaa yeroo waraana addunyaa lammaffaa ishee mudate keessaa dandamattee guddina siyaasaa fi diinagdee addunyaa ajaa'ibsiise galmeessisuu kan dandeesse dhaabbilee ciccimoo beekumsaa fi dandeettiidhaan ijaaraman uummachuu isheetini. Kunis Jaappaan muuxannoo biyyoota Lixa Awurooppaa irraa argattee fi haala qabatamaa keessoo isheetiin wal-simsiiftee ijaarsa dhaabbilee ciccimoo biyyoota baha fagoo Eeshiyaa hedduudhaaf fakkeenya ta'uun ta'eera.

Yeroo gabaabaa keessatti 'guddina ajaa'ibaa' jedhamee addunyaa guutuu dinqisiise argamsiisuun biyyoonni beekaman: Siingaapoor, Taayiwaan, Kooriyaa Kibbaa, Maaleezhiyaa fi biyyoonni kibba-baha Eeshiyaa biroo muuxannoo

Jaappaan irraa argatan irraa ka'uun dhaabbilee ciccimoo fi hojmaata sirna bulchiinsaa fooyya'aa ijaarrachuun misooma ariifachiisaa fiduu danda'aniiru.

Karaa biraatiin biyya keenya keessatti waggoottan 27 darban muuxannoo biyyoota mootummaa misoomawaa fudhachuun faana isaanii hordofna jennus maddi ciminaa fi mallattoon addaa mootummaan misoomawaa ittiin beekamu ijaarsi dhaabbilee ga'umsaa fi dandeettii qaban irratti baay'ee laafina qabna. Dhaabbileen mootummaan of-harkaa qabu paartilee fi siyaasa bulchiinsaatiin wal-makuun, mootummaan wayita jijjiiramu dhaabbilee kanneen diiganii ijaaruu fi jijjiirama hawaas-diinagdee waliin dhaabbileenis waan jijjiiramaniif, dhaabbileen biroo akka haaraatti mootummaa dadhabaa ofiinuu hin ijaaramneen, namoota ga'umsi ogummaa isaanii baay'ee gad-aanaa ta'een; akkasumas, dhaabbilee dhiibbaa fi harka mootummaa irraa walaba hin taanetu ijaarame.

Kanaafuu, ijaarsi dhaabbilee walabaa karoora misoomaa fi dhimmoota ijaarsa sirna dimookiraasii keenyaa irraa osoo gargar hin ba'in hojiitti hiikamuu qaba. Wixinee yaadaa kana haala milkaa'ina olaanaa qabuun hojiitti hiikuu yoo dadhabne dhaabbilee dadhaboo horachuudhaan sirni bulchiinsa gaarii hin qabne tasgabbii malee jiraachuusaa itti fufa.

Walumaa galatti, sirni bulchiinsa gaarii hin qabne akka uumamu kan godhu adda-dureedhaan yaad-rimee ijaarsa dhaabbilee walabaatiin wanti walitti fidu sababoota lamatu jira. Sababni jalqabaa caasaa firoominaa fi faayidaa dhuunfaa yoo ta'u, inni lammataa rincicummaa dhaabbileeti.

8.1 Rakkoo Hidhata Firoominaa fi Faayidaa Dhuunfaan Dhufu

Rakkoon dhaabbilee inni guddaan sababa tuuta ogeessota uummataaf tajaajila kennuuf fedhii hin qabne, ga'umsaa fi naamusa ogummaa kan hin qabne, firoomaa fi hiriyummaadhaan; akkasumas, faayidaa dhuunfaadhaan kan wal-funaanan, faayidaa uummataa caala faayidaa ofii isaaniitiif dursa kan kennaniitiin kan uumamu dha.

Qoqqoodinsa hojii beekumsa irratti hundaa'e, adeemsa calallii humna namaas ta'ee adeemsa lammiilee irratti murtoo dabarsuu keessatti dhaabbilee fedhii dhuunfaa irraa bilisa ta'an hundeessuu fi kanneen hundaa'an cimanii akka fulla'an gochuuf hojii didhannaa guddaa barbaadu dha. Kana milkeessuun hanga hin danda'amnetti faallaa kanaatiin, dhaabbilee firoomaan guutamanii fi faayidaa dhuunfaadhaan wal-xaxantu uumama. Seeraa fi duudhaalee qajeeloon bakka hin jirretti adeemsa hojmaata akkanaa irraa wanti eegamu qaamoleen hawaasaa kamiyyuu rakkoowwan eeraman keessatti kufuun waan hin oolle dha.

Itti-dhiyeenyaan, hordoffii cimaa taasisuudhaan, iftoominaa fi itti-gaafatamummaa qabaachudhaan sirna hojmaata gaarii qabxiilee eeraman kanneen bu'uureffate diriirsuun rakkoowwan kanneen ittisuun ni danda'ama. Ardiin Afrikaa sirna bulchiinsaa fi dhaabbilee jiran keessatti rakkoo firoominaa fi faayidaan wal-xaxe keessatti kuftee jirtu dha. Ammaan dura biyya keenyas dabalatee biyyoota Afrikaa biroo hojmaata aadaa firoominaan hojjachuu waan dhiisan fakkaatanis bifa jijjiirrachuun danqaa hojmaata ammayyaa waliin wal-simsiifamee waan dhufeef hidhata faayidaa fi firoominaa ammayyaawaan akka uumamu carraa banee jira.

Sirna faayidaa fi firoominaa ammayyaawaan hojjatu keessatti firoonni yookiin gosoonni aanga'ootaa caasaalee hojmaata mootummaa adda addaa keessatti aangoo dabalataa yookiin aangoo iftoomina hin qabnetu kennamaafii ture. Yookin immoo namoota tokko tokkoof caasaa bulchiinsaa aangoo addaa kennutu uumamaafii ture. Adeemsa kana fakkaatuun bulchiinsa uummataa keessatti ga'umsa caalaa amanamummaatu hir'ata. Safartuu ijoon dhaabbilee kanneenii: bu'a-qabeessummaa fi itti-fufiinsa qabaachuu, dhaabbileen kunniin jireenya namoota tibba wayii geggeessaa turan bira darbee fulla'uudhaan geggeeffamaa jiraachuu; akkasumas, guddachaa jiraachuu fi jiraachuu dhabuu isaaniiti. Namoonni dhaabbilee bocuu keessatti gahee ol-aanaa kan qaban ta'us, dhaabbileen haalaan guddatan jiraachuu namoota dhaabbaticha hogganaanii bira darbee caasaa fi sirna fulla'aa qabaachuu qaba. Kana malees, sirna hojmaata namoota haaraa ga'umsa ogummaa fi dandeettii ol-aanaa qaban calalachuun fiduu fi yeroo yerootti leenjii kennuu dandeessisu qabaachuu qaba.

8.2 Rakkoo Rincicummaa Dhaabbileetiin Dhufu

Rakkoowwan ijaarsa dhaabbilee inni biroo rincicummaa dhaabbileeti. Gama diinagdee fi sekteroota biyyattii birootiin saffisni biyyittiin ittiin guddachaa jirtuu fi dhiyeessiin tajaajila hawaasummaa isheerraa eegamu wal hin simu. Hojmaata jijjiirama waliin hin adeemne hojmaata bulchiinsa mootummaa burjaaja'aa fi qaawwa bal'aa qabutu uumama. Rincicummaa dhaabbilee jechuun kana dha. Rincicummaan dhaabbilee guddina ijaarsa dhaabbilee dammaqina uummataa waliin wal-bira qabnee yoo ilaallu, yeroo baay'ee rakkoo hawaasa boodatti-hafaa keessatti uumamu dha.

Magaalaawwan saffisaan guddachuun, barnoonni babal'achuun, misoomni industirii fi dhaabbileen miidiyaa babal'achuunii fi jijjiiramni hawaasummaa adda addaa saffisaan yeroo uumaman, dammaqina siyaasaa fi baay'achuu gaaffilee siyaasaa fi diinagdeetiif sababoota jajjaboo dha. Haalli kun wayita uumamu, dhaabbileen siyaasaa ammaan dura fudhatamaa fi dandeettii qaban dadhabaati adeemu. Akkasumas, dandeettiin gaaffilee haaraa keessummeessuu isaanii laafaa adeemuun jeequmsa siyaasaa haaraatiif haala mijataa uumaa deema. Gabaabumatti, diinagdeen biyyoonni qabanii fi tajaajilli hawaasni isaan irraa eegu siyaasaa fi dhaabbilee jiran waliin wal-simatee haala wal-madaaluun guddachuu yoo baate bu'aan isaa mootummaa dadhabaa uumuu ta'a.

Sababiin dhaabbileen hundeeffamaniif rakkinoota uumamaa yookiin hawaasummaa yeroo wayii bakka wayiitti mudatan irraa ittiin baraaramuufi dha. Dhaabbileen tokkicha erga uumamanii booda carraa jabaatanii turuu ni qabu. Haata'u malee, dhaabbileen dambiiwwan jaboo fi murtoowwan hawaasummaa, hojmaata baramaa fi deeggarsa qabiyyeewwan qor-qalbii birootiin akka of-danda'anii dhaabatan waan ta'aniif salphaadhumatti jijjiiramuu hin danda'an. Fedhiin dhaabbilee tiksanii tursiisuu jiraachuu dhaabbatichaa tiksanii tursiisuu waliin wal-qabata. Kanaafuu, taateewwan haaraa waliin wal-simatee akka fulla'u seerota dhaabbatichaa duraan turanii fi dambiiwwan hojmaataa jiran jijjiiruuf wantoonni dirqisiisan haalonni haaraan yoo uumaman irra-deebidhaan sakatta'amee waliigalteedhaan irratti mari'atamee jijjiiramuu qaba.

Yeroo tokko tokko waa jijjiiruuf yaaluun tasgabbii hawaasaa irratti sadarkaa balaa fidurra ga'uu danda'a. Haalli dhaabbilee uumuu yookiin bakka biroo irraa ergifachuuf nu dirqisiisan dhabamanii haalonni haarawaan yeroon itti uumaman ni jiru. Yeroo kana dhaabbilee dura turan rincicummaadhaan qabatee itti fufuuf yaaliin wayita godhamu dhaabbilee haarawaa dhufan wajjin saffisaan wal-simachuun rakkisaa ta'a. Hawaasichi, haalli dura ture yeroo jijjiiramu haalli dhaabbilee jiraniis of-jijjiiree waan yeroon barbaadduun wal-simatee fi wal-unatee, walitti firoomee akka jijjiiramu gochuu yoo dadhabe mootummaa dadhabaatu biyyattiif uumama. Amalli rincicummaa dhaabbilee dura turan tiksanii tursiisuu dhaabbilee moofaa yeroo faana hin deemne baannee akka gatantarru gochuu caalayyuu kufaatii itti deemnu akka hin argine ija nu qabee hallayyaa nugata.

Rakkoo rincicummaa dhaabbilee hambisuuf hogganaa dursee dammaqee rakkoowwan kanneen fagootti arguu danda'u, kan jijjiirama hawaas-diinagdee diddiriirsee raaguudhaan hojjachuu danda'u, ogeessota ga'uumsa qabanii fi hojmaata hammayyaawaa uumuu nu barbaachisa.

Laaffina fi Nuffii Haaromsa Biyyaa Keessaa Bahuu

Mootummaa cimaa fi bulchiinsa gaarii uumuudhaaf hojiiwwan haaromsi ijaarsa dhaabbilee baay'ee barbaachisu. Haaromsichis bu'aawwan gaarii ammaan dura caasaawwan mootummaa keessa hin turre argachuu, iddoowwan hojiiwwan mootummaa itti hojjataman keessatti ilaalchawwan, hojmaatawwan, ijaarsawwanii fi adeemsawwan ammaan dura turan haala karoorfamee fi qindoomina qabuun waan haaradhaan bakka buusuuf meeshaa qabsoo fi warraaqsa jijjiiramaati. Mootummaanii fi dhaabbileen humna raawwachiisummaa cimaa qaban yeroo uumaman, ogeessa ga'umaa fi naamusa gaarii; akkasumas, tarkaanfiiwwan fudhatuuf miira itti-gaafatamummaa qabutu uumama. Kana malees, hawaasa dhimma mootummaa irratti dammaqinaan hirmaatutu uumama. Qaamoleen hundinuu ol-aantummaa seeratti amananii kan socho'anii fi bulchiinsi gaariin kan itti mirkanaa'e sirna siyaasaa fi diinagdeetu ijaarama.

Dhimmi bira darbamuu hin qabne kan biroo, fooyya'iinsa siiviil sarvisii gochuun rakkoowwan gamanaan jiran hambisuu dha. Biyya keenya keessatti waggoota kurna lamaa oli haaromsi siiviil sarvisii adeemsifamaa turani, hunda ta'uu baatanis, jijjiirama bu'uuraa kan hin fidnee fi kan maseenani jechuu ni dandeenya. Inumaayyuu, baay'ina haaromsaa, walitti-fufiinsaa fi tokko gatanii isa biraa kaasuudhaan rakkoowwan wal-qabatan irraa kan ka'e siiviil sarvisii ta'ee uummanni biyya keenyaa hundi balaa rakkoowwan haaromsi baatee deemuuf saaxilamuu danda'eera. Waa'ee sagantaa fi meeshaa haaromsa haaraa dhaabbilee uummanni dhaga'uufis ta'ee fudhachuuf haalli itti surur jedhee jibbe uumameera. Haaromsa ijaarsa dhaabbilee milkeessuuf sadarkaa biyyoolessaatti warraaqsa haaromsaa biroo uumuun matuma isaatiin rakkisaa fi bu'aan isaas shakkisiisaa dha.

Biyyoota tokko tokko keessatti haalli kun kan hojjate ta'ullee, tokko isa biraa hordofee dhufuudhaan paakeejiin haaromsaa hojiitti hiikamuuf yaalamanii fi garuu bu'a-dhabeessa ta'an, kanneen akka jijjiirama bu'uura hojmaataa, madaallii bu'aa hojii irratti xiyyeeffate, bu'uura ijaarsa jijjiiramaa, kaayizanii, deliverology, fi kkf ammaan dura yaalamanii waan kufaniif, fedhiiwwan siiviil sarvisiin sagantaa jijjiirama biyyaatiif qabatee deemu adoocheera. Qorichi osoo jijjiirama hin fidin irra-deddeebiin fudhatame dhibee sanaan akkuma walitti madaqu sana, siiviil sarvisiinis akkasuma ta'eera. Haaromsi siiviil sarvisii dhufan hundi baanerii, tiishaartii, qoobii, durdoo, wal-ga'ii fi dhaadannoo yookiin ibsa ejjannoo bira darbee hojiin hojjatama jedhee namni yaadu hin jiru.

Fiigichi taasifamus jijjiiramuuf osoo hin taane waan gumaachan irraa waa butachuufi dha. Kanaafuu, paakeejii haaromsaa haarawaa boca biyyoolessaa horate caalatti haala faffaca'aa ta'een haaromsa sekteraaf xiyyeeffannoo addaa kennu, beekumsaan geggeeffamuu fi fedhii sekterichaa bu'uureffatetu bu'a-qabeessa ta'a. Tooftaa fi tarsiimoo milkaa'ina haaromsa ergamaa fi sektera ijaarsa dhaabbilee irratti xiyyeeffate akkanaa kun adda-dureedhaan kan murtaa'u yoo dhaabbilee kanneen keessa humni jijjiiramaa ga'umsa olaanaa horatan jiraatani dha.

BOQONNAA SAGAL

Hoggansa Siyaasaa: Gita-bittummaa Irraa Hogganummaatti

Gaaffiin hoggansaa hariiroo hawaasummaa, dhaabbilee fi siyaasa biyyoolessaa namoota dhuunfaa fi sirna gidduutti argamu dha. Gama tokkoon falmii dhalli namaa bakka-bu'aa jijjiiramaa ta'uun sirna jijjiiruu danda'u waliin kan deemu yoo ta'u, gama biraatiin immoo yaada falmii namoonni waan fedhaniif qofa sirna kan jijjiiran miti jedhu fudhachuuf yaada falmii gam-lamaa keessa darbu dha. Waanuma fedhellee ta'u, sirna namoonni waan fedhaniif jijjiiruu akka hin dandeenyee fi namootuma dhuunfaayyuu dabalatee sirna kan jijjiiru adeemsa ta'uusaa fudhachuun barbaachisaa ta'us karaa biraatiin garuu namoonni dhiibbaa sirnaa fi qaama sirnaa ta'uurraa damdamatanii jijjiirama haaraa agarsiisuu akka danda'an hubachuun barbaachisaa dha. Wal-faalleessuu namoota dhuunfaa fi sirnaa kana araarsuf yaaliin taasifame hundi milkaa'eera jechuun yoo hin danda'amnellee seenaa fi haala qabatamaa jiruu fi jireenya keenyarraa akka hubannutti garuu namoonni dhuunfaa ofuma isaaniitiifuu bu'aa sirnaa ta'anis dandeettii sirna sirreessuu fi jijjiirama fiduu ni qabu.

Hoggansi qabeenya uumamaas ta'ee nam-tolchee qindeessee, mul'ata ifaa fi yeroo dheeraa qabatee, al-tokko tokkos gochaa ce'umsa dhalootaa keessatti raawwatu dha. Hoggansi kaayyoo hawaasa jijjiiruu qabatee, mul'ataaf bitamuudhaan, qindeessee fi amansiisee hojjachiisuudhaan, faayidaa fi fedhii waloo guutuudhaaf, hordoftoota ofii dhimmicha irratti ga'uumsudhaan, sochii jijjiiramaa hawaasni yeroo dheeraaf taasise keessatti shoorasaa kan taphatu dha. Adeemsi jijjiirama dimookiraasii itti deemaa jiru akka milkaa'uuf adeemsa siyaasa biyyoolessaa ijaa fi gurra hin qabnee fi rakkisaa ta'e keessa darbuun akka barbaachisu beekamaa dha. Haala siyaasaa ijaa fi gurra hin qabne injifannoo guddaadhaan keessa darbuun jalqabbii ijaarsa sirna dimookiraasii keenyaa galmaan ga'uuf shoorri hoggansi siyaasaa taphatu salphaa miti.

Kanaafuu, boqonnaa kana keessatti biyya keenya keessatti hogganummaa rraa giti-bittummaa akkamitti xooxa'ee akka ol-ka'ee fi sababii gita-bittummaatiin kuufama hojii gangalachaa dhufan qulqulleessuuf hoggansa qajeelloo akkamitti fiduun akka danda'amu sakatta'uun yaalameera. Qabeenya qabatamaa fi arga-yaadaa biyya tokkoo humnaa fi anniisaa qabatamaa biyyoolessaatti jijjiiruun misoomaa fi jiraachuu biyyattii mirkaneessuuf hoggantoonni gahee guddaa qabu. Kufaatii fi milkaa'inni maatii, dhaabbilee fi biyyaa falaasama dhaabbilee fi ga'umsa hoggantootaa waliin hidhata cimaa qaba. Biyyoonni guddatan gama sekteroota hawaasummaa, siyaasaa fi diinagdeetiin rakkinoota bu'uuraa jiran adda baasuun furmaata waarawaa fiduuf kan dandeessisu, biyyoota guddatanii olitti hoggansa ga'umsa qabu isaan barbaachisa. Sababiin isaas, hawaasa biyyoota guddatanii keessa kuufama beekumsaa fi muuxannoo kuufamaan jiraachuun alatti, sirna dimookiraasii namoota ga'umsa hoggansaa olaanaa hin qabne salphumatti dhabamsiisuuf dandeessisutu jira. Biyyoonni Afrikaa, kan akka Itoophiyaa, hiree kana hin qabne sirni siyaasaa isaanii kan tortore, hoggantoonni isaaniis kiyyoo aangoo siyaasaa keessatti kan kufan waan ta'aniif rakkinoota hoggansaa sirreessuun yaa hafuutii rakkinichi jiraachuu isaatuu beekuuf carraa hin qaban.

Hojii hoggansaa amaluma isaatiin wal-xaxaa fi rakkisaa kan taasisu dhimmoota faallaa hojii hoggansaa ta'anidha. Biyyoonni akka Itoophiyaa rakkinoonni siyaasa isaanii heddummaate immoo dhimmoota faallaa hojii hoggansaa ta'an furuu dhabuun isaanii gatii guddaa isaan kaffalchiisa. Biyyi keenya leecalloowwanii fi kennaa guddaa qabdutti fayyadamtee saffisaan hiyyummaa keessaa ba'uu sababiin dadhabdeef inni guddaan kufaatii hoggansaatiin hidhata cimaa qaba. Rakkoolee wal-xaxaa amma keessa jirrus ta'ee hawaasa qaroomaa dimookiraatawaa fuul-duraaf qabaachuu feenu uumuuf yeroo kam iyyuu caala humna hoggansaa bal'aa ga'umsa qabu barbaada.

Hawaasni haalaa fi yeroo kamiyyuu fedhii fi dandeettii kuufamaa jijjiiramuu fi guddachuu olaanaa qaba. Hoggansi dandeettii kuufamaa kana gara qabeenya qabatamaatti jijjiiruun, fedhii jijjiiramaa hawaasichi qabu milkeessuu danda'uu qaba. Hoggansi kun hoggansa dogoggore yoo ta'ellee kuufama dandeettii hawaasichaa badii addaan hin cinneef haalli ittiin oolchu ni uumama. Kanaafidha sochii hawaasummaa tokko keessatti hoggansi furtuu dha kan jedhamuuf. Hariiroo hogganaa fi hogganamaa itti-fufiinsa kan qabuu fi dhalootatti ce'uu kan danda'u fedhii gareen tokko yeroof qabu guutuudhaan kan hojjatu osoo hin taane mul'ata uummataa milkeessuun hawaasa bal'aa fayyadamoo taasisuu kan danda'uu fi kaayyoo fi mul'ata hundi wal-harkaa fuudhuun hojiitti hiikan yoo jiraate qofa dha.

9.1 Qormaata Hoggansaa Biyya Keenyatti Muldhatan

Biyya keenyatti haala qabatamaa jiru irratti hundoofnee amalli hoggansa ijaaruu qabnuu mul'ata isaa fageenyarraa arguun adeemsa jijjiiramaa addaan hin cinne kana ogummaa cimaa fi kaka'umsa gaariin hogganuu kan danda'u hoggansa jijjiiramaati. Gama misooma siyaasaa, diinagdee fi hawaasummaatiin mul'ata qabnu bira ga'uuf sochiiwwan jijjiiramaa fi guddina addaan hin cinne gochuun hoggansi milkaa'ina barbaadamu fidun murteessaa dha. Akaakuun jijjiiramaa mirkaneessuu barbaannus hangaan qofa osoo hin taane akaakudhaanis waan ta'eef hoggansa jijjiiramaa mul'ata kana dhugoomsuu danda'u uumuu barbaachisa.

Akka ilaalcha aadaa keenya keessa jiruutti, hogganaa jechuun bulchaa ol-aantummaa qabuu fi eenyumtuu quba itti qabuu hin dandeenye jechuudha. Sadarkaa yaadatti hoggantoonni "tajaajiltoota uummataa ta'uu qabu" kan jedhu yaadni bu'uuraa irra-deddeebi'ee ibsamus hojiitti wayita hiikamu garuu, hunduu akkuma humna isaatti hogganaa osoo hin taane gita-bittaa ta'ee akka argamu ifaa dha.

Dhimmi hogganummaa gita-bittummaa irraa adda godhu, giti-bittummaa hordoftoota isaanii humnaan horachuu fi karaa mul'ata ofii warra kaan irratti ittiin fe'an yoo ta'u, hogganumaan garuu humnaan osoo hin taane dhiibbaa gaarii uumuu fi jaalalaan amansiisuu jechuu dha. Giti-bittummaa mul'ataa fi fedhii ofii milkeessuuf yaalii taasifamu yoo ta'u, hogganummaan garuu mul'ata hawaasummaa waliin qaban dhugoomsuuf qabsoo taasifamu dha. Seenaa ammayyaawaa biyya keenyaa keessatti gita-bittummaa malee hogganummaan bakka bal'aa argatee hin beeku. Hogganummaan maaliif bakka bal'aa hin arganne gaaffii jedhu sirnaan deebisuun furtuu furmaata rakkinichaati.

Qormaata Mul'ata Waloo Uumuu

Biyya keenyatti hogganummaan akka hin jiraanne wantoota taasisan keessaa tokko mul'ata waloo dhabuu dha. Hoggantoonni hogganamtoota isaanii gara mul'ata walootti fiduun mul'aticha dhugoomsuuf yommuu rakkatan seenaa biyya keenyaa keessatti yeroo baay'ee argineerra. Mul'ata ammam guddaa qabaatanillee ga'umsi hogganummaa kan madaallamu ga'umsa mul'ata isaanii hordoftoota isaanii fudhachiisuudhaani. Mul'ata isaanii duuka-buutota isaanii fudhachiisuun hogganaa fi hogganamaan mul'ata waliinii milkeessuuf murannoo waloo qabaachuun wal-faana socho'uun amala hogganummaati.

Biyya keenyatti hoggantoonnii fi hogganamtoonni mul'ata waloo akka hin qabaanne wantoota taasisan keessaa tokko hawaasa sababaan socho'u ijaaruu dhabuu keenya. Barumsi ammayyaa biyya keenya keessa erga seenee jaarraa tokkollee kan hin guunne waan ta'eef sababaan yaaduu danda'uun hawaasa keenya keessatti hundee hin jabeeffanne. Biyyoonni Awurooppaa barumsa ammayyaa yoo xiqqaate waggaa kuma tokko nu dursuudhaan jalqabaniiru. Jalqabbiin barumsa ammayyaa biyya keenyatti hedduu barfatee taasifame sababaan yaaduun keenya akka daanga'u gochuun hogganummaa sababaa fi beekumsaan akka hin madaalle nu taasiseera.

Haa ta'u malee mul'ata waloo uumuuf sababaan yaaduun gabbachuu dhabuun waan qofaa isaatti gufuu ta'ee miti. Biyya keenyatti mul'ata isaanii hogganamtoota isaanii fudhachiisuu akka hin dandeenye kan taasisu sababni ijoon inni biroo, kuufamni safuu haphachuu isaati. Kuufamni safuu hoggantoonni baay'ina gaarummaa qabaniitiin ittiin ibsamanii fi ittiin beekamani dha.

Hogganaa maqaan isaa gaarummaadhaan hin kaanee fi, inumaayyuu hammeenya yaaduu fi balaafamaa ta'uu isaatiin maqaan isaa ka'u mul'ata isaa hogganamtoota fudhachiisuun hafee ga'umsa akka hogganaatti ittiin ilaalamu hin qabaatu. Kanaafuu, mul'ata ofii hogganamtoota fudhachiisuuf jalqaba irratti hogganamaan hogganaa isaa akka yaada gaarii isaaniif qabu, faayidaa hogganamootaaf akka tattaafatu, akka nama gaarii ta'etti ilaaluu qaba. Hogganamaan hogganaa isaa akka hamaa fi faayidaa hogganamaa ofii isaatiif oolchutti kan ilaalu yoo ta'e, mul'ata hogganaa isaa fudhachuu hin danda'u. Karaa biraatiin, hogganaan yaada qajeelaa kan qabuu fi faayidaa fi fedhii hogganamaa galmaan ga'uuf kanan dhaabbadhedha jedhee yaada yoo ta'e mul'ata isaa fudhachuuf hogganamaan caalmatti qophaa'aa ta'a.

Hoggantoonni hunda dura uummata biratti kan amanaman namoota gaarii ta'uu isaanii agarsiisuu qabu. Maqaa gaarii kanaa fi amanamummaa osoo hin argatin hoganamaa mul'ata ofii fudhachiisuu hin danda'an. Hogganaan kuufama safuu osoo hin qabne uummata hogganuuf yaalu hogganummaa keessaa ba'uun gita-bittaa ta'a.

Kuufama safuu osoo hin qabne uummata hogganuuf yaaluun hogganamaa waliin ifaan ifatti waraana keessa akka seenuuti. Haala akkanaatiin waan gaarii kamillee godhaniif mul'ata gaarii akkamiillee qabaatan hogganamaa biratti fudhatama argachuu hin danda'u. Fudhatamummaa aangoo uummataa osoo hin qabaanne uummata hogganuun uummaticha akka horiitti hoofuu yookiin harkisuu ta'a jechuu dha. Uummanni hogganaa isaatti hin amanne kan mormu hojiisaa qofa osoo hin taane amala isaa wajjini. Hojiisaa sirreessudhaan yookiin murtoowwan tokko tokko dabarsuudhaan waanta hiikamu miti. Rakkinicha kan furu gadi-fageenyaan of-madaaluun yookin hogganummaa irraa of-kaasuu, yookin immoo dadhabina ofii of-eegganoodhaan sirreeffachuudhaani. Kuni immoo biyya keenyatti kan barame miti.

Rakkoo kana irra-caalatti kan hammeessu, aadaa siyaasa biyya keenyaa keessatti shakkiin rakkoo sadarkaa ol-aanaatti nu xaxee jiru ta'uu isaati. Aadaa siyaasaa wal-amanuun qixa sirrii ta'een itti hin dagaagin keessatti ergaa kallattiin darburra ergaa darbutti hiikaa al-kallattii kennuu fi dubbicha shakkuutu itti baay'ata. Dubbatanii waliigaluu fi ciniinsuu ta'a. Sababii kanaafis kuufamni safuu tokkicha erga haphatee booda deebisanii walitti qabuun baay'ee rakkisaa ta'a. Haasaa gaariin kumiyyuu hiikaa shakkii fi al-kallattiif saaxilamuu waan danda'uuf hogganamaa mul'ata ofii fudhachiisuun dhamaatii bu'aa hin qabne ta'a.

Qormaata Miira Hubannaa fi Ga'umsaa

Mul'ata waloo gabbifachuu dhabuutti aansee hogganummaan akka hin gabbanne kan godhu sababiin biroo dhimma miira hubanaa fi ga'umsaati. Hogganummaan waan barbaadu keessaa tokko too'annaa miira hubannaa fi ga'umsaati. Kana jechuun miironni keenya akka nurratti qarooman osoo hin taane hubannaa fi ga'umsa nuti isaan irratti ittiin qaroomnu jechuu dha. Biyya keenya keessatti yaaliin keenya mul'ata fudhachiisuuf goonu gufuun yeroo mudate tarkaanfii miiraan guutame nuti fudhannuu fi karaan miiraan guutame nuti hordofnu biyya keenya karaa hallayyaa dhuma hin qabnetti kan geessu dha.

Seenaa biyya keenyaa keessatti qormaanni hogganummaa mudatu inni tokko qaroomuu dhabuu miira keenyaati. Hogganaan miira hogganamoota isaas ta'ee miira ofii isaa hin hubannee fi hin too'anne xurii seenaa ta'a. Hoggantoonni akkanaa gara gita-bittaatti kan jijjiiramanidha; gita-bittootni immoo garbicha miira ofii isaaniiti.

Biyya keenyatti duguuggaa sanyii baay'ee suukanneessaa ta'an dugda duuba dadhabinni qaroomina miiraa jiraachuun hin shakkisiisu. Bara hoggansa Dargii, shororka adii fi shororka diimaatiif gumaachi dadhabbina kanaa guddaa dha. Kanaan duras ta'ee booda dhangala'uun dhiigaa fi rakkoowwan hamaan turan dadhabbina qaroomina miiraa waliin sababoota hidhata baay'ee cimaa ta'e qabanidha. Gocha dhala namaa irratti jaarraa 21ffaa keessa raawwachuu hin qabne mana hidhaa dukkanaa fi bakka dhoksaa ruuqa ta'e dhalli namaa itti dararamu keessatti kan raawwatamaa turan hoggantoota qaroomina miiraa hin qabnee fi ajajamtoota hanga hoggantoota isaanii hin geenye, maaliif jedhanii of-gaafachuu kan hin dandeenye bitamtoota miiraa hunda dabalata.

Dadhabbinoota miiraa wajjin wal-qabate bakka lamatti qoodnee ilaaluu ni dandeenya. Inni duraa, rakkoo miira uummataa hubachuu dhabuu dha. Hogganaan tokko miira duuka-buutota isaa yookiin uummataa yoo hubachuu baateefi sababoota miirichaa fi wantoota fidee dhufuu danda'u dursee xiinxaluu yoo dadhabe qaroominni miira isaa kufaadha jechuu ni dandeenya. Uummataa fi duuka-buutota ofii yoo garaan boora'e maaliif akka garaan boora'e xiinxaluu, hangaa fi kallattii miira isaa hubachuu; akkasumas, miirichi balaa geessisuu danda'u tilmaamuun barbaachisaa dha. Hoggantoonni robotii miti, nama dha. Kanaaf miira duuka-buutota yookiin uummataa isaanii sirriitti hubachuu qabu. Miira namummaas namoota waliin ni qooddatu. Hogganaa kan ta'aniifis nama waan ta'aniifidha. Hoggantoonni miira hogganamtootaa qofa osoo hintaane haala miirri ofii isaanii irra jirus hubachaa deemuu qabu, of-dhaggeeffachuu qabu. Biyya keenya keessatti miira ofiis ta'ee miira duuka-buutota ofii dhaggeeffachaa deemuun kun baay'ee gadi-bu'aa dha.

Miironni hoggantoota irratti waan qaroomaniif hogganaa fi hogganamaan kan wal-qunnaman dambalii miiraa too'annaa isaaniitiin ala ta'e keessatti. Haalli wal-qunnamtii waliigalaa hoomachi miiraa kan itti baay'atuu fi haala tasgabbii fi hubannoon hin jirre keessatti dha. Hogganaan obsa fixachuu fi aarii uummataa yeroo fi qixa sirrii ta'een hubachuu hin dandeenye uummata bitaa jira malee bulchaa hin jiru.

Rakkoon inni lammataa miira ofii too'achuu dadhabuu dha. Biyya keenya keessatti hoggantoota mul'ata ofii malaan fudhachiisuun itti ulfaatu uummata humnaan bituuf yeroo yaalanii fi milkaa'uu wayita dadhaban aarii hamaa keessa galuun miirri isaanii danfa. Hogganamtoonni mul'ata isaanii waan hin fudhanneef isaanis humnaan bitaa waan jiraniif guyyaa tokko aangorraa na buusa jechuun sodaatu. Sodaa kanaan guutamuudhaan uummata gara-jabinaan dararu. Miira sodaa isaanii sirnaan too'achuu waan hin dandeenyeef nama argatan hunda ni miidhu, ni hidhu, ni rukutu, ni ajjeesus. Dhimmichi kanarra darbee miirri gita-bittaa fi bitamaa irra caalatti wal-dhiibaa wayita dhufe immoo sodaan hoggantootaa gara aariitti ol-guddata. Kunis biyyattii gara jeequmsa hamaa fi dhiiga wal-lolaasuutti geessa.

Kanaaf, hoggantoonni jalqaba irratti miira isaanii too'achuu qabu kan jedhamuuf. Hoggantoonnii fi gita-bittoonni kan ittiin adda ta'an sababni guddaan inni jalqabaa gita-bittoonni mul'ata isaanii uummata irratti fe'uuf wayita yaalan malaan deemuurra miiraan oofamuu fi miira hogganamtootaas ta'ee miira ofii isaanii to'achuu dadhabuu isaaniiti. Kunis hogganamaa amansiisuun osoo hin taane humnaa fi adabbiidhaan mul'ata isaanii fudhachiisuu yaaluu waan ta'eef hiikaa hogganummaa isa bu'uuraa ni faallessa.

Dhimmoonni lamaan olitti eeraman, jechuun mul'ata waloo uumuu fi adeemsa mul'aticha uumuu keessatti miira ofiis ta'ee hogganamtootaa haalan too'achuu danda'uun biyya keenyatti dhimmoota gurguddoo lama hoggantoota biyya keenyaa qoranidha. Sababa qormaata lamaan kanaatiin biyya keenyatti hogganummaan dhimma qormaanni hedduun mudatu dha. Hogganaan qormaata lamaan kana darbee mul'ata isaa onnee hogganamtootaa keessatti malaan kan ijaaru, adeemsa kanas qormaanni yeroo mudatu miira ofii isaa fi miira uummataa kan haalaan too'atuu fi miiricha akka galmaatti fudhachuun waan gaariif kan itti fayyadamu ta'uu qaba.

9.2 Gosa Hoggansaa Biyya Keenyatti Ijaaruu Barbaadnu

Jijjiiramni dimookiraasii amma biyyi keenya keessa seenaa jirtu jijjiirama gam-tokkee qofa osoo hin taane jijjiirama akaakuu fi qulqullinaati. Kunis amala jijjiirama bu'uuraati. Jijjiirama bu'uuraa kanas karaa hubannoo jijjiirama guddinaa barame qofaan fiduu hin dandeenyu. Hogganaan jijjiirama kana hubatuu fi jijjiiramicha galmaan ga'uu danda'u argachuun dhimma ariifachiisaa kan ta'es kanumaafidha. Hoggantoota nu ceesisuu danda'an akkanaa kan argannu qofa osoo hin taane kan uummannu akka ta'e yaaduun furtuu furmaataati. Kanaafuu yeroo gabaabaa keessatti hoggantoota ga'uumsa qaban tarsiimoo ittiin argachuu fi uummachuu dandeenyu baafachuurra darbee aadaa hogganummaa bu'uuraa keenya jijjiiruuf hojii bal'aa hojjachuutu irra jira.

Uummata sammuudhaanis ta'ee miiraan hogganuun gara galma yaadameetti geessuuf hawaasa keessaa sadarkaa sadarkaan fooyyee kan qaban, hayyoota gara hoggansaatti fiduun barbaachisaa dha. Kana gochuu dhabuu keenyaan mul'anni fudhachiifnu hafuun hogganaa ofii isaatinuu mul'ata hin qabne sadarkaa adda addaatti uumuu dandeenyeerra. Mul'ata hin qabu taanaan hogganamtoota ofitti hawwachuun hin danda'amu; hogganamtoota ofitti hawwachuu hin dandeenye taanaan immoo hojiiwwan galma yaadametti nama geessu hojjachuun hin danda'amu. Mul'anni akka badhaasaati; badhaasa dursee dhiyaate. Kaka'umsi keessaa dhufu kan jiraatu mul'anni yoo jiraate dha. Faayidaawwan adda addaa alaa dhufurra kaka'umsi hogganamaa fulla'aa fi bu'a-qabeessa kan mul'ata ta'u bakkalcha barii jedhamu akka daaw'atu yoo goone dha.

Onnachiiftuun mul'ata fakkaatu hin jiru. Onnachiiftuun alaa dhibaa'ummaa fi mufachuu hir'isa malee kaka'umsa dabaluu irratti murtaawaadha. Onnachiiftuun keessoo (mul'anni) garuu namoota fuul-duratti furuursa, ni jabeessa. Kanaafuu hogganamoota jajjabeessuu yoo barbaanne mul'ata keenya akka qooddatan gochuu qabna. Karaa biraatiin garuu, hogganamtoonni akka hin mufannee fi hin dhiboofne gochuuf onnachiiftuun alaa filatamaa dha. Biyya keenyatti garuu onnachiiftuu alaa irratti baay'ifnee waan daangofnuuf hogganamtoonni dhimma biyya isaanii irratti baay'ee hin tattaafannee fi faayidaa qofa hari'aa oolan lammiilee adoodaa taasisaniiru.Haala kana kan jijjiiru namoota mul'ata qaban, mul'ata isaanii hogganamtoota isaanii fudhachiisuun humna mul'ata isaaniitiin hogganamtoota ofitti kan hawwatan uumuu yoo dandeenyedha.

Manneen barnootaa lammiilee biyyattii dandeettii hoggansaatiin kan bocan ta'uu qabu. Hayyuu daree wayita jedhamu daa'imman harcummee yaadatan waa'ee hoggansaa dandeettii fi yaada sirrii qabatanii hin guddatan. Sadarkaa maatittis uummanni hogganaan ga'umsa qabu akka uumamu hojiiwwan hojjatamuu qabu. Abbaan warraa waa'ee dhiyeessii mana isaanii keessaallee haadha manaa fi ijoollee isaa hinmariisifne mana isaatiin alatti hogganaa ga'umsa qabu ta'uu hin danda'u. Akka hawaasaatti dhaabbilee hawaasummaa keenya keessatti qor-qalbiin hogganummaa adeemsifnu ajandaa jijjiirama aadaa bal'aa hojii yeroo dheeraa gaafatu dha. Rakkoo ariifachiisaa amma nurra jiru furuuf immoo gama dirree leenjii hoggansaatiin hojiiwwan bal'aan hojjatamuu qabu.

BOQONNAA KUDHAN

Ijaarsa Aadaa Siyaasaa: Daandii Amansiisaa fi Itti-fufiinsa Qabu

Hacuuccaa hundeerraa dhabamsiisuudhaan sirna fedhii fi dantaa uummataa bu'uura godhatee fi itti-gaafatamummaa qabu diriirsudhaaf daandiin sirrii fi itti-fufiinsa qabu aadaa siyaasaa dimookiraatawaa ijaaruuti. Ijaarsi dhaabbilee walabaa mataa isaatiin foon qofa malee lubbuu hin qabu. Dhaabbileen kunniin lubbuu godhatanii socho'uu kan danda'an aadaa siyaasaa dhaabbilee kanneen baachuu danda'an yoo ijaarrame qofa dha. Biyyi keenya akka biyyoota dhidhimaa adeemsa qaroomina siyaasaa ammayyaa fi hawaas-diinagdee yeroo dheeraa keessa kan hin darbineefi seenaan barumsa ammayyaa ishee baay'ee gabaabaa waan ta'eef aadaan dhaabbilee dimookiraasii haala bu'a-qabeessa ta'een akka hojjatan taasisu hin jiru.

Dhaabbilee maatii, hawaasummaa, naannoo, fi kkf irratti hojjachuuf dursa dimookiraasiin dagaaguu qaba. Barataan tokko hayyu-daree isaa daree keessatti haala dimookiraatawaa ta'een osoo hin filatin, afooshaa fi wuujoo hawaasummaa keessatti filannoon dimookiraatawaa osoo hin jiraatin, dhaabbilee amantaa fi aadaa keessatti aadaan dimookiraatawaa osoo hin dagaagiin akka biyyaatti aadaa dimookiraatawaa dagaagsuun rakkisaa dha.

Dhalli namaa caasaa dhaabbilee ofiin diriirse dhiisaatii dandeettii fi humna kuufamaa ittiin uumama micciiree jijjiiruu danda'uyyuu ni qaba. Aadaan dimookiraasii yoo hin dagaagin, dhaabbilee walabaa ijaaraman micciiree adeemsa keessa harka hacuuccotaa galchuu irraa wanti ittisu hin jiru. Dhaabbilee dimookiraatawaa ijaaruun amma tokko filannoo walabaa fi haqa-qabeessa kan taasisan biyyoonni tokko tokko irra deddeebiin jeequmsa keessa kan seenaniif aadaan dimookiraasii isaanii hanga eegamu waan hin dagaaginiifi dha.

Pirojeektiin aadaa dimookiraasii sadarkaa biyyaatti ijaaruu qabsoo hadhaawaa kan gaafatuu fi adeemsa wal-xaxaa yeroo dheeraa gaafatu dha. Dimookiraasiin aadaa lammummaa barbaada. Aadaa lammummaa ijaaruun immoo haala qabatamaa guddina hawaas-diinagdee biyya tokkootiin wal-keessa jira. Guddinni diinagdee biyya tokkoo gad-aanaa yoo ta'e uummanni dorgommii faayidaa naannoo isaa jiru bira darbee siyaasa dorgommii yaadaatiin adeemsifamuuf keessummaa ta'a.

Hawaasni akkanaa rakkoo yaada jireenyaa bal'aadhaan waan qabamanii fi duudhaalee dhugeeffannoo arga-yaadaa waan hin gabbifanneef sirna dimookiraasii dorgommii yaadaa irratti bu'uureffaman dhaga'uuf yeroo hin qaban. Aadaan lammummaa dhibaa'ummaa siyaasaa keessaa ba'anii dhimmoota siyaasaa fi murtoowwan sadarkaa biyyoolessaatti jiran kan hordofuu fi murtoowwan irrattis karaa adda addaatiin kan hirmaatu dha. Aadaa lammummaa keessatti, mufachuun, of-qabuun, maaltu-nadhibeenii fi kkf fudhatama hin qaban.

Siyaasa hordofuu qofa osoo hin taane siyaasa keessatti qoodaa fi gahee kee bahachuu of-keessatti hammata. Lammiileen dhimmoota ganda keessaa fi dorgommii faayidaa gosa gidduu jiru keessaa ba'anii murtoowwanii fi kallattii siyaasaa dhimmoota biyya fayyadanii kan itti cinqaman, aadaa itti-gaafatamummaati.

Adeemsa aadaa siyaasaa bocuu keessatti aadaan hawaasaa turee fi shoorri mootummootaa wal-maddii qabamuun ilaalamuu qabu. Gama tokkoon hawaasni dhaabbilee hawaasummaa waliigalaa keessatti, sirni maatii qajeelfamoota dimookiraasii irraa kan fagaate yoo ta'e aadaan siyaasa biyyattiis dimookiraasii irraa kan fagaate ta'a. Aadaa dimookiraasii uummanni hin qabne filannoo fi siyaasaaf jecha har'a uumuun hin danda'u. Karaa biraatiin, mootummaan gama miidiyaa fi dhaabbilee isaatiin deddeebi'ee wanti uummataaf tamsaasu ergaan siyaasaa aadaa siyaasa biyyattii bocuu irratti shoora guddaa taphata.

Ijaarsi aadaa dimookiraasii babal'achuu barnootaa, tamsa'ina odeeffannoo, fedhii bu'uuraa hawaas-diinagdee namoonni qaban guutuu danda'uu, walumaagalatti sadarkaa guddina misoomaa fi qaroominaatiin hidhata guddaa qaba. Gama namoota siyaasaatiin guddina hayyummaa fi aadaa, babal'ina dhaabbilee walabaa keessatti dammaqinaan hirmaachuu, bilchinaa fi jabina dhaabbilee siyaasaa waliin hidhata jabaa qaba. Ijaarsi aadaa dimookiraasii miidiyaadhaan, karaa haqaatiin, karaa nageenyaa fi karaa dhaabbilee birootiin ga'umsa ogummaa fi pirofeeshinaalizimii irratti kan hundaa'e dha.

Gama tokkoon hojii ijaarsa dhaabbilee walabaa, gama biraatiin immoo hojii waliigaltee biyyoolessaa wayita hojjannu ijaarsa aadaa dimookiraasiitiin karaa walakkaa deemne jechuu dha. Hojiiwwan wal-xaxaa kanneen hojjachuun hojii filannoo fi bakka-bu'aa hin qabne ta'uun isaa akkuma jirutti ta'ee pirojektii ijaarsa aadaa dimookiraasii bu'a-qabeessa gochuuf amala biyyoolessaa uummanni qabu, qor-qalbii hawaasa waliigalaa, aadaa fi barmaatiilee hawaasummaa uummatichaa yaada keessa kan galfate yoo ta'e dhamaatii fi yaaliiwwan ijaarsa aadaa dimookiraasiitiif taasifnu nuuf gabaabsuu ni danda'a.

10.1 Itoophiyaa: Amalaa fi Duudhaalee Waloo

Itoophiyaa keessa hagamillee sabdaneessi bifa, amala, duudhaa fi beekumsa adda addaa qaban baay'ee hedduun jiraatanis garaagarummaa kanneen keessatti wantota wal isaan fakkeessan eenyummaa Itoophiyummaa ni qabu. Itoophiyaanonni akkuma uummata biyya kamiituu amala wal-fakkaataa adeemsa yeroo dheeraa keessa bocame ni qabu. Itoophiyaan seenaa bara dheeraa waan qabduuf uummanni ishees bara dheeraaf waliin-jireenya isaanii keessatti hariiroo tumsaa fi morkii waliin taasisaa turaniin amaloota, aadaalee fi duudhaalee adda addaa wal-irraa dhaalanii wal-dhaalchisaniiru. Itoophiyaa keessatti taateewwan seenaa deddeebi'anii ta'an sadi hidhata uummataa uumuudhaan duudhaalee waloo akka qabaatan taasisaniiru. Isaanis: waraana, godaansaa fi sochiiwwan amantiitii. Itoophiyaa keessatti kallattiiwwan arfaniinuu waraanatu ture.

Waraanni kunis humnoota alaa fi wal-wajjin kan taasifamaa ture dha. Humnoota alaa wajjin yeroo waraanni taasifamu humni waraanaa kallattii mararraa walitti dhufu (yeroo baay'ee wayita nagaan jiru qonnaan-bultoota, wayita waraanni jiru humna waraanaa ta'uun humna tajaajilu dha) fageenya dheeraa kutuudhaan deemu. Adeemsa isaanii keessattis ta'ee bakka waraanatti firoominaa uumuu fi aadaa wal-dhaalchisuutu ture. Yeroo tokko tokkommoo weerartoota waraana alaa dhufu akka ittisuuf gareen humna waraanaa bakka tokko qubatee achumatti hafu ni jira. Kunis firoominaa fi dhaala aadaa, amantii, afaanii fi dhiigaa uumuudhaan waliin jiraatu.

Inni lammaffaa immoo godaansa dha. Biyyittii keessatti balaawwan nam-tolchee fi uumamaa wayita mudatan uummanni bakka tokkorraa bakka biraatti ni godaana. Yeroo beelli jiru, dhiphinni lafa qonnaa wayita uumamu, kaloon loonii yeroo dhabamuu fi gosa biraa waliin walitti bu'iinsi wayita jiraatu uummanni tokko bakka biraatti ni godaana. Kanarraa ka'uudhaan, wal-fuudhuun, hidhata uumuun, aadaa wal-dhaalchisuu fi eenyummaa waloo haaraa uummachuun waan barame dha.

Inni sadaffaan amantii dha. Amantiin daangaa ce'uun eenyummaa hawaasaa haaraa wantoota uuman keessaa isa tokko dha. Uummattoonni adda addaa amantii haaraa tokko yeroo fudhatan amantichi aadaa isaanii irratti dhiibbaa qabaata. Kanarraa ka'uudhaan saboonni adda addaa amantaa haaraa tokko wal-faana fudhatan duudhaalee fi aadaa waliinii horatu. Kana malees, barsiisaan amanticha barsiisu bakkaa bakkatti socho'uun barsiisa. Hordoftoonni amantichaas sagadaaf iddoo tokkoo gara biraatti socho'u. Dargaggoonni duudhaalee amantichaa barachuuf iddoodhaa gara iddoo biraatti ni socho'u. Sababii amantii tokko hordofaniif saboota adda addaa gidduutti firoominni gaa'elaa ni uumama.

Taateewwan sadan kunii fi kanneen biroos walitti ida'amuun uummattoota jidduutti duudhaalee waloo, aadaalee, barmaatiilee fi eenyummaa tokko uumu. Keessattuu ijaarsa mootummaa ammayyaa waliin wal-qabatee uummanni Itoophiyaa amalaa fi eenyummaa biyyoolessaa waliin uummataan adda baasuun ilaaluun ni danda'ama. Haalli siyaasaa fi diinagdee waliinii hidhata seenaatiin yeroo walitti ida'aman duudhaalee fi amala uummanni Itoophiyaa waliin qaban nutti agarsiisa.

10.2 Ijaarsa Duudhaalee Arga-yaadaa fi Aadaa Dimookiraasii

Wantoota milkoomina dimookiraasummaa biyya tokkoo murteessan keessaa duudhaan isa tokko dha. Duudhaan jireenya keenya guyyaa guyyaa keessatti wantoota badaa fi tolaa ta'an kan ittiin madaalluu fi madaalliin kun immoo filannoo, murtoo fi amala keenya irratti dhiiphaa addaa qabu. Madaalli kana fayyadamuun maal gochuu akka qabnu fi hin qabne kan ittiin adda baafannu dha.

Qorannoon saayinsiin hawaasaa dhimmoota aadaa dimookiraasiitiin wal-qabatan duudhaalee uummataa (amala idil-addunyummaa faana wal-qabatan) kudhan adda baasa:

1. **Of-hogganuu:** of-danda'anii yaaduu fi ofiin of-hogganuu danda'uu-fi-lachuuf, waa kalaquuf, walaba ta'uuf, galma jireenya ofii kaawwachuuf tattaafachuu dha.
2. **Dadammaquu:** qor-qalbii dammaqe, kan mul'ata qabu, hamilee qormaata jireenya keessatti mudatu moo'atu kan qabu.
3. **Ilaalcha idil-addunyaawaa:** firoominaa fi aantummaa dhiigaafi naanummaa bira darbee dhala namaaf yaaduu.
4. **Namaaf yaaduu:** namoota waliin jiraatan guddisuuf, gargaaruuf yaaluu; amala nama gargaaruu, dhiifama gochuu, itti-gaafatamummaa baachuu, firoomina gaarii uumuu qabaachuu.
5. **Madda gammachuu ta'uu:** wantoota nama gammachiisan maddisiisuu fi burqisiisuu.
6. **Tole-jechuu:** yaadaa fi fedhii namoota biroo fudhachuu, ofiin qofa yaad-uu fi murteessuurra yaadaa fi fedhii namoota biroo fudhachuu fi yaada isaaniitiif bitamuu.
7. **Nageenya:** waa'ee nageenyaa, balaa fi miidhaa adda addaa irraa baraara-muu yaaduu.
8. **Gaarummaa:** namoota birootiif gaarii ta'uu, rakkoo isaanii hubachuu fi gargaaruuf qophii ta'uu, miira aantummaa.
9. **Milkaa'ina:** milkaa'uu fi fedhii ofii dhugoomsuuf, jiruu fi jireenya ofii guu-tuu taasisuuf tattaafachuu.
10. **Aangoo:** Ol-aantummaa fi aangoo goonfachuuf tattaafachuu, aangoo fi sadarkaa ol-aanu argachuuf dorgomaa ta'uu.

Biyyoonni dimookiraasii fi misoomni diinagdee isaanii gadi-aanaa ta'e duudhaalee shanan gara dhumaatiif (tole jechuu, nageenya, gaarummaa, milkaa'inaa fi aangoo) iddoo guddaa kennu. Kana jechuun lammiileen barmaatiilee hawaasaatiin liqimfamuun yaada haaraa burqisiisuuf sodaatan, sodaa fi shakkiin kan keessatti dagaage, milkaa'inaa fi aangoo nama dhuunfaatiif dorgommiin kan itti taasifamu ni jira jechuu dha. Sababii kanaanis hawaasa xaxee wal-kuffisu, aangoof jecha walitti bu'uu fi dhibaa'ummaadhaan callisee jiraatutu uumama jechuu dha. Biyyi keenya Itoophiyaan misooma diinagdee isheetiin reefu guddinarra waan jirtuuf, dimookiraasiinis reefu jalqabbii irratti kan argamu waan ta'eef ol-aantummaan duudhaalee duubatti-hafoo kanneenii ni mul'ata.

Duudhaalee kanneen keessaa duudhaan milkaa'inaa haala adda ta'een biyya keenya keessatti gadi-aanaa ta'uunsaa duuchumatti hubachuun ni danda'ama. Dhimmichis amala humnatti amanuu qabnuun wal qabata. Dhimmoota adda addaa humnaan raawwachiisuuf kan tattaafannuu fi milkaa'ina jireenyaa caala humnaa fi shiraan namoota moo'achuuf iddoo ol-aanaa waan kenninu fakkaata. Sababii kanaafis hojjatanii jijjiiramuu fi galma jireenya ofii milkeessuuf duudhaalee milkaa'inaa biyyoota guddatan fayyadan kanaaf biyya keenyatti iddoo gadi-aanaan kennamuufiin waan hin hafne dha.

Duudhaaleewwan tarreeffaman kurnan keessaa kan biyya keenyatti olka'ee mul'atu duudhaa tole-jechuu dha. Biyyoota guddachaa jiran keessatti duudhaan tole-jechuu waan nu hir'atuuf hayyoonni muraasni qaamni hawaasaa bal'aan tole akka jedhuuf waan barbaadaniif hawaasa bal'aa kana gara badiitti oofuu danda'u. Namoonni dhuunfaa yaada mataa isaanii qabaachuu fi tarkaanfachiisuu, haalli yaadota haaraa maddisiisuu isaanii, hawaasaan kan daangeffame waan ta'eef yaadota haaraa biyya fayyadan argachuun rakkisaa ta'a. Biyya keenyattis duudhaan lammiilee waa gaafachuu, qo'achuu, waan nama fayyaduufi miidhu sakatta'uu kun dadhabaa waan ta'eef hayyoonni haala salphaa ta'een lammiilee keenya badiidhaaf bobbaasu.

Tole jechuun lammiileen gamtaadhaan akka deeman, madaalanii akka hin ilaalle, akka hin gaafannee fi akka hin hubanne isaan taasisa. Fedhii fi ilaalcha warra garee tokko keessa jiruu qofa akka ilaalanii fi akka kabajan, darbees kanaaf akka kufan isaan taasisa. Kitaaba qola isaatiin, nama amantii fi saba isaatiin eenyummaa nama yaada kaasee madaaluu keessatti nama kuffisa. Kunis hayyoonni lammiileetti seeraan-ala akka itti fayyadaman kan taasisuu fi faayidaa haayyotaa eegsisuuf jecha walitti bu'iinsi waliinii ta'e jedhamee kan itti qabsiifamu haala hamaa uuma.

Rakkoon duudhaa kanaa inni biroo immoo hariiroo uummataa naga-qabeessa ta'ee fi dagaagina aadaa dimookiraasiitiif bu'uura kan ta'e aadaa wal-danda'uu waliin faallaa ta'uu isaati. Aadaan wal-danda'uu ammayyummaa waliin kan guddatu, babal'ina industirii fi magaalaatiin kan jabaatu, dimookiraasiidhaan kan gabbatu aadaa murteessaa ta'e dha. Waldanda'uu jechuun eenyummaa, aadaa ykn yaada adda ta'e kan kabajuu fi kan keessummeessu, aadaa nageenyaan waliin jiraachuuf bu'uura ta'e dha.

Itoophiyaan biyya sabaa fi sablammoonni, amanttiiwwan, duudhaaleen, barmaatiileenii fi seenessi siyaasaa hedduun keessatti argaman waan taateef , waadaneessummaa kana keessummeessu, aadaa wal-danda'uu cimaatu ishee barbaachisa. Yaaddoo guddaa nageenya keessoo biyyattii kan ta'ee fi walitti bu'iinsa waliiniitiif kan nu saaxile aadaan wal-danda'uu dhabamuusaa waan ta'eef, kunis duudhaan tole-jechuu baay'achuu irraa madda.

Biyya keenyatti aangoon siyaasaa wabii diinagdee ofii ittiin mirkaneeffatan ta'ee ilaalama. Aanga'oonni lammiilee isaanii tajaajiluuf tattaafachuurra xiyyeeffannoon isaanii inni guddaan aangoo keessatti fedhii diinagdeetiin milkaa'ufi dha. Kunimmoo gadi-aantummaa misooma diinagdeetiin wal-qabatee kan uumamu dha. Biyya keenyatti aangoo malaammaltummaa fi hanna waliin haalli itti wal-qabsiifne kan kana akeeku dha.

Namni tokko gara aangotti yeroo dhufu imaammata raawwachiisuu qabu, wantoota yaaduu qabu, karoorawwan karoorsuu qabu, jijjiiramoota fiduu qabu itti-gaafatamummaan qaba jedhee haalan kan hubatu nama muraasa dha. Inumaayyuu, itti dhiyaanna, ni beekna, firooma qabna jechuudhaan jabana aangoo isaa akka isaan fayyadu yaadu; inni isaan fayyaduu baatullee maqaa isaatiin fayyadamu. Warri biroo immoo isa beekuu, firoomuu, walitti dhiyaachuu, keenya ta'uu dhabuutti miidhamneerra jechuun quba of-nyaatu. Yaaliin isaaniis itti dhiyaachuu fi wal-baruu dha. Gammachuu fi komiin garee lamaanii barmaatiilee aangoo malaammaltummaadhaan wal-qabsiisuu irraa dhufa. Faayidaa leecalloowwanii barbaaduu kanaan wal-qabatee rakkoowwan uumaman keessaa tokko itti-gaafatamummaan hawaasummaa laafuu isaati.

Yaalii biyyoota guddachaa jiran keessatti fedhii diinagdee guuttachuu fi wabii jireenya ofii mirkaneeffachuuf godhamu itti-gaafatamummaa hawaasummaa isaanii ba'achuun faayidaa isaanii waliin waan wal-faallessu isaanitti fakkaata. Sababii kanaanis namoota dhuunfaas ta'ee dhaabbileen adda addaa faayidaa hawaasaa fi biyyaa kan faallessuu fi kan miidhu gocha itti-gaafatama hawaasummaa hin qabne keessatti kufu. Guddinni biyya tokkoo dagaagina itti-gaafatama hawaasummaa waliin hidhata jabaa qaba. Biyyoonni itti-gaafatamni hawaasa isaanii gadi-aanaa ta'e misooma diinagdee fi qaroomina fiduuf ni rakkatu.

Lammiin faayidaa fi nageenya biyyoolessaa fi hawaasummaa waliiniitiif dhimma hin qabnee fi fedhii dhuunfaa ofii qofa galmaan ga'uuf fiigu qabeenya biyyattii qisaasessuu fi leecalloowwan biyyattii irratti miidhaa geessisuun biyyattii hallayyaa hiyyummaa keessatti ishee kuffisa. Biyya keenyatti gama ijaarsaatiin wantoonni mul'atan lammii itti-gaafatamummaan hawaasaa itti hin dhaga'amne hojiiwwan saamichaa karaarra maqanii fi biyya ajjeesani dha. Lammiin itti-gaafatamummaan hawaasaa itti hin dhaga'amne jiraachuun dhaloota amma jiruuf qofa osoo hin taane dhaloota borii fi adeemsa biyyattii gara fuul-duraa kan gufachiisu dha. Hojiiwwan eegumsa naannoo keenyaa sababiin bu'a-qabeessa ta'uu dadhabee fi balaa guddaadhaaf saaxilameef gocha lammii itti-gaafatamummaan hawaasaa itti hin dhaga'amneefi dha.

Lammiin itti-gaafatamummaan hawaasaa ittu hin dhaga'amne qabeenya uumamaatiif hin-dhiphatu; dhaloota boriitiif hin-yaadu. "Yoo ani du'e..." yaada jedhu, ilaalcha balleessaa hordofuun fedhii dhuunfaa ofii qofa adamsa. Kanaafuu, misooma walitti-fufiinsa qabu fiduu fi dimookiraasii mirkaneessutti gufuu guddaa ta'a.

Abbootii qabeenyaa uummata keenya keessa jiranis yoo ta'an itti-gaafatamummaa hawaasummaa isaanii ba'achuuf hojiiwwan hojjatan baay'ee xiqqaa dha. Dallaa isaa jalatti fincaan wayita fincaa'an kan argu daldalaan dhugaatii uummataaf mana fincaanii hojjachiisurra,"dallaa jalatti kan fincaanu saree qofa" kan jedhu akeekkachiisa arrabsoo guddaa of-keessaa qabu maxxansuutu itti tola. Abbootiin qabeenyaa maqaa ofiitiin carraa barumsa walabaa uumanii barattootaaf mijeessuuf kanneen yaalan hin mul'atan.

Rakkoon akka uummataatti itti-gaafatama hawaasummaa nutti dhaga'amuu dhabuu kan hundee jabeeffatee fi hojiiwwan idilee keenya keessatti kan mul'atu dha. Kanaafidha biyya keenyatti lammiileen itti-gaafatamni hawaasummaa akka itti dhaga'amuu fi itti-gaafatama isaanis akka ba'atan hojiiwwan babal'aan hojjatamuu qabu kan jennu.

Duudhaan biyya keenyatti ol-ka'ee mul'atu kan biraa dhimma nageenyaati. Uummanni keenya seenaa isaa bara dheeraa keessatti nageenyi dhimma ijoo ta'uusaa kan nutti mul'isu nagaa wal-gaafachuudhani. Gaaffileen, "akkam jirta, akkam bulte, akkam oolte" jedhan nageenya namaa kan ilaallatani dha. "Ijoolleen, horiin nagayaa? qe'een nagayaa? biyyi nagayaa?" kan jedhu gaaffiin nagaa wal-gaafachuu kun dhimma nageenya ilaallatu dha. Waraanni, lolaan, balaa uumamaatiin naannoon miidhamuu fi dhibeen tasaa uummata weeraruun nageenya uummataa yeroo jeeqe uummanni arge "nagaadhaa?" jedhee yoo gaafatu itti hin murta'u.

Akka keenya biyyi ammayyummaan haalan itti lafa hin qabatinitti miirri nageenyummaa itti hin dhaga'amu. Hoggayyuu naannoo isaanii shakkiidhaan ilaalu. Baatirii fi qawwee yoo hin qabatin nageenyi isaanii waan eegamu itti hin fakkaatu. Yaaddoon nageenyaa kunis lammiileen nageenya isaanii humnaan kabachiifachuuf akka yaalanii fi olaantummaan seeraa akka hin eegamne mamii uuma.

Kanumaan wal-qabatee kan mul'atuu fi aadaa dimookiraasii ijaaruutti gufuu kan ta'u amala biyyoolessaa uummata Itoophiyaa kan ta'e lolatti amanuu dha. Lolli biyya kana keessatti waan gaariifi waan hamaa uumeera. Lolli duudhaa biyyi keenya akka diinaan hin weeraramnee fi walabummaan biyyaa kabajamee akka turu taasise dha. Wayita biyyi diinaan weeraramte leenjii fi kaka'umsa addaa osoo hin barbaadin lammii ka'i jedhee wal-kakaasuun biyyasaa diinarraa ittifatu leellistootni walabummaa fi birmadummaa akka jiraatan godheera. Karaa biraatiin, waa hunda hiriira humnaatiin ilaaluu, waa hunda ija firummaa fi diinummaatiin ilaaluu, waa hunda moo'uu fi moo'amuu waliin wal-qabsiisuu, moo'amuu akka salphinaatti ilaaluun amananii akka hin fudhanne taasiseera.

Siyaasa keenya kan balleesse, aadaa marii fi falmii keenya bakka tokkotti hammacuu fi wal-balleessuu irratti akka hundaa'u kan taasise sababni tokko Itoophiyaanonni 'abbaa-humnaa' ta'uu keenya dha. Abbaan-humnummaa duudhaalee hamilee keenyaa walfaallessu lama keessatti uumamee amala dhufu dha, inni tokko osoo jajjabeessuu, inni tokko immoo osoo dhoowwuu. Karaa tokkoon goota osoo faarsuu fi gootummaa abbaa-humnummaa waliin wal-qabsiisuun miira fuulduratti nu oofu yoo ta'u, karaa biraatiin immoo barumsa safuu amantii keessaa madduu fi gootummaa fi abbaa-humnummaa kan balaaleffatu qajeelfama safuu keenyaati. Amalli abbaa-humnummaa keenyaa garaagarummaa yaadaa akka humnaatti waan fudhatuuf wal-balleessudhaaf sababa ta'a.

Marii fi wal-falmii beekumsa bu'uureffate dhiisuun fiigicha moo'ataa fi moo'amaa keessa waan nama galchuuf balaa nageenya biyyoolessaa keessa waliitii madduuf nama saaxila. Abbaa-humnummaa hambisuun kan danda'amu dhaabbilee tokko tokkoof tattaaffii mootummaatiin qofa osoo hin taane aadaa ce'umsaa kallattii hundaa fiduudhaan dhugoomsuu dandeenya. Kanaafis sekterri barnootaa, industiriin aadaa, dhaabbilee mootummaa fi miti-mootummaa; akkasumas, qaamoleen haqaa wal-tumsuun hojjachuu qabu.

Aadaa haasaa keenyaa guddifachuuf amala abbaa-humnummaa keenya ifatti mul'atu bira darbee waan akka hamii, agiboo, ciigoo, dubbii namaatti bishaan naquufi kkf amala marmaartuu abbaa-humnummaa keenyaa jala dhaabachuu qabna. Hawaasa dubbii kallattiitti amanuu fi haala salphaadhan waliigalu uumuuf hawaasa amala dhokataa irraa gara amala iftoominaatti ce'e hundeessuu qabna.

Hawaasa iftoomina qabu, icciitii fi ususa irra mari'achuu fi wal-hubachuuf iddoo kan qabu, odeeffannoo fi raga qabatamaatti kan amanu, rakkinoota ukkaamsanii qabuun osoo hin taane saaxilanii baasutti kan amanu, ususa boroo keessaarra marii fi falmii dirreetiin kan dhaadatu, hawaasa qaroomaa uumuu qabna.

Biyyi keenya rakkinoota mariidhaan furuun, abbaa-humnummaan manca'iinsa fiduu danda'u hir'isuu irratti shoora guddaa taphachuu kan danda'u aadaa jaarsummaa qabdi. Duudhaalee saboota hunda bira jiran keessaa tokko karaa nagaa walitti bu'iinsa ittiin hambisani dha.

Walitti-bu'iinsa hambisuu fi yoo uumames dhabamsiisuuf kan gargaaran araarri hawaasummaa, jaarsummaa, dubbii ilaluu fi aadaa dhiifama taasisuu faa qabna. Haata'u malee, duudhaaleen kunniin hir'achaa waan dhufaniif murtoowwan hawaasummaa nageenyaa fi waliigaltee biyyaatiif gahee taphachuu qabu hanga eegamu taphachaatii hin jiru. Jaarsummaa fi jaarsoliif xiyyeeffannoo kennuun nageenya buusuu fi lolatti amanuu qabbaneessuun dandeettii jaarsoliin qabanitti fayyadamuu yoo dandeenye yaaliiwwan nageenyaa fi waliigaltee biyya keenyatti ammaan dura darbee darbee taasifamaa turan caalaa bu'aa ol-aanaa fiduu ni dandeenya.

Aadaan ijaarsa dimookiraasii keenya lammiileen dirree irra bobba'an hundatti dimookiraatawaa akka ta'anii fi hariiroon mootummaa waliin qabanis amaluma kanaan karaa qajeeltorra deemuu akka qabu irratti kan xiyyeeffate dha. Kana milkeessuufis duudhaalee dimookiraasii sadarkaa sadarkaadhaan lafa qabsiisuuf hojjachuutu nurraa eegama. Uumamuun duudhaalee dimookiraasii misooma diinagdeetiin haalan wal-keessa kan jiru yoo ta'es adeemsa uumamaa tirataa ta'e kana karaa qaxxaamuraatiin ijaaruu barbaachisa. Kana gochuufis malli tokko golgaa seeraa duudhaalee ijaaruuf gargaaran qopheessuu dha. Duudhaaleen dhala namaa irra-deddeebii gochaa isaanii hordofuudhaan kan dhufan waan ta'eef gochoota isaanii golgaa seeraatiin murteessuun duudhaalee jiran gabbisuun ni danda'ama.

Fakkeenyaaf, seera ittiin bulmaataa afooshaa ykn wuujoo keenyaa irratti walitti qabaan miseensota waggaatti si'a sadi akka wal-ga'an keeyyata dirqisiisu yoo qabaate, walitti qabaanis haaluma keeyyatichaatiin miseensota walitti qabuu yoo eegale yeroo murtaa'een booda walitti qabaan walitti qabamuu duudhaa taasifata; osoo wal-hinga'in yoo hafe akka dogoggore yaaduu eegala. Haaluma wal-fakkaatuun, miseensonnis walga'ii yoo waamamuu baatan walitti qabaan akka dogoggore amanuu eegalu.

Kanaafuu, akkaataa dambii ittiin bulmaataatiin duudhaa itti-gaafatamummaa gabbifachuun danda'ameera jechuu dha. Kanaafuu, hawaasa keenya keessatti sadarkaa sadarkaadhaan golgaa seeraa of-eeggannoodhaan bocuudhaan duudhaalee dimookiraasii ijaaruu ni dandeenya. Dabalataanis, industiriin aadaa duudhaalee ijaaruu irratti shoora guddaa akka taphatu deeggaruun barbaachisaa dha.

KUTAA SADII

Diinagdee Itoophiyaa:
Cabiinsa Sirnaa Fi
Furmaata Isaa

BOQONNAA KUDHA TOKKO

Diinagdee Itoophiyaa:
Firii fi Qormaata Guddina Isaa

toophiyaan waggoottan digdamii saddeettan darban kana keessa kallattii sekteroota adda addaatiin guddina diinagdee fi jijjiirama hawaasummaa galmeessiftee jirti. Waggoottan digdamii saddeettan darban kana dura lakkoofsi uummataa miliyoona 48 ture ammaan kana gara miliyoona dhibbaatti dhiyaateera. Ammaan kana harka dhibba keessaa harki 60 ol-ta'u umuriin uummataa dargaggoota waggaa 30 gadi jiranidha.

Tilmaamni waliigala diinagdee ykn oomisha biyya keessaa (GDP) bara 1983 A.L.I tti biyya kana keessa ture hangi isa doolaara biliyoona 7.9 yoo ta'u bara 2010 tti immoo gara doolaara biliyoona 84.4 ta'uun dachaa kudhan caalaa guddateera. Uummanni biyya keenyaa sarara hiyyummaa (poverty line) jalatti argamu bara 1992 haala keessa ture harka dhibba keessaa harki 44.2 hir'achuun bara 2008titti gara dhibbantaa 23.5tti gadi bu'eera.

Haaluma wal-fakkaatuun, hirmaatni galii dhuunfaa (per capita GDP) biyya keenyaa bara 1983 A.L.I tti gara doolaara Ameerikaa 164 ture bara 2010 tti gara doolaara 883tti guddateera. Umuriin jiraachuu fooyya'aa dhufuudhaan jalqaba bara 1980moota keessa 47 kan ture bara 2009 tti gara waggaa 65tti olguddateera. Gama barnootaanis, ammaan kana uummanni miliyoona 30 ta'an barumsa sadarkaa adda addaa irratti argamu.

Jijjiiramni hawaas-diinagdee waggoottan darban keessa dhufan adda-dureedhaan mootummaan baajata mootummaa fi kaappitaala liqaa itti dhangalaasuun tajaajila hawaasummaa adda addaa fi misooma bu'uuraa babal'isuuf yaaliiwwan taasiseen kan argamanidha. Sadarkaa idil-addunyaatti sababa hiriira tarree dandeettii haarawaa uumaameen guddina argameef haala mijataa ala keessaa uumeera. Haaluma kanaan, liqii faayinaansii misoomaa daran ol-aanaa ta'eefi liqii guddaan argameera. Biyya keessattis karaa baankiiwwaniitiin maallaqni funaanames investimentiif deeggarsa guddaa ta'eera.

Waggoottan darban guddinni diinagdee saffisaa fi walitti fufiinsa qabu kan galmeeffame ta'us, rakkoowwan hedduu fi cabiinsa caasaa qaba. Cabiinsa caasaa diinagdee kana sabaabootasaa mallattoowwan isaa irraa adda baasuun beekuun rakkisaa ta'uun isaa ifadha. Rakkinoonni bu'uuraa turanis: qaala'ina jireenyaa, fedhiin qusannaa fi investimentii wal-simachuu dhabuu isaa, karoora dhabuu fi harca'insa pirojektoota mootummaa, dadhabuu daldala biyya alaa fi hir'ina jijjiirraa maallaqa biyya alaa, hir'ina baajataa, harkifannaa ce'umsa jijjiirama caasawaa, daldala seeraan alaa fi kontirobaandii, kkf tarreessuun ni danda'ama.

Haa ta'u malee, rakkoowwan qeenxeen tarreeffaman kunniin of-danda'anii kophaatti kan dhaabatan osoo hin taane madda dadhabina diinagdee murtaa'aa keessaa kan waraabamandha. Dabalataanis mallattoo dhibeewwan bu'uuraa wal-keessa jiranii tokkoo ykn lamaati. Kanaafuu, biyyi keenya waggoottan darban haalli diinagdee, haalonni rakkisoo fi qormaata turanii fi mallattoowwan cabiinsaa diriirsanii ilaaluun dhibee bu'uuraafi ka'uumsa dhibee sanaa adda baasuuf nu gargaara.

11.1 Guddina Diinagdee fi Fayyadamummaa Haqa-qabeessa

Guddinni diinagdee sadarkaa sadarkaadhaan kan uummata fayyadu ta'uu qaba. Gama kanaan rakkooleen bu'uuraa deddeebi'anii biyya keenya mudatan: olka'iinsa gatii fi qaala'iinsa jireenyaa, qoqqoodinsa qabeenyaa wal-madaalaa hin ta'in, carraa hojii amansiisaa fi itti-fufiinsa qabu dhabamuu fi qulqullinni misooma bu'uuraa hawaas-diinagdee jiraachuu dhabuun qormaata biyyyittii rakkoowwan bu'uuraa ta'anidha.

Ol-ka'iinsi gatii heddumminaan mul'atu agarsiiftuu rakkoo diinagdee isa tokko dha. Diinagdee keessatti olka'iinsi gatii sadarkaa dijiitii tokkootiin kan daangeffamu yoo ta'u, abbootii qabeenyaatiifis ta'ee warra bitataniif, akkasumas, fayyummaa diinagdee waliigalaatiif filatamaa dha.

Biyya keenyatti waggoottan darban olka'iinsa gatii dijiitii tokkoon daangessuun kallattii imaammata mootummaa ture. Haata'u malee, ragaaleen jiran akka agarsiisanitti, bara 1995-2010tti baroota baajataa turan keessa olka'iinsi gatii jiddu-galeessaan dhibbantaa 15 waan ta'eef karooricha milkeessuuf qormaata hamaa ta'ee tureera. Sababa olka'iinsa gatii walitti-fufiinsaan mul'ate kanaan waggoottan hedduuf gatii dhaabbataa kan qabuu fi hawaasni bal'aan hiyyeessa ta'e rakkoo kanaaf garmalee saaxilameera. olka'iinsa gatii waggoottan hedduu kanaaf walitti-fufiinsaan isaan mudatu biyyoonni baachuu danda'an baay'ee muraasa dha.

Biyya keenyatti qaala'ina jireenyaa walitti-fufiinsaan mudateef sababni guddaan: imaammata maallaqa mootummaa, jeeqama haala qilleensa biyya keessaa fi haalota idil-addunyaa mudatan hundi gumaacha mataa isaanii qabaachuu akka danda'an ni beekama. Haata'u malee, sababni guddaan olka'iinsa gatii wal-madaaluu dhabuu fedhii fi dhiyeessii hordofuun irra-jireessaan qaala'insa gatii shaqaxa nyaataa waliin kan wal-qabate ta'uun isaa jala muramee beekamuu qaba.

Qabatamaan akkuma beekamu, misoomni fulla'aa fi boqonnaa tokkorraa gara boqonnaa birootti ce'u jiraachuu kan danda'u guddinni argamu qaamolee hawaasaa gara caalu bira yoo ga'ee fi fayyadamummaan haqa-qabeessaa fi madaalawaa ta'e yoo mirkanaa'e dha. Sochiiwwan misoomaa keessatti tokko fayyadamaa inni biroo immoo daaw'ataa yoo ta'e nageenyas ta'ee dagaagina waliigalaa fiduun hin danda'amu.

Dhugaadha, adeemsa gabaa bilisaa keessatti qabeenya wal-qixaa, lammiilee beekumsaa fi dandeettii hin qabne misooma irraa wal-qixa fayyadamtoota gochuun hin danda'amu. Garuu, lammiileen hanga safartuu dandeettiiwwan eerreetiin fayyadamuudhaaf carraa wal-qixaa akka qabaatan gochuun dirqama ta'a. Mirgi carraa wal-qixaa argachuu kunis gadi bu'ee qabatamaadhaan akka mul'atu mootummaan tarsiimoo mataasaa diriirsuu qaba. Kun akkuma jirutti ta'ee, sababa caasaa seenaa darbeen micciirameetiif gareewwan carraa misoomu hin qabneef tarkaanfiiwwan carraa misoomu uumuuf fudhachuun barbaachisaa dha. Sababiin isaas, biyya keenyatti guddina madaalawaa fiduun kan danda'amu hojiiwwan misoomaa karaa haqa-qabeessa ta'een lammiilee biraan ga'uun yoo danda'ame qofadha. Guddina diinagdee qulqullina hin qabne rakkinoota isaan qabatanii dhufan keessaa tokko galii lammiilee biyyattii irratti garaagarummaa bal'aan yoo jiraate dha. Safartuu faca'insa qabeenyaa fi galii lammiilee gidduu jiruu kan ta'e Jiinii kofishentii (Gini coefficient) biyya keenyaa bara baajataa 2008 titti 0.33 ta'uun galmaa'eera. Raawwiin kun ija biyyoota Afrikaa birootiin yoo ilaalle fooyya'aa dha. Haata'u malee, Jiinii kofishentii bara baajataa 2003 ture 0.30 fooyya'ee dabalata argamsiisuu danda'eera. Irra-jireessaan, sababni ka'umsa garaagarummaa galii guddina diinagdee osoo hin taane karaa guddinni diinagdee ittiin dhufe dha.

Babal'inni misooma bu'uuraa liqii mootummaa ol-aanaa ta'e jiddu-galeeffate irra-caalatti kan fayyade abbootii qabeenyaa muraasa kallattii sanarra bobba'an qofa dha. Humni namaa bal'aan pirojektoota keessatti qacaramanii hojjataniif kaffaltii ol-aanaas ta'ee carraa hojii dhaabbataa fi amansiisaan hin uumamneef. Ta'us, waan lakkoofsi agarsiisuu olitti gaaffiin lammiilee haala jiru keessatti hammatamuu fi haqaan tajaajilamuuf bal'inaan ka'a. Kunis haala itti aanu keessatti waan xiyyeeffannoo barbaadu dha. Qaamoleen hawaasaa hiyyeessa hiyyeessaa gadii ta'an guddinicharraa hanga barbaadamu fayyadamoo waan hin taaneef xiyyeeffannoo addaa barbaadu.

Guddina diinagdee hordofuun lammiileen sarara hiyyummaatii gadi jiran lakkoofsi isaanii hir'atus gama biraatiin lakkoofsi lammiilee hiyyummaa hamaa keessa jiranii dabalaa akka jiru qorannoowwan jiran ni agarsiisu. Kun wanti inni nutti agarsiisu, lammiileen sarara hiyyummaatii gadi turan muraasni sarara hiyyummaatii olitti ba'uudhaan hiyyummaa keessaa ba'anis, lammiileen gar-tokkeen garuu hiyyummaan isaanii garmalee dabaluun asii-gadi bu'anii akka gadi fagaatanidha.

Inni biraa hubatamuu qabu, hiyyummaadhaa ba'uu jechuun jireenya madaalawaa fi mijataarra ga'uu jechuu akka hin taane dha. Lammiileen hiyyummaadhaa erga ba'anii boodas hojiin misoomaa fedhii isaanii guutu hin dhaabatu. Inumaayyuu, waan yeroodhaaf sooratan argachuun jireenya qabsoo irratti xiyyeeffate bira darbuun beekumsaan sammuu ofii misoomsuutti akka ce'an hojii misoomaa itti-fufiinsa qabu gaafata. Kallattii kanaan, wal'aansoon misooma biyya keenyaa injifannoowwan ol-aanaa galmeessisus adeemsi nu hafu baay'ee dheeraa dha.

Hoji-dhabdummaa fi baay'inni uummata hojii gad-aanaa irratti bobba'anii baay'ee ol-aanaa ta'uun isaa qormaata ulfaataa biyya keenya mudatan keessaa madda hiyyummaa isa ol-aanaa dha. Hojiin misoomaa uumame hoji-dhabdummaa hanga tokko kan hir'ise ta'us namoonni hojii barbaadanii fi carraawwan hojii uumaman fardaaf lafa dha. Keessattuu rakkinni tajaajila faayinaansii fi bibittinnaa'uun haala hojmaata investimentii sekteroota dhaabbilee dhuunfaa mudatan carraawwan hojii bal'aa fi amansiisaa uumuu hin dandeessifne. Kana malees, lammiiwwan dargaggeeyyii kaka'umsii fi dandeettiin hojii uumuuf qaban horachuunis qormaata carraa hojii uumuu gadi hin taane ta'ee jira. Carraan hojii babal'achuu kan danda'u namoonni kaka'umsa qaban ofii isaaniitiif hojii uumanii, hojiin uumanis milkaawaa fi bu'a-qabeessa ta'ee, lammiilee birootiif carraa hojii yoo uume dha. Kanaafuu, ka'umsa carraa hojii uumuu ta'uu kan qabu lammiilee hojii uumuu danda'an jajjabeessuu dha.

Biyya keenyatti waggaa waggaadhaan lammiilee miliyoona lama ta'antu umurii hojiitiif kan ga'an yoo ta'u carraa hojii diinagdeen isaaniif uumu miliyoona tokko hin caalu. Yeroo ammaa kana biyya keenyatti lakkoofsi namoota hojii barbaadanii miliyoona 10-14 akka ta'u ni tilmaamama. Kutaan baadiyyaa biyya keenyaa akka ammaan duraa hoji-dhabdoota of-keessa dhoksee jiraachuu hin dandeenye. Kutaa baadiyyaa biyya keenya keessatti lafa qonnaa dhabuun bal'inaan kan mul'atuu fi hir'inni carraa hojii rakkoo guddoo osoo hin furamin jiru dha. Sagantaawwan hojii uumuu yeroo adda addaatti yaalaman bu'aawwan muraasa kan argamsiisan ta'ullee, itti-fufiinsaan carraa hojii babal'isuuf kan abdiin irra kaawwamu jechuun rakkisaa dha. Haala kana keessaa ba'uudhaaf bu'a-qabeessummaan guddina diinagdee gara fuulduraa hoji-dhabdummaa haaluma jirurraa uumame furuudhaan; akkasumas, adda-dureedhaan carraa hojii dargaggootaaf uumuun safaramuu qaba.

Dargaggoonni guddina diinagdee keessatti fayyadamoo osoo hin ta'in yoo hafanii fi sirni diinagdee hirmaachisummaa keessaa maddiitti yoo isaan baase; sababa kanaanis hoji-dhabdummaaf yoo saaxilaman, kophummaaf saaxilamu. Sababa kanaanis uummata keessaa ba'an ija gaariin ilaaluu dhiisu. Wayita kana ta'u humna namaa boru biyya kana bulchuu danda'utu qisaasa'ee hafa.

Qormaanni qulqullina misooma bu'uuraa hawaas-diinagdee rakkoo ijoo dha. Waggoota darban baajata mootummaan ramadeen misoomni bu'uuraa hawaas-diinagdee bal'aan diriireera. Kanarraa ka'uudhaan, hir'inoonni misooma bu'uuraa biyyattiitti mul'achaa turan gamisaan furamaa dhufeera jechuun ni danda'ama. Qoodni baasii mootummaan misooma bu'uuraa diriirsuuf baase ija diinagdee waliigalaatiin yoo madaalame baay'ee ol-aanaa fi addunyaa irratti fakkeenya ta'uu kan danda'u dha. Ta'us, qaawwi misooma bu'uuraa Itoophiyaan qabdu baay'ee bal'aa waan ta'eef, gara fuulduraattis hanga humni danda'e dhimma kana jabaatanii fuul-duratti dhiibuu gaafata. Kun akkuma jirutti ta'ee, xiyyeeffannoon hanga ammaatti misooma bu'uuraa diinagdeefis ta'ee hawaasummaa babal'isuuf kenname qulqullinaaf wal-qixa hin kennamne.

Hir'inni kun: tajaajila humna ibsaa, daandii, bishaan, telekoomii, barnootaa fi fayyaa irratti hir'ina mul'atu dha. Kanaafuu, wayita itti-aanutti qulqullina misooma bu'uuraa kanaaf xiyyeeffannoo guddaa kennuu barbaachisa.

11.2 Kallattii Gad-dhiisuu Diinagdee Waliigalaa

Hir'inni wal-simachuu dhabuu daldalaa, hir'inni baajataa, wal-simachuu dhabuu liqii fi investimentii, hir'ina sharafa biyya alaa fi ulfaatinni liqii fi rakkoowwan diinagdee waliigalaa (macroeconomy) kana fakkaatan kanneen biroos adda-dureedhaan rakkinoota guddina diinagdeetiin wal-qabatanii dhufan akka ta'an beekamus, dadhabinni hoggansa tarsiimawaa mootummaan qabu itti dabalamee haalli rakkinoonni kunniin wal-xaxaa fi hammaataa itti ta'an biyya keenyatti waggoottan darban mul'ateera. Rakkoowwan diinagdee xixiqqaa kana wal-simachuu dhabuu madaallii keessaa fi alaa jechuun bakka lamatti qooduun ilaaluun ni danda'ama.

Wal-simachuu dhabuu madaallii diinagdee keessaa jalatti hir'ina baajataa fi qusannaa biyya keessaa fi investimentiin wal-simachuu dhabuun isa bu'uuraati. Galiin mootummaa galii biyya keessaa, deeggarsaa fi liqii biyya alaa irraa argama. Kana keessaa gahee ol-aanaa kan qabuu fi irra-caalatti amansiisaa kan ta'u galii gibiraati. Xiyyeeffannoon imaammata mootummaa inni guddaan galii gibiraa guddisuu fi sekteroota bu'aa misoomaa ol-aanaa argamsiisuu danda'an irratti baajata isaa dhangalaasu dha. Biyya keenyatti waggoottan saddeettan darban galiin gibiraa guddina jajjabeeffamuu qabu argamsiisuudhaan pirojektoota misoomaa gurguddaa adeemsisuu irratti gumaacha guddaa taasisus, galiin gibiraa gaheen oomisha biyya keessaa waliigalaa irraa qabu hir'achaa dhufeera.

Qabeenyi galii gibiraa bara baraan hir'achaa dhufuusaa qofa osoo hin taane, galii gibira biyyoota gita guddina biyya keenyaatiin jiranii gadi dha. Galii gibiraa guddisuuf bulchiinsa gibiraa ammayyeessuu, bu'uura isaa bal'isuu; akkasumas, aadaa kaffaltii taaksii fedhii irratti hundaa'e dagaagsuu barbaachisa.

Walumaagalatti, baasiin baajata Itoophiyaa harki guddaan hojiiwwan kaappitaalaatiif kan ramadamu ta'uun isaa gaarii ta'ee osoo jiruu, baasii idileetiif kan ramadamu yeroo mara xiqqaa ta'uunsaa hojiiwwan raawwachiisummaa akka miidhaman taasiseera. Karaa biraatiin, faayinaansiin misoomaa biyya keessaa qofa osoo hin taane liqii biyya alaa irraa illee kan dhufe yoo ta'u, biyyittiin dhiibbaa idaa ulfaataa ta'ee keessa akka seentu taasiseera.

Walumaagalatti, gama galii fi baasii mootummaatiin qormaanni jiru kan agarsiisu laafina galii biyya keessaa funaanuu irratti qabnu, idaa biyya alaa of-irraa galchuun baay'ee gad-aanaa ta'uusaa, akkasumas, fedhiin baasii keenyaa yeroodhaa gara yerootti hanga qabeenya galiin keenya itti guddatuu olitti dabalaa jiraachuu isaati. Sababii kanaanis hir'inni baajataa daangaa kaa'ame bira akka hin darbineef jecha fedhiin akka daanga'u taasifameera. Kunis adeemsa fedhii misooma bu'uuraa lammiileen keenya qaban guutuu keessatti dhiibbaa hir'inaa uumee jira.

Gama madaala diinagdee biyya keessaa eeguutiin qusannaa fi investimentii gidduutti wal-irraa fageenya jiru dhiphisuu hin dandeenye. Qusannaan biyya keessaa fi investimentiin waantota faallaa walii deemaa jirani dha. Qusannaan biyya keessaa wayita guddatu, maallaqichi madda kaappitaala investimentiif oolu waan ta'uuf; investimentiinis qixuma sanaan akka guddatutu eegama. Haata'u malee, biyya keenyatti guddina qusannaa fi guddina investimentii gidduu garaagarummaan jiru bal'achaa deemaa jira. Investimentii hedduun biyya keessaa maallaqa qusannaatiin osoo hin taane maallaqa biyya alaa (liqii fi gargaarsaan) aguugamuun isaa hir'ina dha.

Qusannaa biyya keessaa sadarkaa mootummaa, kaampaaniiwwanii fi maatitti hanga barbaadame akka hin guddanne qormaata kan itti ta'e dhimmi tokko aadaan sooramuu garmalee dagaagaa dhufuu isaati. Ka'umsi keenya hiyyummaa hamaa keessaa waan ta'eef galiin yeroo dabalu aadaan haalaan sooramuu dabaluun waan nama dinqu miti. Sababiin isaas, dhalli namaa qusannaa caala fedhiiwwan bu'uuraa isaa akka guutuuf dursa kenna. Lammiileen galii isaanii hunda, yoo hammaate immoo liqii fudhachuun, ni sooratu yoo ta'e qusannaan jiraachuu hin danda'u. Qusatanii fi duudhaalee ijaaranii jireenya dhuunfaafi maatii isaaniitiif qabeenyaa yeroo rakkootiif ooluu fi dhaloota dhaalchisuu danda'an horachuu hin danda'an.

Karaa biraatiin, barnoonni maallaqaan wal-qabatan qulqullinaanis ta'ee bal'inaan hin kennamne. Kunis lammiileen hubannoon waa'ee baankii fi tajaajila maallaqaa qaban daanga'aa akka ta'u gochuun qusannoon keenya hanga barbaadame akka hin guddanne taasiseera. Murtoon qusachuu hubannoodhaan alatti dhimma faayidaa soorachuu fi qusachuu waliin madaaluun kan caalatti na fayyada jedhan irratti murteessuuti.

Gama kanaan fedhii qusachuu lammiileen qaban kan dadhabsiise bu'aan dhala qusannaa sababii ol-ka'iinsa gatiitiin waan gadi bu'eef, akkasumas, karaa dhaabbilee faayinaansiitiin tajaajilli qusannaa jajjabeessu waan hin babal'anneefidha. Gama mootummaatiinis inshuraansii fi hojiiwwan gurgurtaa boondii qusannaa deeggaran diriirsuun bu'aa gaariin kan itti argame ta'ullee haalli hojmaataa qusannaa ga'aan waan hin diriirfaminiif qusannaan hanga sadarkaa eegamee akka hin guddanne taasiseera. Sababuma kanaan, qusannaa biyya keessaa hanga barbaadame guddisuun waan hin danda'amneef qusannaa biyya alaatti garmalee maxxantuu taanee akka jiraannu nu taasiseera. Mudoon kun babal'achaa kan deemu yoo ta'e dhiibbaa biyyoota alaatiif kan nu saaxiluu fi walabummaa imaammataa kan nu dhabsiisu ta'uu caalayyuu carraan amansiisaa ta'uu fi itti-fufiinsa qabaachuu isaa baay'ee xiqqoo dha.

Agarsiiftuun madaala irraa baduu diinagdee waliigalaa inni biraa, madaalli biyya alaa karaa gadi dhiisuu isaa yoo ta'u, adda-dureedhaan madaallii raawwii baasii fi galii daldalaatiin wal-qabata. Haala sadarkaa oomishtummaa diinagdee biyya keenyaa amma jiruutiin, shaqaxootas ta'ee meeshaalee misoomaa sochii diinagdee biyya keenyaatiif barbaachisoo ta'an biyya keessatti guutuun waan hin danda'amneef alaa galchuun dirqama ta'a. Kana milkeessuufis dhiyeessiin sharafa alaa murteessaa dha. Hir'inni madaallii daldalaa hir'ina sharafa alaa yaaddessaa ta'eef nu saaxileera. Hangi sharafa birrii ija maallaqa jajjaboo idil-addunyaatiin ol-ka'uun isaa daldala alaa caala daldala galii bu'a-qabeessa taasisuun rakkina mataasaa uumeera.

Dhiyeessiin sharafa alaa keenya madda amansiisaa kan ta'e haala raawwii daldala shaqaxootaa biyya alaa fooyyessuurra haala gadi aanaa ta'erraa gara hallayyaatti deemaa jira. Fedhiin meeshaalee galii diinagdichaa waggaarraa gara waggaatti dabalaa waan deemeef garaagarummaa sodaachisaan daldala galiifi baasii gidduu jiru baay'ee ol-aanaa dha. Kanumaan wal-qabatee hir'inni sharafa alaa nu mudate madaala kaffaltii iddoorraa warraaqsuu caalayyuu rakkinoota bulchiinsa imaammata maallaqaatiin wal-qabatan kanneen biroo hammeessuun isaas waan hin hafne.

Jabana galiin daldala baasii shaqaxoota keenyarraa argannu raawwii ol-aanaa galmeessise galiin argame doolaara biliyoona sadi hin caalle. Galiin daldala baasii keenyaa gaheen diinagdee waliigalaa irraa qabu waggoottan torban darban walumatti aansuun gadi-bu'aa dhufeera. Baasii daldala galii faayinaansiin deeggaruu fi guddina diinagdee itti fufsiisuuf wayita kana yoo xiqqaate hanga amma qabnu dacha ja'a nu barbaachisa. Daldala baasii shaqaxootaarraa galiin argannu ida'amee galii boba'aa waggaa tokkoo ammaan kana biyya alaarraa argannu baasii isaa illee nuuf hin aguugu.

Haala kana keessatti misooma itti-fufiinsa qabu fiduun qormaata ulfaataa ta'a. Karaa biraatiin, oomishaalee baroota walitti aanan hedduudhaaf alaa galchaa turre keessaa hedduu isaanii biyya keessatti hogganuu hin dandeenye.

Keessattuu oomishaalee qonnaa fi kanneen industirii sasalphaadhaan oomishaman biyya keessatti hogganuu osoo qabnuu alaa galchuu itti fufnee jirra. Biyya qamadii oomishu taanee osoo jirruu waggaa waggaadhaan qamadii gara toonii miliyoona tokkoo sharafa alaa kaffaluun alaa galchuun miidhaa ol-aanaa qaba. Garbuu biiraa biyya keessatti oomishnee waarshaaleef dhiyeessuu osoo qabnuu biqila garbuu biiraa hagana hin jedhamne alaa galchuun keenya doolaarii kaffallee uummata biiraa obaasuudhaan tokko.

Waggaa waggaadhaan maallaqa doolaara miliyoona 400-500 baasuudhaan zayita nyaataa biyya alaatii galchina. Midhaan zayitii adda addaa oomisha zayita nyaataatiif galtee ta'an (atara zayitaa, suufii, nuugii, talbaa, kkf) oomishuuf haala biyyoolessaa mijataa ta'e osoo qabnuu, kallattii kanaan of-danda'uuf xiyyeeffannoo itti kenninee hojjachaa hin jirru. Dabalataanis, karoorri akaakuu daldala alaa baay'isuuf qabames bu'aa barbaadame hin argamsiifne. Jijjiiramni imaammataa yeroo yerootti taasifamanis (gatii qarshii hir'isuu, oomisha alatti erguuf deeggarsa kennuu, kkf) bu'aa barbaadame argamsiisuu hin dandeenye.

Oomisha shaqaxoota alatti ergamanii biyyoota diinagdee wal-gitaa biyya keenyaa qaban waliin yoo wal-dorgomsiifnu illee baay'ee gadi bu'aa dha. Karaa qabanneen yoo itti fufne sadarkaa oomishtummaa biyyoota olla (fkn Keeniyaa) birallee ga'uuf waggoota hedduu nutti fudhata. Oomishtummaan yoo hin guddannee fi akaakuun oomisha biyya alaatti ergamanii baay'inni isaanii yoo heddummachuu baate tarkaanfiiwwan onnachiiftuu adda addaa qofa fudhachuun dhamaatii gatii hin qabne dha. Akkanumas, daldala alaatti danqaa kan ta'an haalli gumuruuk, loojistiksii fi haala birokiraasiiwwan wal-qabatan fooyyessuun barbaachisaa dha.

11.3 Qormaata Qulqullina Guddina Diinagdee

Guddinni qulqullina qabu tasgabbaa'aa fi itti-fufiinsa kan qabu, oomishtummaa kan guddisu, carraa hojii amansiisaa kan uumu, hiyyummaa kan dhabamsiisuu fi haala jiruuf jireenyaa fooyya'aa kan fidudha. Guddina diinagdee galmeessisuun waliigalatti guddachuu dhabuurra fooyya'aa ta'us, guddina diinagdee akaakuu adda addaatu jiru. Guddinni tokko tokko qabeenya uumamaa seeraan-ala fayyadamuudhaan ykn dhaloota dhufu irratti idaa hin barbaachifne tuuluudhaan argamuu danda'a.

Guddinni tokko tokko immoo sadarkaa fi yeroo barbaadametti hiyyummaa kan hin balleessineefi gama hedduudhaan carraa hojii kan hin uumne ta'uu danda'a. Akaakuuwwan guddinaa kallattii sirrii kaa'ame keessatti hin raawwatamne itti-fufiinsa kan hin qabne, mul'atanii kan badaniifi dheebuu misoomaa uummanni isaanii qabu kan hin baafne dha. Guddinni biyyoota murtaa'anii addunyaa kanarratti arginuu immoo itti-fufiinsa kan qabanii fi uummata isaanii rakkoo keessaa kan baase dha.

Fakkeenyaaf, haala diinagdee tibba waraana biyya Iraaq ilaaluun hiikaa misoomaa sirreessuun baay'ee murteessaa ta'uusaa nu agarsiisa. Akkuma beekamu, biyyi Iraaq A.L.A. bara 2003 weerara Ameerikaa jala turte. Tibba waraanaa kana biyya isaanitti lubbuuwwan hedduun darbeera; godaansi hedduun raawwateera; manca'iinsi qabeenyaa fi misooma bu'uuraa, akkasumas, bittinnaa'uun sirna jireenya hawaasummaa dhaqqabeera. Haata'u malee, safartuuwwan guddina diinagdee baramaniin diinagdeen biyya isaanii yoo safaramu, waggoottan hedduu tibba sana duraa-duubaan jiran keessatti oomishni waliigalaa biyya keessaa guddina waggaatti dhibbantaa 54 ta'u qabu. Kunis kan nutti agarsiisu, guddina qofa safaruun kaayyoo misoomaa isa jalqabaa godhatanii ka'uun; fedhii jiruu fi jireenya lammiilee fooyyessuu fi badhaadhinaa olitti tarreeffaman akka dagannu nu taasisa.

Guddinni diinagdee biyya keenyatti walitti-fufiinsaan galmaa'e ulaagaa safartuu guddinaatiin madaalamuu qaba. Kana gochuun mallattoowwan dhukkuba diinagdee armaan olitti eeraman cuunfuudhaan ka'umsaa fi maalummaa isaanii hubachuuf nu gargaara.

Diinagdeen biyya keenyaa dijiitii lamaan guddachaa ture liqii mootummaa biyya alaa fi liqii biyya keessaa ol-aanaa ta'e irratti kan hundaa'e dha. Burqaa guddinichaa isa jalqabaa kan ta'e baasiin mootummaa liqii ol-aanaa fi gargaarsaan kan aguugamedha. Kanaa olittiyyuu, dhiibbaan idaa biyya keenyaa sadarkaa ol-aanaa irra ga'eera. Guddinni diinagdee adda-dureedhaan fedhii waliigalaa irraa kan madde waan ta'eef fedhiin soorachuu qooddattoota diinagdee biyya keenyaa akka qaala'u godheera.

Karaa biraatiin, dhiyeessiin diinagdee gama qonnaa fi oomishtummaatiin sababa hir'ina oomishaa qabuuf dadhabaa dha. Kunis dadhabuu daldala oomishaalee alatti erguu fi qaala'uu fedhii oomisha galiitiin jeeqamuu sharafa alaa uumeera. Hir'inni sharafa alaa humna idaa biyya alaa ofirraa kaffaluu keenya dadhabsiiseera. Guddinni galmeeffame misooma bu'uuraa hawaas-diinagdee kan bu'uureffate waan ta'eef, gama tokkoon humni oomishaa barate hedduun uumamus guddinicha keessatti carraawwan hojii uumaman amala yeroo qofa qabu. Kanaafuu, guddinichi carraa hojii itti-fufiinsa qabuu ta'e hanga barbaadame dhaabbataadhaan hin uumne.

Walumaagalatti, fedhii sooratummaa sababa baasii mootummaatiin taasifamee fi oomishtummaan dhaabbilee dhuunfaa dagaaguu dhabuun wal-simannaa dhabuu dhiyeessii uumameen guddinni diinagdee waggoota hedduudhaaf ol-ka'iinsa gatii uumeera.

Ol-ka'iinsi gatii walitti-fufiinsaan uumamu uummata hiyyeessa galii dhaabbataa qabu irratti qaala'ina jireenyaa baay'ee ol-aanaa ta'e uumeera. Mallattoowwan cabiinsa diinagdee kunniin kan wal-keessa jiranii fi hidhata cimaa qabanidha. Kanaafuu, furmaata furtuu cabiinsaa ta'e adda baasanii baruun furmaata itti kenuun barbaachisaa ta'a. Haaluma kanaan, madda guddina diinagdee biyya keenyaa yoo ilaalle diinagdee biyya keenyaa walitti aanudhaan guddachaa ture liqiifi gargaarsa mootummaa biyya keessaa fi biyya alaa baay'ee ol- ta'e irratti kan hundaa'e dha.

Guddinni kun fedhii waliigalaa keessaa adda-dureedhaan baasii mootummaa gahee guddaasaa qabateen kan hogganame dha. Guddinni akkanaa sadarkaa wixinee yaadatti diinagdee keessatti fedhii bal'aa fi taatota dhaabbilee dhuunfaatiif carraa gabaa uumuudhaan dhiyeessii akka babal'isutu irraa eegama. Haata'u malee, haala qabatamaa biyya keenyaatiin ce'umsi kuni harkifataa ta'uu danda'eera. Guddina bu'uuraa fi hundee jabaa qabu fiduuf diinagdeen dhiyeessii waliigalaan kan geggeeffamu ta'uunsaa filatamaa dha. Mootummaadhaan alattis gabaa oomishtootaa tajaajilaafi shaqaxaa uumuun bal'inaan oomishtummaatti seenuu isaaniitiif guddinni isaan fidan filatamaa dha.

Haata'u malee, haala qabatamaa waggoottan guddinaa gara jalqabaa keessatti dhaabbileen dhuunfaa cimoo ta'an hin ijaaramne. Hoggantummaa isaa mootummaan fudhatee kallattii guddinaa fedhii irratti hundaa'e hordofuun isaa dhimma filannoo miti. Hir'inni kan uumameef mootummaan raawwii ga'umsa qabu kan idaa keessaa saffisaan ba'uu dandeessisu hojjachuu dhabuu isaa fi guddina itti-fufiinsa qabuf filatamaa kan ta'e guddinni dhiyeessii bu'uureffate osoo lafa hin qabatin fashalaa'uu isaati. Kana waan ta'eef, gama tokkoon oomishaan biyya keessaa fedhii biyya keessaa guddatee jiru guutu uumamuu dhabuu isaatiin; gama biraatiin immoo, mootummaan baasii hamaadhaaf waan saaxilameef sharafa alaa baay'ee daanga'aa ta'e kanaan argamu oomisha galii waan ittiin bituu fi liqii kaffaluu irra oolchuuf dirqameera.

Kanaafuu, guddinichi milkaa'ina duraan qabu eeggatee fuul-duratti deemuuf karaa faayinaansii misoomaa biroo filannoof ta'u cirachuun barbaachisaa dha. Gahee mootummaan misooma irratti qabu naamusa akka qabaatu ta'uu qaba. Guddinichi oomishtummaa itti-fufiinsaan guddisuu kan giddu-galeeffate yoo ta'e, jeeqamuun hawaas-diinagdee uumamu hammaataa ta'uun isaa waan hin oolledha.

Dimshaashumatti, mata-duree darbe keessatti murtaa'aa ta'uu diinagdee biyya keenyaa furuuf hidhata gabaa biyya keessaa fi biyya alaa ifaa fi dorgomsiisaa ta'e ijaaruutu nurraa eegama. Kanaaf, boqonnaa itti aanu keessatti dhimmoota shoorri dhaabbilee diinagdee biyya keessaa fi qajeelfamoota isaanii sakatta'uu dandeessisan bal'inaan irratti dhiyaataniiru.

BOQONNAA KUDHA LAMA

Sababoota Cabiinsa Sirna Diinagdee

Diinagdeen biyya keenyaa haala qabatamaa guddina biyya keenyaatiin wal-qabatee dhufanii fuul-durattis dhufuu danda'an cabiinsa sirni diinagdee mudoowwan caaseffamaa qaba. Cabiinsa kanneen, dambii "keessaa-alatti" jedhuun sakatta'uu yaalla. Ogeessonni kallattii kanaan qo'annoo taasisan cabiinsa sirna diinagdee mudoowwan caaseffamaa haala adda addaatiin hiika itti kennuu ni dand'u. Ta'us garuu, Itoophiyaan rakkinoota bu'uura diinagdee ishee mudatan hubachuuf hir'ina gabaa mudoowwan caaseffamaa ta'an kanaa hir'inoota mootummaa itti dabaluu walitti makuudhaan cabiinsa diinagdee waliigalaa hir'inoota sirnichaa keessatti hammachiisuudhaan xiinxaluun yaalameera. Qoqqoodinsi akkanaa wixinee yaadaa biyyoota qarooman keessatti dagaage hubachuu bira darbee golgaa haala qabatamaa biyyi keenya keessa jirtu yaada keessa galfachuun rakkoowwan mudatanii yaada furmaataa filatamoo ta'an ittiin dhiyeessinu nuuf kenna.

Yaad-rimeen boqonnaa kanaa inni guddaan rakkoon diinagdee biyya keenyaa akka waliigalaatti hir'ina sirnaati kan jedhu dha. Hir'inni sirnaa agarsiiftuu diinagdeen biyyootaa wal-xaxaa ta'uun isaa kan ittiin ibsamu dha. Rakkoowwan sirnoota xixiqqoo taatotaa diinagdee keessatti mul'atan ija adda addaatiin hir'ina gabaa hir'ina mootummaa xiinxaluun furmaata kennuu barbaachisa. Rakkoon diinagdee biyya keenyaa fakkii guutuusaa hin mul'isu.

Sababiin isaas, hir'ina gabaa hir'ina mootummaa qofa ol-kaasee agarsiisuun fiixetti kan ba'anii haala qabatamaa biyyittiitiin kan wal hin simanne, darbee darbees kan gargar ba'ani dha.

Kanaafuu, hir'inoota gabaa hir'inoota mootummaa yaadota qindeessudhaan kuufama hojiiwwan sirna diinagdee biyya keenyaa yaada keessa galfachuun ilaaluu qabna. Dabalataanis gufachuu gahee taatota diinagdee kanneen biroo itti dabaluun yoo ilaallu rakkoon diinagdee keenyaa inni bu'uuraa hir'ina sirnaati jennee goolabuu dandeenya. Diinagdee akka sirna wal-xaxaa tokkootti fudhachuun sadarkaa galtee, adeemsaa bu'aatti ilaaluun bu'aa ol-aanaa qaba. Diinagdee haala waliigalaa hidhata qabuun akka sirna biyyoolessaatti ilaaluun rakkoowwan diinagdee keessa jiran haalan hubachuuf gargaara. Filannoowwan imaammataa hojii irra oolchuuf baay'ee fayyada.

Rakkinoota diinagdee biyya keenyaa hir'ina sirnaatiin xiinxaluuf adda-dureedhaan yaadni itti fayyadamnu qabeenya burqisiisuu qooddannaa kan bu'uureffate dha. Qabeenyi kaffaltii diinagdee humnoota oomishaa, keessattuu lafaa badhaadhin a kaappitaalaa irratti duudhaalee dabaluun kan argamu yoo ta'u; haalli qabeenya burqisiisuu qooddannaa haqa-qabeessa, saffisaa bu'a-qabeessa ta'e diinagdee biyyattii keessatti uumamuun safartuu ijoo guddinaa misooma hawaas-diinagdee fayya-qabeessati. Sirna oomisha diinagdee keessatti wal-hubannaa qindoominni taatotaa tokkoo tokkoon taatota diinagdee dhimma murtaa'e irratti beekumsaa dandeettii gadi-fagoo akka qabaatan taasisa. Kunis gama tokkoon si'aayina kan uumu yoo ta'u, gama biraatiin duudhaa hawaasummaa wal-amanuu wal-tumsuu uuma.

Waa'een dhimmoota lamaan kanaa (beekumsaa wal-amanuu) sirna gabaa idilee keessatti salphaatti ida'amanii argamuu dhabuun isaanii qaroomina fiduu irratti danqaa ta'eera. Kiyyoo bu'uuraa akka biyyoonni maraammartoo hiyyummaa keessaa salphaatti ba'anii badhaadhin a hin goonfanne godhe dha. Danqaa kana dhabamsiisuufis ida'amuun taatota sirna diinagdee gumaacha ol-aanaa qaba. Kanaaf, hidhataa hariiroo ida'amuu diinagdee hir'inoota sirnaa furuuf qoqqoodinsa gahee hojii bu'uureffachuu barbaachisa. Ida'amuun danqaa badhaadhin aa kana dhabamsiisuun adeemsawwan oomishtummaa saffisaa bu'a-qabeessa akka ta'an gochuun qabeenyi dimshaashaa akka dabaluu fayya-qabeessa ta'u godha.

Haaluma kanaan, mata-duree itti aanu jalatti dimshaashummaan hir'ina sirnaa, hir'ina gabaa hir'ina mootummaa waliin wal-bira qabuudhaan walitti qindaa'ee kan dhiyaate yoo ta'u, iftoominaaf akka gargaaru hiika idil-addunyaa isaan qaban hiika biyya keessatti kennameef waliin walitti hidhamuun dhiyaateera.

12.1 Hir'ina Gabaa

Gaaffilee ijoon hir'ina gabaatiin wal-qabatanii ka'uu qaban, gabaanumti matuma isaatiin dhimmoota akkamii irraa ka'uun rakkina fiduun qoqqoodinsa qabeenyaa haqa-qabeessa ta'e argamsiisuu dadhabe? Hir'inoonni akkanaa wayita uumaman gabaan matuma isaatiin haalli hir'inicha itti sirreessuu danda'u, dandeettii fedhiin taatotaa jiraa? Yoo ta'uu baate hoo hir'inoonni akkanaa wayita jiran sirreessuuf itti-gaafatamummaa eenyutu qaba? Akkam gochuudhaan sirreessa? kanneenn jedhani dha.

Diinagdee gabaa wallabaatiin geggeeffamu keessatti hir'inoonni gabaa oomishaa tajaajilli akkaataa fedhii dhiyeessiitiin geggeeffamuu yoo baate kan uumamu dha. Hir'inni gabaa fiigicha namoota dhuunfaa gareedhaan fedhii ofii eegsifachuuf taasifamu irraa ka'uun faayidaan uummata bal'aa wayita tuqamu rakkoo uumamu dha. Ka'umsa hir'ina gabaatiif adda-durummaan sababoota saditu eerama. Isaanis: amala gabaa, amala oomishaa akaakuu daldalaa irraa sababoota maddani dha.

Amala gabaan wal-qabatee, gabaa keessatti dorgommiimorkiin haqa-qabeessaa akka hin taasifamne haalota taasisan wayita uumaman hir'ina gabaatu uumama. Fakkeenyaaf gabaan humnoota muraasaan to'annaa jala yoo oole hir'ina gabaatu mudata. Kaampaaniiwwan kunniin dorgomtoonni biroo gabaa keessa akka hin seenne daangessuudhaan yookin uumamumaan filannoo gabaa kophaa isaanii socho'an ta'uudhaan ol-ba'u. Haaluma kanaan, dorgommiin haqa-qabeessa ta'e akka hin jiraanneef jeeqama gabaa uumuudhaan bu'a-qabeessummaa gabaa ni daangessu.

Inumaa, abbootii qabeenyaa muraasa gabaa jal'isuun jeeqan uumuudhaan abbootiin qabeenyaa kunniin gabaa kana irratti ol-aantummaa yoo qabaatan hir'inni gabaa ni uumama.

Sadarkaa yaadatti haala sirna gabaa walabaa keessatti abbootiin qabeenyaa dhuunfaa hundi gatii gabaa fedhii dhiyeessii gabaa hordofuun kaawwamu fudhachuu malee ofii isaaniitiin gatii gabaa murteessuu kan danda'an miti jedhama. Haa ta'u malee, sababoota adda addaatiin abbootiin qabeenyaa muraasni baasii xiqqoodhaan bu'aa humnaa-olii argachuun guddatu. Kunis gatii gabaa fudhachuurraa gara gatii gabaa murteessuutti isaan ceesisuu danda'a. Kanumaan wal-qabatee gabaan dorgommiidhaan kan geggeeffamu osoo hin taane abbootiin qabeenyaa muraasni harkatti galfachuudhaan kan akka fedhanitti raasan ta'uudhaan hir'ina gabaa fida. Adeemsi wal-fakkaataan tumsa mootummaatiin tarkaanfiiwwan sirreeffamaa hin fudhataman taanaan abbootiin qabeenyaa dhuunfaa haaraan gara gabaa kanaatti makamuun kan hin yaadamne ta'a.

Akkaataa haala qabatamaa biyya keenyaatiin, yaada falmii olitti dhiyaate hir'ina gabaa uumeera jechuun hin danda'amu. Sirni gabaa Itoophiyaa abbootii qabeenyaa gurguddaa muraasaan kan too'atamedha jedhanii murteessuun hin danda'amu. Hagamillee kallattii gabaa adda addaatiin (zayita nyaataa, qamadii, kkf) abbootiin qabeenyaa muraasni haalli itti gabaa kana harkatti galfatan jiraatus, kana caala rakkoo kan uume dameen daldala dhuunfaa dadhabaa ta'uu isaati.

Hir'inni gabaa gama amala oomishaatiin mudatu karaa tokkoon maalummaa oomisha sanaatiin kan wal-qabatu yoo ta'u, gama biraatiin immoo adeemsa oomishaatiin kan wal-qabatu mudoowwan wal-simataa ilaallata.

Gama maalummaa oomishichaatiin yoo ilaalllu, oomishaalee tajaajila hawaasummaa uummataa faayidaa waliinii uummataatiif oolu kan akka daandii, barnoota, fayyaa kkf gabaan matuma isaatiin dhiyeessuu yoo dadhabe hir'inni ni mudata. Gama biraatiin adeemsi oomishaa naannoo irratti yookin kallattii biraatiin miidhaa kan geessisu yoo ta'e hir'inni gabaa uumameera jechuu ni dandeenya.

Falaasama gabaa walabaa hordofuudhaan oomishni gabaadhaaf dhiyaatanii gurguraman amaloota bu'uuraa lama qabu. Isaanis: morkattummaa oomishaalee kanneen fayyadamuu amala dhoowwatummaati. Morkatummaa jechuun oomisha tokko fayyadamuu kan danda'u gatii isaa kaffalee kan bitate qofa ta'uusaa kan agarsiisu dha. Dhoowwattummaa jechuun immoo gatii oomishaa kaffalee bitachuu kan hin dandeenye oomisha gabaa sanaa fayyadamuu irraa akka dhoowwamu kan agarsiisu dha.

Gama biraatiin, oomishni yookin tajaajilli tokko oomisha uummataa waliinii amaloota lamaan hin qabneen fedhama. Kan akka ibsaa daandii irraa, dhaabbilee tajaajila uummataa, tajaajiloota nageenyaa raayyaan ittisa biyyaa dhiyeessuu kkf oomishaalee lammiileen biyyattii hundi itti fayyadamani dha. Fayyadamuun nama dhuunfaa tokkoo inni biraa akka hin fayyadamne hin dhorku. Dabalataanis, namni dhuunfaan kumiyyuu itti kaffalus kaffaluu baatus tajaajilicha argachuu ni danda. Oomishoota wal-fakkaatoo dhiyeessuun itti-gaafatamummaa gabaa sanaati jedhamee yoo dhiifame sababa amala gabaa sanaatiin furamuus hin danda'u. Kanaafuu, shaqaxoota wal-fakkaatan dhiyeessuuf itti-gaafatamummaa kan qabu mootummaa ta'uu qaba.

Gama biraatiin, adeemsa oomishuu kaampaaniiwwaniitiin yookin oomishni oomishan matuma isaatiin uummata irraan miidhaa kan ga'u yoo ta'e hir'inni gabaa ni mudata. Fakkeenyaaf, naannoo kan faalu qabeenya uumamaa humnaa-oli kan saaman sochiiwwan gabaa, faayidaa fedhii uummata harka caaluu kan miidhan ta'u. Falaasama gabaa bilisaa hordofuun abbootiin qabeenyaa oomishan baasiigalii isaanii wayita herregan, gama baasiitiin wanti isaan herregan oomishicha oomishuu eegalanii hanga gabaaf dhiyeessanitti baasii baasani dha. Garuu, adeemsa oomishicha oomishan keessatti miidhaawwan oomishni/adeemsi oomisha isaanii uummata irraan ga'uu danda'u baasii isaanii keessatti hin hammachiisani. Miidhaa geessisan kanaaf beenyaa hin kaffalan yoo ta'e uummaticha yookin qaama sadaffaa aarsaa guddaa kaffalchiisa. Adeemsi wal-fakkaatoon akkaataa seeraatiin qaama mootummaatiin to'annaa hordoffiin yoo irratti hin taasifamne, abbootiin qabeenyaa miidhaa geessisaniif kaka'umsa mataa isaanitiin fedhiin tarkaanfii sirreeffamaa fudhachuu gad-aanaa waan ta'uuf hir'inni gabaa ni mudata.

Haala qabatamaa biyya keenyaatiin wal-qabsiisuun dhimma kana yoo ilaalle, diinagdee keessatti faalamni naannoo dhimmoonni wal-fakkaatoon hanga tokko rakkoo dha. Cabiinsa diinagdeetiif garuu sababa bu'uuraatii miti. Faalama naannootiif sababa ta'uu kan danda'an sekteroota maanufaakcheriingii albuudaa fudhachuun ilaaluun nidanda'ama. Sekterri maanufaakcheriingii Itoophiyaa humna isaa guutuudhaan gara oomishuutti seenuun, faalama naannoo geessisuudhaan hir'ina gabaa uumeera jedhamamanii warra qeeqaman qubaan lakkaa'aman keessaa tokko dha. Haa ta'u malee, faalama naannoo gama sektera maanufaakcheriingiitiin dhufu caala yaaddessaa kan ta'e oomishtummaa, dorgomaabu'a-qabeessa ta'uun sekerichaa baay'ee gad-aanaa ta'uu isaati. Ija kanaan, maanufaakcheriingiin haalli faalama naannoo ammaan kana irra jiru akka uumamu sababoota taasisan gurguddoo keessaa isa tokko ta'us; garuu, qofaa isaatti sababa miti.

Hir'inoota gabaa qabiyyee daldalaa waliin wal-qabatee jiru ilaalchisee odeeffannoon gabaa lammiilee bira haala wal-qixa ta'een ga'uusababa haala murtoo kennuu gatiidaldalaatiin kan uumamu dha. Taatonni gabaa waa'ee gatii gabaa odeeffannoo wal-qixaa yoo hin qabaanne, gatiin adeemsa gabaa keessa jiru baay'ee ol-aanaa yoo ta'eemurtoon gatii gabaa taatota giddu tti haala wal-qixa ta'een yoo murtaa'e, adeemsa bittaaf gurgurtaa kana keessa, haalaa qabiyyee isaa irraa madduudhaan hir'inoonni gabaa mudachuu ni danda'u.

Hir'inoonni gabaa Itoophiyaa keessatti mudatan irra-caalaan qabiyyee bittaaf-gurgurtaa, keessattuu odeeffannoo gabaatiin kan wal-qabate dha. Keessattuu immoo hojiin faddalummaa odeeffannoo gabaa micciiruudhaan; akkasumas, sirna gabaa jeequudhaan, biyya keenya irratti miidhaa ammana hin jedhamne geessisaa jiru. Dabalataanis, abbootiin qabeenyaa dhuunfaa mootummaa fayyadamtoota caala odeeffannoo waan qabaniif carraa kanatti fayyadamuun hir'ina sirrii hin taane yookiin qaala'insa gatii yeroo uuman hir'ina gabaa baay'ee ulfaataa ta'etu uumama.

Dimshaashumatti, hir'ina gabaa jechuun falaasama gabaa bilisaa hordofuudhaan yaaliiwwan sirna diinagdee bulchuuf godhamu keessatti sochiiwwan taasifaman hundi gabaaf yoo dhiifaman, gabaan matuma isaatinuu hir'inoota uumu kan agarsiisu dha. Falaasama gabaa bilisaatiin gatiin shaqaxaa kan murtaa'u fedhii hanga dhiyeessii gabaarra jiruutiin akka ta'e ni agarsiisa. Adeemsi akkanaa kuni haala sababa qabuun nama dhuunfaa faayidaa ofii eegsifachuu barbaadu kamiifuu karaa sirrii ta'ee ilaalama. Haa ta'u malee, akka hawaasaa yookiin akka gareetti yoo ilaalle, namoonni dhuunfaa fedhii dhuunfaa isaanii eegsifachuuf jecha murtoowwan murteessanii tarkaanfiiwwan fudhatan qaama walabaatiin hanga hintoo'atamnetti sochiiwwan hawaasa miidhu keessatti hirmaachuu danda'u.

Kanaaf, gama hir'inoota gabaatiin rakkoowwan kunniin akka hin uumamne mootummaan durseetoo tarkaanfii seeraa, to'annaa imaammataa tarkaanfiiwwan sirreeffamaa fudhachuu qaba. Fakkeenyaaf, to'annaa heeyyama faalamaa, gatii gabaa, daballii taaksiiadabbii seeraa kan eeramani dha. Kanaafuu, haala qabatamaa biyya keenyaatiin mootummaan itti-gaafatamummaa isaa kana hunda yoo ba'ate falaasama gabaa bilisaa hordofuun Itoophiyaa keessatti gabaan ofiin of-bulchuu danda'aa? Kan jedhu gaaffii bu'uuraa ka'uu qabu dha.

Mootummaan tajaajila uummataa guutumaan guutuutti osoo dhiyeessee, adeemsa dhaabbilee daldalaa hogganuu keessatti miidhaa uummatarra ga'an ittisuuf yookiin dhorkuuf seerota baasee hojii irra osoo oolchee, odeeffannoo burjaajessaa irraa ka'uun maamiltoonni gatii sirrii hin taane shaqaxootaaf akka hin kaffalles ta'ee abbootii qabeenyaa muraasa gabaa dabsanii fayyadaman akka hin uumamne seerota dhorkan baasee hojii irra osoo oolchee, gabaan kuni hir'achuu yookiin bushaa'uun hafee ofiin of-hogganuu danda'aa laata? Gaaffilee jedhan kaasudhaan gadi-fageenyaan osoo sakattaanee sababa hir'inoota gabaa biyya keenyaa ijoob ta'an oomishtummaa ga'umsa dorgomuu sektera dhuunfaa yookiin dadhabina waliigalaa sekterichaa keessaa akka maddu ta'uusaa salphumatti hubachuun ni danda'ama.

Haala qabatamaa biyya keenyaatiin seenaan diinagdee keenyaa baroota hedduudhaaf aadaa sirna gabbara abbaa lafaa diinagdee ajajaa keessa kan darbe dha. Adda-dureedhaan ijaarsi sirna gabaa bilisaa waggoottan soddoma darban keessatti kan jalqabame dha jechuun goolabuun ni danda'ama. Jabana sirna moototaa sirna gabaa bilisaa diriirsuuf yaaliiwwan muraasni taasifamanillee, sirni diinagdee biyya keenyaa baroota hedduudhaaf hojii qonnaa sirna abbaa lafaa, maxxantummaa bokkaaadeemsa oomishummaa duubatti hafaa hordofu irratti kan hundaa'e ture. Kanaafuu, diinagdeen duubatti hafaa kan haala gabaa hin hordofnee duudhaa ida'amuu giddu-galeessa kan hin godhanne dha. Sababa kanaafis, diinagdee hojii qonnaa harkarraa afaanitti ta'een akka hogganamuu gabaadhaaf kan hin oomishne taasisee tureera.

Dabalataanis, diinagdeen ajajaa sekterri dhuunfaa akka gadi-dhugamuu akka hin uumamne gochuunis ifatti mul'ateera. Kanaafuu, sirni diinagdee waliigalaa adeemsa keessa gangalachaa dhufe bu'aa oomisha aadaa tooftaa oomishaa biraa irratti akka hundaa'u waan taasiseef baroota dheeraadhaaf diinagdeen gabaa biyya keenya keessa jira jechuu hin dandeenyu. Diinagdee gabaa waliin haalan wal-hubachuu dhabuu keenyaan dhaabbilee cimoo dambiiwwan gabaa nuuf baasaniihojiitti hiikan hin ijaaramne. Kanaafuu mootummmaas ta'ee sekteroonni daldala dhuunfaa gaheen isaan gabaa keessatti qaban haasa'uun waan bishaan hin kaafne ta'a.

Haala qabatamaa amma jiruun mootummaan itti-gaafatamummaa isaa guutumaan guututti ba'achuun gabaan guutumaan guututti falaasama gabaa bilisaa hordofee akka geggeeffamu osoo taasiseellee, abbootiin qabeenyaa irra caalan si'aayinaa bu'aa barbaadamu yeroo gabaabduu keessatti fiduun ga'umsa gabaa ittiin sirreessan hin goonfanne.

"Abbaan ilmasaa yeroo guddisu itti dheekkamuun, keessummaan yeroo dhufe akka diinqatti oldeebi'u gochuun, balleessaa ennaa irratti arge humnaa-ol adabuun, yaada fiixetti ba'an yeroo dhiyeessu mataa keessa qussa'uun callisiisaa turee; guyyaa wayii abbaan waan gochaa ture kanatti gaabbuun ilmasaa dhiifama gaafatee erga nageenyi bu'een booda keessummaa fuul-duratti ba'ee akka taphatu yoo jajjabeessellee, mucaan si'uma tokkoon asba'ee taphachuu hin danda'u."

Kanaafuu, yeroo itti aanu keessatti mootummaan abbootii qabeenyaa jajjabeessuun sararatti galchuuf tattaaffiin taasisu sadarkaa sadarkaan ta'uu qaba. Al-tokkoon waan hunda gabaadhaaf gadi dhiisuu hin qabu. Yaad-rimee kanarraa ka'uudhaan mootummaan karaa filatamaa tarsiimawaa ta'een gabaa keessa lixee seenudhaan hojii gabaa uumuu jajjabeessuu hojjachuu qaba. Waggoottan soddoma darbanis hojjachaa tureera. Sababa kanaanis, hagamillee hir'inoonni yoo jiraatan injifannoowwan galmeessisuun danda'ameera. Diinagdeenis guddina fufiinsa qabuu saffisaa galmeessiseera. Miliyoonota hiyyummaa hamaa keessaa baasuu danda'eera. Ijaarsi misooma bu'uuraa babal'achuun wal-irraa fageenya bal'aa fedhii dhiyeessii gidduu jiru dhiphisuun danda'ameera.

Dhimmi si'anaa ariifachiisaan, hojiiwwan mootummaan waggoottan darban keessa gabaa uumuu jajjabeessuuf hojjachaa ture gabaa kana maal irraan ga'eera? Sirni gabaa bilisaa haala quubsaa ta'een ijaaramee laata? Gabaan kuni rakkoowwan akkamii faa qaba? Gaheen mootummaa sekteroonni dhuunfaa yeroo itti aanu keessatti maal ta'uu qaba? Gaaffilee jedhaniif deebii sirrii argachuun barbaachisaa ta'a.

12.2 Hir'ina Mootummaa

Hayyoota diinagdee tokko tokkoon akka ibsamutti, maddi hir'ina gabaa hir'ina mootummaa waan ta'eef inni tokko isa biroo keessatti waan wal-liqimsamniif, akka qaama gar-tokkeetti malee qaama guddaa ta'ee ibsamuu hin qabu jechuun mormu. Hir'inoonni jiran kan wal-deeggaran ta'us furmaata jabaa fiixa-ba'iinsa qabu burqisiisuuf hir'inoota jiran gara fakkaatutti qoqqooduun ilaaluun barbaachisaa dha.

Hir'inoonni mootummaa adda-dureedhaan mootummaan wayita gabaa keessa lixee seenu waantota baballeessuu ilaalata. Ta'us, hir'inoota mootummaa adda baafnee yeroo ilaallu agarsiiftuuwwan murteessoo lamatu jira. Inni tokko mootummaan gabaa keessa hamma eegamuu oli yeroo seene waan uumamu dha. Inni lammataa immoo dhibaa'ummaa mootummaa keessaa kan maddu yoo ta'u, mootummaan akka gabaan qixa sirriidhaan adeemsifamu itti-gaafatamummaa isarraa eegamu ba'uchuu yoo dadhabe kan uumamu dha. Walumaagalatti, mootummaan haala jajjabeessaa hin taaneen gabaa keessa yoo lixeefi; faallaa kanaatiin immoo, hir'inoota gabaa sirreessudhaaf haala idilaawaadhaan shoora isarraa eegamu sirnaan yoo ba'achuu baate rakkoo qoqqoodinsa madaalarraa maquu oomishaa qabeenyaati.

Hir'inni mootummaa dhibaa'ummaa irraa maddu sababoota hir'ina gabaa waliin hidhata jabaa qaba. Adda-dureedhaanis: hir'ina odeeffannoo gabaa, haala oomisha meeshaalee imaammataa, qixaa'uu-dhabuu hojmaata mootummaa aadaa hojii lammiileen qaban irraa maddan sababoota hir'inoota mootummaa eeruun ni danda'ama. Mootummaan imaammata maallaqaa diinagdeetti fayyadamuun gabaa sirreessuu qoqqoodinsa qabeenyaa haqa-qabeessa ta'e fiduuf meeshaaleen imaammataa itti fayyadamu sababoota adda addaatiin sirna gabaa nagaa jeequu danda'u. Fakkeenyaaf tilmaamni gatii gabaa mootummaadhan murtaa'u baay'achuun naga-qabeessummaa qabaa jeequu danda'a.

Sababiin hir'ina mootummaa inni biroo haala ijaarama uumama mootummaa irraa kan ka'e sektera dhuunfaa caala, mootummaa hir'inni odeeffannoo dandeettii mudachuu waan danda'uuf murtoowwan qoqqoodinsa qabeenyaa bu'a-qabeessa ta'ee qabeenya duguuganii sirnaan itti fayyadamuu dabarsuu irratti ni rakkata. Dabalataanis mootummaan eegumsa hawaasummaatiin lammiilee gargaaruuf tattaaffiiwwan godhu keessatti hamileen hojjatanii jijjiiramuu lammiileen qaban miidhamuun inumaa miira eeggattummaa uumuudhaan kufaatii hamilee waliigalaa uumamuu ni danda'a.

Diinagdee keessa lixuu mootummaatiin wal-qabatee hir'inoota uumaman ilaalchisee yaadota lamatu ka'a. Inni jalqabaa, biyyoota guddachaa jiran keessatti mootummaa cimaan diinagdee sekterootaa filatamanii keessatti hirmaachuun ergama isaa ba'achuu yoo danda'e diinagdee gabaa caalaa haala fooyya'aa ta'een guddina ariifachiisaa haqa-qabeessa galmeessisuu danda'a kan jedhu dha. Ragaa falmii kanaatiifis baay'inaan muuxannoowwan biyyoota kibba-baha-Eeshiyaa akka ragaatti ni dhiyaatu.

Inni biroo immoo caaseffama mootummaa amalli uumama isaa matuma isaatiin hir'inootaa uumamaniif gumaacha guddaa godha kan jedhu dha. Mootummaan sochiiwwan diinagdee qabeenya murtaa'aa dorgommii morkii irratti hundaa'e giddugaleeffate keessatti hirmaachuun mudoowwan mataasaa qaba. Dirree dorgommii morkii kanarratti mootummaan hirmaachuun qoqqoodinsa qabeenyaa si'ataa bu'a-qabeessa ta'e fiduu keessatti mudoowwan haala uumama ofii isaarraa maddu qaba.

Faayidaa miidhaa shoora mootummaan taphatu lamaan kana gidduutti madaallii isaa eegudhaan miidhaa isaa salphisuun faayidaasaa ol-kaasuun yoo danda'ame hir'inoota mootummaa salphisuun ni danda'ama. Kana ta'uun hafee mootummaan bal'inaan harkasaa gabaa keessa galfachuun; humnoota oomishaa too'achuun, adda-dureedhaan muummee madda qabeenyaa ta'uusaa yoo itti fufe carraan uumamuu hir'inoota mootummaa baay'ee bal'aa dha. Keessa-lixummaan mootummaa gabaa bilisaa jeequdhaan qoqqoodinsa qabeenyaa bu'a-qabeessaasi'ataa fiduu dadhaba.

Biyya keenyatti hir'inoonni mootummaa lamaan wal-utubuudhaan uumamu. Fakkeenyaaf, Akka hir'ina gabaatti kan kaasne sekterootaa tokko tokko irratti abbootiin qabeenyaa muraasni gabaa too'achuun turu; dhaabbileen kunniin si'aayinaa ga'umsa ol-aanaa uumuun morkattoota biroo bira darbanii argamuudhaan kan uumamanii miti. Inumaayyuu, aanga'oota ol-aanoo waliin hidhata faayidaa waan uumaniif yookiin hanna irratti hundaa'uu isaanitiif kan uumamani dha.

Adeemsa amma ammaatti keessa dabarre keessatti, Itoophiyaatti dhaabbileen daldalaa humna-guddaa qabu jedhamanii bitaanis ta'ee mirgaan mootummaa irraa deeggarsa argatan dhaabbilee misoomaatola-ooltummaati. Kanaafuu, qabxiin kuni hir'ina gabaa amma jedhamu agarsiiftuu hir'ina mootummaa ta'uu danda'a. Haaluma wal-fakkaatuun, rakkoon faalama naannoo gama sektera albuudaatiin jiru hir'ina mootummaa of-keessatti hammata. Dadhabina qaamolee to'annaa sekterichaa, hannaa kkf waliin rakkoowwan wal-qabatan akeektuu rakkoowwan mootummaati.

Haqa-qabeessummaa odeeffannoo waliin wal-qabatee falaasama gabaa bilisaa keessatti abbootiin qabeenyaa dhuunfaa waa'ee oomisha oomishanii yookiin waa'ee tajaajila kennanii mootummaas ta'ee maamiltoota isaanii caala odeeffannoo fooyya'aa qabu. Kanaafuu, odeeffannoo kana fayyadamuun bu'aa humnaa-olii gabaa argachuu fedhuun isaanii akka cubbuutti ilaalamuu hin qabu jechuun hayyoonni morman jiru. Sababiin isaas fedhiiwwan wal-fakkaatoo sirreessuun gahee mootummaa waan ta'eef gahee kana ba'achuu dadhabuun hir'ina mootummaati malee hir'ina gabaa miti jedhu.

Seenaa haala qabatamaa waayitawaa biyya keenyaa keessatti maddi ijoon hir'ina mootummaa, gabaa walabaa keessa lixuu mootummaa biraa mul'atu waliin wal-qabata. Mootummaan dhaabbilee misoomaa hundeessuudhaan gabaa keessa oomishtummaan yoo seenu, dhaabbilee mootummaa kana keessa ogeessonnii hoggantoonnii hojjatan ofii isaaniitiif hoojatu osoo ta'ee kaka'umsa ittiin hojjachaa jiraniin hin hojjatan. Qormaanni dhibaa'ummaan qacaramaa kuni dhaabbilee mootummaa keessa qofa osoo hin taane rakkoo dhaabbilee dhuunfaa keessallee jiru dha. Ta'us garuu miiraa aadaan dhibaa'ummaa baay'ee ol-aanaa ta'e dhaabbilee mootummaa keessatti haala salphaa ta'een waan lafa qabatuuf hojiiwwan hojjataman si'aayinaanis ta'ee bu'a-qabeessummaadhaan carraan hojjatamuu hojii dhaabbilee dhuunfarra baay'ee gad-aanaa dha.

Qormaanni dhibaa'ummaan qacaramaa dhaabbilee mootummaa caala dhaabbileen dhuunfaa tooftaa faayidaaf-dheekkamsuu wal-bira qabuu fayyadamuun hojjachiisuutiin furuu ni danda'u. Dhaabbileen dhuunfaa deddeebi'ee kisaaraan yoo isaan irra ga'e waan diigamanii hoggantoonnii ogeessonni waan bittinnaa'aniif, dhaabbilee kanneen bu'a-qabeessa gochuun dhimma jiraachuu hojjattootaallee ta'a.

Kanaafuu, mindaafaayidaawwan hojjattoota kanneeniif kaffalamu bu'a-qabeessummaa isaaniitiin wal-qabata. Faallaa kanaatiin, dhaabbileen mootummaa wabii mootummaatiin akka jiraatanitti waan yaadaniif, hojjataan hojii qulqullina qabu hojjatee jiraachuuf kaka'umsi qabu baay'ee gad-aanaa dha.

Sababa bu'uura kanaan biyya keenyatti mootummaan diinagdee keessatti misooma irratti hirmaatee bu'aa ol-aanaa kan galmeessise yoo ta'ellee, adeemsa keessa garuu ammuma harki isaa dheerachaa dhufu humni dhaabbilee ga'umsi hoggantootaa hir'ina qabaachuu isaanii irraa kan ka'e qisaasa'iinsi uumaman, sirna to'annaa daangaa darbee dhaabbilee dhuunfaa ukkaamsu, haala kenniinsa tajaajilaa bibittinnaa'aa, kaka'umsa kan nama keessatti ajjeesuu teekinooloojii caala shakkiidhaan kan hogganamu sirna of-irraa baasoo, mirgi qabeenyaa kabajamuu dhabuu, dhabamuu bulchiinsa gaariihir'ina ga'umsaa bulchiinsa pirojektichaa rakkoowwan uuman hir'ina mootummaa uumeera.

Keessattuu, agarsiiftuu hir'ina mootummaa kan ta'e rakkoo karooraa qindoomina-dhabuu bulchiinsa pirojektii mootummaati. Piroj ektiiwwan mootummaa gurguddaanii sochiiwwan misooma gama hedduu kallattii karoorfamerra akka adeeman dandeessisuu qaba. Hojiiwwan misoomaa keenya qabeenya qusachuu bu'a-qabeessa ta'uu akka danda'u gochuun dirqama mootummaati. Haa ta'u malee, pirojektiiwwanii sochiiwwan misoomaa biyya keenyaa mudoowwan mudataniidadhabbinni mul'atan akaakuu pirojeetiitiin garaagarummaa qabaatus, akka waliigalaatti yoo ilaalame garuu baay'inaan ga'umsa raawwachiisummaa dadhabaa, gama mootummaatiin hordoffii cimaa kutannoo qabu jiraachuu dhabuusaa baay'achuu hannaa waliin wal-qabata.

Bu'a-qabeessummaa hojiiwwan misoomaa guddisuuf qisaasa'ummaa saamicha irraa bilisa gochuuf pirojektiiwwan mootummaa humna bulchiinsaa isaanii jabeessuun barbaachisaa dha. Qorannoon bu'a-qabeessummaa pirojektota kanneen irratti adeemsifamuun qaama dandeettii ga'umsa qabuun akka hojjataman gochuun barbaachisaa dha. Akkasumas, yeroobaajata qabameefiin akka goolabaman qophiiwwan barbaachisoo, hordoffii to'annaa gochuu; akkasumas, kuni ta'uu yoo baate, tarkaanfii sirreeffamaa kutannoo qabu fudhachuun dirqama ta'a.

Kanuma birattis, pirojektonni misoomaa kan mootummaa teekinooloojii uumuu bulchiinsaan humna dhaabbilee xixiqqaa giddugaleessa bakka itti uumamanii jabaatan gochuuf xiyyeeffannoo kennee hojjachuu qaba. Raawwii pirojeektota gurguddaa dhaabbilee misoomaa kan mootummaa fooyyessuuf, madaallii jijjiirama muraasa taasifamuun tarsiimoo ol-aanaadhaan furmaata kan ta'u sekterri dhuunfaa hirmaannaa hojiiwwan misoomaa irratti qabu guddisuu dha. Kana yoo ta'e diinagdee keessatti si'aayinaa bu'a-qabeessummaa fiduun ni danda'ama.

Falaasamni siyaas-diinagdee mootummaa dambiiwwan ijaarsa kaappitaalistii mootummaadhan geggeeffamu hordofuun sekteroota dhaabbileen dhuunfaa bu'a-qabeessa ittiin ta'uu hin dandeenye mootummaan misoomaan akka hojjatu kan kaayyeffate dha. Haaluma kanaan, abbootii qabeenyaa dhuunfaa faana hojjachuu wal-deeggaruu kallattiin bu'uureffate kan kaa'ame ta'ullee adeemsa keessa kan uumame garuu kaappitaalizimii michoomaati.

Keessattuu, yeroo dhiyootii asitti hanga ta'es ta'u namoonni gama sektera dhuunfaatiin adda-dureedhaan diinagdee sochoosuu danda'aniihumnoota misoomaa too'atan namoota mootummaa waliin hariiroo qaban, hidhata-faayidaatiin yookiin firoominaan hariiroo cimaa kan uummatani dha.

Sirni kaappitaala michootaa qabeenya hanna ija-baasaadhaan kuufaman qofa osoo hin ta'in; soba qindaa'eexiinxalameen, mooksuun, si'aayinaa kkf fayyadamuun tooftaalee dogoggorsiisuun deeggaramuun hanna ijaarameen adeemsa qabeenya seeran-alaa kuufachuuti. Ta'us garuu, hanguma mootummaan gabaa keessa seenu naannawaa mootummaatti giti-bittaa uumamuu waan danda'uuf haqa-dhabuun hawaasummaa yaaddessaa ta'aa dhufeera.

Utubaa sirna kaappitaalistii kan ta'e amalli faayidaa dhuunfaa namootaa dursuu to'annaa mootummaa cimaa kaappitaala hawaasummaa uummataa ol-guddisuun yoo deeggaramuu baate biyya balleessuun isaa waan hin oolle. Haa ta'u malee, caasaan mootummaa matuma isaatiin hayyoota siyaas-diinagdee abbootii qabeenyaa sharika isaanii ta'aniin faayidaa dhuunfaatiin akka ijaa badee yoo butame rakkinichi kana caalayyuu wal-xaxaa ta'a. Kanaafuu, mootummaan sirna isaa ajandaawwan diinagdee mudoowwan michootaa irraa bilisa akka oftaasisu hojiiwwan du'aajireenyaa hojjatamuu qabu. Kana ta'uu baannaan humni diinagdee humna siyaasaa waan haqanqaaluuf hayyoota siyaas-diinagdee michuuwwan isaaniitiif qofa sirni dhaabate uumamuun isaa waan ooluu miti.

Haala qabatamaa biyya keenyaatiin mootummaan fedhii dhiyeessii gidduutti wal-simannaan akka jiraatu, qooddannaanii ramaddiin qabeenyaa haqa-qabeessa ta'e akka mirkanaa'u; akakasumas, sekteroota filatamanii dhaabbileen dhuunfaa haala salphaa ta'een irratti bobba'uu hin dandeenye irratti mootummaan hirmaachuun humna misoomaa isa jalqabaa waan ta'eef guddinaa misoomaaf shoora bakka-bu'aa hin qabne taphata. Kana malees, shoorri mootumaa inni guddaan tapha dirree diinagdee diriirsudhaan; akkasumas, dambiiwwan dorgommii naamusa diinagdee baasudhaan dorgommii haqa-qabeessaa qindoominni akka jiraatu karoora, imaammataa tarsiimoo hammataa qopheessuu dha. Haa ta'u malee, mootummaan adeemsa kana keessatti ofii isaa dhiibbaa hayyoota diinagdee jalaa bilisa ofbaasuu qaba. Mootummaan sirnicha boojuu kufaatii mootummaa irraa baraaruuf of qulqulleessuu humna to'annaa humnaa-ol jabeeffachuun dirqama irraa eegamu dha.

Dimshaashumatti karaa dheeraa Itoophiyaan baroota dheeraaf irra deemte duubatti deebinee yoo daaw'anne, mootummaan akka qooddataa diinagdee tokkootti gahee guddaa qabaachaa ture. Kanaafuu, sirnoota adda addaa keessa ciminootas ta'ee hir'inoota turan wayita ilaallu adeemsa mootummaa gadi fageenyaan sakatta'uun sababoota ka'umsa hir'inoota hedduu hubachuufis ta'ee furmaata isaanii argachuuf haala gaariin gargaara.

12.3 Hir'ina Sirnootaa

Dhimmoota biyya keenyatti waggoota hedduuf rakkoo ta'uun turan keessaa inni jalqabaa barbaachisummaa sirna ijaaruu itti xiyyeeffachuu dhabuu fi muuxannoo akka-feeteedhaan uummata bulchuutu ture.

Dhimmi sirna ijaaruu adda dureedhaan dambiiwwan tapha siyaasaa qopheessuu fi dhimma ga'umsaan uummata bulchuuti. Kaayyoon barreeffameef, bakkii fi yeroon itti barreeffame garaagarummaa qabaatullee kabajamoo Naggaadiraas Gabrahiyiwoot Baayikadaanyi waggoota dheeraa dura waayee barbaachisummaa sirnaa ifa godhanii akka kaa'anitti,

> "Uummanni sirna hin qabne humna jabaa hin qabu. Maddi humnaa sirna malee baay'ina waraanaa miti. Mootummaa bal'aa sirna hin qabnerra, magaalaa xiqqoo seeraan bultu ogummaa qabdi."

Kana ka'umsa godhachuun, diinagdee biyya keenyaa akka sirna biyyoolessaatti fudhachuudhaan sakatta'uu barbaachisa.Armaan olitti hir'ina gabaa fi hir'ina mootummaa wal-bira qabuudhaan ilaalle bakka tokkotti ilaaluun nubarbaachisa. Akka biyya guddachaa jirtuutti, kuufama rakkoowwan sirnaa qabnu hubachuun nubarbaachisa. Akkasumas, biyya keenyatti dhaabbilleen barnootaa fi hawaasummaa taatota gurguddoo diinagdee yoo ta'an, garuu xiyyeeffannoo waan hin arganneef isaanis yaada keessa galfachuun hir'inoota keenya ilaaluu qabna. Dhimmoota kanneen hunda yaada keessa galfachuun wayita ilaallu, sababni guddaan cabiinsa diinagdee biyya keenyaa hir'ina sirnaati jechuu nidandeenya.

Hir'inni sirnaa, wal-xaxaa ta'uu diinagdee fi haala itti-fufiinsa qabuun jijjiiramaa ta'uu isaa agarsiisa. Yaad-rimeen hir'ina sirnaa hir'ina gabaa fi hir'ina mootummaa kopha kophaatti diinagdee diinagdee biyyattii keessatti rakkinoota mul'atan xiinxaluuf fayyadamuun fakkii rakkinichaa guutuusaa hubachuun rakkisaadha kan jedhu dha. Kanaafuu, diinagdee akka sirna wal-xaxaa tokkootti fudhachuun sadarkaa galtee, adeemsaa fi bu'aa ilaaluun barbaachisaa dha. Haala wal-qabataa ta'een, akka sirna biyyoolessaatti ilaaluun, rakkoowwan diinagdee keessa jiran sirnaan hubachuu fi filannoo imaammataa hojii irra oolchuuf shoora ol-aanaa taphata. Diinagdee biyya tokkoo keessatti sektera mootummaa fi sektera dhuunfaatti dabalatee adda-dureedhaan taatota lama adda baasuun nidanda'ama. Isaanis: dhaabbilee miti-mootummaa fi dhaabbilee barnootaa. Motorrii fi humni oomisha diinagdee inni ijoon sektera dhuunfaa yoo ta'u, dhaabbileen barnootaa fi qorannoo dhaabbilee dhuunfaatiif humna nama baratee fi hojiiwwan qorannoo fi qo'annoo dhiyeessuudhaan deeggara. Mootummaan tapha diinagdee waliigalaatiif aguuggii seeraa qopheessudhaan, sadarkaa fi too'annaa qulqullinaa baasuudhaan; akkasumas, qooddataa diinagdee isa ijoo ta'uudhaan gumaacha guddaa taasisa. Dhaabbileen miti-mootummaa sirna gabaatiif kan hin bullee fi gabaa keessatti kan hin mul'anne dhaabbilee tola-ooltummaa hojiiwwan misoomaatiif deeggarsa gochuu fi gargaarsa namummaa kennuudhaan shoora ol-aanaa gumaachu.

Kanaafuu, guddinaa fi misooma diinagdee sirrii fi itti-fufiinsa qabu mirkaneessuun kan danda'amu taatota kanneeniin (mootummaa, abbootii qabeenyaa, dhaabbilee miti-mootummaa fi dhaabbilee barnootaa) gidduutti hariiroo jabaan yoo uumame qofa dha. Qooddataan isa tokkoo ykn lamaa kophaa kophaatti cimaa ta'uudhaan ba'uu; guddinaa fi misoomni diinagdee sirrii mirkanaa'uu hin danda'u. Taatota diinagdee kanneen gidduu hariiroo fi hidhata cimaan osoo hin hiikamin yoo hafe rakkinoota uumamaniin hir'ina sirnaa jenna.

Ija ilaalcha hir'ina sirnaatiin, misoomni qooddataa tokkoon kophaatti milkaa'uu hin danda'u. Taatota diinagdee gidduutti hariiroo fi hidhata cimaa qabaachuun humna murteessaa dha. Hariiroo fi hidhata uumamu keessatti wal-utubuu fi wal-irraa barachuun jira. Walitti dhufeenyi kuni, hidhata uumuu, wal-irraa barachuu fi dugda ooluun bu'uurri isaanii dhaabbilee dha. Dhaabbileen bu'a-qabeessummaa diinagdee fi amala daangessuu ilaalchisee shoora bakka-bu'iinsa hin qabne taphatu. Dhaabbileen seera-qabeessaas ta'ee barmaatiilee seerota baasuu fi tapha diinagdee dambii hariiroo godhachuun sirnicha keessatti rakkoowwan hin tilmaamamne furu. Dabalataanis qooddattoonni sirna diinagdee keessatti argaman hedduu gidduu hidhata jiruun yaada adda addaa, kalaqxoota garaa garaa fi jijjiiramoonni akka burqanii fi gara carraa diinagdeetti akka jijjiiraman karaa saaqu.

Ta'us garuu, sirna diinagdee keessatti hidhata cimaa, wal-irraa barachuu, wal-utubuu, ijaarsa dhaabbilee, kalaqaa fi jijjiirama sirni keessummeessu hin jiru yoo ta'e hir'ina sirnaatu mudata. Hir'inni sirnaa kuni misooma bu'uuraa wal-jijjiirraa diinagdeetiif murteessoo ta'an haala ga'aa ta'een jiraachuu dhabuu, dhaabbuleen dhuunfaa teekinooloojiiwwan haaraadhaan wal-baruu dadhabuu, burkutaa'uu dhaabbilee fi haphachuu kaappitaala hawaasummaa; akkasumas, taatota gidduutti hidhata cimaa fi wal-utubuun jiraachuu dhabuun agarsiiftuwwani dha. Dimshaashumatti yoo ilaalamu misoomni diinagdee fi hawaasummaa haala baramaa ammaan duraa kallattii takkittii qabatee deemu bira darbuu qaba. Inumaa, taatota diinagdee adda-duree kanneen ta'an: mootummaa, sektera dhuunfaa, dhaabbilee miti-mootummaa fi dhaabbilee barnootaa gidduu hidhata sirnaa jiru akka waan mul'atuutti ilaaluun waaxiqqeessuu irraa haala walaba ta'een cabiinsa caaseffama diinagdee fi cabiinsichaaf furmaata fiduuf gargaaru.

Misoomni bu'aa ida'ama adeemsa galteewwan gara bu'aa misoomaa fi tajaajilaatti jijjiiruu keessatti taatota hawaas-diinagdee gidduu jiru gama hedduun hidhata wal-utubuu, diriiwwan hariiroo fi walitti dhufeenyaati. Kanaafuu, misooma ariifachiisaa fi fufiinsa qabu fiduuf hojiin jalqabaa hidhatawwan kanneen gidduu wal-utubuu jiraachuu qabu qajeeltoo gochuu dha.

Gama kanaan, kutaa darbe keessatti rakkoo qoottadaa diinagdee kophaa ilaaluuf rakkoowwan sekteroota dhuunfaa harka caalu hir'ina gabaa fi rakkoowwan mootummaa eeruudhaan wal-bira qabnee ilaalleerra. Haa ta'u malee fakkii diinagdee guutuusaa argachuuf waayee hiika sirna diinagdee diinagdee keessatti biyya keenyaatti akka taatota murteessootti kan adda baafne dhaabbilee hawaasummaa fi dhaabbilee barnootaaitti dabaluudhaan shoora waliigalaa taatota diinagdee fi haala irra jiran ilaaluu barbaachisa.

Shoora Taatota Diinagdee

Hir'inni sirnaa, madda hiyyummaa isa guddaa dha. Hir'inni sirnaa kan uumamu qooddattoonni diinagdee biyyoolessaa hojii isaanii qixa sirriitiin yoo hojjachuu baatanii fi wal-utubuun gidduu isaanii jiru dadhabaa yoo ta'e dha. Agarsiiftuuwwan cabiinsa sirnaa kunniin qooddattoonni hojii isaanii haalan akka hojjataniif kan barbaachisu: bu'uurri misoomaa qabatamaan guutamuu dhabuu, sekterri oomishaas ta'ee sirni diinagdee waliigalaa guddina teekinooloojii haaraa waliin walitti madaquu dadhabuu, dambiiwwan dhaabbilee idilee fi mitiidilee(aadaa siyaasaa fi duudhaalee) tapha taatota sirnichaatiif barbaachisan dadhabaa ta'uu isaa fi taatota sirnichaa gidduutti wal-utubuun tumsa irratti hundaa'e jiraachuu dhabuu isaati.

Sababii kanaanis hir'inni sirnaa oomishtummaan diinagdee itti-fufiinsaan kan hin guddannee fi adeemsa bu'aa misoomaa irratti kan hin hundoofne taasisa. Kana jechuun, hir'inni sirnaa hiyyummaan ida'ama firiiwwan madaallii oomishtummaa diinagdee gad-aanaa akka ta'u gochuun maraammartoo hiyyummaa uuma. Haala qabatamaa biyya keenyaatiin maraammartoo hiyyummaa kana keessaa hanga dhumaatti ba'uudhaaf qooddattoonni diinagdeeshoora gabaa sirreessuu bira darbanii gabaa uumuutu isaan irra jira. Kanaaf immoo cabiinsa sirna diinagdee biyya keenyaa wal'aanuuf shoora qooddattootni hundi taphachuu danda'an duguuganii fayyadamuu fi ida'amuu gidduu isaanii jiru olguddisuu barbaachisa.

Dhaabbilee Barnootaa

Addunyaan keenya gara sirna diinagdee beekumsaan hogganamuutti deemaa jirti. Biyya keenyatti qabeenya beekumsaa fi qabeenya namaa oomishuudhaan kanneen beekaman: yuunivaristiiwwan, kolleejjonnii fi dhaabbileen qorannoo fi qo'annoo humna namaa hedduu gara gabaatti galchuudhaan waggoottan soddomman darban keessa hojiiwwan gaggaarii hojjataniiru. Haa ta'u malee, rakkoo qu;qullina barnootaa irraa kan ka'e itti-fufiinsi humna namaa fi dandeettiin hojii uumuu isaanii rakkoo guddaan mudateera. Humni nama baratee diinagdee keessatti beekumsa dabalataa fi oomishtummaa fiduu yoo hin dandeenye, barbaachisummaan isaa kan gadi bu'eefi hojii isaatiinis hojii uumuu kan hin dandeenye taasiseera. Kunis dargaggoota baratan hoji-dhabdummaa hamaadhaaf isaan saaxileera.

Karaa biraatiin. dhaabbileen beekumsaa qorannoo fi qo'annoo adeemsisuu caalaa baruuf barsiisuu irratti waan xiyyeeffataniif beekumsa maddisiisuun, itti fayyadamuun; akkasumas, adeemsa gara oomishuutti galchuu keessatti shoorri isaan taphachaa jiran baay'ee gad-aanaa dha. Kana malees, dhaabbilee barnootaa fi industirii gidduu hidhanni jiru dadhabaa dha. Inumaayyuu, industiriiwwan tokko tokko barnoota qabatamaadhaan dhaabbilee barnootaa caalaa sokkaniiru.

Yuunivaristiiwwan gama tokkoon mootummaa beektota ofdanda'anii jiraatanii waan ta'aniif; duudhaalee barnootaa isaanii haala eegeen bu'a-qabeessa ta'uu kan danda'an walabummaan barnootaa isaanii yoo eegame dha.

Karaa biraatiin immoo madda beekumsaa walabaa fi haqummaan isaaniiakka hin tuqamne walabummaa barnootaa isaaniikan kabachiifatanii fi duudhaalee barnootaa kan eegan ta'uu qabu. Ga'umsaa fi naamusa dargaggoota dhaabbilee barnootaa ol-aanaa keessaa eebbifamanii ba'anii cimsuuf dhaabbilee barnootaa babal'isuun alatti waldaalee ogeessota barnootaa gurmeessuu fi jajjabeessuu barbaachisa.

Yunivarsiitiiwwan biyya keenyaa fedhii dhimmamtoota humna siyaasaa isaan irraa qabaniin walabummaa isaanii dhabuudhaan tajaajiltoota siyaasaa hanga tokko duudhaalee akkaadaamii cabsan waan jiraniif bu'a-qabeessummaan isaanii akka gadi deemu shoora mataasaa taphateera. Gama biraatiin immoo yunivarsiitiiwwan deeggarsa maallaqa biyya alaa waan argatanii fi hojiiwwan qorannoo fi qo'annoo isaanii maxxantuu deeggarsaa fi arjooma alaa ta'aa waan dhufeef fedhii dhimmamtoota biyya keessaaf gurra kennuu dhiisuudhaan garbicha warra maallaqa kennuuf ta'aniiru.

Sababa kanaanis. Mudoowwan diinagdee haala qabatamaa biyya keenyaa ilaalchisee qorannoo adeemsisuu fi fedhii guddina hawaas-diinagdee biyya keenyaa guutuu caala fedhii fi imaammata biyyoota alaa raawwachiisuun faayidaa biyyoolessaa keenya kabachiisuu keessatti gaheen isaan qaban qormaata keessatti kefeera.Kanaafuu, yunivaristiiwwan fedhii dhimmamtoota biyya keessaa wal-madaalchisuudhaan keessummeessuu akka danda'an gochuu fi karaa biraatiin immoo dhimmamtoota kan karaa ofii irra oofu dhaabbilee akka hin taane walabummaa akkaadaamii isaanii kabajuun barbaachisaa dha.

Wal-bira qabnee yoo ilaalle, gama misooma biyya keenyaa saffisiisuutiin haalan itti fayyadamuu osoo qabnuu, garuu itti fayyadamuu kan dadhabne barnoota teekinikaa fi ogummaati. Kanaafis sababoota ijoo ta'an lamatu jira. Inni jalqabaa guddinni diinagdee biyya keenyaa carraan hojii uumu waan itti-fufiinsa hin qabne dha. Waggoottan darbancarraawwan hojii uumaman hedduun isaanii maanufaakcheriingii caalaa ijaarsaa fi misooma bu'uuraatiin kan wal-qabatan waan ta'aniif hojiiwwan uumaman kanuma yeroof qofa turanii fi amala kaffaltii gad-aanaa kaffaluu akka qabaatan taasiseera.

Lammaffaa, hariiroo fi hidhata dhaabbilee barnoota teekinikaa fi ogummaa fi dhaabbilee daldala xixiqqaa gidduu jiru dadhabaa ta'uu isaati. Rakkoon kuni industirii xixiqqaan bu'a-qabeessa akka hin taane gochuun aadaan hojii fi bizinesii uumuu akka dadhabu taasiseera.

Rakkoowwan lamaan kunniin gama tokkoon eebbifamtootni teekinikaa fi ogummaa hojiiwwan amansiisoo fi kaffaltii gaarii qaban keessa akka hin seenne;

karaa biraatiin immoo eebbifamtoonni teekinikaa fi ogummaa bizinesii mataa isaanii uummatanii akka hin hojjatanne silliqqee itti ta'eera.

Rakkoowwan caaseffamaa kanneen furuuf mootummaan sirna barnootaa hojii uumuu dargaggootaa; akkasumas, barnootaa fi leenjii itti fufuun hordofan qopheessuun gara bu'aatti jijjiiruu qaba. Gama biraatiin, oomishtummaa diinagdee biyya keenyaa kan guddisu qindoomina sirna diinagdee waliigalaa taasisuun carraawwan hawaas-diinagdee keessatti hirmaachisuutu irraa eegama.

Dhaabbilee Hawaasummaa

Biyya keenyatti dhaabbileen miti-mootummaa guddina hawaas-diinagdee keessatti shoorri ol-aanaan isaan taphatan jira hin jedhamu. Biyya keenyatti dhaabbileen miti-mootummaa seeraan galmaa'anii jiran kuma sadii oli kan jiran yoo ta'an, kanneen keessaa 235 oli kan ta'an dhaabbilee miti-mootummaa idil-addunyaati.Dhaabbileen kunniin carraa hojii kuma sadii oli uumaniiru.

Dhaabbileen kunniin waggaatti dhibbentaadhaan qabeenya doolaara biliyoona walakkaadhaa oli kan sochoosan yoo ta'u; keessattuu, hojii qonnaa fi misooma baadiyyaa akkasumas, hojii tola-ooltummaatiin gumaacha guddaa taasisaa jiru. Kanaafuu, dhaabbilee kanneen karaa hiika-qabeessa ta'een hirmaachisuudhaan humna misoomaa ida'amaa gochuun hiriirsisuun nidanda'ama.

Biyya keenyatti, dhaabbileen miti-mootummaa galii lammiilee guddisuudhaan, hoji-dhabdummaa hir'isuudhaan; akksumas, haqa hawaasummaa waliigalaa lafa qabsiisuu keessatti shoorri isaan taphachaa jiran salphaa ta'uu baatus; dhaabbileen kunniin hedduun isaanii arjoomtota biyya alaa irratti kan rarra'anii jiraatan waan ta'aniif fedhii arjoomtotaatiif dursa akka kennan wal nama hin gaafachiisu.

Keessattuu maqaa uummataatiin kadhatamee hojii nageenya hawaasummaatiif maallaqa arjoomtota biyya alaa irraa dhufu kuni gartokkeen isaanumaan qisaasa'ee bada; inni kaan immoo namoota biyya keessaa isaan wajjin hojjataniin qisaasa'a. Sababii kanaaf qabatamaadhaan maallaqni fayyadamtootaa fi misooma naannootiif ooluu danda'u hagana kan hin jedhamne dha.

Sababii kanaaf, gumaachi dhaabbatichaa hanga eegamurraa baay'ee gadi bu'eet argama. Kuni akkuma jirutti ta'ee haaluma kamiinuu dhaabbileen miti-mootummaa hir'ina humna mootummaa kan utubani dha. Hojimaata mootummaa hammayyeessuu fi itti-gaafatamummaa uumuuf gahee guddaa qabu. Keessattuu haqa hawaasummaa lafa qabsiisuu keessatti shoorri isaan qaban baay'ee ol-aanaa waan ta'eef, yoo sirnaan isaan hin hirmaachifnee fi sirni diinagdee isaan wajjin wal-hubannoo gaarii hin uumne hir'inatu isa mudata.

Kanaafuu, dhaabbilee hawaasummaa hawaas-diinagdee biyya keenyaa keessatti haala qindoomina qabuun hirmaachisuun barbaachisaa dha. Qaamoleen kunniin mootummaa fi sektera dhuunfaa gidduu qoodni diinagdee jarri lameen qaban akka madaala eegee deemu godhu.

Dhaabbileen kunniin diinagdee biyyattii keessatti gumaacha akka taasisan deeggarsa kennuu, hirmaannaa isaanii bifa qindaa'aa ta'een hogganuu akka danda'an ijaarsa waliinii uumuun faayidaa qaba.

Haala ammaan kana hubachuun danda'amuun, dhangala'iinsi faayinaansii misoomaa adeemsa dura baramekan hordofu akka hin taane qorannoowwan adda addaa ni agarsiisu. Ammaan dura madda faayinaansii misooma biyyoota guddachaa jiranii kan ta'an dhiyeessiiin faayinaansii gam-lamee fi gamdanuu hir'isaa dhufeera. Maddi faayinaansii biyyoota guddachaa jiranii biyyoota haaraa gamlamee, dhaabbilee dhuunfaa tola-ooltummaa fi namoota dhuunfaan bakka-bu'amaa dhufuun isaa nimul'ata. Haalli kunis biyyi keenya dhiyeessii maallaqa faayinaansii misoomaa wayitawaan olitti haala ittiin fayyadamoo taatu tooftaa baasuun socho'uu qabdi.

Mootummaan michoota misoomaa isaa waliin waltajjii uumuun tattaafiin faayinaansii misoomaa argachuuf godhu jabaatee itti fufuu qaba. Dabalataanis, dandeettii raawwii sekteroota mootummaa fi dhuunfaa jabeessuuf tooftaa hojii fi gargaarsi nijajjabeessa. Haaluma kanaan, itti-gaafatamummaa fi iftoominni karaa ittiin lafa qabateen akka hojii irra oolan taasisa. Sektera dhuunfaa jajjabeessuufis sirna tumsa misoomaa sekteroota mootummaa fi dhuunfaa cimsuuf deeggarsa nitaasisu. Deeggartoonni misoomaa keenya, biyyi keenya gargaarsa misoomaa bira darbitee abbootiin qabeenyaa biyya alaa dhufuudhaan akka hojii misoomaa irratti bobba'an taasisuuf tumsa gochuun akka hojjatan gochuurra dhaabbachuu qabdi.

Mootummaa

Mootummaan hir'ina gabaa guutuuf keessa lixee seenuurra shoora gabaa uumuu fi jajjabeessuu qabaachuu qaba. Shoorri kunis seerota haqa-qabeessummaa gabaa kanaa ittiin mirkaneessan qopheessuu fi raawwachiisuu; akkasumas, shaqaxootaa fi tajaajiloota dhaabbilee dhuunfaatiif bu'a-qabeessa hin taane dursee keessa seenuun misoomsuu, sektera dhuunfaa hirmaachisuu fi wayita sekterri dhuunfaa babal'achuu eegale shoora oomishtummaa kana keessaa hatattamaan ofbaasuu qaba. Mootummaan kana godhu baajataa fi humna namaa jiru dhaabbilee morkii fi tumsa gabaa mirkaneessan ijaaruuf, hojii seermaleessummaa hir'isuu fi misooma bu'uuraa babal'isuurra oolchuu qaba.

Mootummaan kuufama qabeenya humna namaa gabbisuu fi misooma bu'uuraa babal'isuu irratti shoora guddaa taphachuu qaba. Waantota guddina oomishtummaa waliigalaa murteessan keessaa beekumsa humna namaa, dandeettii fi fayyaan isaan jalqabaati. Ida'amni humna namaa barumsaa fi leenjii gama hundaa qulqullinaa fi baay'ina qabuun ijaarame oomishtummaa hojjataa akka biyyaatti jiru dagaagsa. Misoomni humna namaa teekinooloojii, qorannoo fi sirna waliin qindoominaa fi guddina humnoota misoomaa beekumsaan hogganaman akka dhufu taasisa. Walumaagalatti oomishtummaa humni misooma biyyoolessaa waliigalaa guddisuuf misoomni humna namaa fi teekinooloojii xiyyeeffannoo argachuu qaba.

Kunis biyyi keenya beekumsa idil-addunyaa waliin deemuu fi meeshaalee oomishtummaa gama daldala galiitiin argamanii fi ce'umsa meeshaalee xixiqqaa hordofuun humna beekumsa duguuguun misoomaaf fayyadamuu dandeessisu uummachuuf gargaara. Kanaafuu, dandeettii dargaggootaa fi ga'eessotaa guddisuu, darbees barumsa umurii guutuutiif qopheessuu barbaachisa. Kanumaan wal-qabatee hojiiwwan amansiisoo fi kaffaltii gaarii argamsiisan akka uuman mootummaan xiyyeeffannoo kennee hojjachuu qaba.

Misooma bu'uuraa lammiilee fi oomishtoota walitti fidu hidhata hawaasummaa fi oomishtummaa dabaluuf gahee ol-aanaa qaba. Misooma bu'uuraa hidhata dijiitaalaa fi hojiiwwan qabatamaa hariiroo hawaasummaa fi walabaan socho'uu humna namaa mijeessuun hojjattoonni hojiiwwan muuxannoo fi dandeettii isaanii waliin deemu barbaaddachuun, kaffaltii gaarii kan ittiin argataniin akka hojjatan carraa kenna. Kana malees, daddagaaguu loojistiksii misooma bu'uuraa daldala biyya keessaa idil-addunyaawaa ta'e mijeessuuf dandeessisan wal-harkaa fuudhinsa haala oomishaa fi tajaajilaa mijeessuun baasii gabaa ni hir'isu. Kanaafuu, mootummaan misooma bu'uuraa babal'isuuf hojjachuu qaba.

Yeroo geejjibaa waliigalaa meeshaalee galii fi baasii isaa hir'isuun oomishaalee qonnaa fi industirii keenyaa gabaa idil-addunyaa keessatti dorgomaa ol-aanaa taasisuun niguddisa. Kana akka gargaaruuf, sochiiwwan inveestimeentii fi daldalaa abbootii qabeenyaa biyya keessaa fi biyya alaa haala amansiisaa ta'een deeggaruuf haala dandeessisuun tajaajila geejjibaa qindaawaa waliin ga'uu, oomishaalee galii fi baasii, koorideroota geejjibaa, qulqullina tajaajila buufata meeshaa daldalaa, si'aayinaa fi faayidaa diinagdee kallattii guddisuu mootummaan hordofuu qaba.

Hojiiwwan furtuun kallattii kanaa loojistiksiidhaan sektera dhuunfaa babal'isuu, tajaajila gumuruukii buufata meeshaalee daldalaa saffisiisuu, walitti baay'achuu bakka buufata meeshaalee daldalaa hir'isuudhaaf iddoowwan biroo namni itti hin baay'anne akka filannootti fayyadamuu ofkeessatti hammachuu qaba.

Mootummaan adda-duree humna misoomaa waan ta'eef imaammata, sakantaawwanii fi karoorawwan bu'aatti jijjiiruuf kan isa dandeessisu birokiraasii ijaaruun dhimma ijoo ta'ee ilaalamuu qaba. Tajaajillii fi birokiraasiin mootummaa kunis abbootii qabeenyaa fi fayyadamtoota biratti fudhatama argachuu qaba. Hirmaannaa abbootii qabeenyaa biyya keessaa fi biyya alaa dagaagsuuf haala naannoo fi daldala biyya keenyaa fooyyessuuf hojiin hojjatamu, birokiraasiin keenya warra fiffiigu xaxee kan kuffisu osoo hin taane kan utubuu fi kan guddisu gochuu qaba.

Mootummaan diinagdee keessatti, keessattuu hirmaannaa inveestimeentii ilaalchisee naamusa cimaa akka hordofu gochuun baay'ee barbaachisaa dha. Keessa lixuunis ta'ee hirmaannaan mootummaa haala ga'aa ta'een qo'atamuu qaba. Hirmaannaa gabaa milkaa'inaaf geessisuuf humna raawwachiisummaa fi qabeenya ga'aa ta'e jiraachuun mirkanaa'uu qaba. Abbootii qabeenyaa hirmaannaa fi shoora taphachuu qaban didhannaadhaan itti fufsiisuu danda'an jiraachuun isaanii erga mirkanaa'ee haala iftoominaa fi itti-gaafatamummaa qabuun garee dhuunfaatiif iddoo gadi dhiisuu qaba.

Taatota diinagdee hundaaf dirree dorgommii wal-qixa isaan hirmaachisu, haqa-qabeessa, iftoominaa fi itti-gaafatamummaa kan qabu diriirsuu fi mijataa gochuun dirqama mootummaati. Taatota hunda akka qaama walitti makamee tokkootti ilaaluun barbaachisaa dha. Kunis, mootummaan humna misoomaa hunda deeggaruu kan qabu walitti dhiheenya qabaniin osoo hin taane bu'aa isaan buusan irratti hundaa'ee akka ta'u godha.

Sektera Dhuunfaa

Biyya keenyatti dhiibbaa faayinaansii fi birokiraasiitii mootummaatiin; akkasumas, sababa ka'umsa seenaa biyyattiitiin sekterri dhuunfaa haala hiika-qabeessa ta'een guddachuu, haala gatii hir'isuun dhiyeessii dabaluus ta'ee carraa hojii amansiisaa ta'e uumuu hin dandeenye. Sekterri dhuunfaa shoora diinagdee sochoosuu ol-aanaa kan qabu, sektera haala salphaadhaan bakka buufamuu kan hin dandeenye dha.

Kanaafuu, sochiin misooma mootummaa abbootii qabeenyaa dhuunfaa kan busheessu osoo hin taane kan jajjabeessuu fi babal'isu ta'uu qaba. Galmi mootummaa inni dhumaa abbootiin qabeenyaa ciccimoon diinagdee keessatti akka uumanan gochuu qaba.

Shoora sektera dhuunfaa guddisuuf haalli waliigalaa daldalaa fi bizinesii hojii uumuu biyyattii keessa jiruu fooyya'uu qaba. Sekterichi sochii diinagdee keessatti shoora ol-aanaa akka taphatu yoo barbaaddame Dirreen bizinesii loogii irraa bilisa kan ta'ee fi mijataa gochuu barbaachisa. Dirree bizinesii fooyyessuun fooyya'insa gama faayinaansiitiin taasifamuun wal-utubee biyyattiin burqaa hojii kalaqaa akka taatukaraa saaqa. Kanaafuu, hojii uumuu fi dirree bizinesii fooyyessuuf birokiraasii hin barbaachifne dhabamsiisuu, dhiyeessii kaappitaalaa babal'isuu fi sirrii ta'uu dambiiwwan jiranii sakatta'uu barbaachisa.

Dabalataanis deeggarsaa fi wabii; akkasumas, haqa-qabeessummaa dhaabbilee misoomaa kan mootummaa; dabalataanis, bu'a-qabeessummaa sekteroota dhuunfaa kanneen birootiin seerota morman keessa deebi'uun ilaaluun mootummaarraa eegama. Amma danda'ametti sharafa biyya alaa argame haala haqa-qabeessa ta'een ramaduun sekteroota hojii mootummaan dursa kenneef akka hirmaatan kallattii qabsiisuun deeggarsa guutuu fi humna-galeessa kennuu barbaachisa. Hojii biyya keessaa uumuus ta'ee investimeentii kallattii biyya alaajajjabeessuuf paarkii industirii misooma bu'uuraa ofkeessatti hamate babal'isuu fi paarkiin industirii hanga yoonatti hojjataman akka hojii irra oolan gochuu dha.

Abbootiin qabeenyaa biyya keessaas industirii fi paarkii agiroo-industirii keessa galanii haala ittiin oomishaa ta'an tooftaa baasuun ce'umsa beekumsaa fi teekinooloojii mirkaneessuuf barbaachisaa dha.

Hidda Dhiigaa Sirna Diinagdee: Moodela Faayinaansii Misoomaa Jijjiiruu

Faayinaansiin hidda dhiigaa sirna diinagdeeti. Dhiyeessii fi raabsaan kaappitaalaa oomisha, dabalata duudhaa fi kuufama qabeenyaa diinagdee tokkoo; akkasumas, hariiroo qabeenya kuufame gara industirii oomishtummaatti jijjiiruu dandeessisu , sirna diinagdee isa xiqqaa dha. Kanaafuu, sirna faayinaansii xixiqqaa biyya keenyaa gama argannoo faayinaansii fi dhiyeessiitiin ilaaluun barbaachisaa dha.

Gama argannoo faayinaansiitiin, sababa jijjiirama imaammata biyyoota idil-addunyaa liqii liqeessanii fi arjoomaniitiin faayinaansiin misoomaa alarraa argamu akka hir'isu ni eegama. Ta'us, dhiibbaa idaa fi jijjiirama imaammataatiin guddinni diinagdee waggoottan darban galmeessifaman argannoo moodela faayinaansii wal-fakkaataatiin itti fufsiisuun hin danda'amne. Misoomichi osoo duubatti hin deebi'in itti fufsiisuuf argannoo qabeenya biyya keessaa haala hiika qabuun guddisuu, baasii kaappitaala mootummaaaguuguu barbaachisa.

Galiin mootummaa idilee akka guddatu sirna gibiraa hammayyeessuun bu'uura galii babal'isuun barbaachisaa dha. Kana milkeessuuf, sekteroota gibiratti hin hammatamne itti dabaluu, seeraaf bitamuu hojiitti hiikuu fi dhimmoota gibira irraa bilisa ta'an keessa deebi'uun ilaaluu barbaachisa.

Dabalataan, sirna bulchiinsa gibiraa teekinooloojiin deeggaramee haala maamiltoota hin dararreen si'aayinaan gibira teekinooloojiin deeggaruun funaanuun dandeessisu ijaaruu barbaachisa. Biyya keenyatti haalli galii gibiraa ittiin funaanan gad-aanaa ta'us kaffalaa gibiraa ija qixa ta'een ilaaluu fi rakkoon sirnaan keessummeessuu bal'inaan kan mul'atu dha. Kanaafuu sirna gibiraa hannarraa bilisa ta'e diriirsuuf , sirnicha iftoomina kan qabu, salphaa fi itti-gaafatamummaa akka qabaatu gochuu kan danda'u fooyya'iinsa seeraa fi hojmaataa; akkasumas, teekinooloojiiwwan filachuun duguugee itti fayyadamuu haala danda'uun irra-deebi'ee fooyya'uu qaba. Namoota galii gibiraa waan isaan irraa eegamu sirnaan hin kaffalles tarkaanfiiwwan seeraa irratti fudhatamuu qaba.

Imaammataa fi bulchiinsa gibiraa ifa, haqa-qabeessaa fi kan teekinooloojiin deeggarame gochuun kaffaltoota gibiraa gibira dhoksuun bu'aa buufatan irra gibira kanfaluu dhabuun adabbiin isa eeggatu yaaddoo itti ta'ee seeraaf bitamuu akka qaban kan barsiisu ta'uu qaba. Dhimmoota gibira irraa bilisa ta'an keessa deebi'uun ilaaluun kan barbaadameef, biyyi keenya inveesteroota biyya alaatiif onnachiifftuu gibira irraa bilisa ta'e kennaafii akka turte niyaadatama.

Qorannoowwan akka agarsiisanitti, onnachiiftuu akkanaa fayyadamuu caala bu'uuraalee gabaa inveesteroota alaa ofitti hawwatu mijeessutu gaari dha. Isaanis: gabaa galtee fi oomisha iyya keessaa uumuu, dhiyeessii misooma bu'uuraa, dandeettii hojjattootaa, dhaabbilee mootummaa hojii si'aawaa fi ifaa ta'e hojjatanii fi tasgabbaa'uu diinagdee xixiqqaa fa'a dha. Dhimmoota bu'uuraa kanneen mootummaan milkeessuu yoo danda'e inveestimeentii haalan ofitti hawwata. Bu'aan isaas, galii gibiraa waan dabaluuf guddina fufiinsa qabu fiduuf gala gaarii ta'uu danda'a.

Gama dhiyeessii faayinaansiitiin sirni faayinaansii xixiqqaa diinagdee biyya keenyaa sadarkaa dadhabaa irratti argama. Murtoon dhaabbilee faayinaansii, faayinaansi gochuu yeroo hunda sadarkaa jedhamuun seenaa duubaa, didhannaa, bu'a-qabeessummaa, amanamummaa, kkf kan yaada keessa galfatu dha. Kana ta'uun matuma isaatiin fayyadamtoota faayinaansiitiif filatamaa ta'uuf hoj-manee nuuf kenna. Adeemsaanis fayyadamtoota si'atoo fi oomishtummaa waan taasisuuf dhaabbileen faayinaansii jabaan jiraachuun sochiiwwan diinagdeetiif gumaacha taasisa.

Kaka'umsi lammiilee, yaada burqisiisuu fi didhannaan akkuma jirutti ta'ee ida'amni duudhaa qabxiilee ka'an kanaa uumuun gaaffilee deebisuuf, yaaddoo faayidaadhaan wal-qabsiisuun ga'umsa murtoo kennuu kan qaban dhaabbilee faayinaansiiti. Xiinxala bu'a-qabeessummaa pirojeektii hojjachuun; itti aansuunis, baajata ka'uumsaa dhiyeessuunoomishaa fi industiriin akka uumamuu fi dagaagu shoora giddugaleessa taphachuun kan irraa eegamu sektera tajaajila faayinaansiiti.

Hojiin kuni sektera dhaabbilee dhuunfaa qofaaf osoo hin taane pirojeektotaa fi dhaabbilee mootummaatiifis kan hojjatu ta'uu qaba. Baankiiwwan biyya keessaa irra liqeeffachuun pirojeektota mootummaan hojjatuuf baankiiwwan bu'a-qabeessa ta'uu isaa haalan mirkaneeffatee, itti-amanee kan liqeessu ta'uu qaba. Mootummaan liqii baankiiwwan irraa fudhatuun gahee liqii abbootiin qabeenyaa liqeeffatan kan ittiin busheessu akka hin taane ofeeggannoo gochuu barbaachisa. Dhugaadha, sirna faayinaansii fi dhaabbilee jabaan jiraachuun oomishtummaa dabaluuf shoora guddaa qaba. Faallaa kanaatiin, oomisha dhugaa caala sirna faayinaansii sochiiwwan faayinaansii itti baay'ate, too'annaa laafaa fi dadhabaan bakka jiru, guddina oomisha diinagdee miidhuu danda'a. Kanaafuu, shoora oomishtummaa sektera faayinaansii keessatti gahee ol-aanaa taphachuufutubaawwan jajjaboo barbaachisu. Dandeettii yaada gaaffiiwwan kaappitaalaa raaguu qabaachuu, murtoo liqeeffachuu kennuuf bu'a-qabeessummaa fi yaaddoo pirojeektichaa irratti hundaa'uun walaba ta'anii murteessuu, kenniinsa tajaajilaa teekinooloojii si'eessuu fi misooma bu'uuraa I.C.T., mirgaa fi dirqama kennaa tajaajilaa fi fayyadamtootaa kan too'atan dhaabbilee mootummaa ga'umsa qaban; akkasumas, tasgabbaa'uu diinagdee gurguddaa fa'a dha.

Yeroo ammaa kana sektera faayinaansii biyya keenyaa baankiiwwan mootummaa gahee ol-aanaa qabatan, keessattuu Baankii Daldalaa Itoophiyaa yoo ta'u fedhiin kaappitaala bu'uuraalee misoomaa babal'isuuf mootummaan qabu guutuuf baankii daldalaa fi gama meeshaalee imaammataa fi seeraa adda addatiin kaappitaalli hedduun gara harka mootummaatti naanna'aa tureera.

Yeroo itti aanutti tasgabbii diinagdee gurguddaa fi guddina industirii fiduuf tarkaanfii guddaan hi'ina mootummaa fi hir'ina gabaa wal'aanuu pirojeektonni mootummaa yaadota dhiibbaa imaammataatiin osoo hin taane bu'a-qabeessummaa isaanii irratti hundaa'ee heeyyamuu fi raawwachuu ta'uu qaba. Kuni yoo raawwate baankiiwwan kaappitaalli isaan sekteroota dhuunfaatiif dhiyeessan haala ol-aanaa ta'een guddata. Hanga sanaan bu'a-qabeessummaa pirojeektii safaruu fi dandeettii kaappitaala ramaduu isaanii jabeessuutu isaan irraa eegama. Mootummaan gama isaatiin madaala haqa-qabeessummaa fi qixa-sirriin argamuu gabaa eegu diriirsuun shoora irraa eegamu ba'achuu qaba.

Baankiin Biyyoolessaa baankota biroo fi dhaabbilee faayinaansii irratti too'annaan taasisu kan beekumsaa fi teekinooloojiin deeggarame, nageenyummaa sekterichaa kan mirkaneessu malee, sekterichatti hudhaa ta'uu hin qabu. Sirni dhiyeessii fi ramaddii faayinaansii iftoomina akka qabaatuu fi qixa sirrii ta'een akka deemu kan eegan ijaarsi dhaabbilee deeggarsaa qorannoo saayinsii irratti hundaa'ee hojjatamuu qaba. Adda-dureedhaan, meeshaalee faayinaansii(boondii fi aaksiyoona), waltajjiiwwan irratti daldalatan, dhaabbilee odeeffannoo ga'umsa kaappitaalaa funaananii fi xiinxalan, liqaa fi liqeeffataa idaa deebisuuf dadhabe haala seeratiin abbaan alangaa adeemsawwanii fi hojimaata deebii ittiin kennu fi kkf kanneen hundeeffamuu qaban keessaa muraasa.

Aadaa qusannaa jajjabeessuuf karaa lamaan socho'uu gaafata. Gama tokkoon dhala olkaasuun lammiileen maallaqa isaanii akka baankiitti kuufatan jajjabeessuun barbaachisaa dha. Gama biraatiin immoo lammiilee galii gad-aanaa fi jiddu-galeessa qabaniif galtee industiriitiif akka ta'u, kaappitaala isaanii walitti qabatanii misoomarratti akka bobba'an kan isaaniif ta'u kaappitaala daldalaa mijeessuufiin barbaachisaa dha.

Dabalataanis, biyyi keenya fedhii daldala biyya alaa fi galii gibiraa dabaluuf fedhii qabdurraa kan ka'e qormaanni ulfaataan ishee mudate daldala kontirobaandii fi daldala seeraan alaati. Kontirobaandiin galii mootummaa hir'isuu caalayyuu; oomishtoota, hawaasa daldalaa fi shamattoota irraan miidhaan ga'u baay'ee hamaa dha. Rakkoo kana furuuf sekterri tajaajila faayinaansii shoora ol-aanaa taphachuu danda'a. Daldalli kontirobaandii kan adeemsifamu biyya alaa irraa gara biyya keessatti shaqaxoota galan irratti qofa osoo hin taane, oomishoota alatti erginu irrattis waan ta'eef kontirobaandiin dadhabuu daldala baasiitiif sababa guddaa dha. Kanaafuu, daldala kontirobaandii madda isaarraa gogsuudhaan daldala seera-qabeessa jajjabeessuuf tattaaffiiwwan godhamaa jiran jabeessanii itti fufsiisuun akkuma jirutti ta'ee sirna faayinaansii hammayyaawaa ijaaruun daldala seeraan alaa ittisuuf shoora baay'ee ol-aanaa qaba.

Wal-jijjiirraan daldalaa maallaqa dheedhiin osoo hin taane teekinooloojiidhaan yoo taasifame faana isaa adda baafachuun nidanda'ama. Kaffaltii teekinooloojii babal'isuun yeroo isa kaffaltii raawwatuus ta'ee fudhatuu qusachuuf kan fayyadu ta'uurra darbee, kaffaltiin gibiraa osoo hin hatamin akka funaanamuu fi ramaddii qabeenyaa haqa-qabeessa hin taane hir'isuuf shoora baay'ee ol-aanaa taphata. Kanaafuu, sektera faayinaansii hammayyeessuuf mootummaan adeemsa isaa deeggaruu qofa osoo hin taane isa hin feene illee dirqisiisuun raawwachiisuu qaba. Sektera faayinaansii hammayyeessuu jechuun imaammata, dhaabbilee fi teekinooloojii sektericha fayya-qabeessaa fi dorgomaa taasisan wixineessuudhaan ijaaruu jechuu dha. Kuni milkaa'uun isaa dhiyeessii kaappitaala misooma industiriitiif oolu dabala. Kana malees, sochii mootummaan daldala seeraan alaa hir'isuuf taasisuuf tumsa guddaa ta'a.

Sirna Diinagdee fi Daldalaa Wal-morkii fi Wal-deeggarsa Qabu Jajjabeessuu

Hir'ina sirnaa sirreessuu fi gabaa oomishtummaa qabu biyya keenyatti uumuuf hidhata diinagdee daldala galii fi baasii, inveestimeentii biyya alaa kallattii, naanna'uu humnoota oomishaa walabaa kan jajjabeessuu fi diinagdee idil-addunyaatiif banaa ta'uudhaan socho'uu barbaachisa.

Bakka morkiin jiru, hidhata daldalaa fi inveestimeentii banaa fi jabaa uumuun oomishtummaa bu'uura kan godhateef baay'ee murteessaa dha. Biyyoota naannoo fi sadarkaa idil-addunyaatti gabaa banaa oomishtummaa dhiphisuun daldala gabaa idil-addunyaa fi sansalata oomishtummaa keessatti hirmaannaa qabnu baay'ee olkaasa. Bu'aan daldala irraa argannu nama guddisa. Shamattoota walitti dhiyoo jiran gidduutti morkiin jiru, oomishaa fi tajaajila qulqullina qabu gatii gad-aanaan akka argatan gochuurra darbee carraawwan hojii uumaniin galii fooyya'aa akka argatan taasisa.

Kanaafuu, kutaawwan biyyattii hundatti kaappitaala, meeshaalee fi oomisha; akkasumas, naanna'uu humna namaa gabaa bilisaa keessatti hammachiisuun gara fakkii isaa guutuu fi agarsiistuu waliigalaatti ce'uun sirrii ta'a. Kanaafis shoora ol-aanaa taphachuu kan danda'u dhiyeessii misooma bu'uuraa fi hojii kaappitaala hawaasummaa babal'isuu barbaachisa. Keessattuu rakkoo hoji-dhabdummaa hammaataa biyya keenya keessa jiru furuuf gama maraan humna nama baratee; biyya keessattis ta'ee biyya alaattinaanna'anii bakka barbaadanitti akka hojjatan gochuun gaarii ta'a.

Adeemsa isaatiinis kallattii akka namni mirgi isaa eegameefii hojjetu taasisu hordofuun kan fayyadu dha. Invastimantiin kallattii alaa argamu sharafa alaatiif, ce'umsa teeknooloojiitiif, akkasumas carraa hojii bal'isuudhaaf fayidaan inni qabu guddaa waan ta'eef, dhangala'inni isaa karaa ittiin jabaatu mijeessuu barbaachisa. haa ta'u malee, invastimantiin kallattii alaa ce'umsa teeknooloojii fi beekumsaa gara biyya keessaatti gama fiduutiin murteessummaan isaa humna biyya keessaatiin kan daangeffame dha. Invastimantii kallattii alaarraa fayyadamaa ta'uun dandeettii humna namaarratti kan hundaa'u ta'uu isaa beekuun jala sararamuu qaba. Karaa biraatiin immoo, dhangala'inni invastimantii kallattii alaa fayyaalessummaa diinagdee guddaa waliigalaa hordofee kan dhufu ta'uu isaatiin omishtummaanis fayyaalessummaa diinagdee guddaa kana cimseetu barbaada.

Kanaafuu, toora gadhiisuun diinagdee guddaa dhaabbataadhaan sirreeffamee diinagdichi diinagdee guddaa fayyaalessa keessa akka seenu qaala'insa gatii lakkoofsa qeenxeedhaan daangessuu, imaammanni maallaqaa (monetary) fi fiisikaalaa (fiscal) yeroo hundumaa hojii irra oolchuu barbaachisa. Bajanni mootummaa gara caalu irratti xiyyeeffachuu kan qabu dhimmoota mootummaan dursa kennuuf kanneen hiyyummaa wajjiin wal-qabatan irratti ta'uu qaba. Kunis seektaroota hawaasummaa fi diinagdee kanneen fedhii bu'uuraa guutanii fi carraa hojii uuman irratti akka ta'u hojjechuu barbaachisa.

Gama to'annoo fi bulchiinsa bajataatiin, seerri to'annoo fi hordoffii cimaa ta'e diriirfamuu qaba. Seera hojii dhaabbataan hoogganamee bajanni seeraan tumame seeraan kaayyoo kaayyeffatameef sanaaf ooluun isaa ittiin mirkanaa'u uumamuun barbaachisaa dha. Meeshaalee alatti erguu fi omishtummaa gidduu hidhata jabaatu jira. Karaa tokkoon dhaabbileen gabaa alaa keessatti hirmaatan jalqabuma omishtoota akka ta'an kan dirqisiisu haalonni wal-dorgommii idil-addunyaa ni jira. Karaa biraatiin immoo dhaabbilee meeshaalee alatti ergan sadarkaa idil-addunyaatti wal-hidhatinsi isaa uuman muuxannoowwanii fi beekumsoota hahhaaraa akka argatan carraa isaaniif kenna. Kanaafuu, omishtummaa daldala al-ergaa ni guddisa.

Kanaafuu, rakkoolee caaseffamaa seektara daldala alatti erguu keessatti mul'atan addaan baasuun furmaata bu'uuraa fiduun dhimma du'aa fi jireenyaa ta'uu qaba. Walitti fidinsaa fi hanga omishawwan alaa isa omishawwan qonnaa muraasa irratti hundaa'e guddisuu barbaachisa.

Rakkoowwan hanqina humnaa oomishtummaa waliin wal-qabatan furuuf xiyyeeffannoon kennamuu qaba. Biyya keessatti humna dabalataa uumuun oomisha gara alaatti ergamu gosaa fi hammaan baay'isuun barbaachisaa dha.

Diinagdee walitti hidhannaa addunyaan durfamu kana keessatti tarsiimoon keenya irra caalaa alatti erguun kan durfamu ta'uunsaa akkuma eegamutti ta'ee, wantota sharafti alaa baay'inaan baasii irratti godhamaa jiru garuu carraaqqii xiqqoon humna uummachuu akka danda'an taasifamuu kan danda'an kanneen akka zayita nyaataa, qamadii, garbuu biiraa, qindeessuu bu'aalee qonnaa, meeshaalee dhedhii industirii fi oomistoota wal-fakkaatan alaa gara biyya keessaatti galchinu biyya keessatti oomishuun bakka buusuu tarsiimoo nu dandeessisiisu hordofuun bu'a qabeessa dha. Nagada alatti erguu oomishtummaa bu'uureffate babal'isuunii fi tooftaa oomishaalee muraasa biyyatti galanii kan biyya keessan bakka buusuu qindeessuun duubatti deemuu sharafa alaa maddisiisuu gara fuula duraatti akka deemu gochuu ni dandeenya.

Hanqina sharafa biyya alaa sochii diinagdee biyya keenya qoraa jiru kana hir'isuuf oomishtummaa guddisuun tooftaa guddaa tokko ta'ee, tarkaanfiiwwan imaammataa fi tarsiimoo dabalataa fudhachuun barbaachisaa dha. Mootummaan tooftaa sharafa alaa karaa hawaalaatiin argatu ittiin guddisu qopheeffachuu qaba. Galii sharafa alaa dagaagsuun alatti itti fayyadama sharafa alaa bu'a qabeessa gochuun dhiibbaanni uumu laaffisuun ni danda'ama. Biyya keenyatti sharafa alaa ol-aanaatti kan fayyadamu mootummaa dha. Mootummaan piroojektoota guguddoo/mega project waan qabuuf fedhiin sharafa alaasaa ol-aanaa dha. Mootummaan yeroo hundumaa piroojektoota yeroo kaaa'ameefitti xumuruurratti xiyyeeffachuu qaba. Kunis itti fayyadama sharafa alaa qusachuudhaan kuufamni sharafa alaa akka fooyya'uuf gahee dabalataa taphata. Haala karoora yeroo dheeraa fi giddu gala lakkofsa keessa galcheen bulchiinsaa fi imaammata sharafa alaa qorannoon sakata'uun fooya'iinsa barbaachisaa ta'e taasisuun barbaachisaa dha.

Yeroo dhihootii asitti, wal-deeggaruun keenya barbaachisaa ta'uusaa fi yoo adda adda banemmoo hundi keenya akka miidhamnu hubannoon fudhatameera.

Diinagdee keenya biyyoota olla waliin walitti hidhannoo akka qabaatu taasisuun fayidaa guddaa akka qabu hubachuun ni danda'ama. Buufata doonii waan hin qabneef buufatoota doonii biyyoottan qaban waliin misoomsuuf hojjechuun barbaachisaa dha. Kanaafuu, karaa bahaa buufata doonii Jibuutii yookan Barabaraa, dhihaan buufata doonii Sudaan Akkasumas, buufatawwan doonii kaaba Ertiraatti fayyadamuu danda'uun baasii hir'isuu qofa osoo hin taane tajaajila amansiisaa fi itti-fufiinsa qabu argachuuf nugargaara.

Baasii geejjibaa hir'isuun carraawwan qabnu babal'ifachuu nidandeenya. Qixuma sanaan kontirobaandiis nidadhabsiifna. Kallattii adda addaatiin ilaallee faayidaa diinagdee argamsiisuun alatti akka Gaanfa Aafrikaatti humna diinagdee guddaa tokko uumuu nidandeenya. Kanaafuu, waliigaltee miseensummaa daldala biyyoota naannoo jabaatee hojii irra ooluu qaba. Itoophiyaan miseensa dhaabbilee daldalaa Idil-addunyaa ta'uuf falmii mariidaldalaa erga eegaltee booda sababoota adda addaatiin jalaa gufachuun amma ammaatti falmii marii ishee osoo hin xumurin baroota hedduu turuun moggaasa "Biyya Kophaashii" jedhu argatteetti. Falmiin marii kuni faayidaa fi fedhii biyya keenyaa haala eegsisuun hojii irra ooluun isaa barbaachisaa dha.

Faayidaan miseensa dhaabbata daldalaa idil-addunyaa ta'uurraa argamu marii waliigaltee gamlamaa milkaa'inaan taasisuudhaan wal-qabata malee miseensa waan ta'aniif qofa kallattiidhaan faayidaan argamu akka hin jirre hubatamuu qaba. Kanaafuu, qorannoo fi beekumsa bu'uureffachuun faayidaawwan biyyoolessaa fi galma keenya ifaan ifatti adda baasuun falmii marii waan kana nuuf eegsisu taasisuun barbaachisaa dha.

BOQONNAA KUDHA SADII

Kuufama Humnoota Oomishaa

Ka'umsi hanqina sirna diinagdee biyya keenyaa irratti xiyyeeffatu rakkoo oomishtummaa fi itti fayyadamummaa haqaa dhabuurratti kan hundaa'e dha. Oomishtummaan salphumatti gaaffii diinagdeen keenya akka biyyaatti saffisa akkamii fi bu'a-qabeessummaa hammamiitiin socho'aa jira? jedhuuf sadarkaa ittiin deebii kenninuun kan beekamu dha. Sochii diinagdee baaqqeetiin oomishtummaan galtee nama tokkootiin yookiin kaappitaala tokkoon adda addummaa bu'aa argamuu mul'isa. Sadarkaa diinagdee waliigalaatti immoo, oomishtummaan yaada itti fayyadama si'aayina qabuu fi bu'a-qabeessa ta'e agarsiisu dha. Oomishtummaan, wantoonni humna kuufamaa misoomaa ta'an kan akka galteewwan oomishaa, humna biyya keessatti argamuu fi dandeettii taatotaa adeemsa oomishaa keessatti hirmaatan hammachuun bu'aa qindoominaatiin galtee gara bu'aatti jijjiiruu dha. Qindoominni kun galtee oomishaa, dandeettii bizinasii uumuu fi hariiroo oomishaa kan of-keessatti hammate dha. Qindoominni humnoota oomishaa kun gatii shaqaxootaa fi tajaajilootaa biyya keenyaa murteessuun guddina diinagdee fi misooma kan mirkaneessu dha.

Galteen oomishaa humna namaa, qabeenya uumamaa; akkasumas, humna faayinaansii fi meeshaa kan dabalatu yommuu ta'u, agarsiistuu humna kuufamaa badhaadhina misoomuu danda'uu biyya tokkoo mul'isu dha. Haa ta'u malee, galteewwan kun jiraachuun isaanii qofti oomishtummaa guddisa jechuun hin danda'amu. Qorannoowwan adda addaa akka mul'isanitti, biyyoonni hedduu boba'aa fi qabeenya uumamaa albuudotaa fi kkf qaban yommuu biyyoota qabeenya gad-aanaa qaban faana wal-bira qabamanii ilaalaman guddina diinagdee, sadarkaa dimookraasii fi badhaadhina gadi aanaa qaban ta'anii mul'atu. Kanaafuu, qabeenyi uumamaa qofti wabii guddinaa hin ta'u jechuu dha. Sababiin isaas, sirni itti gaafatamummaa qabuu fi qabeenya uumamaa sana saamicharraa eegu yoo jiraachuu baate, aangawoota faayidaa barbaadanii fi abbootii qabeenyaa maxxantuu mootummaa ta'an duroomsuuf qofa fayyada.

Bizinasii uumuu yommuu jennu, namoota dandeettii qabanitti fayyadamuun haala humnoonni oomishaa qindaa'anii humna uummatanii gabaaf ittiin dhiyaatan jechuu keenya. Kanaafuu, bizinasii uumtummaan irra caala kutannaan yaada biizinesii haaraa yaaluu, dandeettii adeemsa hojii idilee beekuu fi hoogganuu dabalata. Dabalataanis, ga'uumsa kana haala walitti fufiinsa qabuun guddisuu kan bakka bu'u ga'umsa humna uumuu fi misooma teekinooloojii hammate dha. Walitti hidhiinsii fi hariiroon oomishaa agarsiistuu adeemsa oomishtummaa wal-xaxaati. Walitti dhufiinsa qoddattoota oomishaa diinagdee keessa jiranii, wal-harkaa fuudhuu fi sansalata dhiyeessii kan ilaallatu dha. Walitti hidhiinsi kun biyya keessattis ta'ee biyyaan alatti odeeffannoo shaqaxaa fi tajaajilaa, sababa wal-harkaa fuudhinsa kaappitaalaas haa ta'u humna namaatiin hariiroo fuul-duraa fi booddee kan qabu dha.

Walumaagalatti, oomishtummaan sirna wal-xaxaa dhiyeessii galtee, ga'umsa tooftaa oomishaa fi dhimmoota walitti hidhiinsa oomishaa irratti murteessuuti. Oomishtummaan yeroo gabaabaa keessatti rakkoo diinagdee hiikuu haa baatuyyuu malee, dhimma murteessaa adeemsa yeroo dheeraa keessa fayyaa diinagdee biyyaa fi haala jireenya lammilee murteessu dha. Kanaafuu, guddinni diinagdee walitti aanaa yeroo dheeraaf turuu fi misoomni kan itti galmaa'uu danda'u, guddina walitti aanaa oomishtummaati jedhanii yaada waliigalaarra ga'uun ni danda'ama. Kanaafuu, mata-dureewwan itti aanan jalatti rakkoo oomishtummaa diinagdee biyya keenyaa gadi fageenyaan sakatta'uuf humna dhiheessaa galtee oomishaa, ga'umsa tooftaa oomishaa fi dhimmoota walitti hidhannaa oomishaa ilaaluun barbaachisaa dha.

Gama humna dhiyeessii galtee oomishaatiin, biyyi keenya hiyyummaa fi duubatti hafummaa keessa dhidhimtee yeroo dheeraa kan lakkoofsiste ta'uyyuu, humna kuufamaa misoomuu fi badhaadhuu ishee dandeessisu qabaachuun ishee wanta amanamu dha. Itoophiyaan baay'ina uummataa waliigalaa fi humna dargaggeessa umurii oomishtummaa keessa jiruun kan badhaate dha. Qabeenyi uumamaa fi haalli taa'umsa lafa biyya keenyaa, misooma qonnaa fi beeladaatiif qilleensa mijataa fi lafa bal'aa kan qabu, qabeenya meeshaa dheedhii misooma industrii fi albuudaaf mijataa ta'e kan qabduu fi akkasumas qabeenya aadaa, seenaa fi uumamaa qalbii daawwattootaa salphumatti hawwachuu danda'anii fi turiizimiif mijataa ta'aniin kan badhaate dha.

Uummanni biyya keenyaa aadaa jabana dheeraaf gabiffachaa dhufe kan akka keessummaa simachuu, waaqa sodaachuu, waliin jiraachuu, walii tumsuu fi qabeenya hawaasummaa walamanuu qabu kun misoomuu fi badhaadhuuf humna kuufamaa barbaachisaa ta'e dha. Humnoota misoomaa kana qindeessanii gara bu'aatti jijjiiruun Itiyoophiyaa duroomte dhugaa gochuuf, gosaa fi hamma qabeenya kanaa qorannoorratti hundaa'uun sirriitti beekuun barbaachisaa dha. Barreefama kana keessatti, irra caalaatti humnoota oomishaa diinagdee ta'an qabeenya humna namaafi qabeenya uumamaa irratti qofa xiyyeefachuun, humni kuufamaa qabnu akka itti aanutti dhiyaateera.

13.1 Baay'ina Uummataa Akka Humna Kuufamaatti

Biyya keenyatti guddinni lakkoofsa uummataa ol-aanaan kan mul'ate jijjiirama imaammata lafaa, "lafa qonnaan bulaadhaaf" jedhutti aanuun yommuu ta'u, kunis boqonnaa jalqabaa baroota (1960-1985) keessatti. Yeroo kanatti guddinni ol-aanaan kan galmaa'e, daa'imman umuriin isaanii waggaa kudha afurii gadi ta'erratti. Yeroo sana, lakkoofsi daa'imman umuriin isaanii kudha afurii gadii kun lakkoofsa walii-galaa uummata yeroo sanaa keessaa dhibbantaa afurtama ture.

Akka lakkoofsa uummata bara 1999 taasifamettimmoo, lakkoofsa uummataa waliigalaa keessaa gaheen lammilee umuriin isaanii 15-29 ta'e dhibbantaa digdamii saddeet ture. Isaan kana keessaa lakkoofsi waliigalaa uummata dubbisuu fi barreessuu danda'u dhibbeentaa kudha afur ni ta'a. Umuriin isaanii kan barumsaaf qaqqabe (umurii waggaa shanii fi isaa ol) fi barreessuu fi dubbisuu kan danda'an keessaammoo, daangaa umurii kana keessa warri jiran dhibbeentaa afurtamii lama turan. Bara 1983 lakkoofsi waliigalaa uummata biyya keenyaa miiliyoona 48 ture. Akka tilmaamni waliigalaa fudhatametti, baay'inni uummata biyya keenyaa bara 2011 miliyoona 98.7 qaqqabeera.

Baay'ina uummataa kana keessaa lammiileen umuriin isaanii waggaa 30 gadi ta'an naannoo dhibbantaa 61 akka ta'an ni tilmaamama. Yeroo ammaa kana dargaggoonni miliyoona soddoma ta'an sadarkaa adda addaatiin barumsaa fi leenjii fudhachaa jiru. Wantoota guddina baay'ina uummataas ta'ee humna oomishaa armaan olitti ibsamanii dabaluu keessatti gahee guddaa taphatan keessaa, waggoottan darban keessa hojiiwwan gama uwwisa tajaajila fayyaa fi nageenyaa mirkaneessuun hojjetamaniin milkaa'inni galmeeffame du'a hir'isuu waan dandeessiseefi dha. Baay'inni uummataa kun biyya keenyaaf madda abdiis madda sodaas ta'uun ilaalamaa jira. Sadarkaa yaad-rimeetti humni namaa humna oomishaa ol-aanaa ta'ee hanga deemuu danda'etti, dhimoonni biroo akkuma eegamanitti ta'ee, biyyi baay'ina uummataa ol-aanaa qabdu tokko humna biyyaalessaa fooyya'aa qabaatti.

Baay'inni uummata Itoophiyaa tilmaama guddina uummataa waliigalaan herregamee waggoottan kudhan booda miliyoona 122.3 (miliyoona dhibba tokkoo fi miliyoona digdamii lamaa fi kuma dhibba sadi) ta'a jedhameetu yaadama. Uummata kana keessaa dhibbantaan 28 umuriin isaa daangaa umurii 15-29 keessatti kan argamu, dargaggeessa humna oomishaa ta'a jedhameetu tilmaamama.

Lakkoofsonni kun kan mul'isan, yeroo lakkoofsi uummata oomishaa kanaa saffisaan guddachaa jiruu fi tooftaa diinagdee humna oomishaa kanatti fayyadamuu danda'u qopheessuun barbaachisaa ta'uu isaati. Guddinni lakkoofsa humna oomishaa kanaa waggoota dhufaniif bal'inaan itti fufuu akka danda'u ni eegama. Kanaafuu, humni dargaggeessaa fi oomishaa kun daangaa yeroo kanaa keessatti otoo itti hin fayyadamin nu harkaa ba'uu isaatiin dura, sirriitti itti fayyadamuun guddina hawaasummaa fi diinagdee fiduuf itti fayyadamuu qabna. Faca'insaa fi baay'ina uummataa wal-cinaan, biyya keenya keessa lammiileen miliyoona digdamii shan ta'an wabiin nyaataa isaanii kan hin mirkanoofneef ta'uun isaa ni himama. Sababa kanaanis, yeroo ammaa kana lammiileen miliyoona saddeet ta'an gargaarsa guyyaa qaqqabuu fi seeftineetii misoomaatiin (producrive safety net) hammatamaniiru. Lammiileen kunniin gargaarsa mootummaa fi gargaarsa kennitoota idil-addunyaa irratti kan hirkatani dha. Lakkoofsa uummataa waggaa waggaan dabalu sooruuf, oomishni qonna keenya waggaatti yoo xiqqaate toonii kuma dhibba shaniin dabaluu qaba.

Gama carraa hojiitiinis, guddinni carraa hojii haala wal-gituun guddachuu qaba. Haa ta'u malee, biyya keenyatti waggaatti lammiileen miliyoona lama ta'an umurii hojii qaqqabu. Diinagdeen keenya carraa hojii kan uumeef garuu miliyoona tokko hin caalani. Sababa kanaanis, biyya keenyatti yeroo ammaa, lakkoofsi lammiilee hojii barbaadanii miliyoona 10-14 akka qaqqabe ni tilmaamama.

Odeeffannoon baay'inaa fi wal-makiinsa uummataa kun biyya keenya keessa dargaggoonni hedduun jiraachuu isaanii fi hoji-barbaaddota ta'uu isaanii eera. Guddinni diinagdee waggoottan darban keessa galmeeffame amalli hojii uumuu isaa murtaawaa ture. Kanaafuu, carraan hojii uumamee fi guddinni lakkoofsa hoji-barbaaddotaa tasuma wal-madaaluu hin dandeenye. Qonni lakkoofsa hoji-dhabdoota dhokataa hedduu kan of-keessatti qabate ta'uurra darbuun, kutaa hawaasa baadiyyaa biyya keenyaa hoji-dhabaa ta'eetiif dahoo ta'ee tursiisuu hin dandeenye. Sagantaawwan hojii uumuu hanga ammaatti yaalaman amma ta'e bu'aa argamsiisaniyyuu, carraa hojii itti fufiinsa qabu babal'isuuf kan abdachiisan miti. Haala kana keessaa ba'uuf xiyyeeffannoo fi madaalliin guddina diinagdee baay'ina carraa hojii gara fuul-duraatti uumu ta'uu qaba. Hoji-dhabdummaan lammiilee hin oomishnee garuu, kan nyaata barbaadan bay'inaan kan uumu waan ta'eef, rakkoo wabii nyaataa dabaluun isaa hin oolu.

Walitti hidhiinsa baay'ina uummataa fi misooma diinagdee sirriitti hubachuuf, guddina lakkoofsa uummataa fi faca'iinsa uummataa waggoottan dhiyoo asitti amala, fedhii fi faayidaawwan dargaggootaa uumaman hubachuun gaarii dha.

Qormaata Faayidaa fi Fedhii Dargaggootaa Eegsisuu

Kutaa hawaasaa keessaa amala, fedhii fi faayidaa dargaggootaa hubachuuf, jireenya dhala namaa keessatti umuriin ce'uumsaa bakkaa fi gahee inni qabu addaan baasanii ilaaluun barbaachisaa dha. Namoonni umurii dargaggummaa keessatti argaman taateewwan ce'uumsaa walitti aanuudhaan isaan mudatan keessaa adda-dureen barumsa xumuruu, mana warraatii ba'uu, kaadhima jalqabaa kaadhimmachuu, hojii jalqabaa qabachuu, fuudhuu/heerumuu fi mucaa jalqabaa horachuu dha.

Duraa duuba taateewwan jijjiirama kanaa fi yeroo jijjiiramoonni kunniin itti ta'an kan murteessu carraa diinagdee fi hawaasummaa biyya keessa jiruuti. Biyya keenyatti guddinni lakkofsa hawaasa dargaggoo saffisa carraan hawaasummaa fi diinagdee ittiin guddatu waliin wal hin simne. Kanaafuu, murtii dargaggoota yeroo ce'uumsaatiif wantoota bu'uuraa barbaachisoo ta'an haala ga'aa ta'een dhiyeessuun hin danda'amne. Hanqina dhiyeessiiwwanii kanarraa ka'uun dargaggoota kan milkeessu shoora ce'uumsaa tokko yookin lama; taatee isa tokko irra yeroo dheeraaf turuu fi gara boqonnaa jireenyaa itti aanutti saffisaan ce'uu kan hin dandeenye ta'eera.

Fakkeenyaaf, barumsa xumuranii dafanii hojii argachuu dadhabuu, hojii qabatanii galii amansiisaa ta'e argachuu dadhabuu, bultii godhatanii rakkoo mana jireenyaa fi rakkoowwan kana fakkaatan biroon gufuuwwan jireenyaa bal'inaan dargaggoota quunnamani dha. Biyyi keenya carraawwan diinagdee fi hawaasummaa haala ga'aa ta'een uumuu dadhabuun ishee dargaggoota abdii kutannaa keessa kan galchuufi gara jeequmsaatti kan oofu dha.

Dhugumatti, ce'umsi dargaggummaa irraa gara ga'eessummaatti taasifamu kun kan dheerachuu fi turuun biyya keenya qofaatti kan daangeffame miti. Ameerikaa fi biyyoota Awurooppaa keessatti rakkoo ammaan kana isaan mudachaa jiru dha. Haa ta'u malee, biyya keenyatti lakkofsi kutaa hawaasa kanaa akka malee guddachaa jiraachuun isaa, carraan diinagdee sadarkaa barbaadamuun babal'achuu dhabuu waliin walitti ida'amee rakkinichi irra caalaa wal-xaxaa akka ta'u taasiseera.

Gama biraatiin, guddinni teekinoloojii fi babal'inni miidiyaa hawaasaa (marsaariitii) hubannaan lammiiwwan idil-addunyaa akka gabbatu taasiseera. Itoophiyaan biyyoota Afrikaa lakkoofsi fayyadamtoota miidiyaa hawaasaa hedduu keessatti argamu keessaa ishee tokkod ha. Fayyadamtoota miidiyaa hawaasaa keessaa hedduun isaanii humnoota oomishaa umurii waggaa 18-34 gidduu jirani dha. Babal'inni miidiyaa hawaasaa kanaa fi guddinni hubannaa idil-addunyaa kunis dargaggoonni waantotaaf deebii isaan kennan ariifataa akka ta'u godheera. Haalota uumaman irratti dargaggoonni akka kanaa duraa taajjabbii fi callisaan kan bira hin dabarre, mootummaas ta'ee hawaasa akka morman taasiseera. Haalli kun haala qabatamaa biyya keenyaa fi seenaa biyya keenyaa waliin yommuu walitti ida'amu dhiibbaan isaa ni bal'isa.

Siyaasni biyya keenyaa bara 1960mootaa kaasee humna dargaggoota barataniitiin kan durfamu dha. Itti gaafatamummaan seenaa pirojektii ammayyummaa oofuu gateettii kutaa hawaasaa kanarratti kan kufe dha. Haa ta'u malee, itti gafatamummaan seenaa dargaggoota kanaan duraa abukaatummaa qonnaan bulaa ture. Dargaggoonni ammaa immoo dabalataan gaaffii diinagdee fi haqaa ofiif qabu kan qabate dha. Kana malees, dargaggoonni ammaa diinagdeedhaan warra isaanii irratti hirkatoo ta'uun isaanii, rakkoon kutaa hawaasa kanaa kutaa hawaasa hunda waliin kan walitti hidhate ta'uusaa mul'isa. Kanaafuu, rakkoo dargaggootaa hiikuun karaa biraatiin dhimma rakkoo kutaalee hawaasaa biroo hiikuu dha.

Gara fuul-duraatti bu'uura hawaasummaa dhaaba siyaasaa kamiyyuu kan ta'u qonnaan bulaa ga'eessa cinaatti humna dargaggoo kana dha. Dargaggoon amma jiru kun dargaggoo waggaa 30 duraan ture waliin yommuu wal-bira qabamee ilaalamu, garaagarummaan bu'uuraa qaban dargaggoonni ammaa humna dargaggoota baratee ta'uu isaati. Kanarraa ka'uunis, dhimmoota siyaasaa fi diinagdeerratti hirmaannaa cimaa taasisuu fi fayyadamaa ta'uu barbaada. Kanafuu, kutaa hawaasaa dargaggeessa barate yommuu jennu, waggoottan soddomman darban kana keessa carraawwan barnootaa uumamaniin kan barate, marsaariitii quunamtii diriirfamaniin odeeffannoo quunnamtii saffisaa fi walitti hidhannaatti dhihoofi kutaa hawaasa bal'aa gara fuul-duraas ta'uu isaati.

Ammuma baay'inni lakkoofsa dargaggootaa dabalaa dhufe carraan hawaasummaa fi diinagdee biyya keenyaa, kessumaa qabeenyi uumamaa haphachaa dhufeera. Lafti qonnaa guddina lakkoofsa uummataa dandamachuu dadhabaa jira. Kanaaf, dargaggoonni baadiyyaa jiruu hanqina lafa qonnaa fi barumsaa qaburraa ka'uun carraa diinagdee fooyya'aa barbaacha godaansi gara magaalaatti taasisu baay'inaan dabaleera. Kanarraa kan ka'e, magaalonni aanaa akka amma mul'achaa jiruutti dhiyeenya qaban irraa ka'uun lakkoofsa hawaasa dargaggoota ol-aanaan guutamaa dhufaniiru.

Kanaafuu, fedhii fi faayidaa dargaggootaa kana bifa itti fufiinsa qabuun hiikuufi humna guddaa diinagdee taasisanii hiriira galchuun kan danda'amu yommuu misoomni industirii saffisaa carraa hojii amansiisaa uumuu fi dandeettii hojjettootaa guddisu fiduun danda'ame dha. Keessumaa, seekteroota misooma magaalaafi baadiyyaa yookiin induustiriifi qonna gidduutti walitti hidhannaa qabaniifi hariiroowwan wal-deeggaran irratti xiyyeeffachuun jijjiirama caasaa diinagdee saffisiisuuf hojjechuun barbaachisaa dha. Dabalataanis, misooma baadiyyaa saffisiisuunii fi baadiyyaa bakka jireenya mijataa taasisuuf tajaajiloota guutuun yoo danda'ame humna dargaggoota baratanii gara magaalaatti godaanu kana nannoo isaa akka turu gochuun hirmaataa misooma baadiyyaa akka ta'u gochuun barbaachisaa dha.

Kallattii dargaggeessarratti xiyyeeffate hordofuun, dhimma kaayyoowwan gurguddoo biyya keenya lama galmaan ga'uu dha. Inni tokkoffaan, qabeenya nama baratee fi lakkofsa hedduu qabu kanatti fayyadamuun misooma diinagdee barbaadamu galmeessisuu yommuu ta'u, lammaffaan immoo humni namaa kun abdii kutachuu fi dallansuu keessa galuun tasgabbiifi nageenya biyya keenyaa balaarra akka hinbuufne gochuun sodaa jiraachuu biyya keenyaa hambisuu dha.

Kaayyoon keenyas, aadaa Maarkisistootaa keessatti akka baratametti kutaa hawaasaa tokkoof qofa qabsaa'uu otoo hintane dhimma misooma diinagdee biyya keenyaa, tasgabbii fi nageenya ishee mirkaneessuu akka ta'etti fudhatamuu qaba. Gaarummaa isaa fudhannee yommuu ilaallu, dargaggeessi gama hundumaan gahee jijjiirama waliigalaa fiduu dandeessisu qaba. Faallaa kanaan immoo, haalan yoo qabamuu baate carraan badii waliigalaa fiduu isaas ol-aanaa dha. Dhimma hawaasummaa, siyaasaa fi diinagdee kamiyyuu keessatti humna hoo'aa fi oomishtummaatiin kan ramadamu ta'uyyuu hanqina muuxannoo qabuu fi xiqqeenya umurii isaarraan kan ka'e haalaan leenji'uu fi ilaalchi isaa bocamuu qaba. Kutaan hawaasaa kun humnaa fi anniisaa qaburraa, akkasumas, kutaalee hawaasaa biroo waliin walitti dhufeenya kallattii qabuu fi dhiibbaa isaarraa ka'uun, sirriitti leenji'uu fi tooftaa fi malaan qabamuu qaba. Dargaggessi yoo sirnaan hoogganame jijjiiramni fidu faayidaa qabeessa akka ta'e wal nama hin gaafachiisu.

Guddina lakkoofsa uummata biyya keenyaa fi haala qabatamaa faca'insaa; akkasumas, raagawwan adda addaa yommuu xiinxallu, yoo haalota hawaasaa dhimmoota diinagdee fi hawaasummaa waliin walitti hiinee imaammata ga'aa fi hoggantummaa kuttannoo qabuun hogganuu dandeenye yeroo dhiyoo keessatti bu'aa baay'ina uummataa ol-aanaa fi faca'insa qooddachuun milkaa'ina diinagdee mirkaneeffachuuf carraa guddattu nu dura jira. Sababiin isaas, oomishaanis, itti fayyadamaan oomishaas, misooma kan fidus, misoomicharraa kan bu'aa argatus, dhala namaati. Haa ta'u malee, hangi misoomaa dhala namaan qofa otoo hinta'in galtee oomishaatini. Kana jechuun, qindoomina kaappitaalaa, teekinoolojii fi qabeenya uumamaan kan murteeffamu dha. Kanarraa kan ka'e, biyyoonni tokko tokko baayi'na uummataa ol-aanaa haa qabaataniyyu malee misoomaniitu argamu. Faallaa kanaatiin immoo, lakkoofsa uummataa xiqqoo otoo qabanii biyyonni hin misoomnes ni jiru.

Miidhaa fi faayidaa baay'ina uummataa irratti mormiiwwan gurguddoo lamatu jira. Garee isa tokkorraa lakkoofsi uummataa saffisaan dabaluunsaa sadarkaan jireenya dhala namaa akka gadi bu'uu fi jiraachuu dhala namaas balaarra buusa jedhanii hayyootni morman ni jiru. Lakkoofsi uummataa saffisaan yommuu dabalu, biyyoonni jireenyaaf wantoota barbaachisoo ta'an kan akka nyaata, mana, daara, carraa baruumsaa fi tajaajila fayyaa haala ga'aa ta'een dhiheessuun isaanitti ulfaata. Lakkoofsi uummataa dabaluun hiyyummaa fi jireenya gad-aanaaf nama saaxila. Baay'inni uummataa qabeenya uumamaa dhumataa duguuguurra darbuun faalama naannoo dhaqqabsiisuudhaan haala qilleensa naannoo rakkoo irra buusa jedhanii mormu.

Gama biraatiin, baay'ina uummataa akka carraatti fudhachuun, biyyi uummata baay'ee qabdu biyya uummata xiqqoo qabdurra of-danda'uun madda siyaasaa fi diinagdee akka taatu ibsu. Yaadni mormii isaaniis, uummanni madda humna oomishaa hojiif ta'uuti yaada jedhu ibsuurratti kan bu'uureffate dha. Isaan kana keessaas, ittisa biyyaaf kan ta'u raayyaa guddaa ijaaruu, oomishaaf gabaa bal'aa uumuu, gibira galiif bu'uura bal'aa, yaada kalaqaa baay'ee argachuuf, fooya'insa teekinoloojiif bu'uura waan ta'uuf badhaadhina jedhaniitu ibsu.

Baay'inni uumataa carraa fi qormaata fidee kan dhufu ta'uunsaa jala muramuu qaba. Baay'ina uummataa fi guddina diinagdee gidduu walitti dhufeenyi kallattiis haa ta'u alkallattii jiraachuu danda'a. Guddinni baay'ina uummataa guddina diinagdee waliin hanga wal-madaaletti motara guddinaati. Wal-madaaluu baannaan garuu guddina diinagdee booddetti harkisa. Asirratti carraa fi qormaata baay'ina uummataa sirriitti hubachuuf, muuxannoowwan Dhihaa fi Bahaa fudhachuun nu fayyada.

Qaccee ofii itti fufsiisuun xiin-uummata keessatti gaaffii guddaa dha. Biyyoottan dhihaa keessatti lakkoofsi kutaa hawaasa umuriin deemee faca'iinsa uummataa biyyoottanii keessatti guddachaa dhufeera. Kunis, humni oomishaa fi hojjataa akkasumas humni shamatu akka hir'atu taasisa. Kanaafuu, xiqqaachuun lakkoofsa dargaggoota biyya dhaalanii namoota imaammata qopheessan hedduu yaaddoo keessa galcheera.

Faallaa kanaatiin, sababoota biyyoonni Baha Eeshiyaa ittiin guddachaa jiran keessaa baay'inni uummata isaanii waan bal'aa ta'eefi dha. Baay'inni uummata isaanii hedduu ta'uun fedhii biyya keessaa fi gabaa akkasumas humna namaa bal'aa argamsiisefii jira. Haa ta'u malee, keessumaa Chaayinaa fi Hindii keessatti aadaan koorniyaa dhiiraaf looguu yookiin sirna koorniyaa ol-aantummaa dhiiraa rakkoo xiin-uummataa uumeera. Biyyonni kunniin, keessumaa Chaayinaan imaamanni xiin-uummataa hordofte, faca'iinsi koorniyaa akka wal-madaalawaa hin taane gochuun rakkoo hawaasummaa uumeera.

Kun kan nutti agarsiisu to'annoon baay'ina uummataarratti taasifnu xiin-uummata uumamaa kan ta'an gahee wal-simataa umurii fi koorniyaa kan jeequu fi adeemsa uumamaa irratti kan dhiibbaa taasisu ta'uu akka hin qabaanne dha. Kanaafuu, biyya keenyatti xiin-uummataafi misooma gidduu walitti hidhannoo tasuma addaan baasamuu hin dandeenyee fi itti-fufiinsa, akkasumas jijjiirama qabu hubachuun xiyyeeffannoon dhimmoota xiin-uummataaf kenninu qaama misooma itti fufaa biyya keenyaaf, dabalees guddina saffisaa gama diinagdee fi hawaasummaatiin mirkaneessuf carraaqqiiwwan taasifamanii ta'uu qaba.

Sadarkaa amma irra jirruun uummanni keenya waanta oomishuurra waanta inni dhimma itti ba'utu bay'ata. Kanaafuu, ilaalcha herreegaatiin yommuu ilaallu, fayyadamaa dha malee uummata oomishuu miti. Biyyi keenya gargaarsaanis haa ta'uu liqiin kaappitaala guddaa biyya alaatii fiduun dhiyeessa ijaarsawwan bu'uuraa barumsaaf, fayyaaf, bishaan dhugaatiifi kanneen kana fakkaataniif babal'ifteetti. Haa ta'u malee, humna namaa uumamee fi galteewwan meeshaalee qindeessinee itti fayyadamuun shaqaxootaa fi tajaajiloota gatiin isanii dabale oomishnee gabaaf dhiheessuu hin dandeenye. Kanarraa kan ka'e liqii liqeeffanne deebisuun haa hafuutii, liqii fi deeggarsa dabalataa barbaaduu hin dhiisne. Sababiin isaas, uumanni keenya oomishaa otoo hin taane fayyadamaa ta'uu isaati. Haalli kun kan agarsiisu teekinoloojiiwwan oomishtummaa fooyyessanitti fayyadamuu fi walitti hidhiinsa gabaa ijaaruun hanga gara oomistummaa qulqullaa'aa isaatti ceenutti guddina baay'ina uummataa keenya dhaabsisuun barbaachisaa ta'uusaati.

Baay'inni uummata oomishaa biyya keenyaa baay'ina uummata hirkatoo yookiin hin oomishnee akka caalu taasisuu qabna. Humna oomishaa kana karaa sirriin itti fayyadamuun yoo danda'ame, yeroo gabaabaa keessatti carraa diinagdee gaarii fidee dhufa. Carraan gaarii xiin-uummataa kun kan yeroo gabaabaaf turu dha. Hirkattummaan wayita dabalaa dhufu carrichi kan dhumu ta'a.

Haa ta'u malee, yommuu baay'inni uummata oomishaa carraa gaarii ta'ee turuufi lakkoo fi uummata oomishaa yommuu ol-aanaa ta'u ga'ee inni diinagdee keessatti taphatu guddisuuf, duraan dursinee dhaloota ijaaruu irratti qabeenya keenya dhangalaasuu qabna. Dursa xiyyeeffannoo fayyaa, barnootaafi leenjii dhaloota boriif kennuun dandeettii dhalootichaa ijaaruun barbaachisaa dha. Daa'imman aadaa hojii fi barumsaan ijaaramanii yoo guddatan, yommuu umuriin isaanii hojiif qaqqabu humna oomishaa qaroomee fi naamusa gaarii qabu ta'uun madda jabina diinagdee ta'u.

Muuxannoon biyyoota bu'aa xiin-uummataa kanarraa fayyadamoo ta'anii akka mul'isutti, dursanii daa'imman irratti hojii guddaa hojjechuu isaaniiti. Muuxannoo biyyoota kanarraa horachuun bu'aa xiin-uummataa dhandhamuuf sirna fayyaa hawaasaa jabaa fayyaa daa'immanii fi uummataa fooyyessu diriirsuun barbaachisaa dha.

Yommuu hojii fayyaa hawaasaa kanaa fi guddina baay'ina uummataa dhaabuurratti hojjennu fedhii, eeyyamaa fi beekkamtii haadholiif abbootii irratti kan hundaa'ee fi loogii koorniyaarraa bilisa akka ta'u of-eeggannoo gochuun barbaachisaa dha. Dabalataanis guddinni baay'ina uummataa hir'ataa deemee lakkoofsa dargaggoota hojjetanii akka hin haphifne, itti dhiyeenyaan hordofuun akka barbaachisummaa isaatti imaammaticha fooyyeessuun, baay'ina uummata keenyaa qofa otoo hin taane madaallii gulantaa faca'insa umuriis akka eegnu nu dandeessisa.

Walumaagalatti, biyya keenyatti carraa xiin-uummataa mul'achaa jirutti fayyadamuuf sirna barnootaa fi leenjii humna nama qaxaramuu fi hojii uumuu jabeessu diriirsuu, karoora maatii fi sirna fayyaa du'a haadholii fi daa'immanii hir'isu jabeessuu fi kallattii diinagdee oomishtummaa bu'uura godhate hordofuun barbaachisaa dha.

13.2 Qabeenya Uumamaa Akka Humna Kuufamaatti

Itoophiyaan haala taa'umsa lafaa adda addaan badhaatuu dha. Bal'inaan immoo biyyoota addunyaarraa sadarkaa 27ffaa irratti argamti. Bal'inni kun uummata hedduu hamatanii qabachuuf, qabeenyi uumamaa hedduu akka jiraatuuf, nageenya biyyaa eegsisuuf ga'ee guddaa qaba.

Biyyi keenya lageen gurguddoo biyya qaxxaamuran afur, kessa isaaniitti lageen giddu-galaa 12 fi lageen gurguddoo 9 qabdi. Kana keessaa haroowwan uumamaa 17 fi nam-tolchee 9tu argama. Qaama bishaanii fuula lafaarra jiran kanarraa kuufama bishaanii metir-kuubii biliyoona 123tu jira. Akkasumas, kuufama bishaanii qotamee baafamuun haromfamee faayidaarra ooluu danda'u metir-kuubii biliyoona 121 oltu jira. Walumaagalatti, biyyi keenya qabeenya kuufamaa bishaanii metir-kuubii biliyoona 224 qabdi. Qabeenya bishaanii kanatti fayyadamuuf, teekinoloojii jallisiitti fayyadamuun lafti misoomuu danda'u hektaara miliyoona 43 gadii miti. Qabeenya kuufamaa bishaanii qabdurraayis kennaa uumamaa humna ibsaa meegaa waattii kuma 45 maddisiisuu ishee dandeessisuunis kan badhaate dha. Kanarraa ka'uun, Afrikaa keessatti biyyoota muraasa gumbii bishaanii jedhamuun beekaman keessaa ishee tokko dha.

Itoophiyaan naannoo mudhii lafaatti waan argamtuuf ifa aduu ol-aanaa argatti. Haa ta'u malee anniisaa elektirikii madisiisnee itti dhimma ba'uuf kan hojiirra oolchine dhibbantaa tokkoon gadi. Itti fayyadamni anniisaa qilleensaa fi hurkaa/ji'ootermaalii keenyas akkasuma gad-aanaa dha. Qabeenyi dhagaa cilee fi gaazii uumamaa keenyas hanga ammaatti faayidaarra hin oolfamne.

Biyya keenyatti dheerinni guyyaa fi halkanii wal-qixa kan jedhamu dha. Biyyi keenya baqqaana tirooppikaaliitti kan argamtuu fi haala taa'umsa lafaa adda addaa kan qabdu dha. Sababa kanaanis biyyi keenya qabeenya haala qilleensaa adda addaa, gosa biyyee fi bakka argama gosoota bineensotaa fi biqiltoota adda addaa ishee taasiseera. Kanaafuu gosa midhaanii fi beeladoota adda addaa oomishuuf carraan keenya bal'aa dha.

Itiyoophiyaan Baha Afrikaa, galaana diimaarraa fageenya dhihootti argamtu dha. Haalli taa'umsa ishee biyyoota Baha Giddugalaa, Eeshiyaa, biyyoota Galfii fi Awurooppaatti kan dhiyaatte, akkasumas galaana diimaatti, Galfii Edenii fi Garba Hindiitti dhihoo akka taatu godheera. Kana ta'uu isaatiinis biyyi keenya daldala idil-addunyaaf kan mijattee fi bakka tarsiimowaatti kan argamtu dha. Haala teessuma lafaa waliin wal-qabatee, Itiyoophiyaatti qormaata kan ta'u, balbala galaanaa dhabuu isheeti. Kunis biyyi keenya gatii daldala ol-aanaaf akka saaxilamtu taasisuun daldala fiduu fi erguu irratti dhiibbaa taasisuun isaa waan hin oolle dha. Qormaata dhaabbataa gama diinagdeetiin nu mudatu kana furuun kan danda'amu, yaada ida'amuutiin biyyoottan ollaa keenyaa faana faayidaa waliiniif yommuu diinagdeen walitti hidhamnee ida'amnu dha. Tooftaan kun hariiroo filannoo buufatoota nagada alaatti ergamuu fi biyyatti ittiin galchinu bal'ifachuu hordofuu qabna.

Kallattiin kun nageenya biyyaalessaafis ta'ee misoomaaf baay'ee barbaachisaa dha. Haa ta'u malee, nageenyiif misoomni biyyoota ollaa keessatti kan mirkanaa'e ta'uu danda'uun isaa dhimma barbaachisaa fi boriif hin jedhamne dha. Kanaafuu, olloottan keenya waliin misoomaa fi nageenya waloo cimsuuf, imaammanni qunnamtii biyya alaa, nageenyaa fi misoomaa xiyyeeffannoo argachuu qaba.

Haala teessuma lafaatiin alatti, qabeenyi uumamaa dandeettii humna misoomuu biyyootaa murteessuu keessatti shoora ol-aanaa qaba. Qabeenya uumamaa yommuu jedhamu, akka biyyaatti qabeenya wabii nyaataa mirkaneeffachuu dandeessisu qabaachuu fi albuudota gatii isaanii olka'aa ta'e qabaachuun murteessaa taasifamaniitu ilaalamu. Biyyi keenya humna kuufamaa wabii nyaataa ishee ittiin mirkaneeffattuu fi darbaa oomishtu qabdi. Biyyi keenya lafa qonnaaf mijataa ta'e walumaagalatti iskuweer kiiloometirii miliyoona tokkoo ol-qabdi. Kana keessaa hojiirra ka oolfame dhibbantaa 20 qofa. Inni kaan harka caalaa kaloodhaaf kan oolfame dha. Kun kan ta'es, horsiisni beeyiladaa keenya waan hin hammayyoomneefi dha.

Itiyoophiyaan haala qilleensa adda addaa waan qabduuf, bakka gosoonni midhaanii fi biqiltoota adda addaa itti argaman qofa otoo hin taane bakka sanyiiwwan isaanii itti baay'atan taasiseera. Bakki argama bunaa, suufii, geeshoo, xaafii, nuugii, ancootee, raafuu fi warqee biyyuma keenya kana dha. Biyyi keenya biyya baay'inaan gosoonni midhaan agadaa fi biilaa akkasumas midhaan dibataa baay'inaan itti oomishamani dha. Kanneen keessaa, garbuu, mishingaa, boobee, qamadii, baaqelaa, talbaa, nuugii, saliixii, shumburaa, missira, qeeqaluu/adongaarree, ataraa fi sunqoo maqaa dhahuun ni danda'ama. Qabeenya hagana baay'atu qabaannuyyuu hanga ammaatti sadarkaa maatiitti wabii nyaataa mirkaneeffachuu hin dandeenye.

Naannoon baha Afrikaa kun qaxanaa haala jijjiirama qillensaatiin miidhaan irra ga'uu fi qonna roobarratti hirkate hordofu dha. Haaluma kanaanis, waqtii eeggatee ongee fi beela uumamuuf kan saaxilame dha. Biyyi keenyas, seenaa ishee keessatti balaa ongee suukanneessaa ta'e si'a baay'ee keessummeessiteetti. Akka biyyaatti miidhaa ongichaa kan hamaa taasisu hooggansi hojii sodaa balaa fi qophaa'inaa keenyaa jabaa ta'uu dhiisuu isaati.

Misooma itti fayyadama qabeenya uumamaa madaalawaa jabeessuu fi dhimmi inni guddaan aadaa itti fayyadama keenyaati. Sirni nyaataa keenya oomishoota keenyarratti kan hundaa'e dha. Kana ta'uu isaatiinis, midhaan nyaataatiin of-danda'uuf gabaa alaa galchuurratti akka hirkannu nu hin taasisu. Gama biraatiin Itiyoophiyaan biyya gosni nyaataa baay'een itti argamu waan ta'eef, gosoota nyaataa muraasa irratti akka hin hirkanneef carraa gaarii nuuf uuma. Carraan oomisha baay'ina gosa nyaataarratti hundaa'e oomishuu qabnu bal'aa dha. Biyya keenyatti faayidaa fayyaa gosoonni soorataa qaama ijaaran qabanii xiyyeeffannoo akka argatu taasisuun qorannoo xin-nyaataatiin gabbisuun gartuu nyaata aadaa keenya akka ta'uuf xiyyeeffannoo itti kennanii hojjaachuun barbaachisaa dha.

Haaluma wal-fakkaatuun, fedhii galteewwan nyaata hammayyaa fi biyya alaa irraa barbaachisoo ta'an (daakuu qamadii, sukkaaraa fi zayita) dhiyeessa biyya keessaatiin waliin ga'uun galma keenya ta'uu qaba. Yommuu kana gochuu dandeenyu hawaasa nyaata galteewwan uumamaarraa qophaa'e sooratuufi fayyaan isaa eegame akkasumas baasii sharafa alaa nyaataaf oolu hambisu uumuun ni danda'ama. Dabalataanis, murteewwan qabeenya uumamaa waliin wal-irraa nu fageessan gara sirna oomishaa humna dabalatee fi qabeenya kuufatutti ce'uuf nu gargaara.

Dhiyeessi meeshaa dheedhii humna misoomaa biyya tokkoo, akkasumas kallattii imaammata biyya tokkoo ni murteessa. Biyyoonni dhiyeessa meeshaa dheedhiin ala misooma industirii saffisiisuu hin danda'ani. Kanaafuu, dhiyeessa meeshaa dheedhii oomisha uumamaa, argamuu albuudotaa fi bu'aa horii waliin wal-qabachiifne ilaaluu dandeenya.

Itiyoophiyaa keessatti albuudonni akka soogiddaa, warqii, pilaatiiniyeemii, noobiyamii, taantalamii, nikeelii, madaabii, kiroomii, mangaanizii, dhagaa nooraa, saandistoonii, jipsamii, suphee, oppaalii, oorii sibiilaa, pootaashii, boba'aa fi gaazii uumamaa fi kkf akka qabnu odeeffannoowwan ni himu. Keessumaa warqii, pootaashii fi kuufamni gaazii uumamaa bu'a-qabeessummaa diinagdee akka qabu ragaaleen ni mul'isu. Haa ta'u malee, humni qabeenya kana misoomsuu fi itti fayyadamuu sadarkaa gad-aanaa irratti kan argamu dha. Kunis, murtaa'ina rakkoo kaappitaalaa biyyittiin qabduun ala rakkoo murtaa'ina guddina teekinooloojiis qabaachuun ishee rakkoowwan guddina keenya murteessan keessaa tokko jechuu dha.

Qabeenya beeladaan wal-qabachuun Itoophiyaan qabeenya horii gaafaa, kottee duudaa fi lukkuun Afrikaarraa tokkoffaa isheen jechisiisuu danda'u qabaattuyyuu, biyyi keenya gaanfa lakkaa'uurra darbuun hiyyummaa hir'isuuf, wabii nyaataa mirkaneessuufis haa ta'u oomishawwan beeladarraa argaman kan akka (aannanii, hanqaaquu, foon, gogaa fi kallee) gabaa biyya alaatiif dhiyeessuun fayyadamuu hin dandeenye. Oomishni booyyee waggoottan darban keessa fooyya'insa agarsiisuyyuu kana caala irratti hojjennaan bu'aa guddaa fiduu kan danda'u dha.

Kuufamni humna oomisha damma keenyas baay'ee ol-aanaa dha. Biyyi keenya oomisha dammaan Afrikaarraa tokkoffaa taatuyyuu, horsiisa kanniisaa fi oomisha dammaa hammayyaa waan hin hordofneef galiin damee kanarraa argannu hagana kan nama hin gammachiisne qofa osoo hin ta'in kan nama gaabbisiisu dha. Kanaafuu, damee kana hammayyeessuun gabaa Awurooppaa qofa osoo waliin ga'uu dandeenyee humna guddaa ta'a.

Seenaa biyyoota hedduu keessatti qurxummiin wabii nyaataa mirkaneessuu keessatti gahee guddaa taphata. Yeroo ammaa kana biyyittiin humna waggaatti toonii kuma 56 oomishuu kan qabdu yommuu ta'u, humni kuufamaa oomishuu dandeessisu garuu gara toonii kuma 94tti tilmaamama. Kana jechuunis qabeenya qurxummii qabnu keessaa walakkaa qofa fayyadamaa jirra jechuu dha. Haroowwan magaalotatti dhihoo jiran irratti qurxummii baasuun haa baay'atuyyuu malee, qaamoleen bishaanii fagoo fi baadiyyaatti argaman garuu qurxummileen qaban faayidaarra oolchamaa hin jiru.

Biyya keenyatti namni tokko waggaatti waliigalaan qurxummii inni sooratu kiiloogiraama 0.56 dha. Yommuu soorannaa Afrikaa bahaa kiiloograma 9 ta'e faana wal-bira qabnee ilaallu baay'ee gadi bu'aa dha. Oomishni qurxummii keenya kan bu'uureffame qaamolee bishaanii uumamaa biyya keessatti argaman qofarratti. Qaamoleen bishaanii kun (haroowwan, lageen, hidhaawwanii fi qaamoleen bishaanii xixiqqoo) baay'ee ta'uu isaanii waliin wal-bira qabnee yoo ilaalle biyyi keenya faayidaa isaanirraa argachuu qabdu hin arganne.

Kanaafuu, qurxummiin wabii nyaataa mirkaneessuu keessatti shoora inni taphachuu qabu ture hin taphanne. Oomisha qurxummii irratti xiyyeeffannaa kennuun otoo hojjennee faayidaa diinagdee yeroof argannurra darbuun naannoo itti fufiinsaan madaalliin isaa eegame uuumuuf nu fayyada. Oomishni qurxummii kunuunsa naannoo irratti kan bu'uureffate waan ta'eef, hojiiwwan misooma qurxummiif hojjetaman naannoo bishaanii xiqqaachaa dhufe kana kan suphuu fi kan haaromsu ta'a.

Qabeenya uumamaa keenya gosaa fi bal'inaan kan baay'ate ta'uyyuu gama kunuunsa naannootiin garuu dadhabbina gosa lama qaba. Gama tokkoon albuudota dhuman tooftaa baasii qusatuun baasnee fudhatama isaa daballee haala sirrii ta'een dhaloota itti aanuuf qabeenya dhaalchisnu kaa'uu qabna. Qabeenyi keenya hin dhumne immoo duguugnee itti fayyadamuurra, qabeenyichi bakka of-buusuuf yeroo inni itti fudhatu hubannoo keessa galchuun itti fayyadama qabeenya uumamaa jala jalaan bakka of-buusaa deemuu hordofuu qabna.

Haalli itti fayyadama oomishni albuuda keenyaa ittiin adeemsifamu qabeenya duguuguu irratti kan buu'reffate dha. Jireenya uummata naannoo sanaas kan hin jijjiirree fi biyyaafis gibira galii irraa eegamu kan hin galchine akkasumas daldala seeraan alaaf kan mijate ture. Qonni keenyas akkuma oomisha albuudaatti biyyoo keenyaaf kan hindhiphannee fi bifa qabiyyee biyyoo uumamaa happhisuun qotaa horii immoo gara dheeduutti bobaasna.

Keessumaa naannoon giddugaleessaa fi kaabni Itoophiyaa akka malee kan nyaatamee fi oomishtummaan isaa baay'ee kan gadi bu'e waan ta'eef, guddina oomisha qonna keenyaaf sodaa guddaa dha. Cirama bosonaa fi sababa isaatiin dhiqamni biyyee uumamu rakkoo kana cimsaa dhufeera. Ciramni bosonaa kun haala taa'umsa lafaa waliigalaan miidhuun miidhaa kana sababeeffachuun maraamartoo faalama qilleensa naannootiin ongee dhufuuf nu saaxileera. Rakkoo bu'uuraa kanaan lubbuun bineensotaa fi biqilootaa naannoo keenyatti argaman balaaf saaxilamaniiru. Haala itti fayyadama qabeenya uumamaa kana kan baay'ee gaddisiisaa taasisu, balleessaa fi duguuggii kanaan qabeenya argannu kanatti fayyadamuun gara fuul-duraatti misooma industirii nu ceesisu otoo hin mirkaneeffatin hafuu keenya dha. Kanaafuu, lammiileen misooma qonnaa fi albuudatti boba'an gara fuula duraatti yommuu lafti isaanii qullaatti hafu daa'imman isaanii rakkoof saaxilamuun isaanii waan hin oolle dha.

Qormaata Qabeenya Uumamaa Misoomaaf Oolchuu

Qabeenyi uumamaa biyya keenyaa ulaagaalee madaallii hedduun yommuu madaalamu biyyi keenya humna kuufamaa misoomsuu danda'u akka qabdu mul'istootni ni jiru. Biyyi keenya rakkina keessaa ba'uufis haa ta'u rakkoowwan diinagdee ishee gosa hedduu hiikuuf qonni filannoo guddaa tokko. Kanaaf, qonna adeemsa galtee fi oomishaan hammayyeessuun, gabaarratti kan xiyyeeffate taasisuun (gabaa biyya keessaa fi biyya alaa) gochuun hojjechuun xiyyeeffannoo keenya ta'uu qaba.

Dabalataanis, misooma jallisii fi jiidhina kuusuuf xiyyeeffannoon adda kennamuu qaba. Lafa gammoojjii jallisiidhaan misoomsuuf mijataa ta'anii fi hanga ammaatti hojiirra hin oolle qonna gabaatiin misoomsuun sharafa biyya alaa hambisuu fi nannoowwan kana misoomsuun xiyyeeffannoo argachuu barbaada. Qabeenya naannoo keenyaa karaa wabii nyaataa mirkaneessuu fi karaa oomishtummaa dabalataa mirkanneessuun karaa qabachiisuun barbaachisaa dha. Qabeenya beeladaa fi qurxummii keenya karaa hammayaawaa misoomsuun filannoo dhiyeessii nyaataa babal'isuun wabii nyaataa mirkaneeffachuu ni dandeenya.

Walumaagalatti, dhimmonni qonna keessatti xiyyeeffannoo argachuu barbaadan keessaa babal'isuu hojiiwwan jallisii misooma qonna babal'aa fi xixiqqoo, dhiyeessii maallaqaa fi galtee babal'isuu, oomishtummaa horsiisa beeladootaa babal'isuu fi eegumsi qabeenya uumamaa xiyyeeffannaa nama hundumaa argachuun akka hojiitti galu gochuu dha. Dabalataanis tooftaa oomisha qonnaa fooyyeessu, qisaasama oomishaan boodaa hir'isuu, sirna wabii nyaataa qorannoorratti hundaa'e hojiitti hiikuu akkasumas gosoota midhaanii murteessoo ta'an biyya keessatti akka oomishaman taasisuun xiyyeeffannoo wal-fakkaatu kan barbaadu dha.

Qonnaan alatti haalli itti fayyadama qabeenya uumamaa waliin wal-qabatee qabeenya horachuun ni danda'ama, seektaroota turan keessaa seektara albuudaa fi turiizimii ibsuun ni danda'ama. Misoomni albuudaa amala isaatiin namoota baay'ee kan mindeessu miti. Amalli hojichaas yeroo dheeraa kan gaafatu dha. Adeemsa qorannoo fi qo'annoo irraa kaasee hanga oomishuutti adeemsa rakkisaa keessa waan darbamuuf, muuxannoo iraayis haa ta'u sodaa qaqqabsiisurraa abbootii qabeenyaa dhuunfaan yoo misoome filatama. Biyya keenya keessatti seektara kanaan muuxannoo hooggansaa cimaa waan hinqabneef hanga ammaatti itti hin fayyadamne jechuun ni danda'ama. Haa ta'u malee, abdiin misoomaa sektarichi nuu kennu kan tuffatamu waan hin taaneef xiyyeeffannoon addaa kennamuufii mala. Gama argamsiisuu sharafa biyya alaatiin, seektara albuudaa kana karaa bu'a qabeessa ta'een misoomsuu yoo dandeenye, alatti erguu shaqaxoota sadiirraa sharafni alaa waliigalaan argannu pirojeektii albuudarraa argamuu ni danda'a. Gaaziin Ogaadeen fi Pootaashiin Affaar guutummaan otoo misoomsamanii isaan qofti waggatti gara doolaara biliyoona lamaa argamsiisuu akka danda'an yommuu yaadamu, sekterichi hagam xiyyeeffannoo akka dhowwatame mul'isa.

Gosoota misooma albuudaa warqii fi kan birootiin deeggarsa wal-irraa hin cinne otoo kenninee fi bakkeewwan saffisaan misoomuu danda'an ni jiru. Kanaafuu, imaammanni albuudaa keenya rakkoowwan hojmaataa fi seeraa misoomsitoota quunnaman hiikuurra darbuun odeeffannoo qindaa'aa ji'ooloojii haala teessumaafi amala lafaa qabatamaa taasisuutu irraa eegama. Oomisha warqii karaa aadaatiin misoomaa jiru kanallee otoo amma walitti hidhiinsa gabaa biyya keessaa fi biyya alaa diriirsuun karaa seera qabeessaan otoo gurgurree sharafa alaa hedduu argachuu fi jireenya hawaasa naannoo jijjiiruun ni danda'ama ture.

Gama misooma albuudaatiin, abbootii qabeenyaa biyya keessaa fi biyya alaa walitti ida'uun sektaricharraa fayyadamoo akka ta'aniif imaammataa fi seera muuxannoo addunyaarraa ka'uun qopheessuun barbaachisaa dha. Odeeffannoo qabeenya albuuda keenyaa jabeessuu fi qabatamaa gochuun hirmaannaa abbootii qabeenyaa guddisuun barbaachisaa dha. Mootummaanis, adeemsa investimentii babal'isuu bu'uuraalee misoomaa taasisu keessatti misoomicha keessaa tooftaa ittiin gahee qabaatu hordofuu qaba. Tooftaan kun mootummaa karaa maallaqaan fayyadamaa taasisuun ala amantaa abbootii qabeenyaa sektericha keessatti hirmaachuu barbaadanii ni jabeessa.

Gama itti fayyadama qabeenya uumamaatiin, sektera turiizimii haala ga'aa ta'een misoomsuu dhabuunii fi beeksisuu dhiisuun, akkasumas tajaajiloota walitti dhufeenya qaban babal'isuu dhiisuun keenya hir'ina keenya isa biraati. Turizimiin qabeenya seenaan, aadaan yookin uumaan nuuf kennite haala daawwattootaaf hawwataa ta'een qindeessanii dhiyeessuun sektera qabeenyi irraa argatamu dha. Gama kanaan Itoophiyaan qabeenya baay'ee kan qabdu ta'uyyuu tajaajila gurguramuu danda'u haala ga'aa ta'een qopheessuu dhabuu keenyaa fi otoo hin gurgurin hafuu keenyaan hanga ammaatti qabeenya kanatti haala nama gaddisiisuun otoo hin fayyadamin turreerra.

Dadhabbinni waggootii darban keessa turan sekterri kun bu'aa inni biyyaaf argamsiisuu danda'u akka mul'atu taasifnee baasuu dadhabuu fi hojiirra oolchuu dadhabuu Kenya agarsiisa. Bakkeewwan uumamaa, seenaa fi aadaa daaw'ataman qabnuun alatti bu'uurri misoomaa kan akka daandii qilleensa Itoophiyaa daaw'attoota deddeebisu jiraachuun isaa carraa adda ta'e dha. Hir'inni guddaa qabnu gama dhiyeessii bu'uura misoomaa fi odeeffannoo, akkasumas nagaa fi tasgabbii mirkaneessuun kan wal-qabate dha. Dabalataanis, bakkeewwan daaw'ataman daw'attootaaf haala hawwataa fi mijataa ta'een soneessuun sadarkaa barbaadamuun beeksisuu dadhabuu keenya dha.

Hir'inoota kana guutuuf mootummaan deeggarsa muraasa yoo kenne, sekterichi gargaarsa abbootii qabeenyaa dhuunfaatiin yeroo gabaabaa keessatti misoomuu danda'a. Carraaqqiiwwan walitti fufiinsa qaban otoo taasifnee galii shaqaxootarraa argannu harka sadi kan caalu turiizimii irraa akka argachuu dandeenyu qorannoowwan ni mul'isu. Biyyi keenya aadaa, seenaa fi uumama daawwattoota hawwachuu danda'an bakka tokkotti haala guutuu ta'een dhiyeessuu kan dandeessu, tarii naannoo keenyatti wanta akkanaa guutuu kan danda'u biyya keenya qofa waan ta'eef xiyyeeffannoon socho'uun dirqama dha.

Walumaagalatti, sadarkaan itti fayyadamaa fi kuusaan qabeenya uumamaa biyya keenyaa boqonnaa kana keessatti dhiyaate waan nu barsiisu sirna diinagdee oomishtummaa fi tooftaa qabeenya haalaan itti fayyadamuu nu dandeessisu akka hin ijaarree fi kunis caba caasaa diinagdee biyya keenyaatiif gumaacha inni qabu dha.

Dhugaan kun oomishtummaa guddisuun handhuura suphuu diinagdee ta'uu isaa nutti agarsiisa. Oomishtummaan tooftaa oomishuu faana walitti dhufiinsa kallattii qabaachuu isaatiin qulqullina galtee, teekinoloojii fi gabaarratti haala oomishaa bu'uureffate babal'isuun barbaachisaa dha. Kana mirkaneessuu dandeenyaan, diinagdee biyya keenyaa guddisuu kanneen danda'anirratti bu'uureffachuun sekteroota bu'aa oomishaa kennan irratti bu'uureffachuun ce'umsa caasaa qabu taasisuu nu dandeessisa. Haaluma kanaan, boqonnaan itti aanu oomishtummaa misooma industirii guddisuu fi carraawwan diinagdee fi hawaasummaa kan biroo gama uumuutiin ga'eewwan inni qabu kan ibsu ta'a.

BOQONNAA KUDHA AFUR

Ce'umsa Diinagdee fi Mala Furguggifachiisuu

Addunyaa irratti qaamoleen hawaasaa hiyyeeyyii ta'an baay'inaan kan jiraatan naannoowwan baadiyyaatti. Diinagdeen sabichaas kan hundaa'e qonna irratti dha. Misoomni qonnaa galii hawaasa qonnaan buluu qofaa guddisuu irratti otoo hin daangeffamiin madda bu'aa, kaappitaalaa fi humna namaa ta'ee damee industirii fi tajaajilaatiif abdii ta'uun akka isarra jiru qorattoonnii fi warreen imaammata baasan ni hubachiisu.

Gorsi kun misooma qonnaa fi industirii gidduu hidhatni gaariin akka jiru yaada keessa kan galche dha. Karaa biraatiin hayyoonnii fi warreen imaammata baasan biroon diinagdeen addunyaa haala garmaleessa wal-hidhee jiruu fi hanga ol-aanaadhaan kaappitaalli socho'aan jiru bara ofittummaa kana keessatti misooma qonnaa irratti xiyyeeffachuu caalaa industiriiwwan akka babal'atan gochuudhaan hiyyummaa hir'isuun akka danda'amu hubachiisu.

Haaluma wal-fakkatuun biyya keenya keessatti qonna bu'uura godhachuun misooma industirii hamma barbaadamuun mirkaneessuun hin danda'amu kanneen jedhan karaa tokkoon jiru. Qonni bu'uura diinagdee biyya keenyaa ta'uu isaatiin misooma industirii si'oomsuudhaaf shoora murteessaa qabaata kanneen jedhan immoo karaa biraatiin jiru. Qaamoleen kunniin tokko lama

203

jedhanii qabxiilee falmii isaanii dhiyeessu. Jarreen lamaan iyyuu misoomni industirii guddina diinagdee itti fufinsa kan qabu akka galmeessisu ni amanu. Haa ta'u malee, karaa misooma industirii mirkaneessuuf irra deemamu irratti garuu garaagarummaa agarsiisaniiru. Bu'uurri falmii isaanii imaammanni misoomaa dursa qonnarratti haa xiyyeeffatummoo industirii irratti haa xiyyeeffatu kan jedhu dha.

Misoomni industirii hawaasni tokko raawwiiwwan hawaasummaa fi diinagdee qonna wajjiin wal-qabsiisee guddifate gara hawaasummaa industiriitti adeemsa ittiin jijjiiru dha. Kana qofaa otoo hin ta'iin, misoomni industirii maxxantummaa uumamaa jalaa ba'anii teekinooloojii gargaaramuudhaan rakkoolee furuun, mallii fi qoqqoodaminsi hojii ifa ta'e, akkasumas guddinni diinagdee saffisaan adeemsa keessatti calaqqisu dha.Ibsituuwwan kunniin yeroo dheeraadhaaf misooma itti fufinsa qabu mirkaneessuudhaaf dhimmoota furtuu waan ta'aniif, misoomni inindustirii misoona itti fufaa mirkaneessuudhaaf karaa isa guddaa ta'uu isaa baay'oliin irratti waliigalu. Babal'achuun msooma idustirii, keessumaayyuu industirii manufaakchariingii biyyi keenya guddina teekinooloojii fi omishtummaa irraa faayidaa guddataa deemu akka argattuuf kan taasisu dha. Babal'achuun industirii wajjiin wal-qabatee dhaabbileen omishan akka jabaataniif hawaasni deebii-galteetiin deeggaramu sadarkaa giddugaleessaa qabu akka uumamu gochuu keessatti shoorri isaa ol-aanaa dha. Karaa biraa, misoomni qonnaa hiyyummaa hamaa baadiyyaa jiru balleessuuf, wabii nyaataa mirkaneessu fi guddina diinagdee haqaqabeessa fiduudhaaf murteessaa dha. Haa ta'u malee, qonni amala uumamaan qabuun misooma addaan hin cinnee fi itti fufinsa qabu hanga dhumaatti fiduu hin danda'u.

14.1 Rakkoolee Misooma Qonnaa

Dameen qonnaa seera diinagdee dhalli namaa jireenyasaa tursiisuuf uumama wajjiin wal-baree jiraachuuf qabsoo godhu keessatti adamoo fi firiiwwan guurruu hordofee uumame dha. Hamma warraaqsa industirii Awurooppaa fi Ameerikaatti uumammeetti qonni dhalli namaa harkaa gara afaaniitti karaa ta'een haa ta'uyyuu malee uummanni addunyaa soorachuu fi madda carraa hojii isa guddaa ta'eefii tureera.

Dhalli namaa damee qonnaatiin malli inni ittiin omishuu fi beekumsi isaa guddachaa yeroo dhufu omishnii fi omishtummaan qonnaa hanga guddaadhaan daballii agarsiisaa dhufe. Kanaafis akka fakkeenyaatti kan caqasamu akka lakkoofsa Awurooppaatti jaarraa 18ffaa keessa omisha qonnaa walitti fufinsaan Ingiliz keessatti taasifame dha.Haalli kun biyyittii keessatti guddinni uummataa hin eegamnee fi qabeenyii fi kaappitaalli namaa hangi isaa guddaa ta'e akka irraa hafaa ta'u taasise.

Karaa tokkoon yeroo sanatti qonni mekaanaayizdii babal'achuun sadarkaa ol-aanaadhaan bu'a-qabeessa ture. Waan kana ta'eef, qotanii-bultoonni muraasni hojjettoota industirii heddu sooruu humna ittiin danda'an akka uuman isaan dandeessise. Karaa biraatiin immoo babal'achuun qonna mekaanaayizdii fedhii meeshaalee fi maashinoota gurguddoo kanneen hojichaaf ta'anii dabaluudhaan, industiriiwwan galteewwan sana omishan akka heddummataniif dhiibbaa godheera. Haa ta'u malee, yeroo sanatti qonni mekaanaayizdii uummata hanga ol-aanaadhaan dabale sanaaf carraa hojii sadarkaa barbaadamuun uumuu hin dandeenye. Kanaafuu, kutaa biyyaa fi damee qonnaa keessaa humni namaa baay'inaan gara magaalaatti godaane. Industiriiwwan keessatti qacaramanii galii fooyya'aa argachaa dhufan. Haalli kunis hojjetaan omishoota nyaataa fi tajaajilootaaf fedhiin gabaa inni qabu dabalaa akka deemu taasise. Kanarraa kan ka'e dameen manufaakchariingii investimentii godhu dabalataan caalmaatti jajjabeessaa guddinni dinagdee dabalataa affeeramuu danda'eera. Dhimmoonni bu'uuraa kunniin akka waliigalaatti Ingiliziittis ta'ee biyyoota ce'umsa caasaa taasisan heddu keessatti akka hubatametti babal'achuu industiriitiif gahee ol-aanaa gumaacheera.

Waan kana ta'eef, jijjiiramni caasaa diinagdee gara caalu damee qonnaa fi seektara industirii gidduutti wal-jijjiirraa humnaa taasifamuun uumama. Dameen qonnaa lafa qotamuun kan daangeffame waan ta'eef, sababa guddina uummataatiin omishnii fi omishtummaan qotee-bulaa dabalataa hir'achaa dhufa. Adeemsi omishaa hammuma teekinooloojii hammayyaa fayyadamaa dhufe hammi humna namaa barbaachisuu hir'achaa waan dhufuuf, barichi damee industirii fi tajaajilaatiif humna hojjetaa irraa hafaa ta'e kan dhiyeessu akka ta'u isa taasisa.

Faayidaan guddaan misooma diinagdee qonna bu'uura godhaterraa gara industiriitti ce'umsa godhamu irraa argamu qonni haalawwan uumamaatiin (dhiyeessii lafaatiin, bishaanii fi kanneen kana fafakkaataniin) kan daangeffame ta'uu isaati. Kanarra darbee humna namaa fi teekinooloojii duguugnee itti fayyadamuudhaan omishtummaa lafa qonnaa qabnuu daangaa isa dhumaatii olitti ol butuun hin danda'amu. Waan kana ta'eef, qonni itti fufinsaan utubaa diinagdee ta'ee itti fufuu hin danda'u. Qonni hammuma fedhe guddina yoo agarsiise fedhiiwwan guddachaa deeman biyya yokkoo hamma dhummaatti qabatee deemuu gaafata. Kanaafidha hayyoonni tokko tokko qonna "dhalataa du'aa" jedhanii kan ibsaniif. Hammuma fedhe yoo guddachaa deemellee teekinooloojii isa dhumaa gargaaramee illee yoo ta'e faayidaan inni argamsiisu kan daangeffamee fi jijjiirama caasummaa fiduudhaaf kan dandeessisu hin ta'u.

Biyyoonni hedduun ce'umsa kana hojii irra oolchuuf kallattii imaammataa kaa'anii socho'aniiru. Biyyoonni Awurooppaa fi Kaaba Ameerikaatti argaman ka milkaa'eef yommuu ta'u, biyyoonni Eeshiyaa muraasnis yeroo dhiyoo keessa ce'umsa caasaa kana milkeessaniiru. Haa ta'u malee, biyyoonni Afriikaa fi Laatin Ameerikaa sahaaraa gaditti argaman jijjiirama caasaa kana gochuudhaaf yaaliin isaan irra deddeebiidhaan taasisan bu'a-qabeessa ta'uu hin dandeenye. Diinagdee biyyoota kanaa irratti jijjiirama caasummaa gochuudhaaf yaaliiwwan godhaman milkaa'oo akka hin taane sababoota godhan keessaa inni tokko kallattii imaammataa itti fufinsa qabu hordofuu dhiisuu fi falaasamoota muraasa irratti hirkachuu dha.

Akka fakkeenyaatti, ALAtti baroota 1960taa fi 1970ta keessa biyyoonni hedduun imaammata daldala galii bakka buusuu hojii irra oolchuun, dhaabbilee daldalaa biyya keessaa dorgommii fi morkii biyyoota alaa irraa mankaraarsummaa ittiin eegan haala ittiin qabatantu ture. Biyyootuma kana keessatti baroota 1990ta keessa jijjiirama caasummaa harcaasanii imaammata isaanii keessaa dhabamsiisuun sochiiwwan bu'uuraa diinagdee qofaa irratti otoo xiyyeeffatanii jijjiiramni caasummaa adeemsa keessa kan dhufu akka ta'e kan hubachiisu "waliigaltee Waashingitan" otoo hin alanfatiin liqimsuun isaanii ni beekama. Guddina Itoophiyaa keessatti qonni xiyyeeffannoo misoomaa isa ijoo ta'uun isaa dhimma filannoo miti. Dameen kun humni namaa guddaan kan itti bobba'e, magga sharafa alaa isa guddaa fi omisha waliigalaa biyyittii keessatti gahee nusa ta'u kan qabu dha. Waan kana ta'eef, xiyyeeffannoon misoonaa inni ijoon dameedhuma kanaan guddachuun isaaf mala. Dameen kun yeroo guddatu kallattiidhaan jireenya maatiiwwan miliyoona 16-18 ta'an kanneen damicharratti hirmaatanii waan jijjiiruuf hiyyummaa keessaa ba'uuf karra seensaa sirrii ta'e dha.

Bu'uuruma kanaatiin mootummaan qonnaa fi misooma baadiyyaa irratti xiyyeeffannoo godhee waggaa waggaatti bajata waliigalaa biyya keenyaa keessaa dhibbeentaa 10 ol kan ta'u damee kanaaf ramaduudhaan waggoota 28 darbaniif hojjechaan turuu isaatiin, dameen diinagdee qonnaa waggaa isaatti guddina galmeessiseera. Muraasummaa yoo qabaateyyuu, guddinni diinagdee ariifataa biyyi keenya galmeessisaa jirtu shoora mataasaa taphachuu irratti argama.

Ta'us garuu, haala amma irra jirruun biyya keenya keessatti qonni mala gaggeessummaa dulloomee fi fajaje irraa walaba hin baane. Biyya keenya keessatti barumsii fi qorannoon qonna hammayyaa erga eegalee waggoota torbaatamaa ol ta'eera. Haa ta'u malee, qonni keenya amma ammaatti mala omishaa harkaa gara afaaniitti ta'e irraa gadhiifatee gara galtee industirii fi kuufama kaappitaalaatti ce'umsa hin taasisne. Omishni qonna keenyaa saayinsii fi teekinooloojii fayyadamee hangi omishaa waggaatti inni dabalu baay'ee gad-aanaa dha. Maddi daballii isaa qabeenya uumamaa dhiibbatee fayyadamuu isaatiin kan argamu dha.

Carraaqqii biyya keenya kkeessatti ittifufinsaan taasifameen omishtummaan qonnaa fi midhaanii waggaadhaa gara waggaatti guddina agarsiiseera. Haa ta'u malee, dameelee xixiqqaa qonnaa kannen hafan, jechuunis, horsiisa horiiwwan gaanfaa fi kotte-duudaa, horsiisota lukkuu fi qurxummii ilaalchisee fooyya'insi dubbatamu hin mul'anne. Guddachuun omishni midhaanii qamadii, garbuu fi omishoota qonnaa garaagaraa biyya alaatii galchuu irraa nu hin baraarre.

Malleen teeknoloojii fi akkaataa qotisaa fooyyeeffaman qotanii-bultoota qabiyyee gadi aanaa qabaniif bifa deeggarsa guutuutiin hin qaqqabne. Sababa kanaatiinis dameelee qonnaa xixiqqoo hundumaa keessatti haala jedhamuun bu'aan hawwinee fi barbaanne hin dhufne. Qonni keenya omisha industiriidhaaf meeshaa dheedhii ta'u haala ha'aa ta'een omishuun itti ulfaateera. Xiyyeeffannoo fi deeggarsi qorannoos hammuma sana dadhabaa fi bu'aa barbaadamu kan hi finne dha.

Misoomni qonnaa fayyadama bishaanii fi jiidhinsaa bu'a qabeessa ta'e malee bu'aa buusuu hin danda'u. Gama kanaan mootummaan humna qabuun misooma jallisii irratti invastii yoo gochuu baate damee kana geeddaruun rakkisaa ta'a. Bal'ina ooyiruu isa bu'a-qabeessummaa teekinooloojii qonnaa murteessu guddisanii naannoowwan gammoojjii qonni irratti hin eegalamne irratti abbootiin qabeenyaa qonna babal'aadhaan bobba'uu danda'anis damee kana keessa baay'inaan seenuu hin dandeenye.

Seerri dhiyeessii galtee biirookiraasiidhaan kan xaxamee fi damee dhuunfaa bal'inaan kan hin hirmaachisne waan ta'eef, qotanii-bultoota irratti dhiibbaan isaa ol-aanaa dha. Dhiyeessii sanyii filatamaa irratti gaheen damee dhuunfaa seeraan daangeffamuun, dhaabbilee misoomaa mootummaatii fi waldoolee hojii gamtaatiif deeggarsi addaa godhamuun, tajaajila ariifataa, qulqulluu fi maamilaa irratti xiyyeeffate kan damee dhuunfaa irraa argamuu danda'u qotee-bulaa fi horsiisee-bulaan akka hin arganne taasiseera. Bal'inni ooyiruu giddugaleessaa dhalootaa dhalootatti hir'achaa dhufuu isaatiin humni galtee hammayyaawaa fayyadamanii omistummaa dabaluu hir'achaa deemeera. Sababa kanaanis, rakkoon wabii nyaataa mirkaneessuu dadhabuu qormaata nu waliin imalu ta'ee jira. Hirmaannaan gabaa keenyaa biyya keessaas; biyya alaas fayyaalessa waan hin taaneef akka omishni baay'atetti galiin qotee-bulaa fi horsiisee-bulaa, akkasumas galiin biyyittii hin daballe. Gabaan biyya keenyaa iftoominnii fi seeraaf bitamuun kan itti hir'atedha; faddaalotaa fi daldaltoota duudhaa hin daballeen gaggeeffamaa jira. Gabaa idil-addunyaa keessattis omishoota dheedhii yeroodhaa gara yerootti gatiin isaanii kufaa jiru irratti xiyyeeffachuu isaaniitiin galiin dabalataa omisha dabaluudhaan agrachuun nurra jiraatu qabbanaa'uu gatiitiin hir'achaa jira.

Rakkoon hojii-dhabdummaa yeroo kuufamaa dhufuu fi omishnii fi omishtummaan qonnaa guddachuu yeroo dadhabu rakkoo hamaa wabii nyaataa hordofsiisuun isaa hin oolu. Kutaa hawaasaa galii gadi aanaa qabanii fi hiyyeessa hiyyeessaa jedhaman gatiidhaanis haa ta'u karaa biraa addaan baasanii deeggaruuf kan dandeessisu sagantaa dhaabbataa hin qabnu. Sababa kanaatiin, hiyyeessaaf jennee biyya alaatiis haa ta'u biyya keessatti omishoota omishaman gatii deeggarsaatiin yeroo dhiyeessinu isa dureessatu irra caalaa itti fayyadama.

Walumaagalatti, diinagdicha keessati jijjiirana caaseffamaa fiduun yoo yaadame duraan dursee qonna irratti jijjiiramni caaseffamaa akka dhufu hojjetamuu qaba. Diinagdee biyya keenyaa karaa industiriidhaan durfamuun guddisuuf industiriiwwan galteewwan omisha qonnaatti fayyadaman, humna namaa hedduu qacaran, akkasumas omishoota ergaman omisha babal'isuuf carraaqqii bal'aa gochuu barbaachisa.

14.2 Rakkoolee Misooma Industirii

Biyya keenya keessatti rakkooleen industirii guddinaa fi omishtummaa humna namaa, haguuggii fi xiyyeeffannoo faabrikaawwanii, babal'achuu gabaa biyya keessaa,kuufama sharafa biyya alaa fi dorgommii alaa idil-addunyaa wajjiin kan wal-qabatani dha.

Humna namaa wajjiin wal-qabatee Itoophiyaan biyya humni omishu saffisaan guddachaa dhufe keessatti argamu, baay'ina uummataatiin Afriikaa keessaa sadarkaa lammaffaa irratti argamtu dha. Baay'inni uummataa biyya keenya keessatti mul'achaa jiru qabiyyeen lafaa namootaa akka dhiphatuu fi humni omishu kun baay'inaan baadiyyaadhaa gara magaalaatti akka godaanu dirqisiisaanii jira. Haalli kun akka carraa gaariitti fudhatamee industiriiwwan humna namaa kanatti fayyadaman hanga barbaadamu hin babal'anne.

Biyyi keenya misooma industirii saffisiisuudhaan carraa jijjiirama haala uummataatiin dhufe kana yeroo ammaa kana itti fayyadamuu yoo baatte, gara fuulduraatti kaappitaalaa fi teekinooloojiitti bal'inaan gargaaramuun jijjiirama caaseffamaa fuduudhaaf kan dirqamtu taati. Karaan kun ammo biyya aadaan qusannaashii dadhabaa ta'ee fi haalli dhangala'ina faayinaansii alaa kan hin gaagamne ta'e kanatti guddina hawaasummaa fi diinagdee kan dadhabsiisu ta'a. Dabalataanis, humna namaa wajjiin wal-qabatee qajeelfamni bu'uuraa misooma industirii biyya keenyaa kaappitaala kan qusatuu fi humna hojjettootaa namaan kan fayyadamu industirii manufaakchariingii misoonaa ta'uun isaa byyi keenya humna namaa bal'aa ta'ee fi qaalii hin taane akka qabdu akka qabdu ilaalcha keessa kan galche dha. Kana jechuunis, humna namaatti bal'inaan gargaaramuudhaan industiriiwwan industiriiwwan kaappitaala qusatan irratti xiyyeeffachuun biyyi keenya sadarkaa idil-addunyaatti hamma tokko dorgomaa akka taatu ishii taasisa.

Ta'us garuu, humni namaa biyya keenya keessatti qaalii ta'uu baatus seeraan kan leenji'ee fi omishtummaa qabu miti. Kana jechuun, hammi omishtummaa hojjetaa tokkoo kan biyyoota kaanii wajjiin wal-bira qabamee yoo ilaalamu gad-aanaa dha. Sadarkaa idil-addunyaatti biyyi keenya dorgomtuu taatee investimentii kallatti biyya alaa damee maanufaakchariingiitiin harkisuudhaaf humna namaa bal'aa ta'e qabaachuu qofaa otoo hin ta'iin humni namaa kun omishaa ta'uu qaba. Kun kan hin taane taanaan garuu humni namaa rakasa ta'e kan omishtummaan isaa zeeroo zeeroo hin taane afaan biraatiin herreega kenninsa murtee filannootiin "qaalii" dha. Waan kana ta'eef, mootummaan humna namaa qaroome baay'inaa fi qulqullinaan horachuudhaaf jabaatee hojjechuu qaba.

Qubannaa fi xiyyeeffannoo omishaa industirii ilaalchisee dameen manufaakchariingii waggoota darban keessa babal'ateera. Haa ta'u malee, tamsaasni isaa baay'inaa naannawa Finfinnee, Kombolcha, Maqalee, Baahirdaarii fi Hawaasaatti kuufamuun isaanii kallattii mijoomina gabaa, carraa hojii fi dhiyeessii meeshaalee dheedhiitiin hanqina uumeera. Karaa biraatiin industiriin sochiilee 'agro-proosasiingii' hedduu keessatti (omisha shukkaaraatiin, baabura midhaaniitiin, omisha zayita nyaataatiin, omishaalee laaffisa gogaatiin) fi omishoota fedhii bu'uuraatiif oolaniin (biiraadhaan, omisha kopheetiin, omisha wayyaalee fi uffatootaatiin) jijjiirama jajjabeessaa fidaniiru. Haa ta'u malee, dandeettiiwwanii fi beekumsawwan teekinooloojii kuusuudhaaf, akkasumas hidhata industiriiwwan gidduu jiru uumuudhaaf industiriiwwan gargaaran (keemikaalli, elektiriikaalii fi elektirooniksiin, omishtoonni sibiilaa fi industiriiwwan injinariingii biroon) hamma barbaadamuun hin babal'anne.

Gabaa biyya keessaa duguuganii itti fayyadamuu ilaalchisee, biyyi keenya sadarkaa Afriikaattis haa ta'u sadarkaa addunyaatti qabeenya guddaa kan qabdu ta'uu ishii wajjiin wal-qabatee meeshaalee manufaakchariingiif oolan dhiyeessuuf carraa gabaa bal'aa ta'e kan qabdu yoo ta'eyyuu, gama kanaann hamma ammaatti fageenyi deemame garuu quubsaa miti. Omishaaleen dameelee maanufaakchariingiitiif omishaman karaan isaan gabaa biyya keessaatii itti dhiyaatanii fi humna biyya keessaa duguuganii itti fayyadamuuf carraaqqiin godhamu xiqqaa dha. Qulqullinni mishaalee biyya keesssatti omishamanii gadi aanaa ta'uun isaa mishaalee wal-fakkaatoo biyya alaatii dhufan wajjiin dorgomuu akka hin dandeenye isaan taasiseera.

Karaa biraatiin, biyyoonni guddina industiriitiin booddeetii hafan kanneen akka Itoophiyaa gabaa biyya keessaa duguuganii fayyadamuu dadhabuu isaan mudachaa jiru cinaatti qormaanni biraa isaan mudachaa jiru cedheedha daldalaa addunyaalessaa cabsanii seenuu dha. ALAtti bara 1870 hanga 1970'ootatti daldalli addunyaalessaa kan gaggeeffamu meeshaalee hojjetamanii dhuman irratti ture. Yeroo ammaa kana garuu, daldalli addunyaalessaa kan gaggeeffamu meeshaalee walsooran irratti dha. Bu'aan industirii addunyaalessaa tokko bittaa meeshaa dheedhii industirii kaanii ta'aa dhufeera.

Ibsa biraatiin, daldalli addunyaalessaa meeshaalee hojjetamanii dhuman caalaa gara meeshaallee gaamisaan hojjetamanii hojii dabalataa barbaadaniitti jijjiirameera. Kanaafuu, industiriiwwan karaa milkaa'inaa irra jiran meshaalee hojjetamanii dhuman dhiyeessuu caalaa kanneen adeemsi dabalataa isaaniif hafu dhiyeessuudhaan dordomaa ta'uutu isaan irraa eegama. Haalli kun biyyoota akka Itoophiyaa guddinarra jiraniif gara insdustiriitii makamuudhaaf karaa salphaa fi saffisaa kan bane dha.

Biyyoota guddatan waliin dorgomaa taanee akka itti fufnuuf garuu adeemsa omishaa sirreessuu, naannoo bu'aa omishaa, hojii irra oolmaa fi walitti dhufeenyaatti humna jabeeffachuu barbaachisa. Dabalataanis, rakkoon ijoo misooma industirii daldala alaa bu'uura godhatee biyyoonni guddina irra jiran omisha omishan qabatanii gara gabaa seenuu wajjiin kan wal-qabatu dha. Carraan omishoota gara alaatti erguudhaaf jiru biyyoota gabicha omisha isaaniitiin guutan kanneen akka Chaayinaa fi Hindiitiin qormaata uumamu dha.

Sharafa alaa ilaalchisee biyyi kamillee yeroo guddina industirii isa jalqabaatti maashinoota investimentiif barbaachisanii fi hojii ittiin hojjetan hundumaa humna keessaattin dhiyeessuun waan hin danda'amneef biyya alaatii galchuun dirqama ta'a. Yeroo kana fedhii sharafa alaa wajjiin wal-qabatee rakkooleen bal'inaan mudachuu danda'u. biyyi keenya yeroo ammaa kana piroojektoota gurguddoo sharafa alaa barbaadan ijaaruu irratti argamti. Karaa kanaa sharafa alaa piroojaktoonni kunniin barbaadan yeroo isaatti argachuu yoo dadhaban carraa lafarra harkifachuu ittiin danda'antu uumama.

Waan kana ta'eef, biyyi keenya gabaa addunyaa keessatti omishaalee fi tajaajilawwan faayidaa ittiin argattuun daldala alaa bal'isuudhaan, sharafa alaa argachuu guddifachuu qabdi. Dhiyeessii sharafa alaa damee dhuunfaatii fi ta'e pirojektoota mootummaatiif qaqqabsiisuuf industiriiwwan qonnaa fi qonna wajjiin walitti hidhatanii fi dameelee turizimiitiif dursa kennanii deeggaruun filannoo ta'uu danda'a.

Rakkoo muraasummaa omishaa dhabamsiisuudhaaf damee manufaakchariingii cimsuun gahee guddaa taphata. Waan kana ta'eef, damee kanaan hojii duraan hojjetame caalaa hojjechuuf carraaqqii fooyya'aa gochuutu barbaachisa. mootummaan paarkiiwwan industirii babal'isuu irraa kaasee industirii maanufaakchariingiitiin yeroo dhiyoo keessatti investimentii hedduu kan goche ta'uu isaatiin, dameen kun bu'a-qabeessa akka ta'u eegama. Abbootiinqabeenyaa biyya alaa paarkiiwwan keessatti guddina nama jajjabeessu agarsiisaa kan jiru yoo ta'eyyuu, hirmaannaan abbootii qabeenyaa biyya keessaa gad-aanaa dha. Deeggartoonni dameelee omishaa loojistiikii, dhiyeessii humnaa fi tajaajila liqii bal'isuudhaan, akkasumas hojimaanni seera kabachiisuu mootummaa si'aawaa akka ta'u gochuudhaan gaheen industiriin maanufaakchariingichaa diinagdee keessatti qabu akka guddatu gochuu barbaachisa.

Walumaagalatti, garaagarummaan haala jireenyaa saboota biyyoota guddatanii fi guddinarra jiranii giddu jiru caaseffama diinagdee biyyoota sanaa irraa kan madde dha. Gara caalu diinagdeen biyyoota guddatanii industirii giddugaleessa kan godhate dha. Biyyoonni guddinarra jiran immoo gara caalu diinagdee qonnaa fi qabeenya uumamaa giddugaleessa godhate qabu.

Sababiin garaagarummaawwan kanaa seenaa guddinaa yeroo dheeraa biyyoota sanaati. Kunis haala hawaasummaa, aadaa, diinagdee, teessuma lafaa, quunnamtii alaa fi siyaasaa kan of keessatti hammatu ta'uun isaa kan amanamu dha. Haa ta'u malee, sababoonni kunniin qofti garaagarummaawwan hawaas-diinagdee biyyoota kana gidduutti uumameef fakkii gaarii hin uuman. Garaagarummaawwan diinagdee fi hawaasummaa gareewwan biyyootaa lamaan gidduutti mul'ataniif qooda ol-aanaa kan fudhatu kuufama teekinooloojiiti.

14.3 Misooma Teekinooloojii: Miindaa Guyyaasisanii Qaqqabuu

Namni jireenya isaa injifachuuf qabsoon inni uumama waliin taasisuu fi walitti dhufeenyi inni humnoota omishaa biroo wajjiin godhu kan humna isaa hir'isuu fi bu'aa isaaf baay'isu ta'uu qaba. Kun akka ta'uuf sochiin namaa teekinooloojiidhaan kan gaggeeffame akka ta'u gochuun barbaachisaa dha. Teekinooloojii yeroo jennu bu'uura isaatiin barteedhaan meeshaalee fi waantota wajjiin qofaa walitti firoomsuutu jira. Haa ta'u malee, teekinooloojiin meehsaalee fi waantota irratti dabalataan dandeettii namaa, adeemsa seera hojii, kenninsa murtii, walitti dhufeenyaa fi wal-hubannaa irraa kan uumamu dhangala'inaa fi kuufama odeeffannoo walitti hidhee kan qabate hiika bal'aa kan qabu dha.

Waan kana ta'eef, ijaarsi humna teekinooloojii humnoota omishaa kanneen ta'an qabeenya uumamaa fi omishtummaa humna namaa ni guddisa. Mala omishaa mijataa fi firii qabeessa ta'e ijaaruu fi jabeessuudhaaf ni gargaara. Seera diinagdee keessatti walitti hidhaminsa adeemsa omishaa si'aawaa fi wal-fudhannaa uumuudhaan diinagdee keessatti duudhaan haaraan yookiin fooyya'ina qabu akka uumamuuf shoora ol-aanaa taphata. Duudhaan (kalaqni) qabata teekinooloojiitti uumame kun omishaa fi tajaajila haaraa yookiin fooyya'aa, adeemsa omishuu haaraa yookiin fooyya'aa, akkasumas mala misooma gabaa fi haala adeemsa hojii dhaabbilee haaraa yookiin fooyya'aa ta'uu danda'a.

Jijjiiramni teekinooloojii kun faayidaa hamma guddaadhaan otoo wal-irraa hin citiin guddachaa adeemu kan argamsiisu, adeemsa omishaa keessatti galtee fi humnoota omishaa kan qindeessu dha. Kana qofaa otoo hin ta'iin teekinooloojiin omisha faayidaa diinagdee ol'aannaa qabus ta'uu ni danda'a. Misoomni "teekinooloojiin" galtees omishas ta'eef immoo itti fufinsi isaa shakkii keessa hin galu. Omishtummaas haa ta'uu misooma mirkaneessuuf kuufamni humna teekinooloojii murteessaa fi tapha kan jijjiirudha kan jedhamuufis sababuma kanaani. Amalli teekniiloojii kun kuufama hiyyummaa fi booddeetti hafummaa buleeyyii si'aayinaan saphisuuf, darbees jijjiirama wal-irraa hin cinnee fi guddina hirmaachisaa galmeessisuuf dhimma murteessaa dha. Akkasumas, jijjiirama hawaasaa maralaalessaa fi jireenya fooyya'aa fiduudhaaf ijaarsi humna teekinooloojii murteessaa dha.

Humni teekinooloojii humna biyyoonni waltajjii addunyaa irratti qaban kan agargsiisu dha. Haala nama ajaa'buun, garaagarummaan galii biyyoota guddatanii fi biyyoota guddinarra jiran kanneen sahaaraa gadi giraatan gidduu jiru gara caalu sababa kuufama teekinooloojiitiin kan dhufe dha. Biyyoonni addunyaa galii isaanii irratti hundaa'uun biyyoota galii guddaa, giddugallessaa fi gadi aanaa qaban jedhamanii akkuma qoqqoodaman, haaluma wal-fakkaatuun guddina teekinooloojii isaanii bu'uura godhachuun diinagdeen isaanii duraaduubaan biyyoota qabeenya uumamaatiin dursan, biyyoota si'aayinaan dursanii fi biyyoota beekumsaan dursan jedhamanii ramadamuu danda'u.

Seera diinagdee beekumsaan durfamu biyyoonni ijaarratan baay'inaan galii ol-aanaa warreen qabani dha. Teekinooloojiiwwan otoo addaan hin kitiin uuman biyyoota addunyaa biroo kanneen of duuba hordofsiisani dha. Humni dorgommii biyyoota kanaa inni guddaan teekinooloojii addunyaan yeroo ammaa irra ga'een omishoota haaraa omishuu dha.

Biyyoonni miiltoo diinagdee si'aayina omishtummaa hordofan teekinooloojiiwwan biyyoota beekumsaan durfamanii waraabuudhaan, itti fayyadamuudhaanii fi darbee darbee fooyyessuudhaan sadarkaa muraasaanis haa ta'uu dirree teekinooloojii keessatti humna ittiin dorgoman kan uuman, baay'inaan biyyoota galii giddugaleessaa qaban keessaa gara biyyoota galii ol-aanaa qabaniitti dabalamuudhaaf kanneen tattaafatani dha. Biyyoonni kunniin sadarkaa idil-addunyaatti humni falmii waliigaltee isaanii si'aayina omishaa isaaniiti.

Biyyoonni galii fi diinagdee sadarkaan isaa gadi aanaa ta'e irratti argaman kanneen akka Itoophiyaa diinagdeen isaanii baay'inaan qabeenya uumamaa irratti kan hirkate dha. Dirree Addunyaa irratti waanti guddaan ittiin wal-dorgoman humna namaa fi kennaa qabeenya uumamaati. Sababa kanaan, biyyoota kam irraa illee teekinooloojii shamatuu fi itti fayyadamuu irratti kan xiyyeeffatani dha. Yaadonni teekinooloojii haaraa fi beekumsoonni kalaqaa biyyoota guddataa jiran kan qaqqaban omishaa fi tajaajila teekinooloojii ta'anii gabaarra erga oolaniin booddee dha. Kanarraa kan ka'e warraaqsonni misooma industirii sadi kanneen addunyaan keenya keessummeessite biyyoota gaggeessaa fi hordofaa, fayyadamaa fi kadhataa, godhee qoqqooduudhaan daangaa garaagarummaa isaanitti sarareera.

Biyyoonni guddatan kanneen diinagdee beekumsaan durfamu qaban haala mul'atuu fi qaqqabatamuun caasaa diinagdee addunyaatiin, hojimaata oomishaa fi tajaajilaatiin, akkasumas ilaalcha lammiilee fi sadarkaa jireenyaatiin garaagarummaawwan qabatamoo uumaniiru. Bara kana keessa keenyan garaagarummaa wal-fakkaataa akka isaan hin ijaarre, harawa akka hin qonne biyyoonni jijjiiramaa fi tarkaanfii isa haaraa wajjiin adeemsa wal-simatu gochuutu isaan irraa eegama. Biyyoota guddatanii fi duroomaniif teekinooloojii haaraa tokkorraa gara teekinooloojii haaraa isa biraatti ce'uun waggoota dhibba shan darbaniif kan irra deddeebi'aa fi shaakalaa turan karaa hojoomsaati. Waan kana ta'ee, addunyaa amma keessa jirru kana keessatti jalaa ka'anii humna teekinooloojii ijaaruudhaaf carraaqqiin godhamu biyyoota guddachaa jiraniif hammam bu'a-qabeessa dha gaaffiin jedhu falmisiisaa dha.

Beekumsa teekinooloojii maddisiisuu fi itti fayyadamuu wajjiin wal-qabatee barfatanii qaqqabuun akka mallattoo qaroominaan booddeetti hafuutti lakkaa'amaa ture. Haa ta'u malee, barfatanii qaqqabuun tasumayyuu taphaa ala akka nama hin goone muuxannoon biyyoota Baha, Kaaba Baha Eeshiyaa kanneen diinagdee barfatee qaqqabaa galmeessisanii ni agarsiisa. Maalumaafuu, barfatanii qaqqabuun bajata dorgommii jalqabaa gaggeessuudhaa ba'u ture ni hir'isa. Filannoo qoramanii ba'uu ni hanbisa. Odeeffannoo teeknikaa fi gabaa bir-qabaan haala salphaa ta'een argachuuf nama dandeessisa. Sababoota kanaan dursuu yookaan booddeetti hafuu caalaa barfatanii qaqqabuun filatamaadha hamma jechisiisutti qaqqabeera.

Haala qabatamaa biyya keenyaatiin adeemsi bu'a-qabeessi waanta hundumaa jalaa ka'anii ijaaruuf carraaqu caalaa waanta uumame irratti galtee dabaluu irratti xiyyeeffachuu dha. Falaasamni misooma teekinooloojii biyya keenyaas qajeelfama waliigalaa kanaan otoo qajeelfamee gaarii ta'a. Haa ta'uyyuu malee, qajeelfamichi akkuma gosaa fi amala teekinooloojii fi industirii sanaatti garaagarummaa qabaachuu ni danda'a. akka fakkeenyaatti, misooma qonnaa ilaalchisee, karaan bu'aa-qabeessi teekinooloojii amalaa fi haala qabatamaa biyya keenyaa wajjiin deemu ofuma humna keenyaan guddisuu ta'uu danda'a. Dabalataanis, teekinooloojiiwwan odeeffannoo fi beekumsaa haala biyya hundumaatiif jedhamu danda'uun kalaqoota haaraa ariitiidhaan guddachaa jirani dha. Waan kana ta'eef, galtee muraasaan (nama barate, kompiitaraa fi intarneetii) qabeenya guddaa, si'aawaa fi bu'aa-qabeessummaa argamsiisuu danda'u ta'uu isaaniitiin baricha wajjiin tarkaanfachuun mala bu'aa-qabeessa dha. Ta'us garuu, dameelee teekinooloojii hedduu isaaniitiin teekinooloojiiwwan gabaarra oolan uumuuf carraaqqun sirriis miti, hin fayyadus. Kanaafuu, teeknooloojicha caasaa diinagdee ofii, ji'oogiraafii, amala qilleensaa aadaa fi haalota biroo wajjiin wal-simsiisuudhaan haala gaariidhaan itti fayyadamuudhaaf dandeettii mataa ofii barbaachisa.

Biyyoonni guddatan sadarkaa hawaasummaa fi diinagdee uummata isaanii ilaalcha keessa galchanii teekinooloojiiwwan badhaadhan waan hojjetaniif sadarkaa dandeettii humna namaa biyya keenya keessa jiruu wajjiin salphaatti wal hin siman. Kanaafuu, gama teekinooloojii ceesisuutiin rakkoon kamillee jiraachuu baatus teekinooloojiiwwan biyyoota guddatanii kanneen alaa galanii fi dandeettiin humna namaa biyya keenya keessa jiruu wal-simachuu dhabuun isaa bu'aa-qabeessummaa ni miidha. Wal-simannaa dhabuun kun omishtummaa humnoota omishaa waliigalaa, akkasumas firii hojjetaa giddugaleessaan gadi bu'aa taasisa. Waan kana ta'eef, humna teekinooloojii duguuganii gargaaramuu, fakkeessanii hojjechuu fi fooyyessuu gabbifachuudhaaf misooma humna namaa fi qorannoo industirii guddisuu barbaachisa.

Baroota keessatti ofii dhugaa wajjiin waliigalchisiisuudhaani malee faffageessuudhaan addunyaa wajjiin nagaadhaan tarkaanfachuun gonkumaa hin danda'amu. Baabura saffisaan imalu keessa hirkoo malee gara duubaatti otoo hin kufiin imaluun kan danda'amu baaburicha faana wal-qixa saffisuu fi deeggarsa qofaani dha. Haala kamiinuu addunyaarratti iddoon keenya akka biyyaatti eegee fi hordoftuu, kadhattuu fi kajeeltuu ta'uu hin qabu. Rakkoolee keenya sardamoo har'aatiif adeemsawwan ce'umsa teekinooloojii fudhachaa, achumaanis damee teekinooloojii boru ittiin dorgomnu filachuu fi hiddduudhaan warreen kaan wajjiin imaluu qabna.

Teekinooloojii fudhatanii fayyadamaa barachuu fi kuufama teekinooloojii guddisaa deemuun saffisa teekinooloojii addunyaa wajjiin fiiguuf barbaachisaa yoo ta'ellee, barnootaa fi qorannoo irratti hojii quubsaa hojjechuun ce'umsa teekinooloojiitiin yaadaa fi amala fudhattummaa keessaa qaxxaamuraan butee nubaasuu karaa danda'u dha.

Ta'us Itoophiyaa keessatti bu'aa-qabeessummaan dhabbilee qorannoo gad-aanaa dha. Hidhatni dhaabbilee qorannoo, industiriiwwanii fi gabaa giddtuu jiru dadhabaa dha. Waan kana ta'eef, faayidaa kalaqa keenyaatti fayyadamuudhaaf karaan irra deemne baay'ee gabaabaa dha. Kanaaf immoo dhaabbilee mootummaa, abbootii qabeenyaa fi dhaabbilee beekumsaa gidduutti seerri kalaqa teekinooloojii biyyaalessaa sababani ijoon fedhiif fayyadamummaa waloo bu'uura giddugaleessa godhate waan hin diriirreefi. Gabaa wal-dorgommii motora sochoostuu bu'aa saayinsii fi teekinooloojii beekumsaa fi carraaqqii ol-aanaa badhaasu uumuu barbaachisa. Haaluma wal-fakkaatuun immoo wal-simannaan wal-ta'insaa fi ida'amuu jabaachuu kuufamaa fi kalaqa teekinooloojiitiif barbaachisaa ta'uun isaa kan hin haalamne dha.

Abbaan qabeenya dhuunfaa adeemsa omishaa isaa keessatti teekinooloojii fi kalaqa beeksisuu, omishtummaa isaa akka dabalu kan hubachiisuu fi jajjabeessuu seera daldalaa ijaaruu barbaachisa. Abbaan qabeenyaa kaka'umsa ofii isaatiitiin hidhatichi omisha keessa kan isa galchu ta'uu beekee dhaabbilee qorannaa wajjiin yoo hidhata uumuu baatee fi yoo wal-deeggaruu baatan jijjiirama fiduun ni ulfaata. Mootummaan immoo seera kalaqaa kana ijaaruu fi hidhatichi akka uumamu gochuudhaaf kaka'umsa isaa yoo fudhachuu baate humna teekinooloojii keenyaa guddisuun baay'isee rakkisaa ta'a.

Adeemsa keessa seera kalaqaa mataa ofii ijaaruun aadaa kalaqaa humna nama baratee gabbisuudhaan diinagdicha maxxantummaa beekumsaa yeroo maraa irraa kan walaba baasu dha. Dandeettiin kalaqaa humna namaa guddachuu fi dandeettiin teekinooloojii gabbachuun gabaa keessatti barbaadamummaa humna nama baratee ni dabala. Kunis lakkoofsa dargaggeessa baratee saffisaan dabalaa jiru kan fayyaduu fi diinagdee kan guddisu dha.

Seera daldalaa gabaa bilisaa isa kaappitaala maallaqaa qofaa irratti hundaa'ee fi abbootiin qabeenyaa muraasni qofaa murteessitoota irratti ta'an caalaa humni nama baratee kaappitaala beekumsaa isaa fayyadamuun ol'aantummaa abbaan qabeenyaa abbummaa humnoota omishaasaatiin argatu ni morkata. Kun yeroo ta'u dargaggeessii fi hawaasni duuba isaa jiru fayyadamaa ta'a.

Kun kan ta'u garuu, mala hidhataa hojiilee kalaqaa gara omishaatti, darbees gara gabaatti akka seenan dandeessisu saxaxeessuudhaan seera gabaa biyyaalessaa bu'aa-qabeessa ta'e yeroo diriirsine dha. Kunis xiyyeeffannoo keenya saayinsii fi teekinooloojii irra ture ceesisuudhaan gara seera omishaa fi gabaatti seenuu nudandeessisudhaaf kan dandeessisu seera guutuu diriirsuu jechuu dha.

14.4 Diinagdee Beekumsaan Durfamu Ijaaruu

Hojii diinagdee buyya keenyaa omishamaa fi dorgomaa gochuudhaan dirree maakroo-ikonomii tasgabbaa'een guddina saffisaa, hanga bal'aa qabuu fi walitti fufinsa qabu mirkaneessuu qabna. Kun ta'uu kan danda'u boqonnaa biyyaalessaa hiyyummaa keessaa ariitiin ba'uu, nyaataan ofii keenya danda'uu fi gargaggeessaaf carraa hojii amansiisaa uumuu arbaachisu irratti waan argamnuufi dha. Yeroo dheeraa irraa kan ka'e kaayyoo kana milkeessuudhaaf biyyi keenya akeeka humna teekinooloojii gahaa ta'e kan diinagdee beekumsaan gaggeeffamu irratti xiyyeeffate ijaaruu qabachuu qabdi. Diinagdeen beekumsaan durfamu (knowledge-led economy) misooma fiduudhaaf sirna diinagdee itti fufinsaan qusannoo, liqii fi gargaarsa biyya alaa irratti kan hin hirkanne of-bitaa fi of-irraa barachaa ofii isaa sirreessaa gahaa of taasisu ijaaruu ta'uutu irra jiraata.

Mul'ata kana jalatti uummata biyya keenyaa hiriirsinee faayinaansii fi qabeenya misoomaa barbaachisaa ta'e walitti qabuudhaaf dirqama hidhamaa falaasamaa ta'uun nurraa hin eegamu. Furmaanni biyya keenyaaf barbaachisu ifa, kan raawwatamuu danda'uu fi rakkoolee rakkoolee fi haalota qabatamoo biyya keenyaa keessaa kan maddu ta'uu qaba. Haguuggiin isaa waliigalaa gabaa diinagdee beekumsaan durfame ijaaruf dandeessisu bu'uura godhatan imaammatawwan diinagdee guddaa, akkasumas kuufama teekinooloojii guddisuudhaan si'aayinaa fi omishtummaa humnoota omishaa biyyaa waliigalaa guddisuu ta'uu qaba. Seera kana adeemsa eessa cimsuudhaaf hirmaannaan mootummaa of eeggannoodhaan guutamee kanneen barbaadan imaammanni industirii fi teekinooloojii deeggaruu fi hojii irra oolchuu barbaachisa. Akkasumas, dameen dhuunfaa sochoosaa ol-aanaa diinagdee akka ta'u mala taasisu dhahuu barbaachisa.

Kanaafuu, sirreeffamni diinagdee biyya keenyaa itti fufuu dirree diinagdee guddaa tasgabbaa'aa kan uumu, haqa hawaasaa kan mirkaneessu, akkasumas carraa hojii itti fufaa fi amansiisaa uumu qabaachuu akka galmaatti qabaachuu qaba. Haguuggiin faayyessa diinagdee kaayyoowwan kana galmaan ga'uu danda'u gabaa fi giddu-galinsa misoomaawaa walitti qindeessee dhiyeessii diinagdee babal'isuudhaaf kan fudhatamu dha.

Xiyyeffannoon ijoo hagguuggii fooyya'insa kanaa omishtummaa fi dorgomummaa kutaa diinagdee dhuunfaa guddisuudhaan guddina diinagdee mootumman hoogganamaa ture adeemsa keessa gara guddina damee dhuunfaatiin hoogganamuutti ceesisuu dha. Akka kana godhamuun isaa diinagdee guddaa keessatti haala tasgabbaa'een guddinni isaa otoo booddeetti hin deebi'iin akka itti fufu gochuurra darbee hojii dhabdummaa babal'ate salphisuu fi carraalee hawaasummaa fi diinagdee biroo uumuuf dandeessisa.

Omishtummaa diinagdee, si'aayinaa fi dorgomummaa guddisuuf xiyyeeffannoon keenya ijoon gaba fi damee dhuunfaa irratti yoo ta'es, ramaddiin diinagdee haqa qabeessa ta'e damichi qofaa isaa ni uuma yaanni jedhu garuu garraamummaa dha. Omishtummaan seektara dhuunfaa guddina diinagdee ariifachiisuudhaan gama qabeenya biyyaa guddisuutiin shoorri inni taphatu guddaa dha. Haa ta'u malee, qabeenya guddise uummata hundumaafuu bifa haqa qabeessa ta'een hiruu jechuu miti.

Wixineen hiyyummaa dhabamsiisuu irratti xiyyeeffate kishaafee qoqqooddaa qabeenyaa haqa qabeessa ta'eetiin yeroo ilaalamu hiyyummaa "gonka" fi "bir-qabaan" jennee karaa lama ilaaluu ni dandeenya. "Hiyyummaa gonkaa" keessatti uummatoota argaman ulaagaalee dhaabbatoo fudhatamummaa idil-addunyaa qaban irratti hundaa'uun hiyyummaa hammaataa keessatti kanneen argamani dha. Uummatoonni kunniin hiyyummaa keessaa ba'uudhaaf imaammatoonni eegumsa hawaasummaa faayidaarra oolu. Karaa hundeerraa ta'e kanaanis lammii hiyyummaa hamaa keessatti argamu sarara hiyyummaatii ol gochuudhaaf hojjechuu irratti xiyyeeffata.

Karaa biraatiin immoo hubannaan hiyyummaa bir-qabaa wal-bira-qaboo naannoo ilaalcha keessa galchuudhaan guddina diinagdetiin fayyadamaa haqa qabeessa ta'uu dhiisuu godhee murtoo kenna. Kanaafuu, fayyadamummaa alammiilee haqa qabeessa ta'e mirkaneessuuf omishtummaa fi carraaleen hojii hahhaaraa uumuu irratti xiyyeeffata. Kaayyoon isaas kalaqa hojii fi investimentiitiif haala mijataa uumuudhaan hanga diinagdichaa guddisuu fi carraalee hojii amansiisaa fi galii gaarii argamsiisuu danda'an babal'isuu irratti xiyyeeffata. Guddinni diinagdee dadhabaa fi harkifataa ta'e karaa naannawaatiin fayyadamummaa haqa dhabeessa uumuu danda'a yaada jedhu qaba.

Haala qabatamaa biyya keenyaatiin tooftaaleen hir'isuu gosoota hiyyummaa lamaanuu kan wal-faallessan otoo hin ta'iin wal-sooruudhaan hojii irra oolfamuu kan qabanmu dha. Waggoota darban keessatti hiyyuummaa hamaa hir'isuudhaaf gara caalu sagantaa seeftineetii misoomawaa fi imaammatoota biroo hojii irra oolchuudhaan carraaqqii taasifamen bu'aan jajjabeessaan galmeeffameera. Haa ta'u malee, rakkoon dabalataa fuula keenya dhaabatee jiru seektaroota omishtummaa muraasa qaban yookiin adeemsa omishaa keessatti humna namaa raawwatee hin galle gara misoomaatti galchuu danda'uu dha. Fakkeenyaaf, seektara tajaajilaa biyya keenyaa yoo ilaalle carraa hojii dabalatee shoorri danuu inni diinagdeedhaaf gumaachu dabaluu irratti argama. Haa ta'u malee, guddinni seektara tajaajilaa kun kan summaa'e daldaloota al-idilee fi sektaroota kanfaltii gaarii namaaf hin argamsiisne irratti. Damee kana irratti kanneen hirmaata immoo baay'inaan hawaasa hiyyeessa ta'uu isaaniitiin jijjiiramni caasaa yoo yaadamu dhimmi fayyadamummaa haqa qabeessaa dhugaa kana wajjiin wal-bira qabamee madaalamuu danda'a.

Waan kana ta'eef, tooftaan misoomaa itti aanu inni ijoon guddina omishtummaa fayyadamuymmaa haqa qabeessa bu'uura godhate ta'uu qaba. Tooftaan kun guddina saffisaa fi walitti fufaa galmeessisuudhaan carraa hojii amansiisaa, hiyyummaa hir'isuu fi fayyadamummaa kan mirkaneessu guddina wal-harkaa fuudhinsaa wixinee fidu dha. Haa ta'u malee, bu'aan qabatamaan akka dhufu tooftaan itti fayyadamnu haqa qabeessummaa, omishtummaa fi nageenya lammiilee kan mirkaneessu guutuu ta'uu qaba.

Omishtummaan fayyadamummaa haqa qabeessa mirkaneessu guddina yookiin tarkaanfilee dhiyeessi babal'isan bulchiinsa fedhii diinagdee jabaa ta'e, babal'achuu bu'uuraalee misoomaa, wal-keessoo fi hammayyummaa diinadgee dagaagsuu, industirii wal-dorgommii fi wal-ta'insa bu'uura godhate, misooma kalaqaa fi teekinooloojii, akkasumas barumsaa fi hojii uumtummaa irratti xiyyeeffannoo gochuu qaba.

Tooftaa Diinagdee Beekumsaan Durfamuutti Ce'uu

Qeeqni tarsiimoo biyyaa misooma teekinooloojii irratti xiyyeefate irratti deddeebi'ee dhiyaatu, misoomni teekinooloojii hammuma saffise maashinoonni namoota bakka bu'aa waan deemaniif carraan hojiin diinagdee sanaa ni hir'ata kan jedhu dha. Falmiiwwan akkasii kunniin biyya keenya keessattis gareedhaan qoodamanii kan gaggeeffaman yoo ta'an, karaa tokkoon industiriiwwan humna namaa bal'inaan fayyadaman qofaa jajjabeessuu qabna kanneen jedhanii fi karaa biraatiin industiriiwwanii fi teekinooloojii beekumsa haaraa bal'inaan gargaaraman misoomsuu qabna jedhanii falmu.

Teekinooloojiin "carraa hojii hir'isa" falmiin jedhu biyya keenya keessa qofaa kan jiru otoo hin ta'iin, yeroo warraaqsi industirii Ingiliz keessatti uumame irraa kaasee falmii ture dha. Kanarraa kan ka'e, "falmii ludaayit" moggaasni jedhu kennameeraaf. Ludaayitoota kanneen jedhaman yeroo sanatti warshaa huccuu Ingiliz tokko keessa namoota hojjetani dha.yeroo sana maashiniin huccuu hojjetu haaraan hojii keessaa nu baasuu fi sodaa jedhuun falmiif ba'anii haariidhaan maashinicha caccabsuu isaanii irraa kan ka'e carraa hojii fi fayyadama teekinooloojii gidduu walitti bu'insa bu'uuraa jiru kana ibsuuf "falmii ludaayit" ibsi jedhu beekamaa ta'uu danda'e.Haa ta'u malee, qorannoolee damee kanaan qoratamaniin guddinni teekinooloojii carraa hojii ni hir'isa falmiin jedhu qabatamaa akka hin taane hanga tokko mirkanaa'eera jedhanii goolabuun ni danda'ama. Kanarra guddinni teekinooloojii akaakuu fi amala hojichaa bu'uura isaarraa ni jijjiira. Guddinni teekinooloojii carraa hojii amalaa fi hojii humnaa diinagdichaa bal'inaan fayyadaman irraa gara warra beekumsa bal'inaan gargaaramanii fi kanfaltii fooyya'aa argamsiisaniitti jijjiira. Waan kana ta'eef, namoonni teekinooloojiin carraa hojii hir'isa jedhanii yaadan hiikni isaan kennan haalota yeroo gabaabaa qofa ilaalcha keessa kan galchu dha. Kanaafuu, faayidaa biyyaalessaa yeroo dheeraa wajjiin wal-bira qabamee yeroo ilaalamu diinagdichi teekinooloojii fi beekumsa gara hojii fayyadamuutti akka xiyyeeffatu taasisa.

Addunyaan gara diinagdee beekumsaan gaggeeffamuutti haala ittiin seentee jirtu kanaan qonnarraa gara industiriitti jijjiirama caasaa fiduudhaaf biyyi keenya carraaqaa jirti. Biyyi keenya sadarkaa addunyaatti akka sochii industiraalaayizeeshinii fi ijaarsa "seera kaappitaalistii" jaarraawwan lama fudhateetti deemuun ishii irraa eegamaa laata gaaffii jedhu kaasuun barbaachisaa dha. Daandii warri dhidhimaa irra deeman irra deemuun bara kanatti, keessumaayyuu biyyoonni guddinarra jiran kanneen akka Itoophiyaa rakkoo diinagdee wal-xaxaa qaban akka isaan hin baasne beekuu barbaachisa. guddinni industirii inni dheeraan biyyoonni guddatan abbaa qabeenyaa diinagdee fi siyaasaan jabaate, hawaasa galii giddugaleessaa jabaa qabuu fi ol'aantummaa yaada gabaa bilisaa adeemsa yeroo dheeraa keessa ijaaruudhaan bu'uuraalee seera kaappitaalistiitiif mijatoo ta'an uumeera. Haa ta'u malee, akka Itoophiyaa biyyoonni guddachaa jiran sirna kaappitaalistii haqa hawaasummaa mirkaneessu ijaaruudhaaf bu'uurri hawaasummaa isaan qaban adda ta'uu isaatiin tooftaa ittin furguggifamuu qopheeffachuu isaan barbaachisa.

Tooftaa furguggifamuutiin bu'a qabeessaa fi si'aawoo kan hin taane yookiin duraa duuba oomishaa qilleensa naannoo faalan irra utaaluu, karaa oomishaa fooyya'ee fi adda ta'een adeemuu dha. Yeroo ammaa kana biyyi keenya humna ittiin furguggifamuu kana uumuudhaan misooma itti fufiinsa qabu fiduu kan ishiin dandeessu faayidaawwan barfatanii qaqqabuu teekinooloojiin fidee dhufe dhiigsanii itti fayyadamuudhaan diinagdee beekumsaa fi tajaajilaan durfamu misooma industirii wajjiin ijaaruudhaan akka ta'e shakkii hin qabu.

Meeshaan guddaan diinagdee beekumsaa fi tajaajilaan durfamu misooma teekinooloojii fi humna namaati. Kanaafuu, bara amma keessa jirru kana keessatti diinagdee beekumsaa fi tajaajilaan durfamu ijaaruuf yeroo dheeraa fudhachuun nu barbaachisuu dhiisuu danda'a. Dhawaata dhawataan jijjiirama qonnarraa gara industiriitti, achiis gara jijjiirama caaseffamaa diinagdee beekumsaa fi tajaajilaan durfamuutti fiduudhaaf carraaqqii goonu qofaa otoo hinta'iin adeemsa lamaan isaan iyyuu wal-faana ijaaruu malleen saffisiisu yookiin karaa qaxxaamuraa uumuu danda'an baasuun nurra jira.

Biyya kanaaf fakkeenya gaarii kan nuuf taatu Hindi yoo taa'u, haalota industiriin duraa fi industiriin boodaa walitti maktee deemtu guutumaan guutuutti misooma industirii biyyaa hin mirkaneessine dha. Adeemsi Hindii misooma industirii wajjiin wal-bira qabamee yeroo ilaalamu hanqina mataa isaatii qaba. Kun akkuma jirutti ta'ee, humna namaa heddu damee beekumsaa fi tajaajilaatiin baasii salphaadhaan bobbasuudhaan oomishtoota gootee karaan ishiin diinagdee guddisuudhaaf itti fayyadamte kan irraa baratamuu qabu dha. Kanaafuu, biyya keenya keessatti sekteroota baraman qofaa otoo hin ta'iin baay'inaa fi wal-keessa galuu sekteroota beekumsaa fi tajaajilaa bal'isuudhaan malli humni nama baratee baay'inaan akka keessatti hirmaatu gochuu industirii babal'isuu cinaatti xiyyeeffannoo kennuufiin barbaachisaa dha.

Dabalataanis rakkoo oomishtummaa biyya keenyaa hiikuudhaaf ilaalcha addaa guddisanii yaaduu fi furmaata addaa maddisiisuu barbaachisa. Tooftaan furguuggifamuu biyya keenya keessatti gufuuwwan misoomaa kanneen akka dhabiinsa faayinaansii, hanqina dandeettii, dadhabina kenniinsa tajaajilaa, dhiyeessii elektiriikii jiraachuu dhabuu fi gufuu kana faffakkaatan ce'uu gaafata.

Gufuuwwan kunniin inveestimeentii sektera dhuunfaatiif akka carraa gaariitti fudhachuudhaan seerri faayinaansii hirmaachisaa ta'e akka uumamu kanneen godhan teekinooloojii quunnamtii moobaayilaa fi kanneen biroo, dhiyeessiin humna elektiriikaa haaromfamuu kan gadi diriire akka babal'atu kanneen dandeessisan teekinooloojiiwwan aduu, qilleensaa fi baayoogaazii, akkasumas seerri kenniinsa tajaajilaa fi oomishaa si'aawaa ta'e akka diriirfamu kanneen dandeessisan teekinooloojiiwwan odeeffannoo fi kalaqawwan haaraa kkf ... gara sadarkaalee uummataa fi dhaabbilee gadi aanuutti akka qaqqaban tooftaa ittiin goonu hordofuu nubarbaachisa.

Dabalataanis, tooftaan utaalchaa kun mootummaarraa gaaraa-gadi kan bu'uu fi tooftaalee uummanni guyyaa guyyaatti uumama ittiin injifatu irraa fudhatamee qindoomina tarkaanfiilee gara oliitti ba'an ta'uu qaba. Tarkaanfiileen kunniin inveestimeentii bu'uuraalee misoomaa hawaasummaa fi diinagdee irratti adeemsifaman, keessumaayyuu misooma humna namaa irratti kalaqawwan bizinesii haaraa dhaabbatan jajjabeessun daangaan dhaabbilee seeraa, akkasumas qorannoo saayinsii, teekinooloojiitiif onneerraa xiyyeeffannoo kan kennu murtoo gaggeessummaa dabalata. Waan kana ta'eef, carraa gaarii yeroon isaa nuuf kennetti gargaaramuun tooftaa misooma teekinooloojii qaxxaamuraa baasuudhaan sekteroota uumama irratti hirkatanii jiran ofii isaaniitiif jijjiirama bareedaa akka fidan gochuudhaan diinagdee beekusaa fi tajaajilaan durfamu ariitiidhaan adeemsa ijaaruu keessa seenuu nu barbaachisa.

Haalli diinagdee addunyaa si'anaa, induustiriiwwan beekumsaa bal'inaan gargaaraman misooma dorgomummaa fi itti fufiinsa qabu akka galmeessisan kan kaayyeffate dha. Karaa biraa, diinagdeen biyyoota addunyaa sadaffaa amma ammaatti sadarkaa ol-aanaadhaan qabeenya uumamaa fi qonna irratti maxxanee haala ittiin turetu hubatama. Karaa biraa beekumsa jechuun kuufamni isaa waanta guddachaa deemudha malee akkuma qabeenya uumamaa adeemsa yeroo keessa kan haphachaa deemu miti. Diinagdeen kuufama beekumsaa irra dhaabate yeroo hundumaa guddachaa kan deemuu fi itti fufinsi isaas amansiisaa kan ta'e yoo ta'u, diinagdeen qooda kanaa uumama irratti rarra'e garuu waanta dhumu irra kan dhaabate waan ta'uuf jiraachuu biyyaa fi itti fufinsa hawaasaa kan qoru dha.

Akka waliigalaatti, biyyi keenya jaarraawwan hedduudhaaf seera mootummootaa fi falaasamoota garaagaraatiin kan gaggeeffamte yoo ta'ellee, qabsoon uummanni keenya jireenya isaa injifachuuf uumama wajjiin taasisu jalaa hin baane. Jireenyi qabsoo bu'uuraatiin liqimfame akka kanaa kun agarsiistuuwwan gurguddoo lama qabu. Inni duraa, tattaaffiin namni godhu hammamillee carraaqqii fi dhamaatiidhaan kan guutame ta'uyyuu, bu'aan argamu baay'ee muraasa; yaaddoowwan akka hanqina bokkaatiin dafqasaa kan hin madaalle ta'uu isaati.

Hirkattoota uumamaa ta'uun keenya kun hammam akka nu miidhe kan agarsiisu dha. Sababa kanaatiin horsiisee bulaa fi qotee bulaan biyya keenyaa hedduun, akkasumas hawaasni guutummaatti waanjoo hiyyummaa jala turuudhaaf dirqameera. Agarsiistuun inni lammaffaa fi agarsiistuu jalqanaa wajjiin walitti hidhata qabu immoo namni mana hidhaa hiyyummaa keessa jiraatu nyaatasaa guyyaatiif yaadda'uu fi dhiphachuurra darbee qabeenya kuufatee, kalaqa sammuu irratti bobba'uuf yeroos ta'e boqonnaa argachuu dhiisuu isaati.

Sababa agarsiistuuwwan kanaatiin biyyoonni seenaa kan keenyarra xinnaa ta'e qaban nu darbanii deemaniiru. Duudhaalee hawaasummaa hammayyaa, akkasumas hojimaatawwan siyaasaa fi diinagdee kalaqanii ofii isaaniitii fi biyyoota birootiif ibsaa ta'aniiru. Faallaa kana senaa xooxeffame kan qabdu biyyi keenya qaroomina seenaa ishee kabajamaa durii madaalu saxaxuudhaan akka durii gaggeessituu giddugala daldalaa fi falaasamaa addunyaa ta'uu dadhabdeetti.

Haala gaddisiisaa kana hubachuun dhalli namaa ofii fi ijoollee isaa nyaachisee bulchuuf qabsoo uumama wajjiin taasisu injifachuuf bu'uuraaleen misoomaa fi teekinooloojiin meeshaalee furtuu ta'uu isaanii hubachuudhaan waggoota 15nan darbaniif mootummaan qabeenya namaa fi kaappitaalaa biyyittii hedduu gara ijaarsaa fi tamsaasa bu'uuraalee misoomaatti ramadeera. Yaada ka'umsaa kanaa bu'uuraaleen misoomaa sochii oomishaa namootaa irratti miidhaa fi sodaa uumama irraa isa mudatu keessaa ba'uu kan danda'uu fi dhamaatii isaa hir'isee oomisha isaa haala gaariin kan bal'isu bu'uuraalee misoomaatiin yeroo deeggaramee fi teekinooloojiidhaan yeroo fayyadame dha. Gama kanaan ijaarama godhameen jireenya uummata keenyaa irratti jijjiiramni qabatamaan mul'ateera, umuriin jiraachuu giddugaleessaa dabaleera, hiyyummaan hir'iseera, fooyya'insa jireenyaa irratti dhiyeessi tajaajilootaa mureteessaa ta'an babal'ataniiru. Injifannoon seena-qabeessi kun hundumtuu yoo galmeeffameyyuu, waanti murteessaan tokko garuu baay'ee hin jijjiiramne. Uummanni keenya maxxantummaa mootummaa fi qaamolee alaa irraa bilisa ba'ee, firii yaada sammuu isaatiin kaka'umsa horatee, hawaasaaf duudhaa dabalee, ofii isaa fi warreen kaaniif badhaadhina uumee gara jireenya sammuu wal-qixxaataa hammayyaawaatti hin ceene.

Kanaafuu, dargaggeessi maatii isaa fi akaakayyuu isaa caalaa umurii dheeraa akka jiraatu beeku, dhiyeessii barumsaa, fayyaa fi kanneen biroo kan isa qaqqabe, amma qabiinsa guddina diinagdee irratti komii guddaa dhiyeessii irratti argama. Sababni ka'umsa komii kanaa dhalli namaa uumama isaatiin nyaatee fi baratee qofaa otoo hin ta'iin, keessa isaa humna jiruu fi dandeettii sammuu isaa gargaaramee galtee dabaluu fi dhaloota itti aanuuf seenaa kaa'ee darbuuf fedhii fi hawwii ol-aanaa kan qabu ta'uu isaati. Waggoota 28tiin duratti mootummaan ofii isaatii gaaffiin inni dhiyeesse akkamitti lammiilee beelaa fi daaruu irraa oolchu? Tajaajiloota jireenya isaanii fooyyessan akkamitti dhiyeessu? kan jedhu ture. Amma immoo gaaffiin uummata irraa mootummaaf dhiyaate, seerri siyaasaa fi diinagdee kan lammiileen kalaqaa fi carraaqqii isaanii gara badhaadhummaatti akka jijjiiraniif dandeessisu nuuf haa ijaaramu kan jedhu dha.

Gaaffiin kun diinagdee biyya keenyaa keessatti ibsituu abshaalummaa uumama dhala namaa kan ta'e sekterri dhuunfaa taatummaa ijoo akka qabatuu fi mootummaan immoo shoora deeggarsaa irratti akka xiyyeeffatu ce'umsa ergamaa kan barbaadu dha. Kallattiin kun injifannoo fi hanqina waggoota darban keessatti argame, fedhii onnee uummata keenyaa fi eenyummaa uumamaa dhala namaa giddugaleessa godhate, badhaadhummaa sammuu dhuunfaa fi hawaasaa ijaaruuf tooftaa sababaati.

Kallattii haaraa kana tarkaanfachuun dhimma seera waraqaa jijjiiruu miti. Seerota qindoomina dhabanii fi nama hojjechiisuu hin dandeenye jijjiiruun barbaachisaa ta'ee otoo jiruu, garuu gahaa hin ta'u. Dabalataanis, lammiin hundi mootummaa fi qaamolee biroo irraa kan eegu, beekees haa ta'u otoo hin beekiin amala tarkaanfachiisu akka geeddaru taasisa. Amalli ilmoo yaadaati. Yaanni yoo geeddaramee fi yoo sirreeffame seeronni amala bifa qindaa'een jijjiiran, caaseffamni dhaabbilee fi seeronni amala qajeelchan biroon akkamitti fooyyeffamuu akka qaban ifa ta'a.

Kanaafuu, tarkaanfiilee fooyyessa diinagdee keenyaa yeroo bocannu, sadarkaa barbaadamuun guddachuu dadhabuu omishtummaa biyya keenyaatiif sababoota kanneen ta'an hanqina mootummaa, gabaa, hawaasa siiviilii fi dhaabbilee barnootaa ni deebisna. Hanqina isaan kanaatiif sababa isa tokko kan ta'e akkaataan yaaduu dhaabbanni tokko yookiin gurmuun dhaabbilee seera isaa isa uumamaatiin bu'a-qabeessa ta'uu yoo dadhabe hojii dhaabbilee kana irraa eegamu gara abbootii birootti naannessuu barbaachisa qajeelfama jedhu dha. Fakkeenyaaf, dameen dhuunfaa shaqaxoota fayyadama bu'uuraa dhiyeessuu dadhabuun yoo irratti mul'ate hojii kana gara gateettii mootummaatti naannessuu jechuu dha. Yeroo kana goonu garuu damee dhuunfaa caalaatti quucarsaa jirra. Sektrri dhuunfaa dhiyeessii kana dorgomuun otoo hojjatee faayidaa qabeenya qusachuu argannu dhabaa jirra. Kanaafuu, gara fuulduraatti diinagdeen keenya guddina hundumaaf qaqqabu akka nuuf argamsiisuuf rakkoo ga'umsa dhabuu dhaabbilee kan hiiknu ergama isaanii dhaabbilee kana irraa butuun ta'uu hin qabu. Dhaabbileen kunniin milkaa'oo akka hin taane rakkoolee caaseffamaa fi kanneen biroo isaan mudatan addaan baasnee hubachuudhaan mala barbaaduudhaan ta'uu qaba. Kana yeroo goonu shoorri akaakuuwwan dhaabbilee afranuu (mootummaan, sekterri dhuunfaa, hawaasni siiviilii fi dhaabbileen barnootaa) qaban kan bakka hin buufamne ta'uu dhiisuu isaatiif beekamtii ni kennina.

Kurfiin dhaabbilee kanaa ofeeggannoo fi sababa irratti hundoofnee seera gaggeessummaa keessoo isaanii, wal-simannaa alaa isaanii, haala bu'a-qabeessummaa mirkaneessuun yoo ijaaruu baanne hir'inni isaaniif hin oolu. Hir'inoota kana kan guunnu mootummaan tajaajila hawaasaa isarraa eegamu dhiyeessuu fi shoora seera kabachiisuu yeroo taphate dha. Haala dhaabbilee kaan ga'eeyyii taasisuun seera taphichaa yeroo uumuu fi raawwachiisu dha. Hir'ina sektera dhuunfaa kan guunnu hanqina kaappitaalaa fi wal-makuu biirookiraasiitiin dhiibbaa irra qaqqabu salphisuudhaan, akkasumas haala haqa qabeessa, hawaasa bal'aaf badhaadhina uumuun akka kaka'u gochuudhaani. Gama kanaan, xiyyeeffannoon ijaarsa seera diinagdee ida'amuu shoora dhaabbilee fi seektarootaa addaan baasuu, shoora isaanii sirriitti akka taphatan caasaa fi adeemsa hojii waliigalaa sirreessuu ta'a.

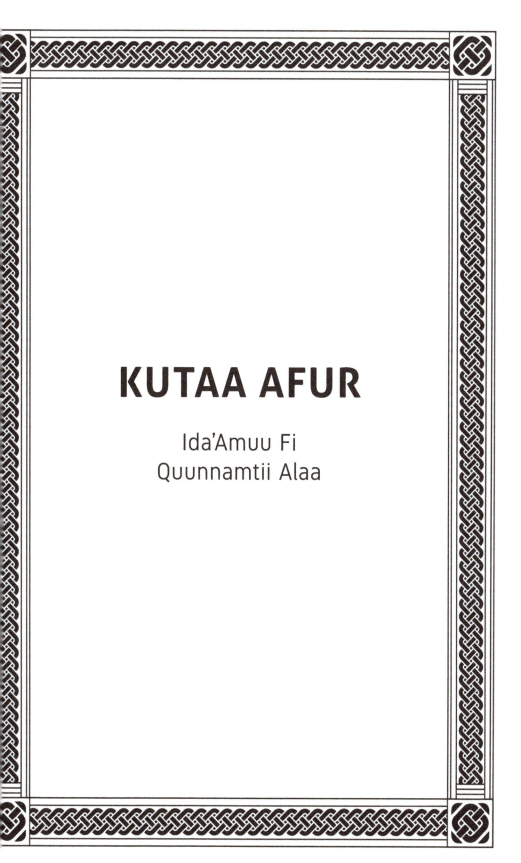

KUTAA AFUR

Ida'Amuu Fi
Quunnamtii Alaa

BOQONNAA KUDHA SHAN

Haala Idil-addunyaa fi Kallattii Biyya Keenyaa

Naannoowwan garaa garaa addunyaa keenyaa keessatti jijjiiramoonni uumamaa jiran heddummatanii jiru. Haalli hiriira humna naannolee qubsuma siyaasaa gegeeddamaa fi ariifataa ta'ee jira. Caasaaleen hidhataa baay'atanii jiru. Addunyaa yeroo kam iyyuu caalaa sadarkaa ol-aanaadhaan wal-hidhee jiru kana keessatti mudannoowwann aardii, biyyootaa fi naannolee keessatti uumaman akka baroota darbanii iddoodhuma sanatti daangeffamanii hafan miti; haalli kun geeddaramee jira. Kanarraa kan ka'e, adeemsa siyaasaa fi diinagdee addunyaa keenyaa keessatti xiyyeeffannoo yeroo amma jiru addaan baafachuun qormaata guddaa ta'eera. Haa ta'u malee, faayidaa inni qabu irraa kan ka'e xiyyeeffannoowwan kana balballoomsuunii fi yaaliin fuulduraaf raaguu, hanqinuma qabu wajjiinillee haa ta'u malee, waanta dhaabsifamu miti.

Bu'uuruma kanaatiin xiyyeeffannoowwan addunyaalessaa gurguddoo sadi kannenn haala qabatamaa biyyaalessaa agarsiisan boqonnaa kana jalatti ibsamuuf yaalamaniiru. Isaan kunis, walitti gaarreffannaa biyyoota gurguddoo fi taatonni walitti dhufeenya addunyaalessaa lakkoofsaan heddummachuu, tarkaanfileen walitti siqeenyaa fi wal-deeggarsa biyyootaa kan sadarkaa

229

Afriicaattis haa ta'u sadarkaa biyyootaatti godhaman cimaa dhufuu, sabummaan caalee ba'uu fi paartiileen sabaa yeroo gabaabaa keessatti fudhatamummaa argachaa dhufuu isaaniiti. Xiyyeeffannoowwan gurguddoo afran kunniin akka armaan gadiitti bal'inaan ibsamaniiru.

15.1 Wal-dorgommii fi Heddummaachuu Biyyoota Humna Qabanii

Wal-dorgommiin biyyoonni diinagdeedhaan guddatanii fi siyaasaan ijaaraman dhiibbaa siyaasaa daangaa biyya isaaniitiin alatti babal'isuuf taasisan seenaa waliti dhufeenya addunyaa isa tokko dha. Wal-dorgommii kana hordofuunis waraanni uumamu ibsituu walitti dhufeenya addunyaa isa idilee ta'ee aaf tureera. Dhuftee amala dulloomaa kanaa kan ta'e wal-dorommii fi walitti gaarrffannaan siyaasaa fi diinagdee Ameerikaa fi Soovi'eet gidduutti godhamaa ture biyyoota addunyaa iddoo lamatti qooduun yaadaan wal-falmisiiseera.

Haa ta'u malee, falmiin kun diigamuu tokkummaa Soovi'eetiin booddee injifachuu garee warra lixaatiin erga goolabamee as Ameerikaan aangoo addunyaalessaa qofaa ishii to'atteetti. Kanaanis tasgabbaa'uu addunyaalessaa hanga tokko kan uume, seera addunyaa utubaa tokkoo gabaa bisisaa bu'uura godhate diriirsuun danda'ameetu ture. Haa ta'u malee, seerri nagaa fi gabaa bilisaa abbaa utubaa tokkoo eegdummaa ol-aanaa Ameerikaatiin diriire faayidaawwan heddu fi haalawwan haaraa ta'an fideera. Biyyoonni diinagdee isaanii isa waraanaan barbadaaye yeroo gabaabaa keessatti akka fooyyeffatan taasiseera. Biyyoonni humna qabeeyyii Eeshiyaa fi Awurooppaa kanneen dadammaqina siyaasaa uuman akka uumaman karaa baneera. Sababa kanaanis, seerri siyaasaa fi diinagdee addunyaa keenyaa abbaa utubaa hedduu akka ta'u karaa baneera.

Biyyoonni kunniin dhiibbaa siyaas-naannoo isaanii isa ture deeffachuudhaaf carraaqqii ol-aanaa gaggeessaa jiru. Sochiin isaan gochaa jiran kun wal-dorgommii fi walitti gaarreffannaa maralaalaa humneeyyii kanaa dhaleera. Wal-dorgommii fi walitti gaarreffannaan kun waggoota darban keessatti haala siyaas-naannoo addunyaa keenyaa isa ol'aantummaa gonkaa Ameerikaatiin diriiree ture tasgabbii irraa gara harkifaminsaa, walitti gaarreffannaa fi tasgabbii dhabuutti qajeelcheera. Wal-dorgommiin biyyoonni kunniin daangaa ofii isaanii dhiibbaa keessatti uuman uummachuuf qofaatti qofaatti taasisaa jiran akka hiriirri humnaa addunyaa kanaa gegeeddaramaa ta'u karaa baneera.

Kana waan ta'eef, qabiyyee bu'uuraa walitti gaarreffanaa humneeyyii adduunyaalessaa keessatti argamnu ibsoonni hubachuuf yaalan waraana qorraa wabii godhatu. Ta'us garuu, walitti gaarreffannaan humneeyyii yeroo ammaa kana jiru yoo xiqqaate amaloota isaa dadii warreen duraa irraa adda ta'a. Inni duraa, wal-dorgommii falmii yaadaa garee lamaa kan yeroo waraana qoraa ture; kan humneeyyii lamaan gaggeeffamaa turetu ture. Wal-dorgommiin yeroo ammaa kana jiru taatota lamaa ol kan hirmaachisuu fi walitti rigannaa kallattii hedduu kan qabu ta'ee jira. Biyyoonni kanaan dura sadarkaa walitti gaarreffannaa irra gahanii hin beeknee fi hiriira siyaasaa isaaniitiin gara garee tokkootti warreen ramadamaa turan haalli isaan gara rigannaatti itti qajeelan bal'inaan hubatamee jira.

Biyyoonni Awurooppaa fi Ameerikaa Kaabaa yeroo waraana qorraa dhaabbata waadaa waraanaa Kaaba Atilaantik keessatti hammatamanii kaampii tokko keessa jiraachaa turan ejjennoodhaan gargar ba'uun isaanii baramaa dhufeera. Garaagarummaawwan naannoo walitti dhufeenyawwan daldalaa fi loltuummaatti uumaman irraa kan ka'e waliigalteewwan nageenya waliinii illee otoo hin hafiin gaaffii keessa kan galchu, wal-shakkii fi dhiphina keessatti haalli itti argaman uumamee jira. Rakkooleen kabajuu fi kabajuu dhabuu keeyyata weerara loltummaa waliin qolachuu ilaalltu kan qaama waliigaltee bu'uuraa dhaabbata waliigaltee waraanaa Kaaba Atilaantik wajjiin wal-qabatee ka'an kanaaf agarsiistuuwwan kan ta'ani dha.

Biyyoonni dhihaa yeroo waraana qorraa garee bahaa keessatti hiriiranii giddu galeessummaa Soovi'eetiin gara barbaadetti qajeelfamaa turan biyyoota humnoomaa tokkoon hin gaggeeffamne ta'aniiru. Kanarra darbee hundumtuu karuma mataa mataa ofii bobba'uun haalli faayidaa ofii itti adamsuu fi walii walii isaatiif walitti gaarreffannaa keessa itti seenu uumamee jira. Veetnaam ishiin barootaaf ejjennoowwan faallaa Ameerikaa ta'an calaqqisiisuun beekmtu yeroo ammaa kana wal-deeggarsa loltummaa dabalatee Ameerikaa wajjiin waliigaltee waliinii baay'ee bal'aa ta'e gaggeessuudhaan karaa kibbaa babal'achuu galaanaa Chaayinaa dhaabsisuuf yaalaa jirti.

Inni lammaffaan, dhimmi wal-dorgommii biyyoota humna qabeeyyii adda taasisu siyaasa caalaa bifa diinagdummaa fi loltummaa qabachuu isaati. Kanaan dura wal-dorgommiin biyyoon humna qaban taasisan siyaasa irra kan naanna'u ture. Yeroo ammaa kana garuu sadarkaa adduunyaatti wal-dorgommiiwwan siyaas-naannoo taasifamaa jiran irratti iddoon wal-falmiin yaadaa qabu haphachaa dhufee halli ol'aantummaa diinagdee fi loltummaa argachuun murteessaa itti ta'e uumammeera. Poolisiin walitti dhufeenya biyya alaa yeroo waraana qorraa babal'achuu falmii yaadaatiif jedhamee gargaarsawwan diinagdee biyyaa miidhan illee otoo hin hafiin hamma godhamanitti qaqqabsiise yeroo ammaa kana hin jiru. Qabsoon ol'aantummaa falmii yaadaatiif taasifamu cinaatti dhiifamee badhaadhummaa diinagdee eeguu fi itti fufsiisuuf mala murteessaa galmaa ta'eera.

Waliigalteewwan ol'aantummaa siyaasaa fi diinagdee mirkaneessuuf dandeessisan taasisuun, kooliidariiwwan galaana irraa daldala addunyaawaa furtuu ta'an to'achuu fi nageenya isaanii eegsisuun, sararoota lafa irraa akka filannootti tajaajilan diriirsuun, akkasumas liqii fi kennaa dhiyeessuudhaan bilisummaa diinagdee biyyootaa to'achuunii fi dhiyeessii meeshaalee dheedhii amansiisaa taasisuun galmawwan murteessoo ji'oo-istiraateejikii ta'aa dhufaniiru. Waan kana ta'eef, biyyi keenya, karaa tokkoon, bilisummaa siyaasaa haalichi uumu fayyadamuu; akkasumas karaa biraatiin, hirkattummaa diinagdee hir'isuudhaan filannoowwan walitti dhufeenyawwan daldalaa bu'aa qabeeyyii ta'an ittiin taasisuun danda'amu addaan baafachuun hojjechuu qabdi.

Amalli addaa wal-dorgommii biyyoota humna qabanii si'anaa inni sadaffaan, taatonni miti-mootummaa ta'an heddummachuu fi hunma irra caalu argachuu isaaniiti. Haala addunyaa keessatti argamnuu keessatti qaamoleen miti-mootummaa guddina siyaasaa, diinagdee fi teeknooloojii irraa kan ka'e dandeettiin siyaasaa isaanii guddateera. Waan kana ta'eef, taatonni kunniin karaa hundaan mootummaa irratti dhiibbaa haalli isaan itti gochuu danda'an uumamee jira. Moototarratti dabalataan dhaabbileen walitti dhufeenya mootummootaa kanneen miti-mootummaa ta'anii, dhaabbileen tola ooltummaa, kaampaaniiwwan gurguddoo fi kanneen biroonis dhiibbaan isaan uumanii fi waliin ga'insi isaanii biyyoota hundumaa irratti daangaa malee kan qaqqabu ta'uun isaa ba'ee mul'achaa dhufeera. Waan kana ta'eef, taateewwan idileetiin alatti dhaabilee kana wajjiin walitti dhufeenya gaarii uumuudhaan faayidaa fi fedhii biyya keenyaa eegsisuuf socho'uun barbaachisaa dha.

Akka fakkeenyaatti, shororkeessitoonni iddoowwan addunyaa keenyaa qoroomina irraa fagoo jiran keessa riphanii jiran teeknooloojii akka meeshaatti gargaaramuudhaan dhiibbaan isaan geessisaa jiran kanaaf agarsiistuu gaarii dha. Dargaggoota iddoo fagoo irratti argaman mankaraarsa amantiitiin fayyaduun gocha shororkeessummaa akka raawwatan isaan taasisu. Uummanni irratti xiyyeeffatame shororkeeffamee mootummaan poolisii isaa akka geeddaru haalli ittiin taasifamu mul'ateera. Dabalataanis, dhaabbileen siyaasaa fi diinagdee idil-addunyaa kanneen miti-mootummaa ta'an aangoo murteessuu mootummootaa rakkoo keessa galchuurratti argamu. Akka fakkenyaatti dhiibbaa dhaabbilee teeknooloojii ilaaluun nidanda'ama. Karaa tokkoon, guddinni teeknooloojii namni daangaa lafaa kam irraa iyyuu jiru odeeffannoo akka argatu gochuudhaan yeroo beekumsaaf fudhatu gabaabsuudhaan carraa gaarii uumee jira.

Karaa biraatiin garuu, biyyoonnii fi namoonni dhuunfaa sadarkaa ol-aanaa irra jiran guddina teeknooloojiitiinis caalaatti jabaachaa garaagarummaan isaan gidduu jiru akka bal'atu taasisuudhaan qoqqoodaminsa teeknooloojii uumuu isaatiin biyyoonni booddeetti hafoon caalaatti booddeetti hafummaadhaan akka rakkatan taasisa.

Kanaafis, odeeffannoowwan sobaa miidiyaaleedhaan tamsaasaman wajjiin wal-qabatee qaawwaa uumamu akka fakkeenyaatti fudhachuu dandeenya. Ameerikaan odeeffannoowwan sobaa filannoo ishii irratti dhiibbaa dhibbeentaa 0.004 qaqqabsiiseera sababa jedhuun ittigaafatamtoota feesbuukii, tiwiitarii fi googilii irra deddeebiidhaan koongirasiitti dhiyeessuudhaan mudditee qabuu yoo dandeessu, biyyoonni kaan garuu rakkoo nageenyaa biyya siaanii kan qoru yoo isaan irraan ga'e iyyuu dandeettiin isaan ittiin waltajjii dhaabbilee dhiyeessitootaa gaafatamtoota ittiin taasisan baay'ee gadi bu'aa dha.

Murteessummaan kaampaaniiwwan teeknooloojii miti-mootummaa kanneen wal-jajjiilee tamsaasa odeeffannoo tasgabbii keessoo biyyootaatiif qormaata ta'an dhiyeessanii agarsiistuuwwan warreen ta'ani dha. Dhiyeessitoonni waltajjii miidiyaalee hawaasaa harka caalu kaampaaniiwwan gurguddoo wajjiin walitti ida'amuu kanneen danda'an yoo ta'anillee, waliin ga'insii fi dhiibbaan isaanii biyyoota hundumaa irratti daangaa malee kan qaqqabu ta'uun isaa beekamaa dha. Dhaabbileen miidiyaalee hawaasaa kunniin akka dhaabbilee daldalaa gurguddootti damee banachuu yookiin bakka bu'aa dhaabuun otoo isaan hin barbaachisiin tajaajila isaanii fiixee addunyaa mara kan waliin ga'anii fi dhiibaan isaan uumanis ol-aanaa ta'uun isaa adda isaan taasisa.

Itoophiyaan uummata miliyoona dhibba tokkoo ol kan qabduu fi isaan kana keessaas lakkoofsi dargaggeeyyii ol-aanaa ta'uu isaatiin dhaabbilee kanaaf gabaa guddaa ta'uu carraa ittiin taatu qabdi. Haa ta'u malee, diinagdee dijitaalaa fi hojiilee gabaa carraa kana gara qabeenya qabatamaatti ceesisuudhaaf dandeessisu haala quubsaadhaan hojjetamuu dhabuu isaatiin damee isaanii kan baha Afriikaa jiru Itoophiyaa caalaa Keeniyaa keessa godhachuudhaaf dirqamanii jiru. Waan kana ta'eef, dhaabbilee kana wajjiin walitti dhufeenya gaarii uumuudhaan wajjiin hojjechuuf socho'uun faayidaan isaa guddaa dha.

Walumaagalatti, wal-dorgommiin biyyoota guddatanii dhiibbaan inni biyya keenyaaf qabu yoo yaadamu wal-dorgommichi duuba isatii dhimmoota siyaasaa fi diinagdee hedduu kan qabu ta'uu isaatiin miira dorgommii isaan gidduu jiru yeroo tokkoon qabbaneessu jedhamee hin yaadamu. Wal-dorgommiin siyaasaa, loltummaa fi diinagdee kun karaa tokkoonis haa ta'uu karaa biraatiin dhiibaan isaa Itoophiyaa qaqqabuun isaa hin hafu. Fakkenyaaf, gumiin daldalaa fi misoomaa mootummoota gamtoomanii qorannoo dhiyeenya kana gaggeesseen akka beeksisetti waraanni taarifaa Ameerikaa keessatti eegalame biyyoota miidhu 30 keessaa Itoophiyaan sadarkaa sadaffaa qabatteetti. Daballiin taarifaa hanga dhibbeentaa 50 ta'u akka ishii midachuu danda'u qorannichi ni agarsiisa.

Biyyi keenya miidhama wal-morkii kanaan irra qaqqabu hir'isuu fi carraawwan gaggaarii uumaman irraa bu'aalee argaman babal'isuuf tooftaa diriirsinee yoo socho'uu baanne miidhaan isaa ol-aanaa dha. Keessumaayyuu humna isa tokko waliin qofaa michuu cimaa ta'uun humna isa biraa mufachiisuun goolamni keessaa akka ka'uu fi akka babal'atu kakaasuu danda'a. Kuni ta'uu isaatiin, mala isa tokko hamma fiixeetti akka hin dhiibne taasisuu fi faayidaalee diinagdee humnoota hunda biraa argaman argachuu dandeessisu hordofuun barbaachisaa dha.

15.2 Dhaadeeffamuu Uummatummaa fi Sabummaa

Fajajuu diinagdee goolama diinagdee idi-addunyaa bara 2008 A.L.Atti mudate hordofee goolamni hawaasummaa uumame lammaffaa deebi'ee dhaadheffamuu uummatummaa fi sabummaatiif akka qabxii jijjiirraa kallattiitti fudhatama. Yeroo kana irraa kaasee seera qaroomina addunyaawaa mul'ataa idil-addunyaa mararsiifannaa siyaasaa fi diinagdeetiif ittigaafatamtoota kan taasisanii fi dhaabbileen uummatummaa sirnicha bu'uurarraa jijjiiruuf fedhii qaban biyyoota garaagaraa keessatti heddummachuu jalqabaniiru.

Siyaasni uummatummaa karaa tokkoon bilisummaa nama dhuunfaa leellisaa keessa isaatti garuu finxaaleyyii fiixee mirgaa fi mankaraarsitoota barsiifataa kan hammatu kun biyyoota hedduutti filannoo irratti firii gaarii galmeessisaa; iddoowwan tokko tokkottis filannoo sana injifachuu danda'aa dhufeera.

Haalli kun biyyoota akka Siwiidin, Ostiriyaa, Fiinlaandi, Deenmaarki, Xaaliyaanii, Beeljiyeem, Noorweey, akkasumas kanneen biroo keessatti mul'ateera. Kaadhimamtoonni pireezidaantummaa ejjennoo wal-fakkaataa qaban Meeksikoo fi Ameerikaa keessatti injifachuu danda'aniiru. Siyaasessitoonnii fi duulawwan warraaqsaa filannoowwan Faransaayi, Neezarlaandi, Paakistaanii fi Zimbaabuweetti gaggeeffaman keessa turan tarree kana keessatti akka hammataman kan isaan taasisu dha. Haalli kunis yaadonni jibbituu dhuftee fi faallaa heddumminaa ta'an sadarkaa idil-addunyaatti dhaadheffamanii akka calaqqisiifaman gochuu irratti argama.

Biyyoota tokko tokkottis dhaabbileen uummatummaa aangoo siyaasaa ol-aanaa qabachuudhaan poolisiiwwan siyaasaa, diinagdee fi loltummaa; akkasumas dhaabbilee idil-addunyaa turtii fi ittifufinsa birmadummaatiif bu'uura ta'an, jijjiiruudhaaf sochii irratti argamu. Ameerikaa keessatti miirri sabummaa warraaqsa uummatummaatiin uumamaa jiru karaa sochii diinagdeetiin waraana daldalaa banuudhaan diinagdee addunyaa irratti tarkaafiilee rakkoo hamaa hordofsiisuu danda'an akka fudhatu taasiseera.

Biyoonni biroo kanneen akka Awurooppaa, Chaayinaa, Ruusiyaa, Kaanaadaa, Meeksikoo, kkf) deebii ijaa-baafannaa deebisuu irratti argamu. Kunis fedhii walitti hidhaminsa tokkummaa fi diinagdee caalaa miirri lammummaa fi diinagdee biyyummaa addaan baasuunii fottoqsuu jabaachaa deemuu akka danda'u kan agarsiisu dha. Dabalataanis, biyyoota Awurooppaa sirna mootummaa Paarlaamentarii hordofan hedduun keessatti daangaan falaasama siyaasaa kallattii kamiin iyyuu (daangaa mirgaatiin, walakkaa mirgaatiin, mankaraarsaa walakkeessaatiin, walakkeessa bitaa fi daangaa bitaatiin) paartiiwwan taa'uu danda'an hundi isaanii filannoo irratti bakka bu'insa argachaa dhufaniiru. Daneessummaan yaada uummatichaa dabalaa dhufuu isaa irraa kan ka'e paartiin uummata gara caalu amansiisee sagalee caalmaa argatu carraan ittiin jiraatu yarachaa hufeera. Mootummooleen waloo sababa kanaan uumaman morkii hintaane keessa akka galanii fi hamma dhumaatti akka hindeemne gochuudhaan mootummaan irra deddeebiidhaan akka gegeeddaramu taasiseera. Tasgabbii dhabuun mootummaa kun tasgabbii dhabuu diinagdeetii fi rakkoolee hawaasummaa birootiif saaxilaa iddoowwan garaagaraatti ta'iiwwan diddaa fi jeequmsaa geessisaa jira.

Giddugala bahaatti ka'umsa hordoftoota amantii musliimaa Sunnii fi Shi'aatiin akkaataan hiriira siyaasaa fi loltummaa biyyootaa yeroo kam iyyuu caalaa toora qabachaa jiru. Iraan, Kuwaataarii fi Turki Karaa tokkoon, Saawudii Arabiyaa, Emereetonni Arabaa Gamtoomanii fi kanneen biroon immoo karaa birootiin hiriiranii daangaa dhiibbaa uumuu isaanii babal'ifachaa jiru. Afriikaa kaabaa fi giddugala bahaa keessa mootummoonni kufan kanneen akka Liibiyaa, Yamanii fi Sooriyaa jiraachuun isaanii; mootummoonni akka Somaaliyaa fi Sudaan Kibbaa immoo jabaachuun dadhabuun isaanii kun mankaraarsi foon uffatee daangaa isaa akka bal'ifatuu fi yeroo argatee lafa akka qabatu carraa uumaafii jira.

Keessumaayyuu Sooriyaa fi Yaman kaampiiwwan faallaa ta'an kanaa fi biyyoota humna qabeeyyii ijoo ta'aniif waltajjii yaalii irree isaanii itti gaggeeffatan, ooyiruu falmii foonii fi oobdiiwwan waraanaa ta'aa jiru. Komii siyaasaa isaanii raawwachiisuuf biyyoonni galoo galaanaa dhorkinsi ol-aanaan isaan diinagdee fi daldala Kuwaataar irratti gatan, akkasumas Aljaziiraa faayidaan ala gochuudhaaf tarkaanfiin isaan deeman kan caqasamu dha. Akkasumas, Iraan tarkaanfii ijaa-baafannaa fudhachuuf galoo Hormuz cufuudhaaf dhaadachuun ishii komii siyaasaa fi humni diinagdee wal-faana tooraan deemaa akka jiran kan agarsiisu dha. Adeemsii fi bu'aan tarkaanfilee lamaanii humna loltummaa fi diinagdee biyyoota sanaa, akkasumas agarsiistuu humna biyyoota of duuba hiriirsisaniiti.

Sochiin mankaraarsummaa fi shororkeessummaa addunyaan keenya qormaata ammayyuu ce'uu hin dandeenye akka ta'etti ittifufeera. Goolama idil-addunyaatiif bu'uura falaasamaa fi meeshaa kanneen ta'an Alqaayidaa fi Islaamik Isteet irratti tarkaanfii loltummaa irratti fudhatameen eenyummaan qaama isanii dadhabaa baay'een isaanii kan kufan yoo ta'anillee dhaabbileen kunniin miidiyaa elektirooniksii fayyadamanii namoota dhuunfaa falaasama finxaaleyyummaatiin cuuphaa gochaalee shororkeessummaa akka raawwatan gochuudhaaf sochiin isaan taasisan ittuma ffeetu jira.

Biyyoonni humna qabeeyyiin rakkoo Sooriyaa, Yaman, Liibiyaa fi Iraaq jiru hiikuudhaaf tarkaanfiin faallessi itti baay'ate isaan fudhachaa jiran iddoowwan kunniin sodaa shororkeessummaa irraa akka hin qulqulloofne isaan taasiseera. Kanarra darbees, waraanni biyyoota kanatti ittifufee jiru addnyaan keenya goolama namoomaa kanaan dura argitee hin beeknetti galchuunii danda'a. Kanaanis keessumaayyuu Awurooppaan galaana godaantotaatiin akka haguugamtu gochuudhaan babal'achuu siyaasa jibbiinsa dhuftee fi gara aangootti ba'uu armaan olitti ibsameef kan kakaasu ta'ee jira.

Dhaadheffamuun sabummaa idil-addunyaawaa fi yeroo gabaabaa keessatti fudhatama argachaa dhufuun paartiilee sabaa akkamtaan inni biyya keenyaaf qabu guddaa dha. Kuni dhugaa addunyaa irrattis Itoophiyaa keessattis mul'achaa jiru dha. Ajandaalee gaaffilee hawaasaa haala bu'uura ta'een deebisan bocuu caalaa humnoonni siyaasaa aarii darbe namatti kakaasanii fi jibbituu dhuftee ta'an baay'achuun isaanii fi sagaleen isaan argatan guddachaa dhufuun isaa rakkoo guddaa dha.

Karaa kanaatiin, lammiilee keenya biyyoota garagaraa ja'a keessatti argaman irratti miidhaaleen jibbinsa dhuftee irra qaqqabaa jiru kan caqasamu dha. Namoonni dhuunfaa yaada kanaan summeeffaman Afriikaa Kibbaa irraa kaasee hanga giddugala bahaatti lammiilee keenya godaansarra jiran irratti miidhaalee fi ajjeechaan hammaataan raawwataman kabaja biyyummaa keenyaa kan salphise dha.

Imbaasiiwwanii fi qonsilaawwan qorannoo gahaa irratti hundaa'uun mirgaa fi fayyadamummaa lammiilee keenya warra godaansarra jiranii miidhuu waantota danda'an addaan baasuudhaan lammiileerraa miidhaa qolachuudhaaf hojimaata dandeessisu uumuu barbaachisa.

15.3 Walitti Dhiyeenyaa fi Wal-deeggarsa Biyyoota Afriikaa

Afriikaa keessatti karaa tokkoon ta'iiwwan abdii namaaf kennan; karaa biraatiin immoo oduuwwan gaddaa sodaa keessa nama galchan keessummeessuu irratti argamti. Guddina diinagdeetiin biyyoota addunyaa kana gaggeesaa jiran keessaa biyyoonni Afriikaa hedduun keessatti argamuun, biyyoonni Afriikaa filannoo guddinaa adda ta'e qabatanii garaagarummaa uumuu danda'an heddummachuun, sochiin walitti hidhaminsa diinagdee sadarkaa biyyootaatti, akkasumas sadarkaa aardiitti wixineeffamuun, akkasumas diimokraasiiwwan reefu jalqabaman daraaraa jiraachuun dhimmoota akka gaariitti ilaalamani dha.

Faallaa kanaatiin immoo guddinni uummataa itti hinkaroorfamne, walitti bu'insawwan barii filannoo, dhaabbilee diimokraasii hin jabaatiin yeroo dheeraadhaaf aangoo irra turuun isaanii, goolamni keessaa fi godaansi ammallee bifa fudhatamummaa hin qabneen kan ka'ani dha. Afriikaan humna dargaggoota hedduu, lafa bal'aa fi qabeenya uumamaa hedduu aardii qabdu dha. Biyyoonni qabeenya kanatti seeraan gargaaraman guddina gaarii galmeessisuu irratti argamu. Guddina kana hordofuunis wal-gargaarsii fi tokkummaan biyyoonni Afriikaa uumaa jiran guddachaa jira. Yeroo dhiyoodhaa as biyyoonni hedduun ce'umsa mootummaa karaa nagaatiin godhamu taasisaa jiru.

Faallaa kanaatiin, diinagdeen biyyoota Afriikaa ammallee gara industiriitti hin ceene. Sababa kanaatiinis, gatii gabaa uumamaa fi idil-addunyaa irratti hirkattummaan isaan qaban daran ol-aanaa dha. Dhiibbaan biyyoota humna qabanii haala nama hin haalchifneen ittuma fufeetu jira. Filannoowwan ce'umsa aangoo nagaa qabeessa mirkaneessuuf taasifaman hunkuramoota gosa garaagaraa hordofsiisuun isaanii hin dhaabbanne. Aardittiin walitti bu'insa irraa bilisa ba'uu fi humna dargaggoota heddummachaa dhufaa jiruuf carraa hojii gahaa ta'e dhiyeessuu dadhabuu ishiitiin godaansi ibsituuwwan lammiilee ishiitii keessaa isa tokko akkuma ta'etti itti fufee jira.

Walumaagalatti, Afriikaan haala duraan keessa turte wajjiin wal-bira qabamee yeroo ilaalamu haala fooyya'aa irratti argamti. Xiqqoo yoo ta'anillee, ce'umsi aangoo diimokraatawaa ta'e aadaa ta'aa dhufeera. Sadarkaan dhaabbanni idil-addunyaa tokko akkuma barbaadetti sirna/poolisii isaa ittiin raawwachiifatuu fi harka ittiin micciiru hir'atee jira. Wal-deeggarsii fi wal-ta'insi, tokkummaan biyyootaa fi naannoo sadarkaa gaarii irratti argamu.

Afriikaan Bahaa keessumaayyuu Gaanfi Afriikaa duraan tasgabbii dhabuudhaan itti beekamaa ture amma fooyya'insa agarsiisaa jira. Haa ta'u malee, ammallee hidhaawwan hin hiikamne hedduutu keessa jira. Waraanni du'a-maleessii fi rakkoon walitti dhufeenyaa yeroo dheeraadhaaf furmaata malee Itoophiyaa fi Eertiraa gidduu ture kaafamee gara wal-gargaarsaatti ceenee jirra. Eertiraan gara wal-gargaarsa biyyoota naannootti dhufuudhaan Itoophiyaarratti dabalataan Somaaliyaa fi Jibuutii wajjiin nagaa uumuudhaaf sochii eegaltee jirti. Kanaanis, raacetiiwwan qararaa raacetiiwwan wal-gargaarsaa fi waliin guddachuu furdachaa jiru.

Somaaliyaan guutumaan guutuutti jabaattee yoo ba'uu baatte illee caasaa fi tasgabbii mootummaa fooyya'aa ta'e uumuudhaaf dandeesseetti. Sudaan gaaffii Sudaan Kibbaa karaa nagaatiin erga xumurtee booddee nagaa fi guddina fooyya'aa galmeessisaa jirti. Haa ta'u malee, jijjiirraan mootummaa dhiyeenya kana gaggeeffame hatattamaan gara tasgabbiitti dhufuu yoo baate naannoo sana gara goolama tasgabbii dhabuu hamaatti deemsisa.

Karaa biraatiin garuu, Sudaan Kibbaa goolama keessa seentee jirtu keessaa ba'uudhaaf dadhabdee rakkachaa jirti. Mootummaan Somaaliyaa shororkeessummaa akka ta'utti injifachuu hin dandeenye. Biyyoonni naannoo kanaa hundi isaanii guddina diinagdee hangi isaa wal-caalu galmeessisaa kan jiran yoo ta'ellee, diinagdee dhiibbaawwan balaa uumamaatii fi goginsaan dhufan damdamachuuf dandeessisu hin ijaarranne.

Dhimmi inni biraan, mallattoo addaa wal-dorgommii biyyoota guddatanii kan ta'aa dhufe tooftaan koriidaroota daldala galaana irraa idil-addunyaa to'achuuf godhamu muddama inni uume dha. Ittidhiyeenya inni biyyoota addunyaaf boba'aa dhiyeessanitti qabuu fi daldalli idil-addunyaa waggaatti doolaara tiriiliyoona tokkoo ol ta'u kan irra geejibsiifamu galaanni Mandaba-Baabi'eel fedhii biyyoota guddatanii harkisuudhaan waltajjii wal-dorgommii erga ta'ee bubbuleera.

Haala siyaas-naannoo hawwataa ta'e kana yeroo dhiyoo as xiyyeeffannoo akka argatu ta'iiwwan taasisan caalaatti mul'achaa dhufaniiru. Isaan kunniinis haala Somaaliyaa fi sodaa waanbadeewwan galaana irraa uumanii turan, shororkeessummaa, akkasumas goolama si'anaa Yamani fa'aati. Sababa kanaanis, yeroo ammaa kana biyyoonni gara 27tti siqan galaana diimaa fi galoo galaana Edan keessa miila isaanii seensifataniiru. Biyyoonni kunniin fedhii garaagaraa fi yeroo tokko tokkos fedhii walitti bu'u kan qabaatan ta'uu isaatiin wal-dorgommiin gidduu isaaniitti uumamu naannoo sana mancaasuu akka danda'u nitilmaamama.

Akka waliigalaatti, Afriikaa keessatti sadarkaa Aardiittis haa ta'u sadarkaa naannoo biyyootaatti tarkaanfileen wal-gargaarsaa cimaa dhufan biyya keenyaaf gaheen isaan qaban baay'ee bal'aa dha. Tarkaanfiin kun Afriikaan akka jabaattu kan taasisu waan ta'eef, Itoophiyaan gama kanaan gahee dursummaa ishii cimsitee itti fufuu qabdi. Kanuma wajjiin wal-qabsiisuun, adeemsawwan wal-gargaarsii fi wal-jijjiirraa dandalaa Afriikaa wajjiin godhamaniin dhimmoota fayyadamoo taasisan ammumarraa kaasuun addaan baafachuun xiyyeeffannoo kennineefii misoomsuu qabna.

Biyyoonni Afriikaa baay'een isaanii omishoota qonnaa kan ergan waan ta'aniif, wal-jijjiirraa daldalaa akka aardiilee kaan faana goonuutti Afriikaadhaaf omishoota qonnaa erguu irratti yoo xiyyeeffanne fayyadamoo hin taanu. Kana caalaa dhaabbilee tajaajilaa kanneen akka humna qilleensaa Itoophiyaa jirancimsuu fi omishoota industirii fi teeknoloojii fayyadamoo nu taasisan adda baafachuun kanarratti humna ijaaruun nu barbaachisa.

BOQONNAA KUDHA JA'A

Ida'amuu fi Walitti Dhufeenya Alaa

Biyyi keenya tuulama hojii otoo hin ta'iin damee kuufama duudhaa keessatti uumte keessaa inni tokkoo fi inni guddaan "walitti dhufeenya alaa fi diippiloomaasii" dha. Hojiin gaariin walitti dhufeenya alaa mootota darbaniin hojjetamaa dhufe adeemsa walitti dhufeenya biyya alaa amma gochaa jirruuf kaappitaala guddaa nuuf ta'uu kan danda'u dha. Akka waliigalaatti sababa hojiin gaariin walitti fufinsaan mootataan waan hojjetamaa tureef Itoophiyaan hawaasa idil-addunyaa biratti maqaa gaarii qabdi.

Itoophiyaan hammamillee kabaja ishii eegsifachuuf qabsoo bal'aa kan gochaa turte yoo taatellee adeemsa kabaja kana eegsifachuu keessatti garuu sodaadhaan kakaatee warreen kaan hamminaan tuttuqxee hin beektu. Sababoota waraanawwan biyyoota gidduutti adeemsifamaniif sadarkaa ol-aanaatti kanneen caqasaman kanneen akka albaadhessummaa, sodaa fi kabajaa yoo ta'an Itoophiyaan albaadhessummaanis haa ta'uu sodaadhaan kan hamatamtu miti.

Biyyoonni tokko tokko haleellaatu nurra ga'a jedhanii sodaachuudhaan gara waraanaatti seenu; tokko tokko immoo faayidaa waa'ee hin baasne barbaaduudhaaf warreen kaan irratti haleellaa waan darbataniif gara waraanaatti seenu. Itoophiyaan gara waraanaaatti seenuuf kan dirqamtu sodaadhaan yookin albaadhessummaadhaan otoo hin ta'iin yeroo kabaja ishii

241

jalaa tuqan qofaa dha. Kuni immoo amalaa fi qor-qalbii siyaasaa uummata Itoophiyaa irraa kan maddu dha.

Kanaafidha geggeeddaramuu moototaa keessatti kabaja ishii yoo xuquu baatan malee wal-ta'insaa fi waliigalteedhaaf qophooftuu taatee kan turteef. Qajeelfamni bifa qabeessi kun gegeeddaramuu moototaa keessatti qabiyyee isa duraanii itti fufsiisuudhaa fi jalqabbii haaraa gidduutti muuxannoon walitti dhufeenyi alaa wal-madaalaa ta'e qabaachaa ture akka qabaannu nu taasiseera. Sababa kanaanis, walitti dhufeenyi alaa keenya seenaa qisaasa'aa hoggayyuu haaraa ta'e otoo hin ta'iin kuufama dhaalaa ida'amuun keessatti mul'ate qabatee itti fufeera.

Walitti dhufeenyi alaa Itoophiyaa kaleessaa kaasee hanga har'aatti gara caalu fedhii wal-ta'insaa irratti kan hundaa'e dha. Itoophiyaan akka mootummaa biyyaalessaa hammayyaatti erga hundooftee boodallee amala walitti dhufeenya alaa ishiin qabdu yoo ilaallu haleellaa of-irraa qolachuudhaaf dirqamtee gara waraanaatti seenti malee barsiifata sodaadhaanis haa ta'uu albaadhessummaadhaan walitti bu'insa uumuu hin qabdu.

Seenaan Aduwaa fedhii wal-ta'insaa keenya abshaalummaadhaan nurraa butachuu yaadanii kabaja keenya kan tuqan kan ittiin of-irraa dhoowwine dha. Kanaanis biyyoota seera malee gabrummaa jalatti kufan hundumaa onnee kan itti godhee fi gabrummaarratti akka qabsaa'an kan kakaase seenaa injifannoo galmeessisneerra. Seenaa injifannoo kun falaasamni walittti dhufeenya alaa Itoophiyaa dadhabootaaf kan dhaabatee fi injifannoo dursuu irratti kan hundaa'e akka ta'u taasiseera.

Itoophiyaan biyya seenaa yeroo dheeraa qabduu fi qaroomina ulfoo kan qabaachaa turte ta'uun ishii, akkasumas gabrummaa kan of-irraa qolattee fi injifannoodhaan kan deebiste injifannoo Aduwaa kan qabdu ta'uun ishii walitti dhufeenya waliigaltee irratti hundaa'e uumuudhaaf dhaga'amummaan ishiin qabdu akka ol ka'u taasiseera. Afriikaa keessaa qofaa ishii miseensa Liigii Saboolee ta'uun ishii, sochii Paan-Afriikaatiinis dursituu taatee dadammaqsituu tokkummaa Afriikaa, hundeessituu fi teessoo ta'uun ishii humna diippiloomaasii ishii kan dabaluuf, dhaga'amummaa ishiis kan guddisu kuufama guddaa dha.

Waltajjii idil-addunyaa irratti seer-maleeyyiiwwan kanneen akka bittaa fi appaartaayidii mormuu fi falmuudhaan adda-duree turre. Nageenya waloo aardiitiifis haa ta'uu kan idil-addunyaatiif leellistootaa fi hirmaattota adda-duree turre. Itoophiyaan yeroo bulchiinsa Axee Hayilasillaasee bu'uura seeraa (riti'iin) dursuutiin weerara Faashistii Xaaliyaanii ilaalchisee mootummoota addunyaatti iyyitus otoo hin milkaa'iin hafuun ishii ilaalchi yaadaa dhaabbilee idil-addunyaa irratti amantii guutuu kennisiisee walitti dhufeenya alaa bocuun ni danda'ama jedhu adeemsa dheeraa kan nu hin deemsisne ta'uu isaa kan irraa baranne dha. Ta'us, mudannoon kun yaada dhaabbattummaa irratti abdii akka kutannus haa ta'uu karaa wal-ta'insaa akka dhiisnu nu hin taasisne. Itoophiyaan walitti dhufeenya injifannoo fi wal-ta'insa irratti hundaa'e dursisiisuu fi walitti dhufeenya humna irratti hundaa'e irratti qabsaa'uudhaan biyya jiraatte dha.

Naannoo Gaanfa Afriikaa fi akka waliigalaatti nageenyaa fi tasgabbii Afriikaatiif shoorri ishiin taphachaa jirtu garaa murannaa dheeraa qabaachuu ishii kan agarsiisu dha. Biyyoota ollaa, Somaaliyaa fi Sudaanitti, akkasumas Ruwaandaa, Burundii fi Laayibeeriyaatti hojiin nageenya kabachiisuu hojjenne ol-aanaa dha. Humni waraanaa keenya ergama nagaa kabachiisuudhaaf fudhatee bobba'e hundumaatti dirqama isaa haala gaariin kan ba'atuu fi hoomaa amala gaarii qabu dha. Biyyi keenya biyyoota walitti araarsuu keessatti shoorri ishiin taphachaa jirtu akka salphaatti kan ilaalamu miti. Gaanfa Afriikaa keessatti biyyoonni faayidaa qabanis haa ta'u dhimmicha fageenya irraa kanneen ilaalan Itoophiyaan naannoo kana keessatti shoora ishiin tsaphachaa jirtu ifatti ilaalaa jiru. Sababa kanaanis, maddi humna dhaga'amummaa biyyittii inni tokko shoora ishiin naannicha keessatti nagaa eegsisuuf qabdu wajjiin kan wal-qabate dha.

Yeroo ammaa kana immoo biyyi keenya guddina diinagdee ishiitiin dabaluu irratti argamti. Waggoottan walitti aananii darban keessatti injifannoowwan Itoophiyaa keessatti galmeessifaman Itoophiyaa hawaasa idil-adunyaa biratti kan ittiin waamamtu fakkeenyummaa beelaa jijjiiranii guddina diinagdee ariifataatiin biyya waamamtu ishii taasiseera. Kunis fakkii gaarii biyyi kun qabdu adunyaaf beeksisuudhaan carraa gaarii diippiloomaasii diinagdee ishii bu'aa qabeessa kan taasisuu danda'u dha.

16.1 Yaada Ida'amuu Walitti Dhufeenya Biyya Alaa Ilaalchisee

Walitti dhufeenyi alaa fi walitti dhufeenyi dhala namaa uumama, wal-dorgommii yookiin wal-ta'insa giddugaleessa kan godhate taasisanii murteessuu wajjiin walitti hidhata guddaa kan qabu dha. Biyyoonnis haata'anii mootummmooleen walitti qabama namoota dhuunfaa waan ta'aniif filannoowwan walitti dhufeenyaa lamaan kunniin isaan ilaallata. Wal-dorgommii, yookiin wal-ta'insa sadarkaa biyyootaa fi mootummootaattis walitti dhufeenyawwan jiraatan seerri ittiin bitaman filannoowwani dha. Waan kana ta'eef, falmiiwwan yaad-rimee maalummaa, sababoota ka'umsaa, barbaachisummaa fi amaloota bu'uuraa walitti dhufeenya alaa biyyootaa irratti taasifaman murteewwan lama irratti kan fuulleffatan ta'anii turaniiru. Falmiiwwan kunniin gara caalu qabatamummaa fi qabatamummaa warreen qeeqan (haliyootota) biroo gidduutti kanneen taasifamani dha.

Qabatamummaan moototta biyyaa faayidaa dhuunfaa isaanii kabachiifachuuf kanneen fiigan akka ta'an ilaalcha keessa kan galchu yommuu ta'u, walitti dhufeenyi idil-addunyaa bu'aa fiigicha faayidaa kana eegsisuuf godhamuuti jedhee amana. Kanaafuu, bu'uura kanaatiin addunyaa humnaan bultu kana keessatti madaallii humnaa eegsisuun dhimma filannoo hin qabne dha. Maddi humnaa inni guddaanis humna diinagdee fi loltummaati jedheetu ilaalcha keessa galcha. Kanafuu, seera addunyaa keessatti abbaa humnaa ta'uun yookiin warreen humna qabanitti maxxanuun madaallii humnaa eegsisuun warreen kaaniin cafaqamuu fi faayidaa buchisiisuu irraa nama baraara jedheetu amana.

Qabxiin falmii wal-dorgommii bu'uura godhate (ilaalchi qabatamummaa) akkuma biyya tokko keessatti walitti bu'insa faayidaa namoota dhuunfaa gidduutti uumamuuf murtii kennuun danda'amu, sadarkaa idil-addunyaatti walitti bu'insa faayidaa biyyoota lama gidduutti uumamuuf qaamni mootummaa aango-qabeessa ta'ee murtii kennuu fi seera qabeessummaa diriirsuu danda'u hin jiru kan jedhu dha. Addunyaan keenya gaggeessaan hundumaaf ta'uu fi hunda wal-qixxeetti ilaaluu kan keessa hin jirre, biyyi humna qabu waanuma barbaade kan irratti taasisu dha.

Biyyoonni eenyummaa isaanii eegsisuuf faayidaa isaanii isa to'annoo isaanii jala jiru kan ittiin kabachiifatan humna cimaa gabbifachuun warreen kaaniin akka hin cafaqamnee fi eenyummaa isaanii akka hin dhabne gochuutu irra jira jedhee amana. Addunyaa tasumaa tilmaamamuu hin dandeenyee fi hamaa ta'e kana keessatti waanti itti-hirkoo fi abdii namaaf ta'uu danda'u humna of-irraa qolachuu qabaachuu qofa dha. Walitti dhufeenya biyyootaa isa wal-dorgommii fi wal-irratti inaaffuu irratti hundaa'e kana irratti hamilee fi haqummaa qabaachuuf tattaafachuun biyyoota abbaa humnaa fi abshaalota ta'an kanneen karaa hamilee fi haqummaa hin qabneen faayidaa isaanii eegsifachuuf deemaniin of hunkuteessuu dha.

Waan kana ta'eef, akkaataa ilaalcha kanaatiin biyyoonni walitti dhufeenyi cimdii tasgabbaa'aa ta'e kan faayidaa isaanii isaaniif eegsisu akka uumamuuf, yeroo hundummaa humna loltummaa fi diinagdee biyya akka diinaatti farrajanii duukaa bu'anii madaallii eegsisuun tasgabbiin idil-addunyaa dhufuu danda'a jedhanii yaada falmii dhiyeessu. Ilaalchi walitti dhufeenya addunyaa inni lammaffaan gara caalu qabiyyee/kallattii "yaadummaa" kan qabatu dha. Walitti dhufeenyi biyyoota gidduu jiraatu wal-dorgommii qoccolloo fi wal-xalafuu/wal-hidhuu irratti kan hundaa'e hiriira humnaa ida'amaa zeeroo ta'e ta'uu hin qabu; waliin hojjechuudhaan bu'aa isaan buufatanitu caala jedheetu amana. Ilaalchi kun walitti dhufeenya alaa kan nageenya dhala namaa isa mootummaa biyyaalessaatiin ol jiru irratti xiyyeeffate qabaachuutu barbaachisa jedhee amana.

Biyyoonni walitti hirkachuudhaan kan dhaabatan waan ta'aniif guutamuun fedhii tokkoo isaanii fedhii qajeelaa inni biraa agarsiisu irratti kan hundaa'e dha. Dhaabbileen idil-addunyaa walitti dhufeenya biyyootaa murteessuu nidanda'u; kanaafis, caaseffamoota dhaabbattummaa idil-addunyaa kan biyyoota giddutti wal-amantaa, wal-ta'insaa fi guddina waliiniitiif waliin hojjechuu dandeessisu dhaabuun barbaachisaadha jedhee gorsa.

Cimsinee yoo ilaalle, dhimmoonni falmii (haliyootonni) walitti dhufeenya alaa armaan olitti dhiyaatan lamaan dhiyeessan garaagarummaa kan qabanii fi bu'uura isaaniitiin kan wal-faallessan yoo fakkaatan illee, lamaan isaaniiyyuu gama qabiyyee fi bifa walitti dhufeenya alaa akkuma jirutti agarsiisuutiin ilaalcha wal-deeggaru kan calaqqisiisan akka ta'an hubachuun nidanda'ama.

Ilaalchawwan lamaan wal-simsiisanii itti fayyadamuudhaan faayidaa fi fedhiiwwan biyyaa eegsisuun nidanda'ama. Kana ilaalcha keessa galchuudhaan yaanni ida'amuu walitti dhufeenya alaa wal-dorgommee fi wal-ta'insa walitti araarsee ka fuulduratti adeemu ta'a. Yaanni ida'amuu walitti dhufeenya alaa seenaa keenya keessatti karaalee hanga ammaatti irra deemaa dhufne irratti maqaa ijaarre irratti milkiiwwan dabalataa argamsiisuu fi kuufamawwan guddisuu irratti kan hundaa'u dha. Akka yaada kanaatti, qajeelfama bu'uuraa walitti dhufeenya alaa biyya keenyaa itti fufsiisuu fi cimsuun karaa filannoo wal-hubannaatiin kuufama bal'aa waan nuuf kennuuf, himamsa walitti dhufeenya alaa gahaa ta'e akka qabaannu taasisa. Isa ture jabeessuu fi hanqinoota guutuu malee waantota akka haaraatti eegaluun himamsa siyaasaa gad-aanaa ta'e irraa akka kaanu waan nu taasisuuf salphaatti galma keenya ga'uu hin dandeenyu. Kanaafuu, walitti dhufeenya alaa keenya isa wal-hubannaa fi injifannoo irratti dhaabate itti fufsiisuu fi hir'ina isaa guutuun yaada bu'uuraa walitti dhufeenya alaa keenyaati.

Yaanni walitti dhufeenya alaa keenyaa faayidaa otoo hin ta'iin walitti dhufeenyaaf dursa kan kennuu fi rakkoolee hiikuudhaaf waanti dursuu qabu walitti dhufeenya haaressuudha jedhee kan amanu dha. Faayidaan biyyaalessaa tokko, qajeelaa fi kan hin jijjiiramne yookiin bifa tokko qofaadhaan murtiinkan itti kennamu ta'uu dhiisuu isaa hubachuudhaan malli faayidaa biyyaalessaa walta'insaan murteessuu baratamuu qaba.

Faayidaa biyyaalessaa hiika isaa isa duraan ijaarameen qofaa otoo hin ta'iin isa irratti hiikawwan biroo dabaluu fi hir'ina isaa guutuudhaaf hiika waliigalteedhaan murteeffamu isa barbaachisa. faayidaan biyyaalessaa maalummaa dhaabbataa kan qabuu fi murteeffamee waanta dhume otoo hin ta'iin, waanta duudhaalee keenya hordofnee dubbii sababa qabuu fi namummaa gonfateen murteessuu waanta dandeenyu ta'uu isaa hubachuu barbaachisa. Keessumaayyuu, biyyoonni guddinarra jiran tapha humnaa siyaasaa idil-addunyaa keessatti hiriira isa tokkotti makamuudhaaf yaalii taasisaniin duratti faayidaan biyyaalessaa keenya maali jedhanii murteessuudhaaf tattaaffii cimaa gochuutu isaanirra jira.

Ta'us garuu, biyyoota guddinarra jiran keessatti laafinni fi hir'innin mootummaa biyyaalessaa, akkasumsa duudhaalee waloo uumuu dadhabuun mootota kanaa, sababa kanaanis yaaliin eenyummaa biyyaa eegsisuuf taasifamu murtee faayidaa biyyaalessaa ijaaraa fi fooyyessaa deemuudhaaf waanta boqonnaa isaaniif hin kennine ta'ee jira. Siyaasni keessoo haaluma siyaasa idil-addunyaa irraa baay'ee garaagarummaa hin qabneen seer-maleessummaadhaan waan harkifamuuf mootonni akka waantota eenyummaa ifa ta'e tokko qabaniitti faayidaa isaanii ni beeku jechuuf nama rakkisa. Dhaabbilee fedhiiwwan isaanii ifaan ifatti kabachiisanii fi wal-hubannaa keessoo qaban waan hin ijaarreef akka biyyoota guddataniitti seera siyaasaa isaanii keessatti faayidaa biyyaalessaa ifatti beekamuu fi ijaaramu niqabu jechuun hin danda'amu.

Faayidaa biyyaalessaa murteessuu ilaalchisee karaa haala miira sabummaa biyyaa irraa fagaateen fedhii keenya kabachiisu hordofuu nu barbaachisa. Kanaafis faayidaa bir-qabaa caalaa faayidaa gonkaa dursuun baay'ee barbaachisaa dha. Faayidaan bir-qabaa biyya masaanuu wajjiin of wal-dorgomsiisuudhaan gahee caalmaa qabu fudhachuudhaaf tattaaffii taasifamu dha. Tattaaffiin kun wal-morkii irratti kan hundaa'e yoo ta'eyyuu, faayidaa caalaa miidhaa yoo hordofsiiseyyuu, biyyoonni faayidaa isaanii kabachiisaa akka waan jiraniitti akka isaanitti dhaga'amu taasisa.

Karaa biraa, faayidaan gonkaa miidhaa xiiqii fi wal-morkii irraa dhufu faayidaa biyyaalessaa jedhee waamuu caalaa faayidaa biyyaalessaa isa dhugaa kan kabachiisuu fi karaa jireenya lammiilee jijjiiru hordofuu dha. Faayidichi kan madaalamu masaanuu keenya caalaa gahee argachuu keenyaan otoo hin ta'iin, hamma nu barbaachisurraa hammam arganneerra? madaallii jedhuun ta'a. Biyyoonni guddinarra jiran, keessumaayyuu walitti dhufeenya ollummaa waliif qaban keessatti faayidaa gonkaa kana murteessuu fi isas galmaan ga'uuf dhama'uun isaanirraa eegama.

Rakkoon biyyoonni guddinarra jirru dammaqnee dhabamsiisuu qabnu inni tokko haala hayyoonni "kiyyoo martoo" jedhanii waamani dha. Kiyyoo martoo jechuun maraammartoo inni tokko isa biraa sodaachaa, haaloon haaloo dhalaa sababuma malee walitti bu'uu fi dhiiga walii dhangalaasuutiif saaxilamuu jechuu dha. Maraammartoo kana kutuudhaaf immoo faayidaa gonkaa herreeguu fi argachuuf dursa kennuun barbaachisaa dha. Waanti ka'umsa walitti bu'insawwanii ta'e dagatamee walitti bu'insawwan sana kan itti fufsiisu haala faayidaa otoo hin ta'iin manca'uu walitti dhufeenyaa yoo ta'e waa'ee faayidaa haasa'uu laaffisanii walitti dhufeenya haaressuu barbaachisa. Kunis duudhaa kaka'umsa ol-aanaa barbaadu ida'amuu irratti kan hundeeffamu ta'a. Walitti dhufeenya jijjiiruudhaaf inni tokko ittigaafatamummaa fudhatee kakaumsaan yoo tarkaanfachuu baate akkuma kiyyoo martoo keessatti qabamanitti hafuun waan hin oolle dha.

Faayidaa biyyaalessaa keenya kan kabachiisnu duraan dursee murticharratti waliigalaa yemmuu dhufnedha yoo jedhamu faayidaawwan biyyaalessaa keenya kanneen dursanii murteeffaman hin jiran jechuu miti. Haa ta'u malee, faayidaaleen biyyaalessaa keenya wal-hubannaa keenya qofaadhaan kan murteeffaman otoo hin taane haasaa biyyoota kaan waliin goonu keessattis bifaa fi hiika qabachaa kan dhufani dha. Kunis, faayidaan biyyaalessaa haasaadhaaf gufuu kan itti ta'uu fi siyaasa humnaatiif karaa kan banu amala uumamaa isaa isa rincicaa ta'e jijjiirrachuu qaba yaada jedhurraa kan maddu dha.

Leellistoota haqummaatiin "firri dhaabbataa fi diinni dhaabbataan hin jiru" jechama jedhu keessatti murtee dhaabbataa dhabamsiisuu yaada jedhu kan fudhannu yoo ta'eyyuu, yaadichi karaa tokkoon yaadni ramaddii firaa fi diina jedhu kan isa dhuunfate; karaa biraatiin immoo dhaabbii-dhabdummaa fi haaluu falaasama walitti dhufeenya alaa godhee kan ilaalu ta'uu isaatiin ida'amuu wajjiin kan wal-faallessu dha. Yaanni firaa fi diina jedhu ka'umsuma isaa irraayyuu walitti dhufeenya firdii irratti hundaa'uu fi bu'uuruma isaa irraayyuu yaada dhugaa wajjiin walitti bu'e dha. Walitti dhufeenya biyya kam faanayyuu goonu walitti qabaatti kan firaa fi kan diinaa jennee farrajuun dubbii fi walitti dhufeenya sirreessaa deemuuf yaada karra namatti cufu dha. Kanaafuu, walitti dhufeenya alaa keenya keessatti qajeelfama "firri dhaabbataa fi diinni dhaabbataan hin jiru" jedhu caalaa qajeelfama "waanti firaa fi diina jedhamu hin jiru" jedhu kan hordofnu ta'a.

Qajeelfamoota waliigalaa kanneen irratti hundaa'uudhaan Itoophiyaan yeroowwan itti aananii dhufan keessatti walitti dhufeenya alaashii itti fufsiisuurratti dabalataan dhimmoota hanqinni irratti mul'atee fi irratti xiyyeeffachuun qabdu, akkasumas walitti dhufeenyashii milkaa'aa taasisuuf kallattii kabaja biyyaalessaa guddisu, biyyoota olla irratti xiyyeeffatee fi dandeettii diippiloomaasii guddisu hordofuun faayidaa qabeessa ta'a.

Biyyoota Ollaa

Walitti dhufeenya alaa keenya keessatti xiyyeeffannoon keenya inni jalqabaa biyyoota olla wajjiin wal-ta'uu irratti walitti dhufeenya hundeeffame hundeessuu fi jabeessuu ta'a. biyyoota ollaa ilaalchisee qajeelfamni hordofnu "biyyi kamillee biyya firoomfatu filachuuf mirga niqaba; biyyi olla garuu hin filatamu" kan jedhu ta'uu qaba. Qajeelfama durii "adaamiin agamsatti siqe boo'aa jiraata"; arbuun burqituutti siqe yeroo mara lalisa" jedhu hordofuutu nubarbaachisa. Biyyi boyyoota nageenyi isaanii hin mirkanoofnee fi tasgabbii keessoo hin qabne wajjiin olla ta'e nagaa fi tasgabbii guutuu ta'ee fi wabii qabu mirkaneessuu hin danda'u. Wal-simannaan hawaasummaa fi diinagdee waliinii uummatoota biyya keenyaa akkasumas uummatoota biyya keenyaa fi naannoo keenyaa jiranii uumamuu mootummaa hammayyaawaatiin dura kan ture ta'uun isaa ni beekama. Tarsiimoon walitti dhufeenya alaa keenyaa sararoota walitti dhufeenyaa kana jabeessuu; diippiloomaasiin keenya walitti dhufeenya diinagdee fi hawaasummaa duraan ture kana gara sadarkaa ol-aanaatti ceesisuudhaaf boca qindaa'ee fi gumaa'e kennuufiitu isarra jira.

Walitti dhufeenya biyyoota olla wajjiin qabnuun faayidaan biyyaalessaa gara caalu faayidaa waliinii gonka ta'e irratti hundaa'ee kan murteeffamu ta'uu qaba. Carraan keenya kan wal-hidhee jiru waan ta'eef, wal-ta'insaa fi wal-gargaarsa faayidaalee waloo keenyaa bu'uura godhate qabaachuu qabna. Yeroo dhimmoota irratti waliif hin galle irratti dabarsinu caalaa dhimmoota irratti waliigallu irratti yeroo baay'ee balleessuun caalaatti xiyyeeffannoo kennuufiin barbaachisaa dha. Waanta gaarii qabnu ida'aa yeroo dhufnu adeemsa keessa rakkoolee itti aananii dhufan hiikuuf kan nu dandeessisu kuufama walitti dhufeenyaa gahaa ta'e qabaachaa deemna. Kuufama walitti dhufeenyaa kana akkuma salphaatti itti gargaaramnee rakkoolee itti aananii dhufan adeemsa keessa hiikuu dandeenya.

Ta'us garuu, siyaasa idil-addunyaa keessatti biyyootaa fi uummatoota gidduutti dhimmi walitti dhufeenya allaa kamillee akka jiraatuuf fedhiin waloo tokko kan biyyoota lamaa fi isaa ol ta'an walitti hidhu jiraachuun dirqama dha. Kuni faayidaa fi hiika tokko kan qabaatu dhimma walitti hidhaminsaa giddugaleessa godhachuudhaan biyyoonni fedhii walitti dhiyaataa fi walitti hin buune yeroo qabaatan biyyoota sana gidduutti nagaa, walitti dhufeenya jabaa fi walitti hidhaminsa fida.

Karaa biraatiin, dhimmoota waloo ilaalchisee filannoon biyyoota sanaa kan wal-irraa fagaatee fi kan wal-faallessu yeroo ta'u walitti dhufeenya gara walitti bu'insaa fi muddamaatti geessu uumuu danda'a. Waan kana ta'eef, haala fedhiin waloo walitti hidhaminsa uumu hin jirre keessatti walitti dhufeenyi nagaas haa ta'uu kan walitti bu'insaa biyyootaa fi uummatoota gidduu jiraachuu hin danda'u. biyya keenyaa fi kaan gidduutti walitti dhufeenyi jiraachuu kan danda'u haala fedhiin saboota biyya keenyaa tokko kan warreen kaanii wajjiin walitti hidhachuu barbaadu keessatti dha.

Haalonni wal-simachuu dhabuu fedhiiwwanii walitti dhufeenya saboota lama gidduu jiru irratti ka'an walitti bu'insaaf sababa ta'uu danda'u. Hirkannaan bir-qabaa hidhatawwan cimdii irra jiru duufinsa humna walitti dhufeenyaa birqabaa biyyoota gidduutti uumamuuf madda ta'a. Fakkeenyaaf, omishini waliigalaa waggaa daldala alaa ishii dhibbentaa sadi kan qabatu Ameerikaan diinagdee ishii daldala alaa dhibbeentaa shantama kan qabatu Jarman wajjiin wal-bira qabamee yeroo ilaalamu Jarman walitti dhufeenya Ameerikaa wajjiin qabdu irratti caalaatti hirkattuu ta'uu ishii hubanna.

Sadarkaa biyya keenyaattis walitti dhufeenya duufaa biyyoota olla wajjiin qabaannu cimsuu fi baay'isuudhaan humna walitti hidhatinsa biyyoota ollaa irratti qabnu guddisuutu nurra jiraata. Keessumaayyuu, biyyoonni naannoo keenyaa walitti hidhaminsi diinagdee fi hawaasummaa duufaan biyya keenya waliin qabaatan fayyadamummaan biyyi keenya biyyoota naannoo keessatti qabaattu kanneen biro keessattis dameelee dhiibbaa akka taasisu gochuun barbaachisaa dha.

Baha Afriikaatti walitti hidhaminsa diinagdee uumuun barbaachisaa dha. Sababoota guddina ariifachiisaa biyyoota Kibba Baha Eeshiyaa ilaalchisee kennaman keessaa walitti hidhaminsi diinagdee isa tokko dha. walitti hidhaminsi diinagdee kun gabaa addunyaa keessatti dorgomaafii warra humna guddaa qaban akka ta'an isaan dandeessiseera. Carraaqqiiwwan hidhata daldalaa Afriikaa keessatti yaadaman baay'ee kan itti deemamnee fi firii gaarii kan argamsiisan waan hin taaneef yaaliiwwan taasifaman irraa barumsa fudhatanii sababa itti milkaa'uu didaniif qoratanii hidhata daldalaa ifaan ifatti gaggeeffamu uumuu barbaachisa. Hidhanni daldalaa ulaagaa seeraa sirnaawaa ta'e keessatti qabamee yoo raawwatame; seera daldalaa idi-addunyaa wajjiin kan walitti hin buunee fi humna biyyoota naannoo sanaa kan gabbisu waan ta'eef diippiloomaasiin daldalaa biyyoota naannoo keenyaa wajjiin qabnu kanarratti xiyyeeffachuu qaba.

Walitti dhufeenyi biyyoota olla keenyaa wajjiin qabnu walitti dhufeenyawwan keenya hundumaa dursee xiyyeeffannoo argachuu kan qabu dha. Walitti dhufeenyi dhimmoota nagaa fi tasgabbii irratti biyyoota ollaa keenyaa wajjiin qabnu qaawwa hedduu kan qabuu fi dhimmoota rarra'anii hafan hedduu kan qabu waan ta'eef, bal'inaan irratti hojjechuu kan qabnu dha. Walitti dhufeenyi kun milkaa'aa yoo ta'uu baate, walitti dhufeenyi ollaawwan keenya mataa isaanii wajjiin qabnu manca'uu isaarra darbee biyyoota fagoo jiraniif meeshaa ta'uudhaan biyya keenya balaa keessa buusuu danda'a.

Walitti dhufeenyi ollaawwan keenya wajjiin qabnu kallattii lamaan jabaachuu qaba. Inni tokkoffaan, Igaadiin jabeessuudhaanii fi biyyoonni kunniin xiyyeeffannoo ol-aanaa akka kennaniif gochuudhaan walitti dhufeenya keenya Igaad keessatti jabeeffachuu nidandeenya. Dabalataanis, biyyi keenya dhuunfaa ishiitiin biyyoota kana wajjiin walitti dhufeenya diippiloomaasii bal'aa uumuu qabdi. Keessumaayyuu, diimokraasiin uummatummaa jabaatee hojii irra ooluu qaba. Kanaanis walitti dhufeenyaa sabootaa cimsuudhaan hidhata naannoo kanaatiif gahee gaarii gochuun nidanda'ama.

Rakkoon yeroo baay'ee walitti dhufeenya ollaawwan keenya wajjiin qabnu mudatu sodaarratti kan hundaa'ee fi haala badaa miirri diinaan marfamuu uumu dha. Miirri sodaadhaan marfamuu fi haalli ollaawwan keenya sodaadhaan ilaaluu eenyummaa keenya eegsifachuuf gahee qor-qalbii qaba jedhamee tilmaamama. Walitti dhufeenya keenya balballoomsa dabaa fi jettejettee irra ceesisnee marii irratti kan hundaa'e otoo taasisnee garuu waltaanee guddachuu, tokkoon keenya isa biraatiif madda rakkoo ta'uu keenya hanbisnee rakkoolee keenya hedduu isaanii akka salphaatti hiikuu nidandeenya.

Waan kana ta'eef, walitti dhufeenya sodaa nageenyaa irratti bu'uureffame irraa gara wal-ta'insa diinagdee, gamtaa fi tokkummaa irratti xiyyeeffateetti ce'uun walitti siqeenya uumuu barbaachisa. Biyyoota ollaa wajjiin qoccolloo 'gareewwan hidhataniif iddoo baqaa kennite, ni leenjiste, ni hidhachiiste!' jedhu keessaa ba'uudhaan quunnamtiiwwanii fi walitti bu'insawwan harka lafa jalaa hir'isuudhaan nageenya kutaa-aardii mirkaneessuu barbaachisa.

Shoora biyyoota naannoo keessatti qabnu guddisuu ilaalchisee biyyoota Arabaa akka rakkoo fi diina seenaawaatti otoo hin ta'iin akka ollaa itti fufinsa qabuuttii fi akka gargaartuutti ilaaluu barbaachisa. Quunnamtiin alaa keenya faayidaalee fi humnoota garaagara ta'anii fi waliif faallaa ta'an gidduutti walabummaa eegee michummaa kan cimsu ta'uutu irra jiraata.

Kabaja Biyyaalessaa

Kaayyoon ida'amuu inni tokkoo fi ijoon sabboonummaa biyyaalessaa lammiilee fi biyya keenyaa mirkaneessuu dha. Kabaja lammiilee yeroo jennu duudhaa lammiileen keenya ofii isaanii birattis warreen kaan biratti gatii argachuu fi kabajamuuti. Kabajni qajeelfama faayidaa waloo fi sodaa eegsisuuti. Duudhaa namoonni yeroo hundumaa karaa gara galmaatti ittiin dhiyaatan otoo hin ta'iin ofiidhuma isaaniitiiyyuu galma akka isaan ta'an ittiin amanani dha.

Kabajni namootaa uumama namoomaa hundumaa, biyyaa fi gareedhaan, akkasumas sadarkaa nama dhuunfaatti ilaalamuu danda'a. kaayyoowwanii fi duudhaaleen biyya keenyaa kaan isaanii kamiyyuu kabaja lammiilee fi biyya keenyaa kan mirkaneessan ta'uu qabu. Biyya keenya keessatti mankaraaruu sabummaa irraa kan ka'e waanti dadhabaa dhufe inni tokko sabboonummaa biyyaalessaati. Sabummaan sadarkaa sabaattis haa ta'uu sadarkaa biyyaatti amala warreen kaan waliin wal-dorgomsiisuu yoo qabaatu, sabboonummaan biyyaalessaa garuu amala jaalala biyyaa qabaachuu kan of ijaaruu fi ofirraa ittisii irratti xiyyeeffate dha.

Waggoota darban keessatii amalli gootummaa lammiilee biyya keenyaa gad-bu'aa dhufeera. Lammiileen biyya isaanii dhiisanii godaanan, gareewwan gurmaaanii biyyuma isaanii saaman, taa'anii kanneen gad-bu'insa biyya isaanii daawwatan, kuni hin ga'u jedhaniis beektonni gad-bu'insa kana hammeessuudhaaf odeessaa oolan, gootummaanii fi sabboonummaan biyyaalessaa laafuu isaatiif agarsiistuuwwani dha. Kanaafuu, biyyi keenya soorummaa fi diimokiraasiidhaan akka ceetu yoo barbaadame jaalala biyyaa lammiilee dabaluudhaan guddinaa fi eenyummaa biyya isaanii irratti gootota mariif hin dhiyaanne gochuu barbaachisa.

Quunnamtiin alaa fi diippiloomaasiin kabaja, eegumsaa fi nageenya lammiilee keenya ala jiraataniitiif kan dhimmuu fi falmu ta'uu qaba. Hojiileen diippiloomaasii keenyaa kabaja Itoophiyaanotaa fi dhalattoota Itoophiyaa eegsisuu ilaalchisee qaawwaa bal'aa kan qaban ta'uun isaanii nihubatama. Kabaja biyyaalessaa keenya eegsisuun qajeelfama hojii diippiloomaasii keenyaa

ta'uutu irra jiraata. Hojiilee diippiloomaasii diinagdee fi nageenyaa keenya
biroos haa ta'uu mirga lammiilee keenyaa kabachiisuu ilaalchisee hojiin nuti
hojjennu kabaja biyyaalessaa keenya kan eegsisu ta'uu qaba.

Karaa biraatiin, hammamillee isa qofaa yoo ta'uu baates, kabajni
biyyyaalessaa kan fedhii otoo hin ta'iin qabiyyee humna biyyummaati.
Ibsituuwwan ijoo human biyyaa immoo humna ittisaa fi diinagdeeti.
Taphni humnaa dandeettii ittisa biyyaa hirkoo ijoo kan inni ta'u waraanni
filannoowwan diippiloomaasii fi siyaasaa duguugamanii yeroo dhuman
sadarkaa diippiloomaasii isa dhumaa ta'uu isaa hubachuudhaani. Kanaafuu,
waraanni firii fedhii qaama tokkoo qofaa ta'uu dhiisuu isaatiin waraanni haala
kamiiniyyuu yoo eegalame garuu humna walitti dhufeenya alaa waraana
yeroo gabaabaa keessattii fi baasii xiqqoodhaan injifachuudhaan xumuruu
giddugaleessa godhate ijaaruu barbaachisa. Kunis kallattii dhimma dhimma
alaa, nageenyaa fi ittisa walitti hidhu kan hordofudha jechuu dha.

Humni wal-ta'e kunis uumameera jedhamuu kan danda'u naannolee
waraanaa afranuutti (lafa, bishaan, qilleensaa fi saayibarii irratti fedhii fi
faayidaa biyyaalessaa biyya keenyaa eegsisuu yoo dandeenye dha. Waan kana
ta'eef, galma guddaa fi kallattii xiyyeeffannoo tasgabbii fi nageenya biyya
keenyaa ta'uu kan qabu naannolee waraanaa afranuu bu'aa qabeessa humna
ittiin taasisnu uumuu irratti ta'uu qaba. Dhimmi humna bishaan irratti qabnu
kabachiisuu wajjiin wal-qabatu inni tokko dhimma nageenya biyyaalessaa fi
sabboonummaa diinagdee biyyi keenya galaana diimaa irratti qabdu dha.
Galaanni diimaa daangaa Itoophiyaa irraa fageenya gabaabaa (kiiloo meetira
60) irratti naannoo argamu dha. Sochiiwwan galii fi ba'ii daldalaa Itoophiyaa
akka waliigalaatti kan hundaa'an galaana diimaa kana irratti dha.

Itoophiyaa Afriikaa keessatti biyya dhaabbilee doonii gurguddoo qabdu
waan ta'eef, shaqaxoonni ba'anii fi galan hedduun isaanii galaanarra imalanii
kan kan seenanii fi kan ba'an karaa galaana diinaa darbaniiti. Waan kana ta'eef,
eenyummaan hundagaleessaa Itoophiyaa galaana diimaa irra kan dhaabate
dha. Diinagdeen biyya keenyaa kallattiinis haa ta'u karaa al-kallattii nageenya
galaana diimaa wajjiin kan wal-qabate dha. Sodaan fuula keenya jiru kunii fi haalli
duraan turee fi qorqalbiin naannoo kanaa sochii keenya otoo hin daangessiin,
akkasumas faayidaa keenya otoo hin miidhin deemuu kan dandeenyu nageenyii
fi tasgabbiin galaana diimaa fi naannoo sana yoo jiraate qofaa dha. Sodaawwan
loltummaa, diinagdee, siyaasaa fi diippiloomaasii naannoo kanatti uumaman
yaaddoowwan nageenya biyyalessaa biyya keenyaati.

Biyyoonni buufata waraanaa naannoo sanatti ijaarratan gidduu isaaniitti waliigaltee dhabuun yoo uumame eenyummaan warreen akka biyyaatti dhaabannee rakkoo keessa seena. Yeroo diinagdeen Itoophiyaa guddachaa deemutti itti fufinsa isaa eegsisuuf nageenya keessoo qofaa otoo hin ta'iin nageenyi naannoo illee nubarbaachisa. Itoophiyaa nagaa ta'uu naannoo ishiitii baay'istee barbaaddi.

Waan kana ta'eef, Itoophiyaan shooraa fi aangoo galaana diimaa irratti qabdu guddisuu qabdi. Yaaddoo guddina diinagdee fi nageenyaa naannoo sana jiru hir'isuutu ishii irraa eegama. Galaanni diimaa dirree walitti bu'insaa biyyoota guddatanii ta'aa dhufuu isaatiin Itoophiyaanis gama kanaan itti fayyadama galaana diimaa ilaalchisee haalli sadarkaa idil-addunyaatti fudhatamummaa qabu akka uumamu gochuut irra jiraata. Itoophiyaan diippiloomaasii fi fudhatamummaa nageenya hiikuu sadarkaa idil-addunyaa, Afriikaa fi naannoo ishii keessatti qabdu fayyadamuudhaan hirmaannaa galaana diimaa irratti qabdu guddifachuutu irraa eegama. Daddarbinsi dalda'aa galaanarraa nagaa ta'e akka jiraatu carraaqqu qabdi. Furmaata kallattii danuu barbaaduun, kallattiin hunda hirmaachisuu fi iftoomina qabu akka dhufu gochuu qabdi. Walitti bu'insoonni jiranis to'annoodhaan ala ba'anii karaa darbinsaa akka ishii hin dhoowwanne gochuudhaan shoora gaggeessumnaa taphachuu qabdi.

Haala siyaasaa fi diinagdee addunyaa gegeeddaramaa ta'e kana keessatti haalawwan hiriiraa fi caaseffamaa naannoo galaana diimaatti taasifamuu danda'an itti dhiyeenyaan hordofuu barbaachisa. Dhimmi naannoo kanatti uumamu kamillee Itoophiyaadhaaf murteessaa waan ta'eef biyyoota gurguddoo naannoo sanatti bu'uura buusa wajjiin walitti dhufeenya uumuunii fi hojii farra waanbadummaa biyyoota kaan wajjiin ta'uudhaan haalota to'achuu barbaachisa.

Biyyi keenya carraaqqiin ishiin meeshaaleen shaqaxaa seenanii fi ba'an yaaddoo nageenyaa irraa haala bilisa ta'een karaa galaana diimaa wabii ittiin dabarsitu argachuu qaama idil-addunyaa keessatti hammatame akka ta'u dhiibbaa gochuu qabdi. Sochiin daldala alaa biyyittii yoo jiraachuu baate nageenya biyyaalessaa mirkaneessuun waan hin danda'amneef filannoon inni ijoo fi inni tokko Itoophiyaan humna galaanaa duraan qabdu deebistee ijaaruudhaan naannoo kana humna morkataa ta'e kaa'uu qabdi.

Humna Dippilomaasii Guddisuu

Itoophiyaan dhaga'amummaa addunyaa irratti qabdu guddisuu fi quunnamtii alaa ishee wal-ta'insaa fi warra dhiibamaniif dhaabachuudhaaf qajeelfama qabdu itti fufsiisuudhaaf madda dhaga'amummaa ishee guddisuu qabdi. Maddi dhaga'amummaa agarsiistuu humna biyyaalessaa haaraawaa ta'ee taasifamee kan ittiin dhiyaatu filannoowwan humnaa jajjabaatoo ta'an guddisuudhaan qofaa kan argamu miti.

Humni biyyaalessaa jajjabaataa ta'e qabeenyawwanii fi kennaawwan garaagaraa biyya keessa jiraachuu, qabeenyichi jiraachuu isaa beekuu, qabeenyichatti fayyadamuudhaaf karoorsuu fi dhumarrattis adeemsa qabeenya beekuu fi itti fayyadamuu keessatti fedhii fi shoora humnoota faallaa beekuu fi daangessuu kan of keessatti hammatu dha. Waan kana ta'eef, humna biyyaa qabeenyaan, tarsiimoo fi sadarkaa bu'aatiin qoqqoodanii ilaaluun nidanda'ama. Humna kana akka qabeenyaa fi kennaatti yoo ilaalle, qabeenyawwan qaqqabatamanii fi hin qaqqabatamne, jechuunis lakkoofsa uummataa, qabeenya uumamaa, aadaa fi duudhaalee ofkeessatti hammata. Akka tarsiimootti yoo ilaalle immoo carraaqqii fi adeemsi, qabeenyawwan fayyadamuuf taasifamu, haala walitti dhufeenyaa fi haala waliigalaa qabeenyi faayidaarra ittiin oolu kan agarsiisu dha. Karaa biraatiin, akka bu'aatti yoo ilaalle immoo biyyi tokko qabeenyaa fi kennaa ishee, akkasumas tarsiimoo haala fayyadama qabeenyaa gargaaramtee fedhii fi faayidaawwan biyyaalessaa ishee galmaan ga'uuf galmawwanii fi kaayyoowwan keewwatte fiixaan baasuu ishee kan ilaallatu dha.

Humnii fi anniisaan biyyaalessaa kutaalee garaagaraa kanneen itti-hirkoo yookaan ibsituu ta'an kan qabu yommuu ta'u, hayyoonni raawwiiwwan uumamaa (uummata, teessuma lafaa, qabeenya uumamaa) fi hawaasummaa (misooma diinagdee, caaseffama siyaasaa fi mooraalii biyyaalessaa) jedhanii qoodu. Karaa biraatiin, ibsituuwwan humna biyyaalessaa kana bifa meeshaalee fi miti-meeshaalee jennee addaan baasuu nidandeenya.

Bifni meeshaalee humna biyyaa kanneen madaalamuu fi qaqqabatamuu danda'an ta'anii isaanis qabeenya kanneen akka haala teessuma lafaa, uummataa, teekinoloojii, qabeenya uumamaa, meeshaa dheedhii fi albuudaa yoo ta'an, ibsituuwwan humna biyyaa miti-meeshaalee qabeenyawwan hin qaqqabatamne immoo waantota akka falaasamaa, hamilee, ga'umsa gaggeessummaa, bu'a-qabeessummaa dhaabbattummaa fi kkf ofkeessatti hammata. Filannoowwan humna jajjabaataa keenya jabeessuun akkuma jirutti ta'ee, filannoowwan humna garraamummaatiif xiyyeeffannoo kennanii hojjechuun haala adunyaa si'anaa wajjiin wal-bira qabamee yeroo ilaalamu bu'a-qabeessaa fi walitti dhufeenya wal-ta'insaa barbaannuufis mijataa dha. Dhimmi filannoo humna garraamummaa hawwataa taasisu inni tokko damee humna garraamummaatiin sadarkaa dhiibbaa guddaa uumuu argachuudhaaf humna diinagdee fi loltummaa qabaachuun barbaachisaa ta'uu dhiisuu isaati.

Biyyoonni addunyaa keenyaa humna diinagdee fi loltummaa gad-aanaa ta'e qaban humna garraamummaa isaanii guddisuudhaan bifa biyyoota guddatan wajjiin wal-gituun mijatummaa isaanii guddifachuu danda'aniiru. Biyyi sadarkaa idil-addunyaatti tamsaasa oduu haguuggii bal'aa qabu hundeessuu dandeesse Kuwaataar lakkoofsi uummataa ishiin qabdu kan miliyoonaa gadi ta'e, sadarkaan diinagdee ishii fi hammi xiqqeenya naannoo (ji'oogiraafii) ishii madaala humna jajjabaataatiin otoo madaaltee hamma qabaachuu dandeessurra caalaa dhaga'amummaa fi dhiibbaa uumtummaa dachaa hedduudhaan caalu akka qabaattu ishii dandeessiseera. Rakkoolee teekinikaa dippilomaasiin keenya qabu hiikuu fi seera dippilomaasii hammayyaawaa diriirsuu nu barbaachisa. seera dippilomaasii keenyaa si'aawaa fi bu'a-qabeessa gochuuf dhimmi inni duraa dippilomaatota leenjii fudhatanii fi dandeettii ogummaa qaban horachuu fi ramaduu dha.

Dippilomaatotaaf leenjii yeroo gaggabaabaa fi yeroo dheeraa kennuudhaan gara hojiitti akka seenan gochuu fi naamusa gaarii akka qabaatan gochuun barbaachisaa dha. Imbaasiiwwan keenya eksipertoota ogummaa garaagaraa irraa walitti babba'an hammachiisuu qabu. Hojiin dippilomaasii keenyaa qorannoo addaan hin cinne irratti kan hundaa'ee fi humna diinagdee biyyittii fi kallattii siyaasaa balballoomsuudhaan, akkasumas seera gabaasa si'aawaa ta'e irratti kan hundaa'e ta'uu qaba. Keessumaayyuu, karaa dippilomaasii diinagdeetiin hojiilee qorannoo bal'aa fi hojii dippilomaasii hojjechuun nurraa eegama.

Gama diinagdeetiin xiyyeeffannoowwan ijoo dippilomaasii keenyaa afuri dha. Isaanis, oomishoota biyya keenyaatiif gabaa babarbaaduu, inveestimeentii kallattii alaa fiduu, tursitoota gara biyya keenyaatti harkisuu fi gargaarsawwan teekinikaa fi faayinaansii fiduu dha. Galmawwan keenya kana sadarkaa barbaadamuun galmaan ga'uuf yoo barbaachise ga'umsa teekinikaawaa dippilomaasii keenyaa guddisuun dhimma xiyyeeffannoo guddaa barbaadu dha.

Gama dippilomaasiitiin waantota ga'umsa keenya guddifachuuf nu barbaachisan keessaa inni tokko miidiyaa hawaasaati. Hojii dippilomaasii hojjechuudhaaf karaa qoratameen miidiyaa hawaasaatti fayyadamuun barbaachisaa fi karaa qaxxaamuraati. Keessumaayyuu, miidiyaaleen dhiibbaa uumuu danda'an baay'eenii fi namoonni bebbeekamoon fayyadamtoota miidiyaa hawaasaa ta'uu isaaniitiin hojii miidiyaa hawaasaa isaaniin bu'uura godhate hojjechuu barbaachisa. Yeroo ammaa kana dippilomaasiin dippilomaatota qofa irratti rarra'e fageenya dheeraa kan nu deemsisu miti. Mootummaadhaan alatti dhaabbileen siviilii, namoonni bebbeekamoon, angaa'onni duraanii, namoonni dhiibbaa dippilomaasii adda ta'e uumuu danda'anii fi kkf hojii dippilomaasii bal'aa ta'e hojjechuu kan danda'anii fi addunyaan bal'inaan kan itti gargaaramaa jirtu dha.

Dhimma kana irratti dhaabbileen siviilii hojii dippilomaasii danuu hojjetan, hidhamtoota hiiksisan, maallaqa funaananii Itoophiyaanota gargaaran akka jiran ni beekama. Isaan kanaa fi namoota dhuunfaa dhaabbilee siviilii wajjiin mari'achuudhaan hojii dippilomaasii sabummaa hedduu hojjechuun barbaachisaa dha. Keessumaayyuu, biyyoota walitti dhuufeenyi keenya jette-jettee irratti hundaa'e hojii dippilomaasii paablikii hojjechuudhaan ilaalcha saba keenyaa jijjiiruu fi jette-jetteewwan diiguu nubarbaachisa. Karaa biraatiin, miidiyaaleen biyya keenyaa fi namoonni miidiyaa humna dippilomaasii qaban duguuganii itti fayyadamuun hojii fageenya dheeraa ittiin deemne miti.

Gaazexeessitoonni keenya gaazexeessitoota alaa wajjiin hidhata qaban cimsuudhaanii fi miidiyaalee biyyoota sanaa wajjiin walitti dhufeenya isaanii cimsuudhaan hojii dippilomaasii hedduu akka hojjetan gochuu barbaachisa. Miidiyaan addunyaalessaa humna dhaga'amummaa keenyaa gabbisu biyya keenya keessatti akka uumamu qaamolee dhimmichi ilaallatu wajjiin ta'uudhaan wal-taanee hojjechuutu nurraa eegama. Itoophiyaa keessatti quunnamtii dippiloomaatota irratti hundaa'e irratti xiyyeeffachuu keenyarraa kan ka'e filannoon dippilomaasii nuti xiyyeeffannoo hin kennineef inni biraan filannoo dippilomaasii sadarkaa angaa'ota ol'aanootti gaggeeffamu dha. Keessumaayyuu, walitti dhufeenya ollaawwan keenya wajjiin qabnuun faayidaa keenya waloodhaan murteessuuf kan nu dandeessisu murtee kennitoota dursan wajjiin wal-argaa haasa'uu dha. Walitti dhufeenya keenya bal'isuudhaaf biyyoota quunnamtii diippiloomaasii isaan waliin hundeessuu barbaannu hundumaa wajjiin hamma danda'ametti filannoo dippilomaasii angaa'ota ol'aanootiif dhimma xiyyeeffannoo kennuufii qabnu dha.

XUMURA

Seenaa siyaas-diinagdee biyya keenyaa keessatti, yeroo hedduudhaaf carraa boqonnaa haaraa eegalchiisuu danda'u argachuun keenya kan yaadatamu dha. Haa ta'u malee, carroota argaman kana sirnaan itti fayyadamu dhabuu keenyaan utuu itti hin milkaa'iin hafnee jirra. Har'as carraa seena-qabeessa haaraatu fuula-keenya dura jira. Carraa har'a nu quunname kana, akkuma kanaan duraa bilaashumatti balleessina moo seenaa keenya kaleessaa irraa barachuudhaan biyyaa fi dhaloota walitti ida'uun sadarkaa fooyya'aatti ceesisna? Filannoo nuti qabnu ifaa dha. Carraan kun yeroo hunda kan hin argamnee fi lammata deebi'ee dhufuu akka hin dandeenyeetti yaaduu qabna. Carraa kanatti fayyadamuun, seenaa biyya keenyaaf galmeessine darbuuf kutannoon ida'amnee ka'uu qabna.

Itoophiyaan bu'aa qabsoo uummata ishee kan baroota hedduuti malee bu'aa kallattii fi sagantaa siyaasaa dhaloota tokkoo miti. Tokkoon tokkoo keenya addunyaa yookiin biyya amantaa fi ilaalcha dhuunfaa keenyaan wal-simatu keessa yoo jiraachuu baannallee, biyya hunda keenyaaf toltu, kan nageenya qabduu fi guddina keenya saffisiistu uummachuu dandeenya. Yeroo hunda, jireenya keenya kaleessaa akka galmaatti osoo hin taane akka galaatti, haala qabatamaa har'a keessa jirruu fi abdii keenya borii walitii ida'uun akka qabeenya fuula keenya dura jiruutti lakka'uu qabna. Kana jechuun immoo jireenya keenya isa moofaa kaleessaa itti gammadnee boonuu dhaabuudhaan, jiruu fi jireenya milkoomina ol-annaa biyya keenyaaf dhugoomsuuf guyyaa

257

guyyaan tattaafachuu fi qabsaa'uu qabna. Milkoomina itti aanutti cee'uf wanti ijoon immoo seenaa keenya isa moofaa kaleessaa irraa birmaduu of-baasuuf qophaa'uu dha.

Yaadni ida'amtummaa, dandeetti dhimmoota adda addaa irratti dhuunfaan qabnu hunda walitti fiduudhaan galma waloo akka biyyaatti uummachuu barbaadnu dhugoomsuuf kan nu gargaaru daandii dammaqiinsaati. Daandii dammaqiinsaa yeroo jennu, rakkoo keenyaaf yeroo hunda hiikkaa falaasama siyaasaa itti kennaa jiraachurra, qophaa'umsa kutannoo fi haala qabatamaa biyya keenyaa walitti araarsuun furmaata barbaachuu jechuu dha. Daandii kana yommuu hordofnu, haala qabatamaa biyyittiin keessa jirtu hubachuudhaan fedhii fi dantaa uummataa bifa mirkaneessuu danda'uun biyyatti daandii qaroominaa fi badhaadhinaa irra oolchuu dha.

Itti-fufiinsa aangoo-mootummaa Itoophiyaa dhugoomsuudhaan lammiileen ishee jireenya badhaadhummaa jiraachuu akka danda'aniif, fedhaa fi kaayyoo qabaachuu qofti gahaa miti. Biyyoota siyaas-diingadeedhaan durooman ilaaluudhaan akka isaanii ta'uuf hawwuun qoftis bu'aa hin qabaatu. Jijjiirama fiduudhaaf, humnaa fi aanniisaa nuti har'a qabnu murtaa'aa ta'uu isaa beekuunis barbaachisa dha. Biyya duroomtee arguu hawwinu ijaaruuf humni diinagdee, duudhaa, beekumsaa, ijaarsaa fi kkf nuti har'a waloon qabnu gahaa miti. Sababa kanaaf, humnaa fi aanniisaa keenya guddifachuu fi jabeefachuudhaaf, qophaa qophaa fi dhangalaasaa funaanaa oolu irra humna garaa garaa qabnu walitti ida'uu qabna. Yeroo ida'amnu, rakkoolee keenya hundaaf furmaata argamsiisuu fi jireenya ol-aanaatti kan nu ceesisu humna addaa arganna. Humnoota keenya garaa garaa walitti ida'uun, kaappitaala ka'umsaa jabaa kuufachuu qabna. Kaappitaalli ka'umsaa guddaan, bu'aa guddaa argamsiisa.

Qophaa qophaa fiiguu irra, rakkoolee keenya nurra kuufaman kaappitaala ka'umsaa kuufanneen of-irraa salphisuu qabna. Jiraachuu fi itti-fuffiinsi biyya keenyaa fi nageenyi saboota ishee mirkanaa'uu kan inni danda'u daandii dammaqiinsaa akkanaa irra yoo adeemne qofaa dha. Kanaaf, yaada ida'amuu qor-qalbii Itoophiyaanotaa hundaa gochuun, ida'amuudhaan Itoophiyaa jijjiiruu fi itti-fufiinsa ishee dhugoomsuudhaaf yaadota bu'uuraa jiran hunda irraa-jala qaqqabsiisuu dandeenya.

Dhimmoota ijoo ta'an mara akka lammiilee biyya tokkootti, yaadaan tokko ta'uudhaan yoo dhugoomsine, haalli har'a samii Itoophiyaa kana jalatti muldhatu hundi ni jijjiirama, kan har'aa irra heddu akka fooyya'e nan amana. Jireenya fooyya'a kana kan dhugoomsuu danda'u immoo numa Itoophiyaanota qofaa dha. Hundi keenya iyyuu walii keenya malee homaa miti, kan walii ta'uu keenya immoo carraaqiidhaan mirkaneessuu qabna. Daandiin jireenya hawaasaa fi diinadgee ol-aanaatti nu geessu qabsoo jabaa yoo gaafate iyyuu yeroon isaa dhihoo dha. Yeroo gabaaba keessatti daandii dammaqiinsaa ida'amuu jalqabneen, bu'aan wal-ta'uu keenyaa, wal-tumsuu keenyaa fi yaada faara tolaa qabaachuun keenya nurra darbee biyyoota olla qaqqabee jira. Hojii jalqabame itti fufsiisuuf, yaada ida'amtummaa keenya dhugumaan keessa keenyaatti hubachaa fi murannoodhaan irratti hojjechaa daran gabbisuu barbaachisa. Duudhaalee keenya hundumaa waliiti ida'uudhaan, badiisa keenya darbe hundaafis dhiifamaa walii gochaa, egeree Itoophiyaa ijaaruuf jaalalaa fi tokkummaan haa kaanu.

Yaadachiisa: yaadota kitaaba kana keessatti ka'anii fi dhimmoota biroo irratti, dubbistootaaf akka tolutti, bifa kitaaba kanarra salphaa ta'een barreeffamoota yaada bu'uura ida'amuu daran ibsanii fi calaqqisan nan qopheessa.

Itoophiyaan tattaaffii ijoollee isheetiin oodamtee fi kabajamtee bara baraan haa jiraattu! Uumaan Itoophiyaa fi ijoollee ishee haa eebbisu!

KITAABOLEE WABII

_____ (2000)። ኢሕአዴግ ከምሥረታ እስከ 2002። አዲስ አበባ።

_____ (1978)።። የማርክሲዝም ሌኒኒዝም መዝገበ ቃላት።። አዲስ አበባ። ኩራዝ አሳታሚ ድርጅት።።

_____ (2003)። የተሐድሶው መስመርና የኢትዮጵያ ሕዳሴ። አዲስ አበባ።

መስፍን ወለደ ማርያም (2002)። የከህደት ቁልቁለት። አዲስ አበባ።

ነጋድራስ ገብረ ሕይወት ባይከዳኝ (2002)። የነጋድራስ ገብረ ሕይወት ሥራዎች። አዲስ አበባ፤ አዲስ አበባ ዩኒቨርሲቲ ፕሬስ (ነባር ምርጥ መጻሕፍት ኅትመት ፕሮግራም)።

የኢትዮጵያ ቋንቋና ጥናትና ምርምር ማዕከል (1993)።። የአማርኛ መዝገበ ቃላት።። አዲስ አበባ። አዲስ አበባ ዩኒቨርስቲ።።

ኪዳነ ወልድ ክፍሌ (አለቃ፤) መጽሐፈ ሰዋሰው ወግሥ ወመዝገበ ቃላተ ሐዲስ(1948)፤አርቲስቲክ ማተሚያ ቤት፤ አዲስ አበባ

Acemoglu, D. (2012). *Why nations fail*. Random House.

Almond, G. A., & Verba, S. (2015). *The civic culture: Political attitudes and democracy in five nations*. Princeton, NJ: Princeton University Press.

Anderson, B. R. (2016). *Imagined communities: Reflections on the origin and spread of nationalism*. Mandaluyong City: Anvil Publishing.

Balsvik, R. R. (2007). *The quest for expression: The state and the university in Ethiopia under three regimes, 1952-2005*. Addis Ababa: Addis Ababa University Press.

Bekele, G. (1993). *The Emperor's Clothes: A Personal Viewpoint of Politics and Administration in the Imperial Ethiopian Government, 1941-1974.* Michigan State University Press.

Bonger, T. (2018). *Some aspects of the socio-economic/institutional bases of rising Africa: Studies from Ethiopia, Uganda, Zambia and Zimbabwe.* Addis Ababa: Publisher not identified.

Deguefé, T. (2010). *Minutes of an Ethiopian century.* Addis Ababa, Ethiopia: Shama Books.

Demeksa, B. (2013). *My life: My vision for the Oromo and other peoples of Ethiopia.* Trenton, NJ: The Red Sea Press.

Endeshaw, A. (2002). *Ethiopia: Perspectives for change and renewal.* Singapore: Lee.

Fukuyama, F. (2004). *State-building: Governance and world order in the 21st century.* Ithaca, NY: Cornell University Press.

Fukuyama, F. (2012). *The end of history and the last man.* London: Penguin.

Galtung, J., & Fischer, D. (2013). *Cultural Violence.* Johan Galtung

Springer. *Briefs on Pioneers in Science and Practice,* 41-58. doi:10.1007/978-3-642-32481-9_4

Hamilton, A., Madison, J., Jay, J., Rossiter, C. L., & Kesler, C. R. (1999). *The Federalist papers.* New York: A Mentor Book.

Harbeson, J. W. (1988). *The Ethiopian transformation: The quest for the post-imperial state.* Boulder: Colo.

James, W. (2002). *Remapping Ethiopia socialism and after.* Oxford: James Currey.

Kebede, M. (1999). *Survival and modernization: Ethiopias enigmatic present: A philosophical discourse.* Lawrenceville, NJ: Red Sea.

Kymlicka, W. (2017). *Multicultural citizenship: A liberal theory of minority rights.* Vancouver, B.C.: Langara College.

Lenin, V. I. (2012). *What is to be done?: Burning questions of our movement.* London: Union Books.

Lijphart, A. (2017). *Consociationalism After Half a Century. Consociationalism and Power-Sharing in Europe, 1-9.* doi:10.1007/978-3-319-67098-0_1

Markakis, J. (1974). *Ethiopia: Anatomy of a traditional polity.* Oxford: Clarendon Press.

Markakis, J. (2013). *Ethiopia: The last two frontiers.* Oxford: James Currey.

Marx, K., & Engels, F. (1967). *The Communist Manifesto.* Harmondsworth: Penguin Books.

Mekonnen, W. (1969). *On the question of Nationalities in Ethiopia. Struggle* 5(2) (USUAA).

Mills, C. W. (2016). *The power elite. Beijing Shi: Zhongguo chuan mei da xue chu ban she.*

Molvaer, R. K. (1995). Socialization and social control in Ethiopia. Wiesbaden: Harrassowitz.

Orwell, G. (2018). *Notes on nationalism*: Penguin books.

Prunier, G., & Ficquet, E. (2015). *Understanding contemporary Ethiopia: Monarchy, revolution and the legacy of Meles Zenawi.* London: Hurst.

Rawls, J. (2013). *A theory of justice.* New Delhi: Universal Law Publishing Co.

Schumpeter, J. A. (2018). *Capitalism, Socialism, and Democracy.* New York: Harper.

Schwartz, S. H. (1994). *Are there universal aspects in the structure and contents of human values?* S.I.: S.n.

Schwartz, S. H., & Sagie, G. (2000). Value Consensus and Importance. *Journal of Cross-Cultural Psychology,* 31(4), 465-497. doi:10.1177/0022022100031004003

Sen, A. (2000). *Development as freedom.* New Delhi: Oxford Univ. Press.

Stalin, J. (1942). *Joseph Stalin: Marxism and the national question, selected writings and speeches.* New York: International.

Tareke, G. (1996). *Ethiopia: Power & protest: Peasant revolts in the twentieth century.* Lawrenceville: Red Sea Press.

Tareke, G. (2009). *The Ethiopian revolution: War in the Horn of Africa.* New Haven: Yale University Press.

Tegenu, T. (2007). *The Evolution of Ethiopian Absolutism: The genesis and the making of the fiscal military state, 1696-1913.* Los Angeles, CA: TSEHAI Publishers and Distributors.

Tegenu, T. (2016). *Youth Bulge, Policy Choice, Ideological Trap and Domestic Political Unrest in Ethiopia.*

Tibebu, T. (1995). *The making of modern Ethiopia: 1896-1974.* Lawrenceville, NJ: Red Sea Press.

Weber, M. (2018). *Protestant ethic and the spirit of capitalism*. Place of publication not identified: Wilder Publications.

Zewde, B. (2017). *The quest for socialist utopia: The Ethiopian student movement, c. 1960-1974*. Woodbridge, Suffolk: James Currey.

CPSIA information can be obtained
at www.ICGtesting.com
Printed in the USA
LVHW111012151119
637473LV00001B/31/P

9 781599 072029